LA VIE EN FRANCE

SOUS

LE PREMIER EMPIRE

L'auteur et les éditeurs déclarent réserver leurs droits de reproduction et de traduction en France et dans tous les pays étrangers, y compris la Suède et la Norvège.

Ce volume a été déposé au ministère de l'intérieur (section de la librairie) en mars 1895.

DU MÊME AUTEUR, A LA MÊME LIBRAIRIE :

La France sous l'ancien régime. *Le gouvernement et les institutions*
Un volume in-8°. Prix.................................... 7 fr. 50

La France sous l'ancien régime (2ᵉ partie). *Les usages et les mœurs.*
Un volume in-8°. Prix.................................... 7 fr. 50
(*Couronné par l'Académie française, second prix Gobert.*)

La France pendant la Révolution. Deux volumes in-8° (traduit en russe). Prix..................................... 15 fr.

Dix ans de la vie d'une femme pendant l'émigration. *Adélaïde de Kerjean, marquise de Falaiseau*, d'après des lettres inédites et des souvenirs de famille. 2ᵉ *édition*. Un volume in-8°. Prix...... 7 fr. 50

LA
VIE EN FRANCE

SOUS

LE PREMIER EMPIRE

PAR

Le Vicomte DE BROC

PARIS

LIBRAIRIE PLON

E. PLON, NOURRIT et Cie, IMPRIMEURS-ÉDITEURS

RUE GARANCIÈRE, 10

1895

Tous droits réservés

LA VIE EN FRANCE

SOUS LE PREMIER EMPIRE

INTRODUCTION

I

Chaque siècle vécu par la France a laissé son empreinte sur le sol, son image dans la mémoire nationale. Ce sont les pages formidables de la grande Histoire qui continue de se faire sous nos yeux. Histoire douloureuse parfois, mais souvent glorieuse, et qu'on devrait ouvrir sans haine et sans colère, ayant seulement l'horreur de tous les crimes et le respect de toutes les grandeurs.

Ne pouvant déchirer les feuillets du livre de la patrie, les passions s'efforcent de les noircir. On veut moins étudier et connaître le passé que flatter le présent. Nous ne demandons pas au temps de nous instruire; c'est nous qui prétendons lui donner des leçons. Nous jugeons rarement les générations d'autrefois avec leurs idées, et volontiers nous leur reprocherions de ne pas partager les nôtres.

L'impartialité, cette vertu théologale de l'historien,

devient difficile dans un pays qu'ont déchiré tant de discordes, et sur lequel ont passé tant de gouvernements. Qui peut échapper complètement aux influences dominatrices de milieu, d'éducation, de souvenirs et de regrets?

Les annales d'un peuple sont comme la généalogie d'une famille. C'est là, dans ses origines, dans ses antécédents, dans sa filiation, dans sa vie, qu'il faut chercher l'explication de son caractère, de ses aspirations et de ses besoins. Jamais cette connaissance n'a été plus nécessaire qu'au moment où le siècle s'achève, après avoir soulevé plus de problèmes qu'il n'a pu en résoudre.

Ce siècle commençait au lendemain d'une Révolution dont les secousses avaient ébranlé l'Europe. L'ancien régime avait été détruit jusque dans ses fondements. L'ordre politique et social tout entier s'était écroulé avec lui, et après des calamités sans égales, des forfaits inouïs, une France nouvelle s'élevait à la voix puissante d'un homme de génie : Napoléon.

Malgré l'immensité des fautes et des revers, ce nom a gardé la magie d'une vision éblouissante; il est resté vibrant comme l'appel du clairon. Il évoque le souvenir toujours populaire d'une histoire qui tient dans quinze années à peine, quinze années si remplies, marquées par tant d'exploits et d'événements qu'elles semblent presque fabuleuses.

Napoléon règne alors sur la France au point de l'absorber tout entière. Non content de commander à son temps, il commande encore aux époques qui lui succèdent et gardent, malgré elles, son effigie.

Il n'a pas trouvé une couronne dans son berceau. Il a

connu la pauvreté. Il a lutté contre la mauvaise fortune, et il l'a vaincue, en gravissant les plus hauts sommets. Jamais circonstances ne servirent mieux les rêves de l'ambition la plus audacieuse ; mais jamais aussi aucun mortel ne fut doué de facultés plus merveilleuses pour les accomplir. Il s'assoit sur un trône vide, et ne chasse du pouvoir qu'une faction méprisée, que des indignes et des incapables dont la France épuisée, meurtrie, ruinée, maudit la tyrannie expirante. Ce n'est pas seulement la voix mystérieuse du génie qui l'appelle ; ce sont les vœux de toute une nation, lasse de crimes et d'anarchie, implorant l'ordre et la délivrance, cherchant un sauveur et le trouvant désigné par la victoire.

Extraordinaire, il l'est par les dons de l'intelligence, la hauteur des vues, la hardiesse des conceptions, la puissance de la volonté, l'infatigable ardeur au travail. Mais les catastrophes, l'horreur des ruines, le nombre et le prodige des événements forment un cadre non moins extraordinaire et digne du tableau où brille, en traits de feu, le premier Consul et l'Empereur, le législateur et le soldat.

Derrière le nouveau César, marche une cour de guerriers. Ce sont les leudes de la féodalité moderne. Ils ne portent pas les plumes et les dentelles des courtisans de l'Œil-de-bœuf. Sortis de l'obscurité, ils ont franchi rapidement les étapes de la fortune, au galop de leurs chevaux, prenant pour hôtellerie le champ de bataille.

Cette noblesse militaire, ces maréchaux, ces ducs, ces princes improvisés par la victoire, nous reportent au moyen âge, à ces temps héroïques où les bannières de France se teignaient du sang des chevaliers comme les

Chateaubriand, et où les Montmorency comptaient le nombre de leurs alérions par celui de leurs exploits.

Comme les anciens preux, ces héros de la France nouvelle vont prendre à l'ennemi les trophées qui composeront leur héritage. Ils inscrivent leurs noms sur le bronze, avec la pointe de l'épée. Les siècles n'ont pas jauni leurs parchemins; mais la gloire en a tracé les caractères.

Si la vie de Napoléon n'appartenait à l'Histoire, elle semblerait empruntée à la légende. Commencée dans une île, au bercement des vagues, elle s'achève sur un rocher battu des flots. Il faut à son rêve les horizons infinis de l'Océan orageux comme sa destinée.

Tout contribue à faire de cette existence un poème dont les chants ont fait jaillir les plus belles inspirations (1). Elle réunit, selon une expression de Bossuet, « *toutes les extrémités des choses humaines* (2) », la pauvreté des débuts, la prodigieuse fortune, l'apothéose, puis la chute profonde, l'expiation finale, l'humiliation dévorée lentement sous l'œil implacable de l'Angleterre, devenue la geôlière de l'illustre ennemi dont elle avait bravé la puissance et dont elle a outragé le malheur.

Supposons que Napoléon soit mort de vieillesse, paisible possesseur d'un grand empire.

Il eût laissé une impérissable renommée; mais il eût séduit l'imagination sans la toucher. Pour durer dans la mémoire des peuples, l'admiration vaut moins que la

---

(1) LAMARTINE, *Premières méditations*. Bonaparte. — VICTOR HUGO, *Odes*, liv. II, A l'Arc de triomphe; liv. III, A la Colonne, Les deux îles; *Les voix intérieures*, A l'Arc de triomphe. *La légende des siècles*, t. IV, Le retour de l'Empereur.

(2) *Oraison funèbre d'Henriette de France.*

pitié. Les infortunes de l'Empereur ont fait pardonner ses prospérités ; elles ont presque réconcilié avec son despotisme.

Il expire après six ans de tortures morales. Avant de se fermer pour jamais, ses yeux, qui avaient embrassé l'empire du monde, se sont tournés vers le ciel. Il s'est souvenu de la religion de son berceau (1). L'Église, dont il a spolié le chef, mais dont il a restauré les autels, bénit et console ses derniers jours.

On peut maudire l'empereur obéi, redouté, triomphant. Mais qui ne serait ému au récit des souffrances du captif de Sainte-Hélène, de Napoléon vaincu, désarmé, mourant, son épée à ses côtés, le crucifix sur la poitrine? Quelque chose eût manqué à sa gloire si elle n'avait été couronnée de l'auréole du malheur.

Pour bien juger une telle vie, on doit se défendre à la fois contre la séduction qu'elle exerce et contre les inimitiés qu'elle inspire. Il faut surtout considérer l'œuvre. Néfaste par certains côtés, elle s'impose au respect et à l'admiration par ce qu'elle a de grand et de durable.

Napoléon a été un conquérant et un fondateur. Comme conquérant, il n'a légué à la France que le souvenir des

(1) « Je meurs dans la religion apostolique et romaine, dans le sein de laquelle je suis né, il y a cinquante ans. » (Testament de Napoléon.)

victoires assombries par de cruels désastres. S'il avait réalisé ses rêves de domination, son empire ne lui eût pas survécu. Il pouvait avoir un héritier; il n'aurait pas eu de successeur.

Cette lutte formidable, insensée, entreprise contre l'Europe, est l'effort gigantesque d'une ambition effrénée, servie par un grand génie. Une fois commencée, elle ne peut s'arrêter, elle ne s'arrêtera plus que devant les catastrophes, au milieu des neiges de Russie qui enseveliront la Grande Armée sous un effroyable linceul, devant la coalition de l'étranger et la réprobation de la France deux fois envahie.

Le Titan sera foudroyé dans ce défi porté à toutes les nations. Le ravisseur de libertés et de couronnes, qui a fait descendre les rois de leurs trônes pour y faire monter ses frères, qui a traité les peuples en esclaves et les monarques en sujets, provoque à la fin la colère universelle.

« A partir de 1808, les peuples se lèvent contre lui; il les a froissés à fond dans leurs intérêts, et si à vif dans leurs sentiments, il les a tellement foulés, rançonnés et appliqués par contrainte à son service, il a détruit, outre les vies françaises, tant de vies espagnoles, italiennes, autrichiennes, prussiennes, suisses, bavaroises, saxonnes, hollandaises, il a tué tant d'hommes en qualité d'ennemis, il en a tant enrôlé hors de chez lui et fait tuer sous les drapeaux, en qualité d'auxiliaires, que les nations lui sont encore plus hostiles que les souverains. Décidément, avec un caractère comme le sien, on ne peut pas vivre; son génie est trop grand, trop malfaisant, d'autant plus malfaisant qu'il est plus grand. Tant qu'il régnera, on aura la guerre; on aurait beau l'amoindrir, le resserrer chez lui, le refouler dans les frontières de l'ancienne France : aucune barrière ne le contraindra, aucun traité ne le liera; la paix avec lui ne sera jamais qu'une trêve; il n'en usera que pour se réparer, et sitôt réparé, il recommencera; par essence, il est *insociable*. Là-dessus, l'opinion de l'Europe est faite, définitive, inébranlable (1). »

Un cri d'exaspération s'échappe de toutes les poitrines. Ce n'est pas seulement l'étranger qui se révolte; c'est la patrie française. Le grand homme, qui en fut le sauveur, en est devenu le fléau.

L'œuvre de conquête a péri sous les yeux du conquérant. Mais les victoires ne sont pas éphémères. Elles composent le patrimoine des peuples qui les ont payées de leur sang.

Arcole, Rivoli, Marengo, Austerlitz, Iéna, Wagram, Friedland, Eylau, et tant d'autres noms chargés de gloire, sont gravés dans les fastes de l'armée française mieux encore que sur la pierre et sur le bronze. Deux fois, hélas! des jours de délire ont vu la colonne formée de nos triomphes, renversée sous les yeux de l'étranger par les mains qui auraient dû la protéger contre lui. Si jamais elle devait disparaître, il en resterait une autre plus durable et plus haute, celle qu'élève la mémoire des nations.

Plaçons ces souvenirs dans le temple de la patrie. Ne permettons pas à nos discordes d'y toucher. Laissons-les illuminer le passé et consoler le présent.

Napoléon a été un fondateur, car il a créé des institutions qui ont vécu plus que lui, et dont nous vivons encore

---

(1) TAINE, *Le régime moderne*, t. I, p. 105

aujourd'hui. Il a édicté des lois ; elles n'ont pas échappé à la critique ; mais nul n'a tenté de les défaire. Les monarchies et les républiques n'ont pas effacé leur empreinte ; elles ont habité l'édifice, en changeant seulement la façade et le décor.

Pour que les institutions du premier Consul et de l'Empereur aient jeté de si profondes racines, il faut qu'elles aient correspondu aux besoins de la France nouvelle, et se soient adaptées à ses mœurs. Si elles n'avaient été que l'instrument d'un règne, elles auraient passé avec lui.

Une volonté unique et inflexible pouvait seule réparer les ruines causées par l'anarchie révolutionnaire. Le premier besoin des peuples qui ont souffert des excès de la licence est celui d'une autorité forte. La liberté serait impuissante à réaliser l'œuvre du despotisme souvent funeste, mais alors nécessaire. Il faut l'homme agissant sur les autres hommes, réunissant toutes les volontés, parce qu'il représente tous les intérêts. C'est l'ère de la dictature, premier pas vers la monarchie absolue.

Napoléon n'a pas seulement établi l'Empire, il a préparé l'avènement des monarchies qui ont succédé à la sienne. Il a restauré la monarchie dans les esprits; il y a plié les goûts et les mœurs. Il a malheureusement aussi brisé les ressorts du caractère national déjà perverti et faussé par la Révolution; il a comprimé l'effort individuel, en montrant l'idéal dans un gouvernement qui tire toute sa force de la servitude des caractères, de l'abdication de tous les droits, du renoncement à toute initiative, et règne avec les attributions d'une Providence sur un pays réduit à un rôle passif et mécanique.

Il a flatté l'instinct égalitaire qu'il connaissait et définissait si bien (1). Il a courbé tous les fronts sous le même joug; mais en même temps il a offert de nobles buts aux ambitions, utilisé les intelligences et récompensé les mérites, les faisant concourir à la grandeur nationale.

Son ambition, qu'on lui a tant reprochée, n'a rien que d'humain. Quel homme élevé sur le pavois par des dons exceptionnels et des circonstances extraordinaires, eût pratiqué le désintéressement et l'humilité? L'ivresse suit de près les triomphes, et le pouvoir de tout faire conduit à mal faire. Napoléon n'a pas échappé à la loi commune. Subitement parvenu à une prodigieuse fortune, après avoir

---

(1) « Vous, Français, vous ne savez rien vouloir sérieusement, si ce n'est peut-être l'égalité. Et encore on y renoncerait volontiers, si chacun pouvait se flatter d'être le premier. Il faut donner à tous l'espérance de s'élever... Il faut toujours tenir vos vanités en haleine. La sévérité du gouvernement républicain vous eût ennuyés à mort. Qu'est-ce qui a fait la Révolution? La vanité. Qu'est-ce qui la terminera? Encore la vanité. La liberté n'est qu'un prétexte. » (Mme DE RÉMUSAT, *Mémoires*, t. I, p. 273, 392.) — « Cette égalité qui est aujourd'hui notre passion dominante n'est pas le sentiment noble et bienveillant qui fait qu'on aime à s'honorer dans son semblable et qu'on se trouve à l'aise à tous les degrés de l'ordre social; non, c'est l'aversion pour toute supériorité; c'est la crainte que la place qu'on occupe cesse d'être la première : cette égalité ne tend en aucune façon à relever jusqu'à elle ce qui se trouve confiné en bas, mais à empêcher que rien ne s'élève en haut. » (BEUGNOT, *Mémoires*, t. I, p. 317.) — « Une expérience assez journalière fait reconnaître que les Français vont instinctivement au pouvoir; ils n'aiment point la liberté : l'égalité seule est leur idole. Or, l'égalité et le despotisme ont des liaisons secrètes. Sous ces deux rapports, Napoléon avait sa source au cœur des Français inclinés vers la puissance, démocratiquement amoureux du niveau; monté au trône, il y fit asseoir le peuple avec lui; roi prolétaire, il humilia les rois et les nobles dans ses antichambres; il nivela les rangs, non en les abaissant, mais en les élevant. Le niveau descendant aurait charmé davantage l'envie plébéienne, le niveau ascendant a plus flatté son orgueil. » (CHATEAUBRIAND, *Mémoires d'outre-tombe*, t. IV, p. 60.)

connu les luttes pour l'existence, il a vu s'abaisser successivement devant lui tous les obstacles. Restaurateur du culte proscrit par la tyrannie jacobine, il a vu le pontife romain venir placer sur sa tête la couronne de Charlemagne, et c'est celui-là même que, peu d'années après, il a dépouillé de ses États et relégué prisonnier au fond d'un palais, parce qu'il n'admettait et ne tolérait aucune résistance, pas même celles qu'opposent les devoirs et les droits les plus sacrés de la conscience.

Il a compté pour rien la vie des hommes et n'a pas reculé devant le crime. Le dernier des Condé a été froidement immolé à ce qu'il regardait comme une nécessité de la politique. Loin de se repentir de cet acte, il en a revendiqué la responsabilité sur le rocher de Sainte-Hélène (1). Pour vaincre les dernières résistances royalistes, il n'a pas hésité à faire fusiller l'héroïque Frotté, au mépris de la foi jurée. Il a dompté la Révolution, en lui donnant des gages, rappelant les émigrés et accueillant ceux qui les avaient proscrits et dépouillés, forçant tous les partis les plus irréconciliables de se courber sous son autorité et de participer au relèvement de la France par l'union de toutes les forces nationales.

Il faut le louer d'avoir restauré la probité à une époque familiarisée avec l'impunité du vol et le scandale des fortunes acquises par le pillage et la spoliation révolutionnaires (2). Trop prodigue du sang français, il a été sage

(1) Voir le *Mémorial*.
(2) « De toutes les qualités, celle qui influait le plus sur les choix du premier Consul, c'était une probité sévère, et il est juste de dire que sous ce rapport, il se trompa rarement. » (BOURRIENNE, *Mémoires*, t. III, p. 118.)

administrateur des deniers publics (1). Il a su allier l'économie à la magnificence, et a fait régner à sa cour un ordre inconnu de l'ancienne monarchie (2). Il a jeté sur les écarts de sa vie privée le voile que se plaisaient à soulever nos rois, en donnant de l'éclat à leurs fautes et en les environnant d'hommages qui sont un défi à la morale (3).

(1) Le dernier budget de l'Empire, établi en 1813, était équilibré avec 1 milliard 260,000 francs de recettes. Napoléon ne contracta pas un emprunt et trouva moyen d'économiser 407 millions sur le trésor impérial. (MOLLIEN, *Mémoires*, t. III, p. 205.) En 1814, d'après les comptes authentiques conservés par Mollien, l'Empereur, au moment où il quitta Paris, laissait à la disposition du nouveau ministre des finances des budgets sans déficit, et la caisse de la trésorerie renfermait plus de 400 millions de valeurs à terme. (*Ibid.*, t. IV, p. 149.)

(2) « On a cru que Napoléon était prodigue. Mais ceux qui l'ont connu savent qu'il était aussi économe des deniers de l'État que de ceux de sa caisse. Jamais personne n'a mieux calculé une dépense. » (CHAPTAL, *Mes souvenirs sur Napoléon*, p. 339.) — « Il m'est impossible de concevoir que l'Empereur si occupé, si continuellement chargé des grands intérêts de sa politique et de son gouvernement, pût trouver du temps pour entrer dans une foule de petits détails dont peu d'hommes s'occupent dans leur ménage. *Qu'est-ce que cela? Je n'ai pas encore vu cela. A quoi cela sert-il? Combien cela coûte-t-il?* Telles étaient ses questions habituelles, et la conclusion était presque toujours : *C'est trop cher!* » (*Mémoires de Mlle Avrillon*, première femme de chambre de l'impératrice Joséphine, t. II, p. 58.) — « L'Empereur entrait si minutieusement dans les plus petits détails de la maison qu'un jour son attention s'étant arrêtée sur le mémoire de la blanchisseuse, il trouva que cette dépense était trop élevée, et s'en plaignit au maréchal Duroc, qui, pour trouver l'économie que demandait l'Empereur, décida que tous les employés de la maison ne changeraient de draps qu'une fois par mois, et que par mois aussi on ne donnerait à chacun que deux serviettes. Il y a peu de maisons bourgeoises où l'on ne soit un peu plus magnifique ; mais l'Empereur avait prononcé, et il fallut l'intervention de l'Impératrice pour que nous ne fussions pas comprises dans cette mesure. » (*Ibid.*, t. II, p. 103.) — « L'Empereur possédait toujours le sentiment de ce qui est noble et grand ; parcimonieux pour ses dépenses personnelles, ennemi du gaspillage et des déprédations, il était magnifique dans tout ce qui avait rapport à la dignité de la couronne. » (*Souvenirs du duc de Vicence*, recueillis et publiés par Charlotte DE SOR, t. I, p. 30.)

(3) « Il professait la plus grande vénération pour une femme de bonne

Le rôle de souverain n'a pas été pour lui une vaine représentation. Il en a revendiqué tous les droits comme il en a supporté tous les fardeaux. On reste confondu par son incroyable activité, par sa puissance de travail (1).

Napoléon a des détracteurs et des apologistes. Les uns lui contestent ses services; d'autres justifient toutes ses fautes et trouveront des excuses pour le crime. Tantôt la critique va jusqu'à l'injustice et au dénigrement; tantôt l'admiration s'élève jusqu'au lyrisme et au culte.

Soulever les contradictions, remuer encore les passions du fond de son tombeau, n'appartient qu'aux grands hommes, à ceux qui ont laissé dans la vie des nations une trace ineffaçable. C'est le sort de Napoléon. On parlera de lui avec colère ou avec enthousiasme, jamais avec indifférence.

On se souvient des clameurs qu'excita M. Taine par son portrait de Napoléon, placé en tête du *Régime moderne*,

conduite, faisait cas des bons ménages et n'aimait le cynisme ni dans les mœurs, ni dans le langage. Quand il a eu quelques liaisons illégitimes, il n'a pas tenu à lui qu'elles ne fussent secrètes et cachées avec soin. » (*Mémoires de Constant*, premier valet de chambre de l'Empereur, t. I, p. 84.)

(1) « Vingt-deux heures sur vingt-quatre peuvent être utilement employées, disait-il, et joignant l'exemple au précepte, le premier levé, le dernier couché, il est aussi activement occupé aux Tuileries qu'il le serait au milieu des camps : partout sa vie est sérieuse et remplie. » (*Souvenirs intimes du duc de Bassano*, t. I, p. 150.) — « Il fallait réellement avoir une organisation physique de fer pour résister à la tâche que nous imposait l'incessante application de l'Empereur par les mains et sous les yeux duquel passaient tous les travaux. Cette idée, il est bien vrai, doublait nos forces, et on le comprend : nous savions que notre assiduité, que nos services n'étaient pas méconnus ; que nous étions bien notés dans son esprit, qu'il choisissait toujours parmi les plus laborieux d'entre nous les employés de son cabinet particulier, et cette tacite approbation, cette honorable récompense stimulaient tous les efforts, payaient toutes les fatigues. » (*Ibid.*, t. I, p. 160.)

et où se dessine, sur un fond noir, une image plus sombre encore. Il définissait l'homme comme un phénomène de la nature :

« Démesuré en tout, mais encore plus étrange, non seulement il est hors ligne, mais il est hors cadre... Il est fondu dans un moule à part, composé d'un autre métal que ses concitoyens et ses contemporains (1). »

Avant l'historien, le poète avait dit :

> Rien d'humain ne battait sous ton épaisse armure (2).

Nous aurions ainsi devant nous non plus une figure humaine, mais un type fantastique, un héros de la légende.

Napoléon est un être complexe. Il a une double figure, puisqu'il est à la fois sauveur et fléau; il réorganise et détruit; il délivre et opprime. Selon le côté qu'on veut peindre, on a des traits absolument distincts, et tous cependant appartiennent au même visage.

M. Taine a vu surtout dans Napoléon le tueur d'hommes et le despote. Pour qui aime l'indépendance de la pensée et fait passer la gloire des lettres avant celle des armes, Louis XIV est préférable à Napoléon, et nous devons plus de jouissances d'esprit au dix-septième siècle qu'à une époque remplie tout entière du choc des épées et du fracas des batailles.

Le portrait de Napoléon par M. Taine s'est ressenti des idées et des goûts du peintre. Il laisse l'âme écrasée sous le poids de l'oppression et non éblouie par le prestige de la gloire. Mais telle est la sincérité de l'illustre historien

---

(1) *Le régime moderne*, t. I, p. 5.
(2) LAMARTINE, *Premières méditations*. Bonaparte.

qui poussa si loin le souci ou plutôt le scrupule de l'exactitude, que cette impression se modifie ensuite, en tournant les pages du livre où il expose, avec sa méthode inflexible et sa clarté lumineuse, la grande œuvre accomplie par le restaurateur de la société et les prodigieuses reconstructions succédant aux ruines.

Plaçons auprès de ce portrait celui qu'a tracé la main d'un autre adversaire, d'un contemporain : Chateaubriand. L'auteur de *Buonaparte et les Bourbons* n'a pas épargné au grand empereur les traits acérés; mais sensible à la gloire, il en a subi la fascination, et volontiers il rend hommage au héros, avec cette pompe de style et cette richesse de coloris que lui inspire le spectacle de toutes les grandeurs. Décrivant le rôle historique de Napoléon, il dit de lui :

« Il est grand pour avoir créé un gouvernement régulier et puissant, un code de lois adopté en divers pays, des cours de justice, des écoles, une administration forte, active, intelligente et sur laquelle nous vivons encore... Il est grand pour avoir fait renaître en France l'ordre du sein du chaos, pour avoir relevé les autels... Il est grand pour avoir enchaîné une tourbe anarchique... pour avoir forcé des soldats, ses égaux, des capitaines, ses chefs ou ses rivaux, à fléchir sous sa volonté; il est grand surtout pour être né de lui seul, pour avoir su, sans autre autorité que celle de son génie, pour avoir su, lui, se faire obéir par trente-six millions de sujets de l'époque où aucune illusion n'environne les trônes; il est grand pour avoir abattu tous les rois, ses opposants, pour avoir défait toutes les armées, quelle qu'ait été la différence de leur discipline et de leur valeur, pour avoir appris son nom aux peuples sauvages comme aux peuples civilisés, pour avoir surpassé tous les vainqueurs qui le précédèrent, pour avoir rempli dix années de tels prodiges qu'on a peine aujourd'hui à les comprendre. »

Le sentiment napoléonien a suivi des phases analogues à celles de l'homme et du règne dont il perpétue la mémoire. Au moment de la chute de l'Empereur, après le retour de l'île d'Elbe qui avait terni la grandeur de l'abdication de Fontainebleau, et au lendemain des suprêmes revers de la seconde invasion, on éprouva un immense soulagement ; on sentit la délivrance et l'on respira, en voyant se lever des jours pacifiques si longtemps attendus, si ardemment désirés.

Napoléon apparut alors non avec l'admirable cortège des grandes actions du Consulat et des gloires incomparables de l'Empire, mais sous les traits durs de l'homme de guerre et de l'oppresseur.

La Restauration devait trop à ce sentiment pour y contredire ou le modérer. Elle représentait l'affranchissement des maux dont on avait souffert. On regrette seulement qu'elle n'ait pas mieux compris combien en adoptant franchement des gloires récentes elle eût accru sa force et ajouté à sa grandeur. Les nobles fleurs de lis pouvaient se poser sur les trois couleurs illustrées par tant de victoires.

Revenus d'un long exil, étrangers aux champs de bataille, les princes, dont la race avait été sacrée par le malheur, pouvaient difficilement échapper à l'influence du passé. Le dogme de la légitimité se prêtait mal aux exigences du présent.

Ceux-là mêmes qui avaient le plus maudit la tyrannie de Napoléon ne craignirent point d'exploiter perfidement sa légende contre un gouvernement ballotté entre les écueils, malhabile à les éviter, mais bienfaisant, paternel, appliqué à panser les blessures de la France; à qui revient l'honneur d'avoir rassuré la propriété si profondément ébranlée par la vente des biens nationaux, et dont le dernier acte fut une conquête : l'Algérie.

La monarchie de Juillet, qui avait réalisé la noble pensée de faire du palais de Louis XIV le temple de toutes les gloires de la patrie (1), ne proscrivit pas le culte de Napoléon; elle contribua, au contraire, à le ranimer par les manifestations dont le retour des cendres de l'Empereur fut l'occasion. Historien de cette époque, M. Thiers aimait à en ressusciter la mémoire. Évoquer l'image du héros, en rendant à la terre française les restes du prisonnier de Sainte-Hélène, lui parut à la fois un moyen d'honorer une de nos grandeurs nationales et de faire trêve aux luttes des partis, en détournant, au profit du gouvernement de Louis-Philippe, les sentiments qu'éveillait le souvenir de Napoléon, toujours vivant dans le cœur populaire.

Lorsque M. de Rémusat, ministre de l'intérieur, annonça, le 12 mai 1840, au nom du Roi, l'intention de ramener en France l'illustre dépouille, et demanda à la Chambre des députés de s'y associer par le vote d'un crédit d'un million, il y eut d'abord une grande émotion dans le pays qu'avaient lassé le despotisme et l'ambition du conquérant, mais qui

---

(1) Le musée de Versailles fut inauguré en 1837, et sur les deux pavillons qui s'élèvent à l'extrémité du palais, du côté de la cour, on lit cette inscription : *A toutes les gloires de la France.*

restait ébloui des prodiges accomplis sous son règne.

« Toujours lui! écrivait alors de Paris Henri Heine. Napoléon et encore Napoléon! Il est le sujet incessant des conversations de chaque jour, depuis qu'on a annoncé son retour posthume (1). »

Mais l'enthousiasme ne tarda pas à faire place aux discordes de l'esprit de parti qui ne désarme jamais. L'opposition n'épargna rien pour soulever des incidents et y chercher des prétextes à de nouvelles attaques. Les bonapartistes revendiquèrent la gloire de Napoléon comme leur propriété et intervinrent avec aigreur. Des discussions irritantes s'élevèrent à propos des honneurs dont on allait entourer un cercueil. M. Thureau-Dangin (2), l'historien si fidèle de cette époque, a retracé les phases que traversa, avant son accomplissement, le projet qu'on dut se repentir d'avoir conçu, mais qu'on était forcé de mettre à exécution, sous peine de fournir une arme à d'irréconciliables adversaires.

Napoléon avait trop aimé la guerre pour devenir le symbole de la paix, et c'est la guerre encore que rallumaient ses ossements sur le point d'aborder les rivages de la patrie qu'il avait quittée en vaincu et en proscrit. Tandis que Victor Hugo le glorifiait sans mesure par les beaux vers qui nous le montrent dans une apothéose, un autre poète, Lamartine, fit entendre alors, à la tribune de la Chambre des députés, des paroles dont l'indépendance et la dignité causèrent une impression profonde :

« Ce n'est pas, disait-il, sans un certain regret que je

---

(1) 30 mai 1840. *Lutèce*, p. 79.
(2) *Histoire de la monarchie de Juillet*, t. IV, p. 153 et suiv.

vois les restes de ce grand homme descendre trop tôt peut-être de ce rocher, au milieu de l'Océan, où l'admiration et la pitié de l'univers allaient le chercher à travers le prestige de la distance et l'abîme de ses malheurs... Mais le jour où l'on offrait à la France de lui rendre cette tombe, elle ne pouvait que se lever tout entière pour la recevoir... Recevons-la donc avec recueillement, mais sans fanatisme... Je vais faire un aveu pénible ; qu'il retombe tout entier sur moi, j'en accepte l'impopularité d'un jour. Quoique admirateur de ce grand homme, je n'ai pas un enthousiasme sans souvenir et sans prévoyance. Je ne me prosterne pas devant cette mémoire. Je ne suis pas de cette religion napoléonienne, de ce culte de la force que l'on voit depuis quelque temps se substituer, dans l'esprit de la nation, à la religion sérieuse de la liberté... »

Le trouble causé par des incidents passionnés et tumultueux dont une inspiration généreuse, mais imprudente, avait été l'occasion, laissait le gouvernement inquiet des manifestations que pourrait provoquer la cérémonie solennelle que Paris attendait avec émotion et curiosité. Ces craintes ne furent pas justifiées. Le cercueil impérial qu'un fils du roi Louis-Philippe (1) avait été chercher sous les saules de la vallée de Slane, et qui avait traversé les mers sur la frégate *la Belle Poule,* parcourut, au milieu d'une foule immense, la capitale de la France, suivi des anciens compagnons de ses victoires. Napoléon eut un suprême triomphe. Il descendit dans le magnifique tombeau préparé par l'admiration et confié à la garde de ses vétérans mutilés.

---

(1) Le prince de Joinville.

A mesure que les années s'écoulent, que nous nous éloignons de l'époque qu'illumina l'astre éblouissant du grand Empereur, nous en apercevons moins les ombres et nous en voyons davantage les rayonnements glorieux qui flattent notre orgueil, sans nous coûter les souffrances dont ils furent le prix pour toute une génération.

La justice arrive aussi, et avec elle l'apaisement des passions qui obscurcissent tant de choses. Napoléon entre maintenant dans la sereine lumière où le contemplera la postérité. Il reste le dominateur de son temps, l'homme extraordinaire et nécessaire qu'on cherche dans les jours difficiles et troublés. Il personnifie la force, ce besoin des peuples sans boussole, parce qu'ils ont remplacé les principes par les hommes.

Faire de Napoléon un patrimoine dynastique, c'est le diminuer. Il n'appartient ni à une famille, ni à un parti; il est à la France.

III

Napoléon attire tellement à lui toute son époque que c'est presque toujours lui qu'on voit en elle. On se sent entraîné vers le champ de bataille, vers cette France guerrière et vraiment héroïque dont les récits de Marbot, de Parquin (1), de Coignet (2) nous ont donné la sensation,

---

(1) Le commandant Parquin, *Souvenirs et campagnes d'un vieux soldat de l'Empire*.

(2) Lorédan Larchey, *Les cahiers du capitaine Coignet*. Voir aussi le

en nous transportant dans cet âge de fer. Un des témoins de ces temps fabuleux a pu dire des plébéiens dont le courage avait fait des Bayards modernes :

« L'humble habit de chaque soldat recouvrait un héros aux formes rudes, au noble cœur, à la fidélité chevaleresque. Les phalanges romaines pâlissaient devant la physionomie de la garde impériale. Fontainebleau, Waterloo l'inscriront en lettres d'or dans l'histoire. C'est une des traditions les plus étonnantes de l'Empire.

« N'est-ce pas un fait digne d'attention que les rapports d'attachement, de confiance, de familiarité intime qui s'étaient établis entre de pauvres soldats et le souverain le plus absolu qui eût jamais existé ? Quel est celui d'entre nous, si haut placé qu'il fût, à qui il serait tombé à l'esprit d'essayer de cette espèce de camaraderie qui existait réellement entre l'Empereur et ses vieilles moustaches ? Et ces hommes eussent-ils jamais osé parler au dernier de leurs sous-lieutenants comme ils parlaient au chef redouté de l'armée ? C'est que, pour ces hommes simples et grossiers, vieillis à côté de lui, dans les camps, Napoléon était un être à part; il résumait pour eux Dieu, patrie, famille ; il leur avait inspiré une langue qu'ils ne parlaient qu'avec lui seul, des mots qu'ils ne trouvaient qu'en sa présence (1). »

Caulaincourt, qui s'exprime ainsi, rapporte un trait dans lequel éclate le sentiment d'admiration enthousiaste,

---

général CURÉLY, *Itinéraire d'un cavalier léger de la vieille armée*, 1793-1815, publié par le général THOUMAS.

(1) *Souvenirs du duc de Vicence*, 4ᵉ édition, 2 vol. in-8°, 1837, t. I, p. 144.

presque d'idolâtrie, que Napoléon faisait naître dans le cœur de ses soldats.

« — Tu as servi en Égypte, toi? dit-il un jour à un maréchal des logis à la mine rébarbative.

« — Je m'en flatte, répond celui-ci en se redressant fièrement. Vous souvenez-vous d'Aboukir? Il faisait rudement chaud aussi là... — Tu n'es pas décoré? — Ça viendra... dit-il d'un ton bourru. — C'est venu, je te donne la croix.

« Ce pauvre diable, stupéfait de bonheur, attache sur l'Empereur un regard dont on ne peut peindre l'expression; des larmes coulent sur sa noire figure balafrée. *Je me ferai tuer aujourd'hui pour lui; c'est sûr,* balbutie-t-il, et, dans son ivresse, il saisit un pan de la fameuse redingote grise, en déchire avec les dents un morceau qu'il passe à sa boutonnière : *En attendant la rouge, notre Empereur!*

« L'Empereur, ému, lança son cheval au galop, et toute l'escorte nous suivit en poussant des cris de joie. Le roi de Saxe, présent à cette scène, fit remettre le soir vingt-cinq beaux napoléons d'or tout neufs au nouveau décoré, pour acheter un ruban rouge, lui fit-il dire (1). »

On a raison de nous rappeler ce que coûtèrent à la France les folies de l'orgueil et le fléau de la guerre. Mais admirons aussi les ambitions généreuses dont s'éprit une vaillante génération qui sacrifiait son repos et sa vie à la plus noble des passions, à celle de la gloire. Tandis que le règne de l'or et les jouissances matérielles avilissent les âmes, en amollissant les corps, il est bon, il est sain de remonter vers un idéal, de se retremper aux sources d'où

---

(1) *Souvenirs du duc de Vicence,* t. I, p. 250.

ont jailli tant de grandes actions et d'immortels exploits.

Aucune période ne saurait mieux faire comprendre et inspirer de pareils sentiments que ce qu'on a nommé si justement l'épopée impériale. Il faudrait un autre Homère à cette autre Iliade.

La nation française est alors surtout dans les camps. Sans cesse retentissent des cris de guerre. Partout règne une obéissance silencieuse, et la seule voix qui puisse se faire entendre est celle du canon.

La France militaire du Consulat et de l'Empire captive l'attention et attire tous les regards; mais elle est déjà connue par de nombreux historiens. Elle a eu pour chroniqueurs ceux-là mêmes qui ont pris part à ses combats (1). A côté de cette France en armes, il y en a une autre pacifique et laborieuse. Une grande capitale, souillée par les crimes de la Révolution, reprend sa place séculaire et continue sa mission civilisatrice. Les départements retrouvent l'ordre et la sécurité, à l'abri d'un pouvoir réparateur. Le pays jouit des bienfaits d'une administration régulière. Des lois remplacent l'arbitraire et la confusion d'une ère démagogique. De récentes institutions prennent racine sur le sol où gisent les décombres de l'antique édifice à jamais détruit. Avec elles naissent de nouvelles idées et de nouvelles mœurs.

La vie nationale suit son cours interrompu par les violences et l'anarchie. Tout un peuple recommence à gran-

---

(1) On peut citer parmi eux : le général GOURGAUD, *Napoléon et la Grande Armée en Russie;* les *Mémoires du comte Philippe de Ségur, de Marmont, de Macdonald, du général Rapp;* les *Souvenirs du général Mathieu Dumas, du duc de Vicence,* etc.

dir et à prospérer, au milieu du choc de générations divisées par les souvenirs, mais rapprochées par la nécessité, pliées sous la volonté puissante qui, du chaos révolutionnaire, tire les matériaux de la France moderne, et, de tant d'éléments divers, compose une œuvre pleine d'unité.

C'est cette France intérieure que je voudrais étudier. J'ai cherché à l'apercevoir sous le sceptre de nos anciens rois (1), puis à travers les convulsions révolutionnaires (2). J'arrive maintenant à une ère nouvelle, à celle d'où datent les institutions modernes.

Dans ce tableau de la France du Consulat et de l'Empire, on suivra la formation du nouveau régime, la réorganisation de la société, l'action du gouvernement, l'esprit et le caractère d'une nation dont les institutions et les coutumes ne rappellent en rien les âges précédents.

Quoique le grand homme remplisse l'histoire de son temps, ce sont surtout les hommes que nous considérerons, non plus à l'armée, à la guerre, mais dans leurs foyers, leur vie intime, leur rôle individuel et social, avec leurs sentiments, leurs habitudes, leurs opinions.

Je ne me dissimule pas les difficultés de ma tâche, et je ne me flatte pas d'y avoir réussi; mais je crois y avoir apporté un esprit sincère et un cœur français.

J'ai essayé de comprendre et de pénétrer tout un passé plein d'enseignements pour les générations présentes et à venir. J'ai admiré les prospérités de la patrie et j'ai gémi de ses malheurs. A toutes les époques, j'ai applaudi de grandes actions et salué de beaux caractères. Je me suis

---

(1) *La France sous l'ancien régime.*
(2) *La France pendant la Révolution.*

senti fier de toutes les victoires, quelles que fussent les couleurs du drapeau.

Les revers, les catastrophes, les discordes sanglantes entremêlent de sombres souvenirs les pages rayonnantes. Nos annales nous offrent aussi de consolants spectacles. Parmi tant de vicissitudes et de destins contraires, nous voyons notre pays, quand il semble frappé à mort, revenir à la vie. Il succombe quelquefois; mais il se relève toujours.

L'Histoire nous apprend à ne jamais désespérer de la France; si elle connaît les heures d'agonie, elle a le secret des soudaines résurrections.

CHAPITRE PREMIER

I. La chute du Directoire. — II. Le 18 brumaire et l'opinion publique.

I

Il était de mode, dans les derniers temps du Directoire, de porter des tabatières et des bijoux sur lesquels étaient représentés une lancette, une laitue et un rat, ce que l'on traduisait par ces mots : « L'an sept les tuera. »

Cette prédiction, où le mépris des hommes au pouvoir revêt la forme d'une plaisanterie familière, devait s'accomplir seulement en l'an VIII, le 18 brumaire (9 novembre 1799).

Le gouvernement qui s'était établi après le 9 thermidor était moins menacé par la force de ses adversaires que par sa propre faiblesse. Vaincu par la dictature, il était condamné surtout par lui-même. Issu d'une réaction contre les crimes de la Terreur, il n'avait su s'affranchir ni des hommes parmi lesquels il était né, ni de la tradition jacobine qu'il interrompait et reprenait tour à tour. Sous son masque hypocrite, on apercevait les traits hideux de la tyrannie qui, avec la Convention, avait épouvanté la France. L'échafaud ne se dressait plus sur les places publiques, mais les arrêts de déportation envoyaient mourir loin de la patrie.

Il est vraiment permis en 1799 de douter des bienfaits de la Révolution. Elle a d'abord promis la liberté au peuple et célébré comme un triomphe la prise de la Bastille; mais elle a aussitôt multiplié les prisons; elle en a couvert le territoire. Il y en a eu 36 à Paris et autant de geôles; 1,200 dans les départements et 40,000 geôles (1). Au lieu des 7 prisonniers délivrés le 14 juillet, on a pu en compter 258,000 avant le 9 thermidor, en ajoutant à ce chiffre 175,000 détenus à domicile et 175,000 consignés dans leurs communes ou ajournés : soit 608,000 Français à qui la loi révolutionnaire enlève la liberté (2).

Trois millions de vies immolées par le meurtre, par la guerre, par la misère et la faim, c'est l'effroyable hécatombe offerte aux autels de la Révolution, en l'espace de dix ans (3). Elle eût, sans doute, fait reculer ceux à qui les abus de l'ancien régime paraissaient insupportables en 1789.

Le « tyran », comme on appelait le plus débonnaire de tous les rois, est mort de la main du bourreau; la monarchie a été détruite, la république proclamée. La souveraineté populaire a été substituée à la souveraineté royale. Ses droits ont-ils été respectés par ceux qui les invoquaient si bruyamment? Les actes vont commenter les paroles qu'on a entendues retentir dans les journaux, à la tribune et dans les carrefours.

---

(1) TAINE, *La Révolution*, t. III, p. 383.
(2) *Ibid.*, p. 384, note 2.
(3) *La France pendant la Révolution*, t. II, p. 345.

A l'exaspération qu'ont provoquée les crimes de la Terreur, la Convention répond par la Constitution de l'an III avec laquelle commence le Directoire ; mais avant de se retirer, elle impose aux électeurs l'obligation de prendre au milieu d'elle les deux tiers des nouveaux élus. Voilà une première atteinte à la souveraineté du peuple dont le choix n'est pas libre, puisqu'il est restreint par la volonté de ses maîtres.

Lorsque les élections surviennent au mois de septembre, cinq millions d'électeurs sur six millions s'abstiennent, et ce refus de prendre part au vote, causé par la crainte ou le découragement, ne peut être considéré comme favorable à la nouvelle Constitution. A Paris et dans dix-huit départements, les électeurs manifestent leur opposition. Les votes hostiles sont omis ou retranchés. A Paris seulement, on en supprime 50,000. Grâce à ces procédés et à la falsification des procès-verbaux, l'adoption de la Constitution est proclamée par 1,107,368 voix contre 49,000 (1).

Afin d'intimider l'opinion publique récalcitrante, on a eu soin d'élargir un grand nombre de jacobins, de terroristes dont les violences et les excès pourront agir au besoin contre la réaction, dans le cas où elle tenterait de se soulever.

Après avoir vaincu l'insurrection de Vendémiaire, la Convention a complété son œuvre, en nommant elle-même les 104 membres que n'ont pas voulu choisir les assemblées électorales, et qui lui assurent la majorité dans le Conseil des Cinq-Cents et dans celui des Anciens. Elle a

(1) TAINE, *La Révolution*, t. III, p 562 et suiv.

frappé d'incapacités légales 2 ou 300,000 Français comme parents ou alliés d'émigrés, les excluant des fonctions administratives, municipales et judiciaires. Les cinq directeurs, représentants du pouvoir exécutif, sont pris parmi les régicides. Ils révoquent tous les fonctionnaires suspects de modérantisme, peuplent les administrations de jacobins, d'hommes immoraux et violents, si bien que lorsque le Directoire règne, « c'est bien le personnel de la Terreur, ce sont les petits potentats déchus après Thermidor, c'est la bohème politique qui rentre en fonction; et il semble que par le 13 vendémiaire la bande jacobine ait conquis la France une seconde fois (1) ».

L'absolutisme révolutionnaire a remplacé l'absolutisme royal. La modération domine dans l'esprit public, dans les départements, à Paris où pas un régicide n'a pu être élu par le corps électoral. Mais l'arbitraire, la défiance, la crainte de perdre le pouvoir et d'être submergés par le flot de l'opinion populaire, hantent les hommes du Directoire et inspirent leur politique, les conseils de leur gouvernement.

Les élections de l'an V marquent un nouveau progrès de la réaction, une nouvelle victoire des idées qui, malgré les entraves du despotisme révolutionnaire, n'ont cessé de prévaloir et de s'affirmer en France, depuis la chute de Robespierre. Dans huit départements à peine, les jacobins sont parvenus à obtenir quelques nominations. Le gouvernement ne dispose plus que de 70 voix sur 250 au Conseil des Anciens, de 200 dans celui des Cinq-Cents.

C'est contre ce mouvement toujours grandissant de la

---

(1) TAINE, *La Révolution*, t. III, p. 572.

volonté nationale qu'est fait le coup d'État du 18 fructidor, qui retranche 214 membres du Corps législatif, casse toutes les élections, destitue les fonctionnaires dans 49 départements, condamne à la déportation 2 directeurs, Barthélemy et Carnot, 11 membres du Conseil des Anciens, 42 du Conseil des Cinq-Cents, bâillonne la presse, institue des commissions militaires pour frapper plus sûrement et plus vite, fait revivre les lois révolutionnaires les plus rigoureuses contre les prêtres et les émigrés.

Du 18 fructidor an V au 30 prairial an VII, ce gouvernement déporte près de 2,000 individus. Les souffrances du climat en font périr 180 à la Guyane; d'autres succombent pendant la traversée; ou se consument, pressés et étouffés à Ré et à Oléron; 55 sont détenus à Rochefort, 100 émigrés et 31 prêtres sont fusillés (1).

Un quart des ecclésiastiques résidant en France est frappé par le glaive de la loi persécutrice. Celui qui exerce son ministère évangélique est coupable de « troubler la tranquillité publique », et comme tel déporté. Celui qui, banni par les lois de 1792 et 1793, s'avise de rentrer en France, est fusillé.

Contre les croyances et les pratiques religieuses, contre la liberté de conscience on édicte des mesures vexatoires et tyranniques. Le chômage du décadi est obligatoire ; celui du dimanche est interdit, sous peine d'amende et de prison. Le maigre est poursuivi comme un délit (2), une

---

(1) Victor Pierre, *La Terreur sous le Directoire.*
(2) Lois des 3 avril, 4 août et 9 septembre 1798. Loi du 11 avril 1796, qui interdit la sonnerie des cloches des églises pouvant rattacher le peuple à l'ancien culte religieux.

offense à la République dont le culte est imposé aux fonctionnaires, à leurs familles, aux instituteurs et à leurs élèves. Le 21 janvier, jour où l'on a guillotiné Louis XVI; le 18 fructidor, jour où la faction jacobine a reconquis le pouvoir absolu, sont des fêtes d'obligation que sont tenus de célébrer ceux qui les maudissent.

Le peuple est moins souverain que jamais. Le gouvernement reprend le décret d'inéligibilité de la Convention contre les parents et les alliés des émigrés qu'il exclut, pour plus de précaution, des assemblées primaires. L'invalidation achève ce que n'a pu faire l'intimidation. Les honnêtes gens ont dû renoncer à voter ou voient leurs votes annulés (1).

Le parti jacobin a retrouvé ainsi, le 30 prairial an VII, la majorité que refusait de lui donner la nation française. Il a gardé le pouvoir qu'elle menaçait de lui retirer.

La loi des otages (12 juillet 1799) livre 200,000 personnes aux suspicions, aux vengeances, aux inimitiés révolutionnaires. Elle rend responsables les parents et les alliés des émigrés, sans excepter les femmes, de l'état d'insurrection de 45 départements. Dans 17 d'entre eux, cette loi frappe impitoyablement, arrête, emprisonne et déporte.

Les droits de la propriété n'ont pas été plus épargnés que ceux de la liberté de conscience et de la liberté individuelle. 386,000 rentiers et pensionnaires de l'État se sont vu retrancher deux tiers de leur revenu et de leur capital. Un grand nombre périt de misère et de désespoir.

---

(1) TAINE, *La Révolution*, t. III, p. 593, 600.

L'État banqueroutier décrète un emprunt forcé de cent millions sur la « classe aisée ». Il dépouille les riches comme il a volé les rentiers. Pour remplacer l'argent, quand il n'en a plus, il a recours au papier. Après les assignats sont venus les mandats territoriaux, puis les bons d'arrérage acquittant les contributions ; les bons de réquisition au moyen desquels on paye aussi les impôts ou ce que les armées prennent pour vivre ; les délégations sur les rentrées du Trésor ; les rescriptions sur les biens nationaux, recevables en payement de ces biens.

Cette prodigalité de papier-monnaie, qui trahit la misère, encourage, par son cours variable, la spéculation et l'agiotage le plus éhonté (1). Les contributions étant soldées par des valeurs fictives, la détresse du Trésor, privé de valeurs réelles, va toujours s'augmentant. On ferme les guichets, quand il n'y a plus d'argent pour payer, et au moment de la chute du Directoire, il ne reste plus dans la caisse de l'État que 167,000 francs provenant de fonds rentrés le jour même (2).

L'intérêt de l'argent prêté est à 4, 5, 6 et 7 pour 100 *par mois*. Les fonctionnaires ne reçoivent plus leurs traitements et sont réduits à une véritable indigence. La faim en fait mourir plusieurs (3).

---

(1) Thiers, *Le Consulat et l'Empire*, t. I, p. 12, 13.

(2) René Stourm, *Les finances de l'ancien régime et de la Révolution*, t. II, p. 442. Lorsque Bonaparte, devenu premier Consul, voulut envoyer un courrier au général Championnet, commandant en chef de l'armée d'Italie, on ne trouva pas dans le trésor la somme de 1,200 francs pour payer le courrier. (Bourrienne, *Mémoires*, t. III, ch. ix.)

(3) René Stourm, t. II, ch. xxvi. — Goncourt, *La société française pendant le Directoire*, p. 151. — Rocquain, *État de la France au 18 brumaire*, p. lxi.

La misère est générale. Elle règne jusque dans les armées, malgré les deux milliards pillés à l'étranger, en l'espace de trois ans (1).

« Ces soldats, qui avaient soutenu les plus grands revers sans en être ébranlés, et avaient montré dans la mauvaise fortune une constance à toute épreuve, couverts de haillons, consumés par la fièvre et la faim, demandaient l'aumône sur les routes de l'Apennin, réduits à dévorer les fruits peu nourrissants que portent les terres arides de ces contrées. Beaucoup d'entre eux désertaient ou allaient grossir les bandes de brigands qui, dans le midi comme dans l'ouest de la France, infestaient les grandes routes. On avait vu des corps entiers quitter leurs postes sans ordres des généraux et aller en occuper d'autres, où ils espéraient vivre moins misérablement... Il y avait des divisions qui étaient privées de solde depuis dix-huit mois. On levait quelques vivres, au moyen des réquisitions; mais quant aux fusils, aux canons, aux munitions de guerre, qu'on ne se procure pas avec des réquisitions, nos soldats en manquaient totalement. Les chevaux, déjà insuffisants pour les services de l'artillerie et de la cavalerie, avaient été presque tous détruits par les maladies et par la faim (2). »

Tandis que les soldats de l'armée française tendent la

---

(1) TAINE, *La Révolution*, t. III, p. 616.
(2) THIERS, *Le Consulat et l'Empire*, t. I, p. 11. — « L'armée désorganisée ne recevait ni vivres, ni solde, ni habillement : en France comme au dehors, elle ne vivait que de réquisitions ou de maraude. La désertion par bandes la dissolvait. Les bureaux ne pouvaient produire aucun état de situation : il existait des corps entiers inconnus même du ministre. » (Général comte DE SÉGUR, *Histoires et Mémoires*, t. II, p. 3.)

main, de vrais mendiants en haillons remplissent la France. Ils sont 300,000, environ 3 ou 4,000 par département (1).

Les hôpitaux, dépouillés des revenus dont ils jouissaient sous l'ancien régime, ne sont plus un refuge pour la maladie. On y meurt, faute de nourriture et de soins (2).

Dans les campagnes, le vol a la puissance d'une coutume. L'exemple est donné de haut, encouragé par le désordre et l'incurie de l'administration. Pas un seul comptable n'est en état de rendre ses comptes. L'arbitraire et la confusion règnent dans la perception de l'impôt. Celui-ci est imposé non pour le sixième, mais pour le tiers, pour la moitié de ses revenus; celui-là, pour la totalité. D'autres n'acquittent aucunes contributions, soit par faveur, soit par oubli de ceux qui doivent les recouvrer (3).

Les biens nationaux, source de fortunes rapides, en enrichissant des proconsuls, des jacobins qui, comme Fouché, Merlin de Thionville, se sont rendus maîtres d'immenses domaines, ont allumé la fièvre de la cupidité, entretiennent l'inquiétude parmi les spoliateurs, la haine contre les propriétaires légitimes, anciens seigneurs, ecclésiastiques, religieux, nobles ou bourgeois, accusés de vouloir ramener l'ancien régime pour rentrer en possession des biens qu'on leur a pris.

Un trouble si profond dans l'existence nationale, tant de

---

(1) TAINE, t. III, p. 547. — « Il y a aujourd'hui deux tiers de pauvres de plus qu'on n'en voyait avant la Révolution. » (Ed. LEFEBVRE, *Considérations politiques et morales sur la France constituée en république*, 1798, p. 249.)

(2) ROCQUAIN, *État de la France au 18 brumaire*.

(3) *Ibid.*

crimes, d'excès, de violences, de rapines ont perverti la conscience publique. L'improbité des gouvernants autorise celle des gouvernés. Les représentants de la loi sont faussaires ; ils falsifient les registres de l'état civil (1).

Le paysan a profité de la vente des biens nationaux ; mais les réquisitions forcées lui ont enlevé son bétail et ses récoltes ; la loi du *maximum* l'a taxé arbitrairement et a porté au commerce une irrémédiable atteinte. Les manufactures les plus florissantes sont ruinées. L'instruction primaire est dans l'état le plus lamentable. Les écoles, d'où l'on a banni l'enseignement chrétien, sont souvent sans maîtres et sans élèves. Les instituteurs, impayés, désertent leur tâche ; ils sont suspects aux familles par les sentiments révolutionnaires qu'ils professent ou qui leur sont imposés. D'autres sont d'une ignorance grossière. Dans des départements comme celui de la Sarthe, on compte 57 communes sans écoles, une seule pour tout un canton. Il y a des contrées entières où l'on ne trouve pas un dixième de la population sachant lire. La classe populaire ne reçoit plus d'autre instruction que celle des dogmes révolutionnaires, prêchés dans les clubs, répétés par les feuilles jacobines. L'enfance est abandonnée à l'oisiveté, au vagabondage (2).

Dix mille lois édictées depuis 1789 et point de respect de la légalité. Des églises fermées, l'interdiction de prier,

---

(1) L. Scioüt, *Histoire de la constitution civile du clergé*, t. IV, p. 770. — Taine, t. III, p. 623, note 2.

(2) Albert Duruy, *L'instruction publique et la Révolution*. — Victor Pierre, *L'école sous la Révolution*. — Rocquain, *L'état de la France au 18 brumaire*.

le brigandage régnant en maître dans un pays où le voyageur ne trouve plus de sécurité, où sa voiture se brise au milieu des routes changées en fondrières, telle est l'œuvre accomplie par dix ans de gouvernement révolutionnaire ; telle est la France du Directoire.

Qu'est-ce que le parti qui détient encore le pouvoir et le sent glisser de ses mains rapaces ?

« ...Un restant éclopé de faction et de secte, quelques centaines de prédicants qui ne croient plus à leurs dogmes, des usurpateurs aussi méprisés que détestés, des parvenus de rencontre, portés en haut, non par leur capacité et mérite, mais par le roulis aveugle d'une révolution, ayant surnagé, faute de poids, soulevés comme une écume sale à la cime de la dernière vague, voilà les misérables qui garrottent la France sous prétexte de la rendre libre, qui saignent la France sous prétexte de la rendre forte, qui conquièrent les peuples sous prétexte de les régénérer, et qui, de Brest à Lucerne, d'Amsterdam à Naples, tuent et volent en grand, par système, pour affermir la dictature incohérente de leur brutalité, de leur ineptie et de leur corruption (1). »

Ce gouvernement ne meurt pas seulement de ses vices, de ses turpitudes, de ses excès de pouvoir. Il périt par ses divisions. Il s'est déporté lui-même, en envoyant à Cayenne deux directeurs : Barthélemy et Carnot. Les dissensions ont continué. Deux autres membres du Directoire, la Réveillère-Lepaux et Merlin, sont devenus suspects à ceux qui conspirent contre eux-mêmes par leurs propres fautes,

---

(1) Taine. t. III, p. 620.

et voient partout des conspirateurs. Le 30 prairial an VII (18 juin 1799), ils ont été congédiés et remplacés par le général Moulins et Roger Ducos.

De l'aveu de ses représentants, le régime expire. « La Constitution de l'an III, déclare Baudin, l'un des Cinq-Cents, ne peut plus aller. » Barras négocie avec les Bourbons. Sieyès cherche « une épée ». Celle du général Joubert semble destinée à mettre un terme à l'état d'épuisement et d'anarchie où se débat la France. Mais il est tué à Novi. On pense à Moreau, à Macdonald, à Bernadotte, avant de penser à Bonaparte qui, déjà, pense à lui. La dictature est dans les esprits. On attend le dictateur, et cette attente prépare sa venue, en rendant possible et presque certain son succès. Pour l'y aider, il a la conspiration du mépris, de la lassitude, du dégoût.

A l'enthousiasme qu'inspirait la Révolution, succède l'horreur de ses formules. Les mots de « citoyen » et de « patriote » sont considérés comme des injures. Le parti révolutionnaire les a discrédités, souillés par les crimes, par la tyrannie, par les malheurs dont ils rappellent désormais le souvenir. Au nom de la liberté, on a jeté la moitié de la France en prison; l'élite de la nation a été proscrite, massacrée, guillotinée, fusillée, déportée. La fraternité révolutionnaire a été celle de Caïn. La Gironde a été vaincue par la Montagne, les modérés précipités par les violents dans le fleuve aux flots rouges de sang. Les jacobins ont été guillotinés par les jacobins, Danton par Robespierre. Saint-Just, Couthon, Hébert, Chaumette, Camille Desmoulins, tant d'autres sont tombés sous le couteau révolutionnaire, après s'être servis de son tranchant pour couper les têtes du clergé, de la noblesse, de la bourgeoisie et du peuple. Robespierre a exercé la souveraineté absolue, au nom de ce système ; mais il a péri par lui.

Si encore le Directoire avait réagi contre l'esprit jacobin, s'il avait répudié l'héritage de la Terreur et appliqué la Constitution de l'an III dans le sens des idées d'apaisement et de modération dont l'expression a cherché à se faire jour par la voix populaire, peut-être verrait-il son pouvoir accepté. Mais loin de panser les plaies saignantes de la nation, il a aggravé ses maux, il a consommé sa ruine, énervé ses forces, provoqué sa haine et ses ressentiments. Un de nos plus grands historiens résume ainsi l'état auquel il a réduit la France :

« ... Tous les services publics désorganisés, anéantis ou pervertis ; ni justice, ni police ; des autorités qui s'abstiennent de poursuivre, des magistrats qui n'osent condamner, une gendarmerie qui ne reçoit pas d'ordres ou qui ne marche pas ; le maraudage rural érigé en habitude ; dans quarante-cinq départements, des bandes nomades de brigands armés ; les diligences et les malles-poste arrêtées et pillées jusqu'aux alentours de Paris ; les grands chemins défoncés et impraticables ; la contrebande libre, les douanes improductives, le Trésor vide, ses recettes interceptées et dépensées avant de lui parvenir, des taxes que l'on décrète et qu'on ne perçoit pas ; partout une répartition arbitraire de l'impôt foncier et de l'impôt mobilier ; des décharges non moins iniques que les surcharges ; en beaucoup d'endroits point de rôles pour asseoir la contribution ; çà et là des communes qui, sous prétexte de défendre la République contre les communes voisines, s'exemptent elles-mêmes de la conscription et de l'impôt; des conscrits à qui leur maire délivre des certificats faux d'infirmité ou de mariage (1), qui ne viennent pas à l'appel, qui, acheminés vers le dépôt, désertent en route par centaines, forment des rassemblements et se défendent contre la troupe à coups de fusil... (2). »

Sous forme de réquisitoire, ce tableau n'est que juste et vrai. Les documents authentiques, les témoignages des contemporains en fournissent les couleurs et en confirment l'exactitude rigoureuse.

Un témoin nous dit :

« Il est impossible, quand on ne l'a pas vu avant et après le 18 brumaire, de se figurer jusqu'où avaient été les dévastations de la Révolution. A toutes les dégradations que l'on pouvait dire volontaires, il fallait ajouter celles qu'avait opérées le seul défaut d'entretien pendant une période de près de dix années. A peine restait-il, par exemple, deux ou trois grandes routes viables. Peut-être n'en était-il pas une seule sur laquelle ne se rencontrât quelque point impossible à franchir sans danger. Quant aux communications intermédiaires, le plus grand nombre en était définitivement interrompu. Sur les rivières comme sur les canaux, la navigation devenait impossible. Partout les édifices consacrés au service public, les monuments qui font la splendeur de l'État tombaient en ruine (3). »

Faut-il s'étonner de voir le laboureur, le paysan se

---

(1) Une femme, grâce à une série de faux, se trouve mariée à dix ou douze conscrits. (Lettre du chef de bataillon de la gendarmerie à Roanne, 9 ventôse an VII, L. Sciout, t. IV, p. 770. Rapports de l'an VII.)

(2) Taine, *Le régime moderne*, t. I, p. 126.

(3) Chancelier Pasquier, *Histoire de mon temps*, t. I, p. 162.

déclarer l'ennemi de la République et de la Révolution (1), d'entendre les agents du gouvernement constater le discrédit où il est tombé et un jacobin laisser échapper cet aveu :

« On a tout fait pour aliéner à la Révolution et à la République l'immense majorité des citoyens et ceux mêmes qui avaient concouru à la chute de la monarchie... A mesure que nous avons avancé dans la route révolutionnaire, au lieu de voir les amis de la Révolution s'augmenter..., nous avons vu nos rangs s'éclaircir et les premiers défenseurs de la liberté se détacher de notre cause (2). »

Le décadi est méprisé. Les boutiquiers ferment le dimanche, « non pour vaquer à l'exercice de leur culte...,

(1) « Il est de bon ton, même parmi les peuples des campagnes, de paraître dédaigner tout ce qui tient aux usages républicains... Nos riches laboureurs qui ont le plus gagné à la Révolution se montrent les ennemis les plus acharnés de ses formes. » (Rapport de Guyel, commissaire du Directoire près le canton de Pierrefitte (Seine), germinal an VI. TAINE, *La Révolution*, t. III, p. 622.)

(2) *Ibid.*, t. III, p. 620. — « L'esprit qui anime un parti est rarement étouffé absolument par la défaite de ce parti. Le Directoire en avait la conscience et la preuve. En vain sa rigueur contre les écrivains comprimait la presse; l'opinion publique trouvait mille moyens indirects de lui manifester la haine qu'on lui portait. On montrait d'autant plus de malice qu'on avait moins de liberté, et les épigrammes avaient d'autant plus de portée qu'il était plus dangereux d'en faire ; la malice française reproduisait les mêmes sarcasmes sous toutes les formes. L'application d'un trait au théâtre, un couplet au Vaudeville, un calembour, un rébus même entretenaient, aiguisaient, irritaient les dispositions hostiles de la majorité des gouvernés, qui, délivrée par la retraite de la Convention de ce qu'elle n'avait jamais voulu, n'avait pas encore ce qu'elle voulait, ou plutôt ne voulait plus de ce qu'elle avait... Cette guerre satirique ne se renfermait pas dans les salons : les cafés, les foyers de théâtre étaient aussi des champs de bataille d'où les étourdis tiraient à mitraille sur les puissants du jour sans faire attention aux auditeurs que la police ou même le hasard pouvait leur donner. » (A. V. ARNAULT, *Souvenirs d'un sexagénaire*, t. IV, p. 50.)

mais parce qu'il est de bon ton de ne pas paraître républicain (1) ».

Assez longtemps a duré le régime qui a fait deux parts de la France, celle des proscripteurs et celle des proscrits, des oppresseurs et des opprimés. Le villageois veut voir se rouvrir la porte de son église et entendre sonner la cloche de son hameau. Les prêtres émigrés, poursuivis, déportés, ont plus que la majesté du sacerdoce : ils ont l'auréole des martyrs. Le sentiment religieux s'est ravivé aux sources du christianisme persécuté. L'Église de France s'est rajeunie et purifiée en confessant sa foi.

L'homme qui rendra aux Français la liberté religieuse, l'ordre, la confiance, la sécurité, sera le libérateur attendu, désiré par des milliers d'individus.

César peut venir. Il n'aura qu'à paraître pour être acclamé par toute la France, par ceux qui ont souffert de la Révolution comme par ceux qui en ont profité.

II

Entre le dictateur prêt à gouverner et le gouvernement dont il surveille l'agonie, entre l'héritier probable et le moribond, il y a de secrètes et mutuelles défiances. On s'observe de part et d'autre. La Révolution qui a vécu de la force pourra mourir par la force ; les violences autorisent

---

(1) Albert BABEAU, *Histoire de Troyes*, t. II, p. 466.

la violence. Il ne faut pas chercher bien loin des précédents pour tenter un coup d'État. Le 13 vendémiaire de la Convention et le 18 fructidor du Directoire conseilleront et justifieront le 18 brumaire.

La monarchie, frappée par la Révolution, grandie par les épreuves et le martyre, est encore dans la mémoire et dans le cœur de bien des Français. Mais, pour beaucoup d'autres, elle représente le retour de l'ancien régime avec des formes surannées et des abus condamnés. Elle inquiète surtout les détenteurs des biens nationaux dont la restitution semble liée à sa cause. Enfin, les efforts courageux et persévérants des royalistes n'ont pas été soutenus, récompensés par ceux dont la présence les eût aidés à vaincre, et l'on a la douloureuse surprise de ne pas apercevoir un seul Bourbon parmi les gentilshommes et les paysans qui combattent côte à côte pour Dieu et le Roi, sur l'héroïque terre de Bretagne et de Vendée. Le fidèle Frotté, avant de tomber victime de son dévouement, ne peut s'empêcher de jeter vers ses princes un cri qui éclate comme un reproche et qu'a entendu la postérité (1).

(1) « Henri IV a conquis sa couronne à la pointe de l'épée, et Louis XVIII n'a pas de moins fidèles sujets. Mais ils ont soif d'un Bourbon. Depuis quatre ans qu'ils combattent, pas un seul fils de Henri n'a paru à leur tête... Une poignée de Français combattent pour un roi, et n'ont-ils pas le droit de demander où est leur maître? Où sont les nombreux princes de son sang, quand leur présence entraînerait l'opinion générale, que le crédit de simples particuliers ne peut également développer, au milieu d'un grand nombre d'ennemis, dont une partie cesserait de l'être, s'ils voyaient un prince à notre tête? » (Lettre du 25 février 1796. *Louis de Frotté et les insurrections normandes*, par L. DE LA SICOTIÈRE, t. I, p. 417.) — Hédouville, commandant en chef l'armée républicaine des côtes de l'Ouest, disait le 25 novembre 1799, au moment d'une suspension d'armes : « Si un prince de la maison de Bourbon avait eu le courage de se jeter au milieu

Bonaparte est déjà célèbre. Son nom vole de bouche en bouche, de l'Italie à l'Égypte, répété par les victoires de Montenotte, de Lodi, de Castiglione, d'Arcole, de Rivoli, des Pyramides, d'Aboukir. Il est cher à l'armée dont il a promené le drapeau triomphant, après l'avoir arraché aux humiliations de la défaite. La résolution de son caractère est connue. C'est lui qui, le 13 vendémiaire, a mitraillé devant Saint-Roch les insurgés et sauvé le gouvernement révolutionnaire.

On peut juger de la place qu'il tenait en France et dans les préoccupations de l'esprit public par l'émotion que causa partout son arrivée, après la campagne d'Égypte. Nous la retrouvons attestée par des témoignages comme ceux-ci :

« Sur la route je rencontrai, au delà de Briare, la voiture du général Bonaparte qui revenait d'Égypte. Il est difficile de se faire une idée de l'enthousiasme universel que produisait son retour. Il a dit que les acclamations qui l'avaient accueilli sur son pasage lui avaient donné la mission de sauver la France. C'était la vérité. Sans savoir ce qu'il voudrait faire, sans prévoir ce qu'il allait advenir, chacun, dans toutes les classes, eut la conscience qu'il ne tarderait pas à mettre fin à l'agonie où périssait la France. On s'embrassait dans les rues, on se précipitait sur son passage, on tâchait de l'apercevoir (1). »

---

de ces milliers d'insurgés qui ont bien des vertus, fanatisme à part, je ne fais pas de doute que le sort de la République serait gravement compromis... La mer leur est ouverte : Cadoudal et Frotté ont balayé les côtes. Si un prince venait encore et rendait au commandement l'unité nécessaire, je crois que les Chouans feraient de grandes choses. » (A. Lepelletier, *Histoire de la province du Maine*, t. II, p. 429.)

(1) Baron de Barante, *Souvenirs*, t. I, p. 44.

« A la grande nouvelle de son retour, répandue par les télégraphes, toutes les cloches avaient été mises en branle et des feux de joie allumés ; annoncée sur les théâtres, les représentations avaient été suspendues par des cris, des transports extraordinaires et des chants patriotiques; dans d'autres lieux, on avait vu la foule s'amasser, les citoyens se serrer les mains et se jeter dans les bras l'un de l'autre, en pleurant de joie et d'enthousiasme. Dans le Conseil même des Cinq-Cents, son frère Lucien avait été porté par acclamation à la présidence. Enfin, une grande nation entière était passée subitement d'un morne désespoir à une ivresse orgueilleuse et triomphante (1). »

« A peine eut-il touché le sol de la France qu'il fut considéré comme le libérateur ; sa seule présence remplit d'effroi les anciens terroristes. Il trouva tous les partis disposés à lui décerner le pouvoir dictatorial (2). »

Comment refuser à Bonaparte les honneurs mérités par la valeur guerrière et les services rendus? Les hommes du Directoire, peu de jours avant d'être chassés par lui, l'invitent à un dîner solennel, et le lieu choisi pour ce repas est l'église de Saint-Sulpice. On y convie les représentants des deux Conseils et tous les fonctionnaires importants. Bonaparte s'y rend avec son état-major et plusieurs généraux.

« Une immense table en fer à cheval occupait la nef, raconte un de ses aides de camp. Le général en chef prit place à côté du président du Directoire. Il avait alors si peu de confiance dans le gouvernement ou plutôt tant de

---

(1) Comte DE SÉGUR, *Mémoires*, t. I, p. 483.
(2) Lieutenant général comte MATHIEU DUMAS, *Souvenirs*, t. III, p. 167.

défiance contre lui, qu'il avait fait apporter un pain et une demi-bouteille de vin. J'ignorais cette particularité, et je ne l'appris que parce que Duroc vint me demander dans l'église ces deux objets qu'on avait placés dans la voiture du général en chef, et qu'il fut obligé d'aller chercher. Je n'ai jamais vu d'assemblée plus silencieuse, et où les convives montrassent moins de confiance et de gaieté.

« A peine parlait-on à son voisin, et ceux qui étaient dans la confidence du complot aimaient mieux se taire que de hasarder des conversations dangereuses avec des voisins qui pouvaient n'être pas dans le secret. Les toasts qu'on y porta furent accueillis sans enthousiasme, même celui adressé au général Bonaparte, tant la préoccupation avait saisi tous les esprits; après une demi-heure, le général se leva, se promena lentement le long des tables, en adressant quelques mots aux convives; puis il s'échappa par une porte latérale, et il était rentré chez lui avant qu'on se fût aperçu de son absence (1). »

Ce repas presque silencieux dans une église rappelle le *Festin de Pierre,* où la statue du commandeur vient annoncer à don Juan le sort qui va le frapper. Mais si le gouvernement impuissant et méprisé du Directoire à l'endurcissement de don Juan, il n'a ni sa résolution, ni son courage. La foudre du 18 brumaire termine son existence, sans qu'une voix s'élève en France pour pleurer sa perte.

Toutes les voix, au contraire, approuvent l'acte qui a mis fin à l'anarchie. Toutes proclament la nécessité du coup d'État et reconnaissent les bienfaits qu'il apporte avec lui.

---

(1) Comte DE LAVALETTE, *Mémoires et Souvenirs,* t. I, p. 345.

« Il n'est pas douteux, écrit le royaliste Hyde de Neuville, que le 18 brumaire n'ait produit une impression de soulagement et d'approbation ; les aspirations vers l'ordre et la stabilité étaient si générales qu'on s'applaudissait de se sentir dans une main ferme, propre à les rétablir, quoique le nouvel ordre de choses ne fût encore qu'une transition. Il y avait dans ces dispositions favorables encore plus de mépris pour le gouvernement tombé que de sympathie pour celui qui s'élevait. La lassitude de la Révolution dominait tout. On s'en écartait, et un grand pas venait d'être fait. Ce sentiment était au fond de toutes les pensées...

« La société détruite soupirait après sa reconstitution, et tous les efforts qui allaient être tentés dans ce but rencontraient d'avance un appui, une bonne volonté régénératrice. Toutes les misères qui pesaient sur la nation devenaient des auxiliaires puissants pour le gouvernement chargé d'y remédier. C'est une bonne fortune pour un ordre de choses qui s'établit de pouvoir débuter par une réparation ou un acte de justice (1). »

Le même sentiment est exprimé par un homme appartenant à la noblesse de l'ancien régime et resté fidèle au souvenir du temps et de la société qu'il avait vus briller de leur dernier éclat.

« Paris jouissait avec ivresse des fruits de cette dictature beaucoup plus absolue que ne l'avait été la monarchie proscrite comme despotique, heureux d'être enfin débarrassé du jacobinisme, car la soumission à un maître lui

---

(1) *Mémoires*, t. I, p. 252.

semblait le résultat le plus favorable d'une révolution faite contre les rois (1). »

Un des jugements les plus précieux à recueillir sur l'acte du 18 brumaire est celui du duc Victor de Broglie. Son éducation, ses idées libérales ne le disposaient pas en faveur du césarisme, et l'on ne peut soupçonner le gendre de Mme de Staël d'avoir aimé Napoléon. Il n'hésite pas cependant à rendre un sincère hommage au Consulat, qui lui inspire ces lignes :

« Ceux qui n'ont point vécu à l'époque dont je parle ne sauraient se faire aucune idée du profond découragement où la France était tombée dans l'intervalle qui s'est écoulé entre le 18 fructidor et le 18 brumaire. En rentrant à pleines voiles dans le régime de la Terreur, elle y rentrait sans consolation et sans espérance. La gloire de ses armes était flétrie, ses conquêtes perdues, son territoire menacé. Le régime de la Terreur ne lui apparaissait plus comme une crise effroyable, mais passagère, comme un épouvantable paroxysme conduisant nécessairement et prochainement à un ordre de choses régulier. La réaction avait échoué ; le gouvernement qu'elle avait fondé envoyait ses fondateurs périr à Sinnamari. Tous les efforts des honnêtes gens pour user régulièrement de leurs droits avaient été écrasés par la violence. On n'avait devant soi que le retour d'une anarchie sanglante, dont il était impossible de prévoir ni la durée, ni le terme, ni le remède.

« Le remède, ce fut le 18 brumaire ; mais le 18 brumaire n'y suffisait pas. Ce n'était pas de coups d'État qu'on

(1) Comte D'ALLONVILLE, *Mémoires secrets*, t. IV, p. 295.

avait manqué depuis dix ans, mais de ce qui rend les coups d'État excusables, le génie, la sagesse, la vigueur qui les fait tourner au profit de la société et les rend inutiles à l'avenir.

« Le 18 brumaire fut dans ses conséquences, aussi bien que dans les intentions de son auteur, précisément le contraire du 18 fructidor. C'est là sa gloire. Il fonda ce que le 18 fructidor détruisait. Il fonda l'ordre qui dure encore, malgré tant d'événements divers qui se sont succédé en France depuis un demi-siècle, et dont il n'a point à répondre.

« Le 18 brumaire fut une délivrance, et les quatre années qui le suivirent furent une série de triomphes au dehors sur les ennemis, au dedans sur les principes du désordre et de l'anarchie. Ces quatre années sont avec les dix ans du règne de Henri IV la meilleure, la plus noble partie de l'Histoire de France (1). »

Les partisans du nouveau régime, les admirateurs de Napoléon et les suivants de sa fortune sont d'accord avec l'unanimité des contemporains, quand ils décernent au gouvernement inauguré par le 18 brumaire les louanges qu'il obtint alors de toute la France.

Bornons-nous à quelques-uns de ces témoignages, ratifiés par le jugement de l'Histoire :

« La popularité du 18 brumaire fut immense ! Les historiens républicains eux-mêmes en conviennent. Tout regret pour la prétendue virginité d'une Constitution si souvent violée demeura frappé de ridicule. Cette révolution

---

(1) *Souvenirs du feu duc de Broglie*, 1785-1870, t. I, p. 31.

était aussi l'œuvre de la France : elle l'avait proclamée d'avance : tous les partis, ou l'accueillirent avec empressement, ou furent forcés de s'y soumettre. Les classes proscrites y applaudirent comme à leur salut; les royalistes l'acceptèrent comme la résurrection de la monarchie, à laquelle il ne manquerait plus que le monarque dont ils espérèrent tôt ou tard, et d'une façon ou d'autre, le retour. Les constitutionnels, hommes d'ordre, y virent le retour de l'ordre, besoin si pressant alors que, avec plus ou moins de regret, la plupart lui sacrifièrent leurs principes. Les démagogues eux-mêmes, vaincus par l'opinion publique, se résignèrent, hors les plus passionnés (1). »

« Le 18 brumaire débarrasse la France d'une administration impuissante, le peuple place l'autorité dans les mains de l'homme qui faisait sa gloire et son espoir. Tout change : la force succède à la faiblesse, l'ordre remplace partout l'anarchie, et, en trois mois, on organise un gouvernement fort, éclairé, on réunit dans les administrations les hommes instruits, zélés, courageux, que les factions avaient écartés ou oubliés (2). »

« On peut, sans doute, contester la légalité des actes du 18 brumaire; mais qui osera dire que le résultat immédiat de cette journée ne dut pas être regardé comme un grand bonheur pour la France? Pour le nier, il faudrait n'avoir aucune idée de la triste situation de toutes les branches de l'administration à cette déplorable époque. Que l'on prodigue, tant que l'on voudra, les grands mots de *représen-*

---

(1) Général comte DE SÉGUR, *Histoires et Mémoires*, t. II, p. 1.
(2) Comte CHAPTAL, *Mes souvenirs sur Napoléon*, publiés par le vicomte CHAPTAL, in-8°, 1893.

tation nationale, de *constitution violée*, de *tyrannie militaire*, d'*usurpation de pouvoir*, de *soldat parvenu*, on n'empêchera pas que la France ait salué d'une voix presque unanime l'avènement de Bonaparte au pouvoir consulaire, comme un bienfait de la Providence. Je ne parle point ici des suites ultérieures de cet événement, je parle du fait en lui-même et seulement de ses premières conséquences, telles que le retrait de la loi des otages et de l'emprunt forcé de cent millions.

« Peu de personnes blâmèrent le 18 brumaire ; personne ne regretta le Directoire, à l'exception peut-être des cinq directeurs (1). »

Une caricature les représentait malades dans leurs lits, tandis que l'abbé Sieyès, en habits pontificaux, leur donnait l'extrême-onction.

Le sentiment général que viennent de nous traduire les hommes les plus différents, on le retrouve exprimé sous une forme spirituelle et légère dans un écrit du temps (2).

---

(1) BOURRIENNE, *Mémoires*, t. III, ch. IX. « En lisant l'histoire de notre temps, telle qu'elle a été écrite par les contemporains, on pourrait croire qu'en partant du 13 vendémiaire, passant par le 18 fructidor, pour arriver au 18 brumaire, il n'y a eu qu'un combat de doctrines politiques, et que la République n'a succombé que sous la malveillance des royalistes qui, à coup sûr, n'y ont été pour rien. On ne peut pas même leur faire un privilège de l'insouciance qu'inspira la chute du Directoire, tant était général le mépris dont il était couvert. De nos pouvoirs politiques, c'est le seul qui n'ait laissé aucuns partisans dans aucune classe de la société. Il est vrai que de cette époque date l'habitude prise de s'arranger de tout pouvoir qui surgit, pourvu qu'on trouve à s'y placer ; la fidélité nouvelle à laquelle on se voue par devoir, aide alors à éteindre le souvenir de la fidélité qui n'a plus d'application utile. » (J. FIÉVÉE, *Correspondance et relations avec Bonaparte, premier Consul et Empereur*, t. I, ch. CLXVI.)

(2) *Une soirée de la bonne compagnie de 1804*, par RIPAULT. Paris, 1804, in-12.

Son auteur nous introduit dans le salon d'une vénérable comtesse de l'ancien régime. Chez elle se sont réunies, le soir, plusieurs personnes : un ancien président au Parlement, un ecclésiastique de province, un émigré, un commandeur de Malte et un ancien conventionnel. Chacun disserte sur la Révolution et sur les suites du 18 brumaire.

La comtesse, une vraie femme du dix-huitième siècle, qui en a gardé l'esprit et les vapeurs, raconte les mauvaises nuits que lui fit passer la période révolutionnaire, en remontant aux premières agitations qui, à la fin du règne de Louis XVI, annonçaient déjà les mauvais jours :

« Un soir de l'année 1787, on dit, dans le petit salon gris de la duchesse de B***, que le Roi vient de signer la convocation des notables... J'eus une oppression. Je rentrai chez moi, je me mis au lit sur-le-champ et je dormis peu... Un an après, nouvel appel aux notables. Je dormis moins encore. Puis, la convocation des États généraux ; je restai trois nuits sans sommeil. On pendait le prévôt des marchands, intendant, boulangers, accapareurs... Je doublais le pas quand je passais à pied sous les lanternes. Je ne pouvais fermer l'œil que de deux nuits l'une. Il faut fuir à la campagne... On brûlait les châteaux.

« Un soir, je me couche avec 80,000 livres de rente ; je me lève le lendemain avec 30,000 francs de revenus de moins. Les droits féodaux étaient abolis... Alternatives de bonnes et de mauvaises nuits pendant la Constituante... Je n'avais plus qu'une bonne nuit sur trois. Je ne vous parle pas des suspensions plus ou moins longues que me causèrent et le 20 juin, et l'affaire du Champ de Mars, et le 10 août, et les horreurs de septembre... La Convention est installée.

Je ne dormais plus que le dimanche. Bientôt, je ne trouvai plus de sommeil qu'une fois par décade. De malheureux paysans égarés (je les avais nourris dans la disette) m'accusèrent d'avoir enfoui les grains de mes fermes... Une nuit, on frappe à ma porte, on me trouve tout éveillée, et l'on me fait troquer mon lit et ma couverture d'édredon contre une couchette de corps de garde. Le moyen de dormir dans les prisons de Robespierre?... Mais, oh! la bonne nuit que la nuit du 10 thermidor!... On me rendit ma liberté; mais ce n'était qu'un sommeil de convalescent. Des crises terribles se succédaient dans l'ordre politique, et comme leurs conséquences n'étaient pas moins dangereuses que celles que j'aurais pu craindre sous Robespierre, j'en éprouvais les mêmes effets.

« Il s'établit en France une manière de gouvernement, et je vis diminuer mes insomnies : il fallait, pour les faire cesser, qu'un jeune général s'attachât à ce gouvernement. En moins de quelques mois, je reconnus à ses succès, à sa conduite et surtout à l'animosité de ses ennemis de quelle importance il était dans l'État... Chaque victoire de l'armée d'Italie me procurait un repos parfait; mon sang se rafraîchissait pour un mois. Mon héros, le restaurateur de ma santé, s'en va, on ne sait pourquoi; je dépérissais à vue d'œil... Tout à coup, j'entends, dans les rues, sous mes fenêtres, des convulsions de joie. Il est arrivé; il est à Fréjus. Cette nuit fut meilleure que celle du 10 thermidor. Je ne connais plus ni veilles, ni insomnies. Depuis ce temps-là, je dors sur les deux oreilles, et maintenant mademoiselle Sophie n'entre chez moi qu'à dix heures. »

Ce récit, qui retrace d'une manière plaisante les plus

graves événements, a été fort applaudi dans le petit cercle de la comtesse. Chacun, à son tour, fait entendre le sien, et nul ne contredit à l'éloge du 18 brumaire. Le commandeur de Malte a été réintégré dans ses biens. L'émigré, après avoir servi dans l'armée de Condé, est allé rejoindre les braves Vendéens, et a vainement attendu avec eux l'arrivée d'un prince français. Il rend grâce au premier Consul qui lui a rendu sa patrie et une portion de sa fortune. L'ecclésiastique avait perdu tous ses bénéfices à la Révolution. Ayant refusé de prêter serment à la Constitution civile du clergé, il a dû se cacher dans les Cévennes pour éviter la mort. Le Directoire l'a déporté à Oléron. Quelle n'est pas sa reconnaissance pour l'homme qui l'a délivré des proscripteurs !

Le conventionnel ne se félicite pas moins d'un régime sous lequel il peut désormais jouir en paix des biens nationaux acquis pendant la Révolution. Le magistrat, qui a connu les prisons de la Terreur, passe maintenant de tranquilles hivers à Paris. Il applaudit aux actes du nouveau gouvernement ; mais il s'étonne de ne pas voir encore rétablir les Parlements.

Ce petit tableau n'a pas la gravité de l'Histoire ; mais, avec des couleurs frappantes, il reflète les opinions, les sentiments qui ont, dans un accord presque unanime, réuni les Français de toutes les classes.

Battu par la tempête, le vaisseau cherche le rivage où il doit trouver le port. Ainsi, la France, ruinée, meurtrie, épuisée, salue alors le pouvoir fort et réparateur qui lui montre l'abri où elle vient se réfugier, avide de justice, de repos, de sécurité ; confiante dans le jeune capitaine qu'illuminent les premiers rayons de la gloire et du génie. Au pays victime de l'anarchie et des discordes civiles, il apporte l'autorité nécessaire ; à la société religieuse il va rendre la paix ; à la société civile il donnera des lois assez puissantes pour subir intactes l'épreuve du temps. Aux yeux fatigués d'humiliations et des crimes, il fait briller les éblouissements de la victoire. Pages vraiment les plus magnifiques qu'ait jamais contenues l'histoire d'un homme, et auxquelles on voudrait enlever la tache du sang répandu dans les fossés de Vincennes.

Le Consulat, ce n'est pas seulement l'aube éclatante d'un siècle nouveau ; c'est la France, rajeunie, délivrée, qui recommence à vivre et à espérer.

CHAPITRE II

I. La constitution de l'an VIII. — II. Retour aux formes monarchiques. — III. L'oeuvre du Consulat.

I

Le lendemain du jour où Bonaparte, qui venait de quitter le Luxembourg, s'installa aux Tuileries (1), il dit à Bourrienne, en parcourant ce palais : « Nous voilà donc aux Tuileries ! Maintenant, il faut y rester. »

Il y entrait premier Consul ; il devait y être Empereur et y relever le trône abattu. C'est dans ce même palais que, huit ans auparavant, le 20 juin 1792, il avait vu l'infortuné Louis XVI se laisser coiffer du bonnet rouge. Rien n'annonçait alors dans le sous-lieutenant d'artillerie, sorti de l'école de Brienne, les destinées qui remirent entre ses mains le sceptre de Charlemagne, en inscrivant son nom près de ceux d'Alexandre et de César.

Témoin des excès de la Révolution et de la faiblesse du monarque assiégé dans sa demeure par la démagogie, il ne cachait pas la colère que lui inspirait ce spectacle, et Bourrienne, qui l'accompagnait alors, a raconté l'épisode où Napoléon nous apparaît en face de Louis XVI :

---

(1) Il en prit possession le 18 février 1800.

« Nous nous étions donné rendez-vous pour nos courses journalières chez un restaurateur, rue Saint-Honoré, près le Palais-Royal. En sortant, nous vîmes arriver, du côté des Halles, une troupe que Bonaparte croyait être de cinq à six mille hommes, déguenillés et burlesquement armés, vociférant, hurlant les plus grossières provocations, et se dirigeant à grands pas vers les Tuileries. C'était, certes, ce que la population des faubourgs avait de plus vil et de plus abject. *Suivons cette canaille,* me dit Bonaparte. Nous prîmes les devants, et nous allâmes nous promener sur la terrasse du bord de l'eau. C'est de là qu'il vit les scènes scandaleuses qui eurent lieu. Je peindrais difficilement le sentiment de surprise et d'indignation qu'elles excitèrent en lui. Il ne revenait pas de tant de faiblesse et de longanimité. Mais lorsque le Roi se montra à l'une des fenêtres qui donnent sur le jardin, avec le bonnet rouge que venait de placer sur sa tête un homme du peuple, l'indignation de Bonaparte ne put se contenir. *Che coglione!* s'écria-t-il assez haut. *Comment a-t-on pu laisser entrer cette canaille? Il fallait en balayer quatre ou cinq cents avec du canon, et le reste courrait encore* (1). »

Bonaparte dut être hanté par ce souvenir, lorsqu'il habita le palais que Louis XVI avait quitté le 10 août. Un de ses premiers soins fut d'en faire effacer les traces qu'y avait laissées la Révolution. Sur le plafond peint par Le Brun, dans le grand salon de réception, la Convention avait eu l'étrange idée d'orner la figure de Louis XIV de la cocarde tricolore. Les murs étaient couverts de bonnets

---

(1) *Mémoires*, t. I, ch. IV.

rouges. Bonaparte donna l'ordre de les recouvrir d'un badigeon et venait voir souvent si ces mesures étaient exécutées.

« Faites-moi disparaître tout cela, dit-il un jour à l'architecte ; je ne veux pas de pareilles saloperies (1). »

A peine Bonaparte s'est-il emparé du pouvoir, qu'il a voulu le consacrer par des formes légales. La constitution de l'an VIII, présentée le 14 décembre 1799 à l'acceptation du peuple et ratifiée le 7 février 1800, par trois millions onze mille sept voix contre quinze cent soixante-deux opposants, établit un gouvernement consulaire. Trois consuls, Bonaparte, Cambacérès et Lebrun, sont élus pour dix ans et représentent le pouvoir exécutif. Un Tribunat, composé de cent membres (2), discute les lois dont l'initiative appartient au pouvoir exécutif ; les trois cents membres du Corps législatif les votent. Les quatre-vingts sénateurs (3) se recrutent entre eux, choisissant à chaque vacance parmi les trois candidats présentés l'un par le Corps législatif, l'autre par le Tribunat, le troisième par le premier Consul. La majorité du Sénat a été composée d'avance par les deux consuls, Cambacérès et Lebrun, en attendant que Bonaparte, investi du droit exclusif de présentation, procède directement aux nominations (4).

Le Sénat a le droit d'annuler les actes inconstitutionnels qui lui sont déférés par le Tribunat. Il est le grand élec-

---

(1) *Mémoires*, t. III, ch. xix.
(2) Nommés par le Sénat, leur nombre fut réduit à 50, le 4 août 1802, et leurs appointements étaient de 15,000 francs. Le Tribunat fut supprimé en 1807.
(3) Leur nombre fut porté à 140, à la fin de l'Empire. Leur dotation varia de 25,000 à 36,000 francs.
(4) Sénatus-consulte du 4 août 1802.

teur; c'est lui qui nomme à toutes les fonctions d'ordre politique : législateurs (1), tribuns, consuls, juges de cassation, commissaires de comptabilité.

Le gouvernement révolutionnaire avait violenté la souveraineté populaire. Le nouveau régime la supprime. La nation ne choisit plus ses députés; elle n'élit que des candidats à la députation, et encore ne le fait-elle qu'au moyen d'élections à trois degrés qui éliminent soigneusement un grand nombre d'individus. Dans chaque arrondissement, une liste de notabilité communale est dressée au scrutin secret par ceux qui, domiciliés depuis un an, sont inscrits sur le registre civique. Cette liste ne peut comprendre que le dixième des électeurs. Ceux-ci, à leur tour, désignent un dixième d'entre eux pour la liste départementale, dont les élus choisissent parmi eux un dixième composant la liste nationale. Ces trois listes sont revisées tous les trois ans. Sur la liste communale, le gouvernement désigne les fonctionnaires de l'arrondissement; sur la liste départementale, les fonctionnaires du département. Sur la liste nationale, le Sénat choisit les autorités dont la nomination lui appartient en vertu de la Constitution. Le gouvernement y inscrit ses protégés, ses fonctionnaires, et y prend lui-même ses législateurs. Il ne propose pas seulement les lois, il les fait voter par ceux qu'il a lui-même élus.

Grâce à ce système, on a un peuple dont les suffrages sont si bien triés et si bien conduits vers un pouvoir unique, qu'il ne reste plus rien de sa volonté ni de sa sou-

(1) C'est le nom donné alors aux membres du Corps législatif. Ils recevaient 10,000 francs d'appointements.

veraineté. On a un Sénat complaisant, un Corps législatif obéissant, un Tribunat issu du Sénat et dont tout le rôle se borne à émettre des vœux.

Il y a trois consuls, au lieu des cinq directeurs du gouvernement précédent, disposition servant à tromper les yeux, à ménager les transitions, à masquer par un triumvirat le pouvoir d'un seul. En réalité, il n'y a qu'un maître : Bonaparte, premier Consul. Il nomme et révoque tous les fonctionnaires, même ceux de l'ordre judiciaire, à l'exception des juges de paix et de ceux du tribunal de cassation, sans que ses collègues interviennent jamais dans ses choix. Il dispose de l'initiative des lois, des grades dans l'armée, prend ses ministres et ses conseillers d'État, ainsi que les magistrats, sur les listes de notabilité, accrédite ses ambassadeurs auprès des puissances étrangères.

Le second et le troisième consul ont voix consultative dans le gouvernement. Mais le premier Consul décide seul et agit souverainement.

Ce n'est pas seulement l'autorité qui est rétablie : c'est le pouvoir personnel, c'est l'absolutisme d'un homme que la Révolution n'a pas fait craindre, mais qu'elle a fait désirer, après avoir détruit l'absolutisme royal et promis la liberté. Cette Révolution n'a donné qu'un despotisme sanglant que se sont disputé les factions; elle a enfanté l'anarchie; elle a menacé le corps social d'une dissolution complète. Pour reconstruire l'édifice, les partis sont impuissants dans la nation énervée, affaiblie, découragée par dix ans de troubles, de crimes, d'excès, de violences, de ruines publiques. Il faut la volonté d'un seul, et c'est vers elle qu'inclinent toutes les volontés, tous les désirs, tous les vœux.

Une plume militaire ne fait qu'exprimer le sentiment dominant de l'époque lorsqu'elle écrit :

« On était tellement fatigué de la manière dont les assemblées avaient abusé de leur pouvoir, on était tellement effrayé des dangers auxquels on venait d'échapper, que tout ce parlage, si fort à la mode autrefois, n'était plus dans le goût de personne. Il a fallu tous les écarts de l'Empereur, tous les maux de la fin de l'Empire et l'abus continuel d'une autorité sans frein et sans contrôle, pour modifier les opinions et les sentiments publics à cet égard, et faire revenir la France à l'idée d'un régime différent (1). »

II

Le monarque existe. La monarchie est en germe dans l'esprit de la Constitution comme dans le caractère de l'homme. Il s'agit maintenant de revenir aux formes monarchiques, d'y familiariser les regards, et de restaurer les mœurs comme les institutions.

Quoiqu'il ne fût pas né sur le trône, Napoléon avait tous les instincts d'un vrai monarque. Talleyrand, qui lui reproche d'être mal élevé, lui reconnaît cependant les dons que possèdent les hommes nés pour régner.

---

(1) Maréchal duc DE RAGUSE, *Mémoires*, t. II, p. 103.

« Il fallait, dit-il, faire un souverain temporaire qui pût devenir souverain à vie et enfin monarque héréditaire. La question n'était pas si Bonaparte avait les qualités les plus désirables dans un monarque ; il avait incontestablement celles qui étaient indispensables pour réaccoutumer à la discipline monarchique la France infatuée de toutes les doctrines révolutionnaires, et nul ne possédait ces qualités au même degré que lui (1). »

Le sénatus-consulte du 4 août 1802, en conférant à Bonaparte le consulat à vie, marque la seconde étape vers le trône où il n'est pas monté encore. La dignité consulaire est également viagère pour ses deux collègues ; mais il a la faculté de désigner son successeur, qu'il peut, par conséquent, choisir dans sa famille, et de présenter les deux autres consuls au choix du Sénat dont il nomme lui-même les quarante membres. Il possède le droit de grâce, un des attributs de la royauté.

3,568,885 voix contre 8,374 répondent au plébiscite où l'on demande à la nation française si Napoléon Bonaparte sera consul à vie. Chose digne de remarque, c'est en Corse, dans la patrie de Napoléon, que se manifesta le plus d'opposition (2).

---

(1) *Mémoires,* publiés par le duc DE BROGLIE, t. I, p. 275.

(2) « J'eus lieu de reconnaître que la Corse était un des pays où Bonaparte, quoiqu'il y fût né, aurait rencontré le moins de docilité pour l'exécution de tous ses projets, et si tous les départements de la France eussent été animés du même esprit que ceux du Golo et du Siamone, sa rapide élévation eût peut-être rencontré plus d'obstacles. Lorsque l'arrêté pris par les deuxième et troisième consuls sur cette question : Napoléon Bonaparte sera-t-il consul à vie? me fut parvenu, je m'empressai de le faire publier, et d'ouvrir les registres où chaque habitant devait consigner son vote. Mais cette publication n'éveilla en faveur d'un si illustre compatriote aucun

Le pouvoir de Bonaparte n'est plus temporaire; il doit durer autant que lui, et si le principe de l'hérédité n'est pas encore admis, il est indiqué par le droit de disposer de sa succession.

Élu direct de la nation, le premier Consul est désormais au-dessus des grands corps de l'État et des rivalités des partis. Il a tout fait pour encourager les dispositions de l'esprit public et en tirer profit. D'abord, il a communiqué à la foule une sorte de foi aveugle dans sa destinée. Il a frappé l'esprit populaire déjà conquis par sa renommée.

« Je n'agis, disait-il un jour à Volney, que sur les imaginations de la nation; lorsque ce moyen me manquera, je ne serai plus rien, et un autre me succédera (1). »

Il a eu soin de faire envisager l'éventualité de sa mort, afin de montrer en lui l'homme nécessaire (2). Les ovations triomphales prodiguées au vainqueur de Marengo ont accru sa popularité toujours grandissante. Afin d'imprimer le respect de sa personne et de sa puissance, il s'est entouré d'un appareil imposant; il a ressuscité l'étiquette et quelques-uns des usages du passé monarchique, donnant des audiences où se presse la foule brillante des

---

enthousiasme. A l'exception des fonctionnaires publics dont le vote était obligé, on montra partout peu d'empressement, et les registres se remplissaient lentement. Il y eut même un assez grand nombre de votes négatifs. » (Miot de Melito, *Mémoires*, t. II, p. 23.)

(1) Miot de Melito, t. I, p. 289.

(2) « Il n'y a que trois manières de se placer à la tête du gouvernement d'une nation : la naissance, le droit de conquête et une constitution avouée et reconnue. La naissance ne m'a pas porté à la place que j'occupe; je ne veux jamais paraître la devoir à la conquête : il n'y a donc qu'une constitution qui puisse me l'assurer, et je ne suis rien si celle qui me donne cette place n'est pas maintenue. » (Paroles de Bonaparte à Miot de Melito, *Mémoires*, t. I, p. 287.)

plus hauts personnages de l'État (1). Le 15 août 1802, jour anniversaire de sa naissance, a été célébré comme la fête d'un souverain. Il a reçu les hommages du corps diplomatique, de toutes les autorités civiles, religieuses et militaires. Le *Te Deum* a retenti sous les voûtes de Notre-Dame et dans toutes les églises de France (2).

Il entend la messe le dimanche à Saint-Cloud, mais d'une manière moins édifiante que les Rois Très Chrétiens. Pour éviter les brocards de son entourage dont l'esprit est irréligieux (3), il a soin de la faire dire avant l'heure annoncée. Trois ou quatre personnes y assistent. L'autel est dressé dans un cabinet qui, les autres jours de la semaine, sert de salle de bain. Pendant cette messe, dont la durée n'excède pas douze minutes, le premier Consul ne cesse de travailler dans la pièce voisine, la porte entr'ouverte, et

---

(1) « Par des nuances d'abord insensibles, mais qui chaque jour devinrent plus tranchantes, il s'écarta des mœurs républicaines. Dès le commencement, il s'était isolé des autres consuls. Une grande partie des actes du gouvernement portait son nom seul. Bientôt le palais qu'il habitait prit un aspect nouveau. L'accès en avait d'abord été ouvert à tous les grands fonctionnaires publics; par la suite, ces communications furent interdites; il fallut des formalités pour obtenir une audience : un cérémonial d'étiquette, et si l'on en murmurait tout bas, le besoin d'approcher le magistrat, source de toutes les faveurs et dont la puissance s'augmentait de jour en jour, faisait qu'on s'y soumettait d'assez bonne grâce... Bonaparte n'eut aucune peine à nous faire subir ces nouveautés : nous allions au-devant de ses désirs, et dès qu'il voulut avoir une cour, les courtisans ne lui manquèrent pas. » (*Mémoires*, t. I, p. 278.)

(2) THIERS, *Histoire du Consulat et de l'Empire*, t. III, liv. XIV.

(3) « La cour consulaire était en général très irréligieuse, et il ne pouvait en être autrement, puisqu'elle se composait de ceux qui avaient le plus contribué à la destruction du culte en France, et d'hommes qui, ayant passé leur vie dans les camps, étaient plus souvent entrés dans les églises d'Italie pour y prendre des tableaux que pour y entendre la messe. » (BOURRIENNE, *Mémoires*, t. IV, ch. XVII.)

le lendemain les journaux répètent à l'envi : « Le premier Consul a entendu la messe dans ses appartements (1). »

Mais il ne tarde pas à donner plus d'apparat aux cérémonies du culte rétabli, et nous en trouvons le souvenir consigné dans les lignes suivantes, à la date du 24 septembre 1803 :

« J'ai entendu ce matin une messe en musique célébrée dans la chapelle du palais de Saint-Cloud.

« Cela serait un très petit événement qui n'aurait rien d'extraordinaire, s'il n'eût été précédé d'une révolution qui avait renversé la royauté et la religion. On put croire, pendant de longues années, que c'en était fait de l'une et de l'autre; et l'on dut penser qu'elles ne parviendraient jamais à se rétablir sans le concours d'une contre-révolution complète. Cette contre-révolution n'a point eu lieu : la religion catholique est ressuscitée, et toutes les formes de la monarchie reparaissent. Le dimanche, le chemin de Paris à Saint-Cloud est couvert de voitures, comme l'était à pareil jour sous l'ancien régime celui de Versailles.

« Bonaparte habite le séjour des rois, et ses ameublements surpassent peut-être les leurs en magnificence. Comme il y a loin des folies ensanglantées de 93, des fêtes de la Raison, de la théophilanthropie de La Réveillère, à un évêque de Versailles disant la messe à Saint-Cloud, et quel immense intervalle entre le gouvernement du Comité de salut public et le premier Consul !

« Il y avait quelque chose de piquant à observer, dans cette magnifique galerie de Saint-Cloud, les figures de

---

(1) BOURRIENNE, *Mémoires*, t. IV, ch. XVII.

beaucoup d'ex-conventionnels, de ces modernes Brutus qui avaient fréquemment juré sur l'autel de la patrie que celui qui tenterait d'usurper le pouvoir suprême périrait sous leurs coups. L'usurpateur était là ; il était au milieu d'eux, jouant aussi bien son rôle de maître qu'eux jouaient maladroitement celui de courtisans. On remarquait une foule immense, vêtue d'habits plus ou moins richement brodés, et au milieu d'elle *un homme ;* dans ce vaste palais une suite nombreuse, richement habillée, qui ne faisait attention qu'à *un homme.* Et si de là on portait ses yeux sur la France, on apercevait une multitude prodigieuse dont la vue est fixée sur *un homme.* De cette réflexion il résulte qu'il n'y a plus qu'un homme dans l'État. Cet homme, c'est le consul, comme prirent soin de nous l'apprendre les individus chargés de l'annoncer lorsqu'il entra dans la galerie. A ce nom, toutes les conversations cessent, tous les groupes se désunissent, tous les cercles se rompent, les fonctionnaires publics se rangent sur deux haies. Bonaparte passe au milieu ; il cherche à fixer le sourire sur ses lèvres, il distribue de petits saluts à droite et à gauche, comme le Pape donne des bénédictions ; il se dandine en marchant, parce que le dandinement, que l'on croyait être une propriété exclusive des Bourbons, appartient à la place qu'il occupe. Il naît de l'embarras involontaire et forcé qu'éprouve celui qui se trouve être, par sa position, le point de mire de tous ces observateurs. Derrière le consul, bien loin derrière lui, on apercevait Cambacérès et Lebrun ; le premier donnait la main à madame Bonaparte, et le second à madame de Luçay ; encore derrière eux, on remarquait un seul petit groupe d'hommes et de femmes attachés à la maison. Le principal personnage alla se mettre dans une tribune en face de l'autel. Il y occupait une place distinguée; c'était celle réservée à Louis XVI, lorsqu'il assistait à la messe (1). »

Trois fois par semaine, madame Bonaparte donne à Saint-Cloud des dîners de douze couverts où règne la même étiquette qu'aux Tuileries. Elle n'est pas encore impératrice, et elle a quatre dames du palais qui font les présentations. On revient à quelques-unes des modes de l'ancien régime, sans adopter toutefois pour les femmes la poudre et les paniers que prônent les survivantes de la cour de Versailles. L'épée et les bas de soie remplacent chez les hommes le sabre et les bottes. Le second et le troisième consul sont confondus dans la foule des courtisans et ne se distinguent que par le costume. Bonaparte, vêtu d'un habit de velours violet brodé d'or, l'épée au côté, avec les bas de soie et les boucles aux souliers, a des aides de camp et des préfets du palais (2).

(1) Stanislas GIRARDIN, *Journal et Souvenirs, Discours et Opinions*, 1828, 4 vol. in-8°, t. III, p. 286.

(2) MIOT DE MELITO, t. II, p. 43. — « Il y avait un gouverneur du palais qui était le général Duroc. Ce général avait dans ses attributions l'ordonnance des dépenses, la police et la surveillance du palais. Il tenait table pour les officiers et dames de service et pour les aides de camp. La maison militaire se composait alors de quatre généraux commandant la garde des consuls : les généraux Lannes, Bessières, Davout et Soult; de huit aides de camp : les colonels Lemarois, Cafarelli, Caulaincourt, Savary, Rapp, Fontanelli, Italien, et le capitaine Lebrun, fils du 3ᵉ consul. Il y avait quatre préfets du palais : MM. de Luçay, Rémusat, Didelot et Cramayel, et quatre dames : Mmes de Luçay, Talhouët, Rémusat et Lauriston. Un des généraux de garde était de service chaque semaine chez le premier Consul, ainsi qu'un aide de camp et un préfet du palais.

« Les préfets du palais étaient chargés du service intérieur, du règlement de l'étiquette et de la surveillance des spectacles. Les dames étaient

« A la première audience, quelques hauts fonctionnaires civils parurent avec la bourse à cheveux et les dentelles. On suivit peu à peu cet exemple pour plaire au premier Consul ; mais ce retour aux anciens costumes fut pendant quelque temps une vraie mascarade. L'un avait une cravate avec un habit habillé, l'autre un col avec un frac, celui-ci la bourse, celui-là la queue ; quelques-uns avaient les cheveux poudrés, le plus grand nombre était sans poudre ; il n'y manquait que les perruques. Toutes ces petites choses étaient devenues de grandes affaires. Les anciens perruquiers étaient aux prises avec les nouveaux. Chaque matin, on regardait la tête du premier Consul ; si on l'eût vue une fois avec de la poudre, c'en était fait d'une des modes les plus saines et les plus commodes de la Révolution : les cheveux au naturel eussent été proscrits. Cette grave matière fut agitée dans les conseils de MM. de la Chambre ; mais le premier Consul ne put se résoudre à cette réaction, et l'on conserva du moins la liberté de porter ses cheveux comme on le voulait. On fit entendre cependant que la poudre et la bourse étaient plus décentes et plus agréables au premier Consul ; la plupart des étrangers et des Anglais surtout, qui avaient les cheveux coupés et les portaient à la ville sans poudre, quand ils venaient

---

chargées d'accompagner Mme Bonaparte ; les présentations des ambassadeurs étrangers et autres étaient faites par elles. Une dame était de service chaque semaine auprès de Mme Bonaparte. Dans les cérémonies et dans les circonstances extraordinaires, les préfets du palais et les dames étaient tous présents. Le général de service tenait table pour les officiers qui étaient de garde au palais. *Il y avait ainsi déjà à cette époque dans la maison du premier Consul les éléments d'une cour.* » (Baron DE MENEVAL, *Souvenirs historiques*, t. I, p. 83.)

aux audiences du premier Consul, se saupoudraient la tête et attachaient une bourse au collet de leur habit (1). »

Aux représentations théâtrales de Saint-Cloud, parmi lesquelles figure *Esther* qui ressuscite le grand siècle et évoque le souvenir du grand Roi, Bonaparte, entouré d'aides de camp et d'officiers de service, prend place dans une loge située en face de celle de madame Bonaparte, qu'accompagnent des dames du palais. Tout le monde se lève à leur entrée dans la salle, et ils saluent l'assistance comme de véritables souverains (2).

Le 6 brumaire an XI (27 octobre 1803), le premier Consul part de Paris avec madame Bonaparte et le ministre de l'intérieur pour entreprendre un voyage dans les départements, s'y faire connaître des populations et s'enquérir de leurs besoins. Il s'arrête longuement à Ivry, sur le champ de bataille illustré par Henri IV, et ordonne d'y rétablir la pyramide détruite par la Révolution (3). Le

(1) THIBAUDEAU, *Le Consulat et l'Empire*, t. III, ch. XXXVI.
(2) MIOT DE MELITO, *Mémoires*, t. II, p. 101.
(3) Il y fit graver une inscription que fit depuis effacer la Restauration. Elle était ainsi conçue : « Napoléon Buonaparte, premier Consul, à la mémoire de Henri IV, victorieux des ennemis de l'État, aux champs d'Ivry, le 14 mars 1590.

« L'an XI de la République Française, le 7 brumaire, Napoléon Buonaparte, premier Consul, a ordonné la réédification du monument destiné à consacrer le souvenir d'Henri IV et de la victoire d'Ivry. Les malheurs éprouvés par la France, à la bataille d'Ivry, étaient le résultat de l'appel fait par les différents partis français aux nations espagnole et anglaise. Toute famille, tout parti qui appelle les puissances étrangères à son secours, a mérité et méritera, jusque dans la postérité la plus reculée, la malédiction du peuple français. » — L'allusion aux émigrés était trop évidente pour être tolérée, après le retour des Bourbons. L'inscription aurait dû n'évoquer qu'une glorieuse mémoire, sans y mêler de pénibles souvenirs. Elle eût été d'une simplicité plus éloquente par le seul rapprochement de ces deux noms : Henri IV et Napoléon.

maire d'Évreux lui offre les clefs de la ville, comme au temps de l'ancienne monarchie. Vingt jeunes filles, présentées à madame Bonaparte, la complimentent en vers.

Nouveaux honneurs et manifestations enthousiastes à Rouen, dont le préfet Beugnot harangue le premier Consul. « Aucun de nous, dit-il à madame Bonaparte, n'a pu se défendre du ravissement qu'excite la présence d'un grand homme ; l'esprit s'effraye de la distance qui le sépare du reste des mortels. »

Bonaparte donne à l'archevêque et au maire une tabatière ornée de son portrait, comme l'eût fait un roi de France. On lui présente des émigrés auxquels il adresse des conseils patriotiques. Il distribue de l'argent aux ouvriers des manufactures; dans les casernes, il s'entretient avec les soldats, et les ayant surpris à l'heure du repas, il s'attable familièrement avec eux. Les fêtes se succèdent pendant son séjour à Rouen. Les jeunes gens des plus riches familles de la ville l'escortent à cheval. Il visite ensuite le Havre, Fécamp, Dieppe, le Tréport, Saint-Valery, montrant partout une infatigable activité. A Beauvais, les autorités lui apportent les présents qu'il était d'usage d'offrir aux rois de France. Dans toutes les villes, madame Bonaparte est associée aux honneurs rendus au premier Consul et haranguée comme lui. Lorsqu'ils rentrent, le 23 brumaire, dans « leur bonne ville de Paris », leur retour est annoncé au bruit du canon, et le lendemain, les grands corps de l'État viennent adresser à Bonaparte leurs hommages et leurs félicitations.

Dans un autre voyage, il parcourt les départements du Nord sous une pluie de fleurs, à travers les arcs de triomphe, les discours, les adresses, les illuminations, les *Te Deum*. Les artisans, les laboureurs quittent leurs travaux pour venir contempler le maître des destinées de la France. 30,000 habitants d'Amiens se portent à sa rencontre ; une jeune fille, appartenant à une des familles principales de la ville, se prosterne à ses genoux. Il la relève, et le soir même, madame Bonaparte envoie à cette jeune fille un médaillon orné du portrait du premier Consul, peint par Isabey.

Sur les côtes de Normandie, à Boulogne, à Calais, à Lille, les réceptions sont pleines de magnificence. De Douai, de Cambrai, de Valenciennes, on accourt pour voir l'homme extraordinaire dont les traits sont reproduits sur des médailles frappées à cette occasion, avec les mots : Amour, fidélité, reconnaissance. Le voyage, où madame Bonaparte l'accompagne, se poursuit en Belgique et en Hollande. Il n'est qu'un long triomphe. Lorsqu'il revient à Paris, il a visité dix-sept départements et quatre-vingts villes en quarante-huit jours (1).

Les mœurs redevenaient monarchiques ; elles l'étaient déjà en 1802, deux ans après l'établissement du consulat, deux ans avant la proclamation de l'Empire. Miot de Melito, qui revient alors à Paris, en est frappé :

« Quel changement pendant une absence de moins de deux années ! Les mœurs monarchiques, qui, au moment de mon départ de Paris, commençaient à se montrer, avaient étendu partout leur empire, et le peu qui restait encore, quand je quittai la capitale, des formes austères

(1) Thibaudeau, t. III, p. 143, 326.

de la République et de la Révolution, avait entièrement disparu. Des livrées brillantes, des vêtements somptueux et semblables à ceux qui étaient en usage sous le règne de Louis XV, avaient succédé aux modes militaires qui, pendant le cours de la Révolution, s'étaient glissées jusque dans les costumes civils. Plus de bottes, plus de pantalons, plus de sabres, plus de cocardes : des bas de soie, des souliers à boucle, des épées de parade, des chapeaux sous le bras les avaient remplacés. Tout cependant n'était pas encore parfaitement établi ; la gaucherie des uns, inaccoutumés encore à ces modes de cour, chez quelques autres l'irrégularité d'une partie de leurs vêtements où se démêlaient encore quelques traces de celui qu'on venait de quitter, présentaient un coup d'œil assez bizarre...

« Ce changement était bien plus sensible encore dans le fond des choses que dans l'extérieur. Les Tuileries et Saint-Cloud n'étaient plus, comme je les avais laissés, le siège du gouvernement, la demeure du premier magistrat d'une république, mais la cour d'un souverain. On y retrouvait une sévère étiquette, des officiers attachés à la personne, des devoirs rendus à des femmes, une famille privilégiée. Enfin tout, à l'exception du nom de *Consul*, était monarchique, et ce nom même devait bientôt disparaître (1). »

Il y a déjà une cour ; il y a aussi des courtisans. Mme de Staël raconte qu'un membre de l'Institut, conseiller d'État, lui vanta sérieusement la beauté des ongles de Bonaparte. Un autre s'extasia sur ses mains. « De grâce,

---

(1) Miot de Melito, t. II, p. 43.

interrompit spirituellement un gentilhomme de l'ancien régime, ne parlons pas politique (1) ! »

Lorsque Bonaparte fut nommé consul à vie, il reçut de nombreuses adresses, et dans l'une d'elles, un magistrat avait écrit : « Pourquoi n'a-t-on pas pu nous proposer cette question : Le premier Consul sera-t-il éternel (2) ? »

« Puisse, s'écriait Moncey dans son enthousiasme, le premier Consul ne passer à l'immortalité qu'après tous les âges actuels ! Puissent sa satisfaction, ses vœux et notre amour reculer encore au delà les bornes de son existence humaine (3) ! »

Parmi les nouveaux courtisans, ce n'étaient pas les anciens révolutionnaires qui se montraient les moins empressés (4). Les adversaires de la monarchie saluaient l'homme dans lequel s'incarnait le pouvoir d'un seul ; les

---

(1) *Dix années d'exil,* ch. VIII.

(2) *Les derniers jours du Consulat,* manuscrit inédit de FAURIEL, publié par L. LALANNE, p. 42.

(3) « Depuis que la constitution de l'an VIII a créé une quantité de places richement dotées, que de gens en mouvement, que de visages peu connus qui s'empressent de se montrer ! que de noms oubliés qui s'agitent de nouveau sous la poussière de la Révolution ! Que de fiers républicains de l'an VII se font petits pour arriver jusqu'à l'homme puissant qui peut les placer ! Que de Brutus qui sollicitent !... Que de taches sanglantes on déguise ! Ce prodigieux changement de scène s'est opéré en un moment. » (THIERS, *Histoire du Consulat et de l'Empire,* t. I, liv. II.)

(4) « Ces flatteries excessives, ces honneurs presque divins qu'il avait exigés ou du moins consenti à recevoir, lui avaient beaucoup aliéné le cœur des Parisiens, et avaient inspiré une sorte de dégoût à la partie saine des habitants de la capitale. On assurait même que le grand juge (le ministre de la justice) avait été obligé de tronquer divers rapports des agents de police où se trouvait le récit trop véridique de plusieurs propos insultants tenus dans des lieux publics, et qui, transmis fidèlement au premier Consul, auraient trop fortement tranché avec les acclamations dont on l'enivrait à chaque pas dans son voyage » (MIOT DE MELITO, t. II, p 105, année 1803.)

apôtres de la liberté s'inclinaient devant l'absolutisme. Quelques années encore, et les ennemis implacables de la noblesse, de l'ancien régime, se laisseront complaisamment revêtir des distinctions nobiliaires, octroyées par un empereur.

Tout avait concouru à la puissance de celui qui n'avait plus à gravir qu'un degré pour arriver au trône : son prestige militaire, le dégoût de la Révolution, la lassitude universelle, l'impérieux besoin d'ordre après l'anarchie. Déjà la flatterie l'environnait d'écueils qu'il ne voyait plus, malgré les murmures que les adulateurs commençaient à soulever.

A ce concert de louanges se mêlaient cependant des voix discordantes. Non contente de prodiguer chez tous les marchands d'estampes les images de Louis XVI, pour raviver le souvenir de la dynastie déchue, l'opposition caricaturait les traits de Bonaparte, à mesure que le Consulat se transformait en Empire, et on le représentait, une gaule à la main, conduisant un troupeau de dindons, avec ces mots : « L'an pire des gaules (1). »

Mais toute résistance se fût brisée contre la force toujours grandissante qu'avait créée le génie d'un homme, servi par les circonstances. Quel que pût être son despotisme, il semblait acceptable après la tyrannie jacobine et les turpitudes du Directoire. Il donnait l'ordre et la sécurité à une nation qui avait cruellement souffert. Les royalistes voyaient dans ce retour au gouvernement monarchique les chances de voir rendre un jour à la famille de leurs anciens rois le

---

(1) Comte d'Allonville, *Mémoires secrets*, t. III, ch. xxv.

trône qu'un autre allait rétablir. Les hommes de la Révolution y trouvaient le moyen d'affermir leurs conquêtes, et d'atteindre eux-mêmes aux honneurs qu'ils avaient proscrits, au nom de l'égalité.

Ce n'était pas la royauté qui renaissait après la Révolution ; c'était un pouvoir plus absolu que n'en avait jamais possédé aucun des rois de l'ancien régime. A l'entraînement général des esprits jetant, en 1789, la France vers les innovations, succédait un irrésistible besoin de revenir aux choses que l'on avait voulu détruire.

« Ce qui avait été autrefois, nous dit un témoin de cette universelle réaction, fut donné alors pour modèle de ce qui devait être. Rien n'était bien que le passé, et l'on préludait à son rétablissement dans les formes du gouvernement par tout ce qu'on pouvait tenter immédiatement sans révolter trop ouvertement les habitudes contractées pendant le cours de la Révolution (1). »

Faut-il accuser de ce brusque revirement la versatilité du caractère français ? N'était-ce pas plutôt la conséquence des événements, la logique des choses, et la nation sortie des rêves dont l'avaient bercée les trompeuses espérances de 89, déçue par l'expérience, trahie par les hommes, ne recueillait-elle pas un des fruits les plus amers des révolutions ? Elle avait perdu le principe d'autorité ; pour fuir l'anarchie, elle se réfugiait dans le despotisme.

(1) Miot de Melito, t. I, p. 318.

III

Les premiers actes du Consulat furent des mesures réparatrices : l'abrogation de la loi des otages et de celle de l'emprunt forcé, deux lois qui avaient fait maudire le Directoire. Bonaparte, il faut l'en louer, se hâta aussi de supprimer l'odieuse fête du 21 janvier, que le gouvernement révolutionnaire avait imposée aux Français pour les forcer de se réjouir du meurtre de leur dernier roi (1).

La question des émigrés et celle des biens nationaux jetaient dans l'existence du pays et dans la conscience publique un trouble qu'il importait de faire cesser, et l'ordre

(1) « Le Directoire, plus lâche et moins pervers que la Convention, avait conservé au nombre des fêtes de la République l'horrible fête du 21 janvier. Une des premières pensées de Bonaparte, arrivé au pouvoir, fut de l'abolir ; et tel était encore l'épouvantable ascendant des fauteurs du crime, qu'il fut obligé de prendre un biais, afin de les ménager. Lui et ses deux collègues, qui étaient encore Sieyès et Roger Ducos, apposèrent, le 5 nivôse, leur signature au bas d'un arrêté portant qu'à l'avenir, les seules fêtes que célébrerait la République seraient celles du 1er vendémiaire et du 14 juillet, voulant ainsi consacrer provisoirement le souvenir de la fondation de la République et de la fondation de la liberté. » (BOURRIENNE, *Mémoires*, t. III, ch. XIV.) — Le calendrier républicain ne disparut que sous l'Empire. Un sénatus-consulte du 9 septembre 1805 prescrivit son abolition à dater du 1er janvier 1806. — « M. Laplace, qui, en sa qualité de célèbre géomètre et astronome, avait applaudi sous la Convention au calendrier républicain et vanté dans divers ouvrages son excellence, actuellement sénateur, fit, en la même qualité de mathématicien, le rapport sur la nouvelle proposition du gouvernement, et fut d'avis de l'adopter. *E sempre bene*, comme disent les Italiens » (MIOT DE MELITO, t. II, p. 275.)

social ne pouvait être vraiment rétabli, tant que subsisteraient ces grandes iniquités de la Révolution.

Les proscripteurs avaient inscrit 159,000 noms sur les tables de la loi jacobine, et 146,000 figuraient encore sur cette liste, au moment du Consulat (1). Telle est alors la puissance de l'esprit révolutionnaire, entretenue par l'inquiétude qu'éprouvent les acquéreurs des biens nationaux, à la pensée du retour des émigrés, que la Constitution de l'an VIII (13 décembre 1799) maintient la proscription en ces termes :

« La nation française déclare qu'en aucun cas elle ne souffrira le retour des Français qui, ayant abandonné leur patrie depuis le 14 juillet 1789, ne sont pas compris dans les exceptions portées aux lois rendues contre les émigrés. Elle interdit toute exception à cet égard (2). »

Elle se borne à restituer leurs droits civils et politiques aux deux ou trois cent mille Français que les lois de Fructidor ont exclus de toutes les fonctions législatives, administratives, municipales et judiciaires, comme parents ou alliés des émigrés.

Le premier Consul, qui a rappelé les victimes de la déportation, laisse revenir beaucoup de victimes de l'exil. Il rend des arrêtés pour prescrire les demandes de radiation, pour effacer des listes d'émigration les noms de ceux qui ont appartenu à l'Assemblée nationale. Les sollicitations arrivent en foule, et le vainqueur de Marengo répand ses grâces sur ceux qu'il attire à lui.

La France est ouverte à 1,200 émigrés, au mois d'oc-

---

(1) TAINE, *Le régime moderne*, t. I, p. 197.
(2) Art. 93.

tobre 1800. Les proscrits de la classe populaire, les 18,000 ecclésiastiques considérés comme émigrés quand ils n'ont fait qu'obéir à la loi révolutionnaire, en quittant la France, beaucoup d'autres frappés aveuglément par la tyrannie jacobine, participent à la clémence du maître. Le gouvernement ferme les yeux sur ceux qui rentrent sans autorisation, et, en 1802, un sénatus-consulte rappelle, sous forme d'amnistie, tous les émigrés, en exceptant les plus notoirement compromis par leurs actes ou leurs opinions, limités toutefois au nombre de 1,000, et en exigeant de ceux qui rentrent en France la promesse « d'être fidèles au gouvernement établi par la Constitution, de n'entretenir ni directement, ni indirectement, aucune liaison ni correspondance avec les ennemis de l'État (1) ».

Les exilés reviennent, d'autres sollicitent des radiations dont les demandes continuent jusqu'en 1813, et beaucoup d'émigrés ne rentrent qu'en 1814, après la chute de Napoléon.

Pour rendre leur patrie à ceux qu'on en avait bannis, il suffisait d'une loi, d'un décret, d'un arrêté. Pour rendre leurs biens à ceux qu'on en avait dépouillés, il aurait fallu les retirer des mains des 1,200,000 acquéreurs qui en jouissaient, en vertu des lois spoliatrices et révolutionnaires. On conçoit quelles difficultés rencontrait un acte de justice ardemment réclamé par les uns et redouté des autres. Les plus grands maux des révolutions sont ceux qui ne peuvent jamais être complètement réparés, même par les gouvernements justes, et qui lèguent à un pays le lourd

---

(1) TAINE, *Le régime moderne*, t. I, p. 197 et suiv.

héritage des droits violés et des souvenirs accusateurs. Telle avait été la vente des biens nationaux ; elle avait porté la plus grave atteinte aux droits de la propriété, et ce sont ces droits qu'il s'agissait de rétablir dans la société nouvelle, encore toute meurtrie par la Révolution.

Le gouvernement consulaire procéda par des mesures incomplètes et parfois arbitraires. Le sénatus-consulte de 1802, en amnistiant les émigrés, leur restitue ceux de leurs biens qui n'avaient pas été vendus ; mais parmi ceux-là, le premier Consul retient, au profit de l'État, les bois et forêts d'une contenance de 300 arpents et au delà, les immeubles occupés par les services publics, les actions et les droits de propriété sur les grands canaux de navigation.

Craignait-il de rendre aux royalistes l'indépendance avec la fortune ? Voulait-il rassurer le parti de la Révolution et les acquéreurs des biens nationaux ? Quel qu'ait été le mobile de cet acte, il constituait une injustice flagrante ; il continuait les confiscations révolutionnaires.

Le nouveau régime ne se contente pas de reconnaître les spoliations antérieures ; il en pratique de nouvelles. Il dispose arbitrairement de la propriété. L'inégalité des restitutions frappe tout d'abord, et le hasard favorise seul les familles dont les biens n'ont pas encore été vendus.

Environ deux milliards ont été volés par la Révolution aux émigrés. Il ne leur est rendu que 100 millions, c'est-à-dire un vingtième du patrimoine confisqué (1). En 1806, 40,000 familles sont sans moyens d'existence, de l'aveu de Napoléon lui-même (2). Beaucoup d'émigrés n'ont, pour

---

(1) TAINE, *Le régime moderne*, t. I, p. 202.
(2) PELET DE LA LOZÈRE, *Opinions de Napoléon au Conseil d'État*, p. 272.

ne pas mourir de faim, que les places qu'ils ont sollicitées et obtenues d'un gouvernement désireux de s'attacher des adversaires politiques. L'indemnité des émigrés, accordée en 1825 sous le ministère Villèle, et dont on a voulu faire un grief contre la Restauration, fit cesser au contraire le malaise prolongé par une situation qui, selon le mot de Tocqueville, mettait « les âmes de plusieurs millions d'hommes dans une mauvaise assiette (1) ». En donnant à la restitution sa seule forme possible, elle affermit la propriété et rendit à tous les biens la valeur que leur enlevait le discrédit où des acquisitions illégitimes les avaient fait tomber (2).

Lorsque le premier Consul était parvenu au pouvoir, une partie de la France était encore en proie aux agitations, aux soulèvements qu'avait provoqués et entretenus la Révolution. Maitre des provinces de l'Ouest, les royalistes avaient une armée de 40,000 hommes. Dans une trentaine de départements existait l'esprit de résistance dont l'héroïque Vendée avait donné l'exemple. La pacification de cette province mit un terme à la guerre civile; elle fut surtout complète lorsque le Concordat eut rendu la paix religieuse à la France si longtemps troublée par la persécution révolutionnaire.

Par cet acte, un des plus grands du Consulat, l'Église retrouve la liberté de vivre et de remplir sa mission évan-

---

(1) *OEuvres et correspondance*, t. I, p. 269.
(2) « Un domaine patrimonial qui rapporte 3,000 francs trouve acquéreur à 100,000 francs; tout à côté, un domaine national qui rapporte juste autant ne trouve acquéreur qu'à 60,000 francs : après plusieurs ventes et reventes, la dépréciation persiste et retranche aux biens confisqués 40 pour 100 de leur valeur. » (TAINE, *Le régime moderne*, t. I, p. 233.)

gélique. Les fidèles voient se rouvrir les portes du temple fermé ou profané. Les croyances fortifiées par les épreuves cessent d'être en butte à un pouvoir oppresseur. L'Église renonce aux biens qu'elle possédait et dont elle a été spoliée par la Révolution. Ainsi cesse le conflit qui régnait entre les droits et les intérêts; ainsi s'apaisent les inquiétudes; la propriété consacre désormais la possession. L'État accorde à l'Église un budget de cinq millions (1) comme indemnité des richesses qui lui ont été prises et auxquelles elle a renoncé.

Les catholiques sont autorisés à faire des fondations et des legs en faveur des églises, à la condition toutefois que les dons consistent en rentes sur l'État, et non en immeubles. Les séminaristes sont exempts de la conscription (2). Il est vrai que le gouvernement fixe lui-même le chiffre des ordinations (3), et ce chiffre est souvent fort restreint. Les Frères de la Doctrine chrétienne, voués à l'instruction populaire, sont également dispensés du service militaire. La propriété des édifices destinés au culte est attribuée aux communes.

Enfin, les cultes catholique, protestant et israélite ont une existence légale, reconnue. La France peut désormais prier, pratiquer sa foi. L'Église constitutionnelle, cette religion bâtarde de la Révolution, disparaît après avoir provoqué les défaillances et déchaîné la persécution.

Dans ce contrat entre l'État et l'Église, contrat que

(1) Le budget des cultes fut porté à 12 millions en 1807.
(2) Concordat, art. 15. — Art. organiques, 73.
(3) « Les évêques ne feront aucune ordination avant que le nombre des personnes à ordonner ait été soumis au gouvernement et agréé par lui. » (Art. organiques, 26.)

l'État aggrave ou modifie à son gré, par les articles organiques, on est loin encore du régime rêvé par les partisans de « l'Église libre dans l'État libre ». Mais il ne faut pas oublier qu'on est à peine sorti alors des proscriptions de la Terreur et de celles du Directoire. En se reportant à ces mauvais jours, qui ne s'accommodera d'une justice relative, d'une liberté restreinte et préférable à la tyrannie du gouvernement révolutionnaire ? Qui ne regardera comme des bienfaits les dons accordés par celui dont la main protège la sécurité renaissante, fussent-ils mesurés avec parcimonie ? Tel est le sentiment de l'époque. Il explique l'allégresse et la reconnaissance causées par un acte auquel reste attaché le nom de Napoléon, et dont il faut faire honneur à son génie, non moins qu'à sa volonté. Pour atteindre ce but, il a vaincu les résistances d'un entourage où l'irréligion et ses préjugés tenaces ont conservé des adhérents. N'ayant d'autre croyance que celle du déiste, il agissait non sous l'impulsion de la foi, mais par les vues profondes de l'homme de gouvernement et de l'homme d'État.

Il ne suffisait pas d'avoir recouvré la liberté de croire et de prier. Il fallait rétablir l'enseignement, instruire une nation que la tyrannie jacobine vouait à l'ignorance. En voulant proscrire la religion, la Révolution avait détruit l'école où l'Église, sous l'ancien régime, remplissait le rôle d'éducatrice.

« La masse de la nation croît sans instruction... »
— « L'instruction publique est nulle depuis dix ans. » Telles étaient les constatations que faisaient, au commencement du Consulat, des hommes comme Chaptal et

Portalis (1). Il n'y avait pas la dixième partie de la population qui sût lire dans bien des contrées (2). Les doctrines enseignées par la démagogie avaient fait déserter les écoles. On en était arrivé à voir des juges de paix sachant à peine lire et écrire, et la mauvaise tenue des registres de l'état civil accusait l'ignorance de ceux qui dirigeaient les communes (3).

Pour rendre l'instruction au peuple, il faut faire appel au dévouement religieux qu'on a proscrit et persécuté. Les Frères de la Doctrine chrétienne sont rappelés par le premier Consul ; il autorise des villes à leur confier l'éducation populaire, en attendant qu'il les agrège à l'Université.

Les écoles primaires sont mises à la charge des communes, les lycées à la charge des villes.

Des collèges surgissent de toutes parts, encouragés par l'État, qui leur alloue deux millions.

6,400 bourses sont fondées et 4,000 sont accordées en 1802 (4).

L'Université s'élève, et le monopole lui crée d'importants revenus, ajoutés aux 400,000 livres de rente dont elle est dotée par l'État.

Bonaparte rend les Sœurs de charité aux hôpitaux, sou-

---

(1) Victor Pierre, L'école sous la Révolution.
(2) Félix Rocquain, L'état de la France au 18 brumaire, p. 28.
(3) Ibid. A. Combier, La justice criminelle à Laon pendant la Révolution, t. I, p. 613.
(4) « Bonaparte nourrissait et élevait dans les lycées, à ses frais et à son profit, environ 3,000 enfants... communément choisis parmi les fils de militaires ou dans les familles pauvres. » (Guizot, Essai sur l'instruction publique, t. I, p. 59.)

mis à une administration, à un contrôle, et auxquels il ne peut restituer les quarante millions dont les a dépouillés la Révolution ; mais il leur refait un patrimoine et leur constitue quatre millions de rente (1).

Les plaies morales n'étaient pas les seules que le gouvernement consulaire eût à panser. La France offrait partout le spectacle des ruines matérielles causées par dix années d'anarchie.

« On est obligé de reconnaître, dit le chancelier Pasquier, que si la rapidité des destructions avait été prodigieuse, celle des restaurations ne l'a guère été moins. Tout fut entrepris à la fois, tout marcha avec une égale rapidité. Non content de rétablir ce qui avait besoin de l'être dans toutes les parties de la France, dans toutes les parties du service public, de grandes, de belles, d'utiles créations furent décidées et beaucoup furent conduites à leur fin. C'est là certainement un des côtés les plus brillants du régime consulaire et impérial (2). »

Les routes dégradées, détruites par l'abandon, l'incurie, le désordre du gouvernement révolutionnaire, sont réparées, grâce aux subventions de l'État et aux centimes additionnels des départements.

A dater de 1800, les impôts sont recouvrés régulièrement par les 5 ou 6,000 percepteurs qui remplacent les 200,000 collecteurs de l'ancien régime. L'impôt direct, qui ne produisait que 170 millions avant 1789, fournit 308 millions l'an IX, et le petit contribuable est soulagé, au moyen d'un meilleur système et d'une plus équitable

(1) TAINE, *Le régime moderne*, t. I, p. 242.
(2) *Mémoires*, t. I, p. 162.

répartition des charges. Ainsi, le paysan, le cultivateur qui, sous l'ancien régime, payait 81 francs sur 100 francs de revenu, ne paye plus que 21 francs sur 100 francs de revenu (1). On peut mesurer par ces chiffres l'importance capitale du progrès réalisé dans la condition du peuple, progrès auquel s'opposaient l'organisation financière de l'ancienne monarchie et le système qui rendait les impôts plus lourds et d'une perception plus compliquée.

La réorganisation financière, commencée et poursuivie sous la direction personnelle de Bonaparte et avec le concours de Mollien, permet à l'État de liquider, en 1810, l'effroyable succession qu'avait laissée le Directoire, de se libérer d'une dette énorme et de terminer de nombreux débats suscités par les domaines nationaux.

Les finances livrées à l'incurie, aux dilapidations des hommes de la Révolution reçoivent une organisation régulière et sont soumises à un sévère contrôle. Le ministre des finances est chargé de la recette, de la préparation du budget, de la surveillance des grandes administrations. La dépense est déterminée par le ministre du Trésor. Des inspecteurs généraux examinent les opérations des comptables. La Banque de France est fondée et prospère aussitôt. Les rentiers, les pensionnaires de l'État frustrés par le gouvernement révolutionnaire, touchent les arrérages en numéraire (2), et la confiance est revenue si promptement que la rente, dont le cours était tombé à 11 francs à la

---

(1) TAINE, *Le régime moderne*, t. I, p. 267.
(2) « Mettons au rang des plus beaux triomphes du premier Consul les jours où les rentiers furent payés en numéraire. » (Ch. DE LACRETELLE, *Histoire du Consulat et de l'Empire*, t. I, ch. XI.) — Sous le Directoire,

veille du 18 brumaire, remonte à 68 francs dès le commencement du Consulat (1).

La liste civile de Bonaparte figure pour 500,000 francs sur le budget du gouvernement consulaire, dont on n'accusera pas les dépenses d'exagération, surtout si on les compare aux services qu'il rendait alors à la France (2) :

Corps législatif.....................	2,400,000 francs.
Tribunat.........................	1,312,000 —
Archives.........................	75,000 —
Les trois consuls (y compris 750,000 fr. pour les fonds secrets).............	1,800,000 —
Conseil d'État....................	675,000 —
Secrétaires des conseils et des conseillers d'État........................	112,000 —
Les six ministres (3)...............	360,000 —
Le ministre des relations extérieures...	90,000 —
	6,824,000 francs.

Il ne suffisait pas de restaurer l'ordre dans l'administration ; il fallait restaurer la probité.

Elle avait été bannie du gouvernement par la Révolution. Les confiscations avaient violé les droits de la propriété. La vente des biens nationaux, les fournitures des armées et l'agiotage étaient la source de fortunes rapides et scandaleuses. Quand l'État est voleur, le vol règne

---

ils recevaient un payement dérisoire, consistant en assignats, en mandats territoriaux. Ils touchaient 10 pour 100 sur le tiers de leurs capitaux. Il y eut alors beaucoup de suicides causés par la misère et le désespoir.

(1) Amédée-Edmond BLANC, *Napoléon Ier, ses institutions civiles et administratives*, ch. v.

(2) BOURRIENNE, *Mémoires*, t. III, ch. xiv.

(3) Les ministres de la justice, de la marine, de la guerre, de la police, des finances et de l'intérieur.

partout, et il ne saurait être puni par ceux qui en ont donné l'exemple (1).

On signalait, dans l'administration, des détournements de fonds, et l'armée, trop accoutumée au pillage, encourait les reproches mérités par ses chefs. Dans un de ses rapports, Barbé-Marbois trace en 1801 ces mots qui en disent assez sur les mœurs du temps : « Violation des caisses par les généraux (2). »

Bonaparte entreprit de sévir contre des malversations et des habitudes qui pervertissaient la conscience publique.

« Je savais depuis longtemps, raconte Bourrienne, et j'avais souvent vu par moi-même combien les fournisseurs et en général les gens d'affaires excitaient l'indignation de Napoléon. Combien de fois je lui ai entendu dire que c'était le fléau et la lèpre des nations ; que jamais, quelle que devînt sa puissance, il n'en élèverait aucun aux honneurs, et que leur aristocratie était pour lui la plus insupportable de toutes ! A son avènement à l'Empire, les fournisseurs n'étaient plus d'importants personnages comme ils l'avaient été sous le Directoire et même pendant les deux premières années du Consulat... Quand un fournisseur était trop riche et que l'origine de sa fortune semblait

---

(1) « Trois milliards volés par les faussaires et par les agents de toute espèce sont aujourd'hui en concurrence avec l'État dans ses acquisitions... L'armée est pleine de brigands ; on vole la ration des chevaux. On n'y reconnaît point de subordination, parce que tout le monde vole et se méprise. » (Rapport de Saint-Just à la Convention du 27 février 1794. *Moniteur* du 27 février.) — Une caricature représentait en 1796 un voleur, un fournisseur des armées en grand équipage et un forçat, avec ces trois devises : *Ce que j'étais ; ce que je suis ; ce que je devrais être.*

(2) ROCQUAIN, *L'état de la France au 18 brumaire.*

suspecte, il se faisait faire un rapport et décidait arbitrairement s'il y avait lieu de poursuivre. Dans le cas affirmatif, il mettait au bas du rapport : *Renvoyé au ministre de la justice pour faire exécuter les lois.* Et je dois faire observer que ce qui dut surtout contribuer à confirmer Bonaparte dans la mauvaise opinion qu'il avait des fournisseurs, c'est que la plupart du temps, lorsque ceux-ci avaient connaissance de l'estampille qui les concernait, ils n'attendaient pas d'autre avis pour s'arranger avec le Trésor, c'est-à-dire pour y verser, à titre de restitution, jusqu'à deux ou trois millions. Malheureusement, Bonaparte, extrême en tout, ne faisait point d'exceptions, et il y eut quelques hommes d'une grande probité ruinés par lui (1). »

Pour rendre la sécurité a un pays si longtemps et si profondément troublé, rien n'était plus nécessaire que la réorganisation d'une police chargée non plus de rechercher et de dénoncer les innocents, comme on l'avait fait sous la Révolution, mais de prévenir les désordres par une surveillance attentive ou de les réprimer par la force.

Élus des municipalités et des assemblées révolutionnaires, les commissaires de police institués par la Constituante et la Convention n'avaient été que les instruments de la puissance jacobine.

Le premier Consul, aussitôt arrivé au pouvoir, revendiqua le droit de nommer lui-même et sans contrôle les agents chargés de pourvoir à la sécurité publique et à celle

---

(1) *Mémoires*, t. VI, ch. XIII.

du gouvernement lui-même. Il établit à Paris un préfet de police ayant l'autorité la plus étendue, et rappelant par ses attributions le lieutenant général de police de l'ancienne monarchie. Toute ville de plus de cinq mille habitants eut un commissaire de police; dans les villes de plus de cent mille âmes, ce furent des commissaires généraux ayant les mêmes pouvoirs que le préfet de police de Paris.

La gendarmerie, qu'avait reconstituée le Directoire en 1798, fut rattachée plus étroitement à l'armée et placée sous les ordres du général Moncey, devenu plus tard maréchal de France (1).

Avec les factions révolutionnaires, on avait eu des tribunaux sans justice. La législation jacobine frappait des innocents, servait d'arme aux proscripteurs, décrétait la spoliation, détruisait la famille par les facilités incroyables données au divorce et par les droits dont jouissaient les enfants naturels, à l'égal des enfants légitimes.

La Constitution de l'an VIII rétablit l'ordre judiciaire. Elle investit le premier Consul du droit de nommer les membres des parquets et les juges, élus sous la Révolution par les justiciables. Il n'y eut d'électifs que les juges des tribunaux de commerce, choisis par les négociants de leur circonscription; les juges de paix proposés au premier Consul par les assemblées de canton; les juges du tribunal de cassation nommés d'abord par le Sénat et pris sur la liste nationale, puis présentés un peu plus tard par le

---

(1) Amédée-Edmond BLANC, *Napoléon I*ᵉʳ*, ses institutions civiles et administratives*, ch. IV.

premier Consul, qui désigna tous les autres juges sur les listes de notabilité (1).

La Cour de cassation, instituée par l'Assemblée constituante, eut l'autorité que pouvait seule assurer un gouvernement équitable et fort.

La rédaction du Code fut confiée à Tronchet, Portalis et Bigot de Préameneu. Longuement discuté au Conseil d'État, sous la direction de Bonaparte, dont la profondeur de vues et la sagacité éclairèrent souvent les débats, il rencontra d'aveugles résistances au Corps législatif et au Tribunat, et ne put être définitivement adopté que le 21 mars 1804. C'est seulement en 1807 qu'il reçut le nom de Code Napoléon, et il est resté l'œuvre la plus durable de l'homme que son génie appelait à reconstruire la France, au milieu des ruines de la Révolution. Une législation que les régimes les plus différents consacrent en l'adoptant, répond à l'état social d'une nation, à ses besoins, à ses instincts ; elle a pénétré son esprit et ses mœurs. Celle qu'a inaugurée le Code civil a franchi les frontières de France ; elle s'est répandue en Europe, pacifique conquête de la justice et de la raison. Elle a constitué l'unité législative qu'avait rêvée Louis XIV, sans pouvoir la réaliser. On sait combien la diversité des coutumes compliquait la procédure, sous l'ancienne monarchie.

La France, en perdant la pittoresque variété qu'elle devait aux divisions historiques et aux vieilles mœurs de

(1) Amédée-Edmond BLANC, *Napoléon Ier, ses institutions civiles et administratives*, ch. VI. — L'inamovibilité des juges ne fut consacrée qu'en 1807 et acquise par cinq années d'exercice, espace de temps qui semblait nécessaire pour éclairer le gouvernement sur leurs lumières et leur moralité.

ses provinces, jouit, du moins, de l'avantage d'être régie tout entière par les mêmes lois.

Le Code civil n'a pas échappé à la critique ; on a signalé ce qu'il a d'imparfait et de défectueux sur plus d'un point. Ses auteurs ne réagirent pas assez contre les préjugés révolutionnaires. Ils songèrent plus à émanciper la jeunesse qu'à fortifier la puissance paternelle, et, imbus eux-mêmes des idées de leur temps, ils ne comprirent pas assez que la famille est de toutes les institutions celle qui contribue le plus à la moralité des peuples et à la grandeur des États. Ils méconnurent l'autorité maternelle dont la nature proclame les droits et qui, en vertu de son caractère sacré, exerce un doux et salutaire empire (1). Ils se préoccupèrent des nécessités matérielles de l'existence plus que des devoirs moraux si essentiels à la conduite de la vie et au bon ordre de la société, en cela trop oublieux de la piété filiale qui n'avait pas été inconnue des païens et que la religion chrétienne recommande en termes si expressifs. On ne saurait trop relire les belles pages écrites à ce sujet par un grand évêque qui, avec l'autorité de son caractère et de son talent, a si admirablement décrit les devoirs de la famille, en rappelant le double enseignement de l'Évangile et de l'expérience (2).

En ôtant la liberté de tester, admise en Angleterre et dans l'ancienne Rome, la nouvelle législation prépara la destruction des foyers héréditaires et priva les familles d'un des principaux éléments de sa puissance. Elle déve-

---

(1) La mère est tutrice de droit, après la mort du père : mais la loi ne lui confère aucune autorité dans la famille pendant le mariage.

(2) Mgr Dupanloup, *Le mariage chrétien*, ch. xi.

loppa l'individualisme par l'égalité des partages. Du moins, elle s'inspira d'un sentiment de justice en obligeant les parents à nourrir leurs enfants, estimant qu'on ne doit pas laisser volontairement sans ressource ceux auxquels l'on a donné la vie.

Le divorce, combattu par Portalis et Tronchet, défendu par Napoléon qui prévoyait peut-être le jour où il s'en servirait pour lui-même, dans un intérêt dynastique, fut maintenu, mais avec des restrictions et des obstacles (1).

Si le Code civil ne peut être admiré sans réserve, il est juste de tenir compte des circonstances dans lesquelles il fut rédigé, au lendemain des catastrophes qui avaient si profondément troublé les esprits. S'il n'accomplit pas tout le bien qu'on a le droit de souhaiter à son pays, il fit rentrer l'ordre et la justice dans les lois et dans les mœurs, après les longues années pendant lesquelles la France n'avait connu que la licence, l'oppression et l'anarchie.

La nécessité de punir ne va pas sans le besoin de récompense, surtout chez une nation éprise de gloire et de distinctions. La création de la Légion d'honneur (19 mai 1802) répondit à ce sentiment français et humain, encouragea de nobles émulations, et fit briller à tous les yeux le but que chacun pouvait atteindre en s'illustrant pour servir la patrie. Nulle époque ne convenait mieux à cette institution que celle où la gloire conviait la France éblouie à la conquête d'un patrimoine plus précieux et plus durable que l'or.

---

(1) Au lieu de neuf cas de divorce, on en admit quatre : l'adultère, les excès, sévices et injures graves, la condamnation à une peine infamante et le consentement mutuel. Le divorce dut être prononcé par les tribunaux, et non plus seulement par un officier de l'état civil.

Cet ordre, dans l'esprit de son fondateur, était à la fois civil et militaire. Son premier grand chancelier fut un savant, Lacépède, choix qui indiquait l'intention de récompenser tous les services et d'honorer toutes les illustrations, sans les confondre.

La Révolution avait plongé la France dans le chaos. Le Consulat lui rendit l'ordre moral et la sécurité matérielle. Ce fut l'œuvre de Napoléon ; elle restera son plus beau titre à l'admiration de la postérité.

Le pays, opprimé, anéanti par les factions révolutionnaires, a repris le cours d'une existence régulière. Il est sorti du désordre et de la barbarie, auxquels l'avait réduit un gouvernement qui proscrivait l'élite de la nation, attentait à la liberté de conscience, s'emparait du bien d'autrui, ruinait les particuliers et l'État lui-même. Il a désormais des institutions, des cultes reconnus, et que le souvenir récent de la persécution invite à l'esprit de tolérance. Le pouvoir est concentré dans les mains d'un homme à la fois capitaine et législateur, dont on accepte l'autorité, même le despotisme, par le besoin d'une direction puissante, d'une volonté unique. Il commande et il est obéi.

Des préfets et des sous-préfets, nommés par lui, et rappelant par leurs attributions les intendants de l'ancienne monarchie et leurs subdélégués, administrent les départements qui, depuis la Constituante, divisent la surface du territoire, et dans chacun desquels la Constitution de l'an VIII a formé des arrondissements. Les communes sont régies par des municipalités que le gouvernement y établit. La nomination des maires appartient au premier Consul dans les communes de plus de 5,000 âmes, aux préfets dans celles qui n'atteignent pas ce chiffre. Le premier Consul désigne les conseillers généraux et les conseillers d'arrondissement ; les préfets choisissent les conseillers municipaux. Ainsi, le système électif, faussé ou violenté par le gouvernement révolutionnaire, fait place à un pouvoir absolu, mais réparateur.

Le sénatus-consulte du 16 thermidor an X (3 août 1802) rend au peuple souverain une parcelle de sa souveraineté. Les collèges électoraux des départements n'ont pas le droit d'élire des conseillers généraux, mais ils présentent deux candidats au premier Consul. Il en est de même des collèges électoraux d'arrondissement pour les conseillers d'arrondissement. Les assemblées primaires choisissent, parmi les cent individus les plus imposés du canton, deux candidats pour les conseils municipaux des villes de plus de 5,000 âmes. Dans l'intervalle des réunions des collèges ou des assemblées primaires, le pouvoir exécutif nomme directement (1). La commune n'a pas alors recouvré le droit d'élire ses représentants. Elle est loin des libertés dont elle jouissait sous l'ancien régime, où tous les habitants, à l'exception des mendiants et des serviteurs à gages, prenaient part à l'administration communale, non seulement par le choix de ses représentants, mais par les réunions dans lesquelles ils délibéraient et votaient sur toutes les affaires locales, nommaient le syndic, le collecteur d'impôts et le maître d'école.

Mais comment une liberté aussi étendue aurait-elle pu exister dans les communes qu'avait troublées et divisées

---

(1) *Napoléon Ier, ses institutions civiles et administratives*, ch. IV.

la Révolution, où les municipalités jacobines, les tyrannies, les spoliations avaient laissé de si amers souvenirs et de si profonds ressentiments? Une autorité absolue pouvait seule discipliner les esprits, pacifier un pays déchiré par de longues et sanglantes discordes. Cette œuvre était celle du pouvoir issu du 18 brumaire.

« Faire respecter toutes les personnes et toutes les propriétés publiques ou privées, contenir à la fois les royalistes et les jacobins, rendre à 140,000 émigrés leur patrie, et néanmoins rassurer les 1,200,000 propriétaires de biens nationaux; rendre à 30 millions de catholiques orthodoxes le droit, la faculté, les moyens de pratiquer leur culte, et cependant ne pas laisser maltraiter le clergé schismatique; mettre en présence dans la même commune le seigneur dépossédé et les paysans acquéreurs de son domaine, obliger les délégués et les détenus du Comité de salut public, les mitrailleurs et les mitraillés de Vendémiaire, les fructidoriens et les fructidorisés, les bleus et les blancs de la Vendée et de la Bretagne, à vivre en paix à côté les uns des autres, cela était d'autant moins aisé que les ouvriers futurs de cette œuvre immense, tous depuis le maire de village jusqu'au sénateur et au conseiller d'État, avaient eu part à la Révolution, soit pour la faire, soit pour la subir, monarchiens, feuillants, girondins, montagnards, thermidoriens, jacobins mitigés et jacobins outrés, tous opprimés tour à tour et déchus de leurs espérances (1). »

Pour détruire les partis, Napoléon se sert de tous, en les faisant concourir à son but. Chaptal, un des auxiliaires du

---

(1) TAINE, *Le régime moderne*, t. I, p. 122.

premier Consul dans cette œuvre de réorganisation sociale, nous dit par quels moyens elle fut entreprise et comment elle réussit :

« Bonaparte avait mis Merlin et Muraire à la tête de la Cour de cassation. Le premier avait fait proscrire et déporter le second au 18 fructidor. Eh bien, ces hommes, très étonnés de se trouver côte à côte dans la même assemblée, finissaient par se réconcilier, et plus même, par se lier de l'amitié la plus étroite. Ils parlaient des événements passés comme des accès d'un vrai délire révolutionnaire. Ils ne voyaient plus que des devoirs à remplir et des souvenirs à effacer par un retour sincère et une conduite irréprochable. C'est ainsi que Bonaparte avait réuni les talents dans tous les genres et fondu tous les partis. L'histoire de la Révolution était alors pour nous à la même distance que celles des Grecs et des Romains. Bonaparte avait rouvert la porte de la France aux émigrés, à l'exception d'un petit nombre dont il croyait encore la présence dangereuse pour le repos de la France ou l'affermissement de son gouvernement. Il en avait placé plusieurs dans sa maison, au Sénat et dans l'administration. Il donnait du service aux armées à plusieurs autres. Il rendait les domaines non aliénés à ceux d'entre eux dont il croyait connaître le dévouement. Par ce moyen, aucune des anciennes castes n'était proscrite. Tous pouvaient aspirer à des places, et tous, quoi qu'on en dise, les briguaient et les acceptaient avec reconnaissance...

« Bonaparte poussait si loin son système de fusion, qu'il a désigné plusieurs fois des fils de grande famille pour des places de sous-lieutenant à l'armée ou pour des places dans ses lycées ou ses écoles militaires. On recevait une commission du ministre de la guerre, sans l'avoir provoquée, et on obéissait sans réclamer, parce qu'on savait que les réclamations étaient inutiles (1). »

Bien des passions survivaient cependant, réprimées et contenues par une autorité qui ne souffrait pas de résistance. L'arbitraire se mêlait aux mesures réparatrices. Quoiqu'il s'inspirât du désir d'être juste, le gouvernement consulaire se signalait par des actes d'une justice inégale et imparfaite. Mais on lui pardonnait volontiers le mal, en faveur du bien dont on lui était redevable (2). Le régime

---

(1) CHAPTAL, *Mes souvenirs sur Napoléon*, p. 232. « Bonaparte regardait du même œil les hommes qui appartenaient aux anciennes castes privilégiées et ceux que la Révolution avait mis en évidence. Il ne faisait distinction de personne, et sous ce rapport il régnait auprès de lui une égalité parfaite. » (*Ibid.*, p. 234.)

(2) « Les représailles iniques auxquelles se livrait sans scrupule le gouvernement consulaire, les emprisonnements arbitraires, les suppressions de journaux, les déportations pêle-mêle, tantôt les Jacobins payant pour les Chouans, et tantôt les Chouans pour les Jacobins, n'excitaient pas chez les plus honnêtes gens une bien vive indignation. La société qui se reformait comme à vue d'œil sous une main puissante et tout compte fait réparatrice, n'y regardait pas de si près. Les exilés de toute époque et de toute opinion rentraient en foule, recouvraient une partie de leurs biens, sollicitaient pour le reste et ne contestaient pas grand'chose au pouvoir qui leur laissait espérer. Les révolutionnaires convertis ou soi-disant tels, qui mettaient dans leur poche leur bonnet rouge, en attendant qu'ils le découpassent en cordons rouges et en talons rouges, comme le figurait ingénieusement une caricature anglaise de cette époque, n'étaient pas à cela près d'un acte de violence de plus ou de moins. Les amis de la liberté, de la vraie liberté, les héritiers de 1789, innocents de tous les crimes commis par l'Assemblée législative et par la Convention, s'étaient malheureusement divisés au 18 fructidor. Les uns, par un ressentiment très légitime à coup sûr, mais imprudent peut-être, contre les terroristes et les régicides, s'étaient alliés plus ou moins avec les partisans de la contre-révolution dont Pichegru était le chef; les autres, par une appréciation justifiable peut-être des conséquences de cette alliance, ne s'étaient pas ouvertement séparés du

qu'il avait remplacé disposait à l'indulgence une nation à laquelle il avait rendu l'ordre intérieur, en lui donnant la gloire des armes.

« Depuis le 18 brumaire, il s'était fait en France une rapide métamorphose, *dit un de ceux qui en furent les témoins*. Avant cette révolution, tout portait les symptômes de la dissolution ; maintenant tout était empreint des signes de la vigueur. Partout on voyait une noble émulation pour tout ce qui était bon, beau et grand. Il y avait, pour fonder le nouveau régime, un véritable enthousiasme comme au commencement de la Révolution pour renverser l'ancien. On ne marchait plus au but en tumulte et en désordre ; une main ferme dirigeait le mouvement, lui traçait sa route et prévenait ses écarts.

« Le premier Consul voulait gouverner nationalement et, par conséquent, éteindre les partis. Son grand principe était la fusion, c'est-à-dire l'oubli des haines et des discordes, la réconciliation et le concours de tous les Français à la gloire et à la prospérité de la patrie, au maintien du nouveau gouvernement. Il voulait faire oublier aux Français l'émigration, aux royalistes les Bourbons, aux républicains la liberté politique, à tous les patriotes la Révolution. Suivant lui, elle s'était fixée aux principes qui l'avaient com-

---

Directoire, même après le coup d'État détestable qui l'avait momentanément remis sur pied. En défiance les uns des autres, ils étaient plus portés à se reprocher mutuellement les torts du passé qu'à faire cause commune contre les excès du moment présent... Leurs divisions laissaient le champ libre à l'ascendant du génie et de la sagesse, de la gloire et de la fortune. Le Code civil et le Concordat, la paix de Lunéville et la paix d'Amiens répondaient à tout et à tous. » (*Souvenirs du feu duc de Broglie*, t. I, p. 35.)

mencée; elle était finie; il avait fondé une ère nouvelle d'où tout devait dater, et derrière laquelle il ne fallait plus porter ses regards (1). »

Ambition digne d'un grand homme, mais que devaient trahir ses propres excès. Le conquérant perdit le souverain; le capitaine entraîna l'homme d'État et précipita sa chute. L'Empire ruina l'œuvre du Consulat.

« Quand Bonaparte changea, dit un de ses maréchaux, tout changea. L'esprit qui avait présidé à la naissance de son pouvoir s'éteignant, ce pouvoir devenu infidèle à son origine dut crouler; quand, au lieu de voir dans le but de ses travaux le bonheur et la prospérité des Français, il a vu seulement dans la puissance de la France un moyen de satisfaire ses passions, dès ce moment, son édifice n'avait plus de solidité (2). »

Arrêtons-nous devant cet édifice, tandis qu'il s'élève encore aux regards surpris de la nation, à laquelle, après d'innombrables calamités, il offre un refuge et un abri. Quatre ans ont suffi pour le construire, au milieu des décombres qui couvraient le sol bouleversé. Son architecture n'a pas l'incohérence des conceptions de différentes époques. Il porte l'empreinte d'un homme, d'un style et d'une pensée uniques. A sa base a été employé le granit; sa façade régulière présente un caractère d'uniformité. Il lui manque au sommet le couronnement qui doit l'achever, en le rendant plus imposant, plus majestueux, et ce couronnement, l'Empire va le lui donner.

(1) THIBAUDEAU, *Le Consulat et l'Empire,* t. II, ch. xviii.
(2) MARMONT, duc DE RAGUSE, *Mémoires,* t. II, p. 100.

CHAPITRE III

I. La constitution de l'empire. — II. La cour impériale.

I

Si décidé que soit Napoléon à placer sur sa tête la couronne impériale, il ne veut pas la prendre lui-même ; il veut se la faire offrir, et satisfaire son ambition, en paraissant céder au vœu national.

Jamais, du reste, l'heure ne fut plus propice. Jamais l'élévation au pouvoir suprême ne fut plus encouragée par les dispositions de l'esprit public. Depuis quatre ans, la France s'est accoutumée à fixer les yeux sur le capitaine victorieux, le chef habile qui s'est emparé de ses destinées. Sous sa main puissante, elle a retrouvé une prospérité, une confiance, une sécurité qu'elle ne connaissait plus.

Le gouvernement a subi des transformations dont chacune a fait mesurer les progrès de l'idée monarchique, non du retour à la royauté légitime, mais du pouvoir exercé par un seul. L'oligarchie constituée par le Directoire a fini par l'impuissance dans la tyrannie. Le triumvirat n'a laissé en évidence qu'un seul homme nommé bientôt consul à vie. C'est une sorte de monarchie élective ; il ne reste plus qu'à l'affermir encore et à la prolonger au delà des bornes d'une existence humaine, en la rendant héréditaire.

L'ambition de celui qui rêve d'unir le sceptre à l'épée qu'ont illustrée ses victoires, a pour complices les ambitions attachées à sa fortune. L'opinion a été bien préparée par les événements : mais il faut qu'elle parle, et l'on saura, au besoin, l'y déterminer, en exploitant habilement les complots tramés contre le premier Consul, en faisant envisager la nécessité d'une autorité assez forte pour décourager les entreprises des partis, assez nouvelle pour consolider les situations acquises par la Révolution et préserver des représailles d'un gouvernement issu de l'ancien régime.

Fouché, l'ancien terroriste, l'ancien oratorien, auquel les apostasies sont familières, met au service de Napoléon le zèle qu'il déploie contre tous ceux qui tombent et en faveur de tous ceux qui s'élèvent. Sa police seconde les projets conçus pour substituer un trône à la République dont on n'aperçoit plus que le fantôme. Le signal est donné d'abord dans des journaux anglais, grâce aux agents secrets dont on dispose, répété ensuite par toute la France, au moyen d'adresses envoyées au premier Consul par les collèges électoraux et par les conseils municipaux des grandes villes. Il n'y avait pas deux ans que Bonaparte, créé consul à vie, avait dit : « L'hérédité est absurde, inconciliable avec le principe de la souveraineté du peuple et impossible en France. »

On pouvait alors, sans crainte de lui déplaire, contredire cette assertion. Fontanes saisit adroitement l'occasion de se faire l'organe du Corps législatif, en le félicitant de l'achèvement du Code civil dont l'honneur s'ajoutait aux gloires de son consulat.

Bonaparte s'est assuré des sentiments de l'armée, en consultant les généraux qu'il sait les plus dévoués à sa cause. Il a, par un message, provoqué une adresse du Sénat qui parle de la transformation du pouvoir en termes vagues, sans prononcer le mot d'hérédité que Bonaparte feint d'avoir lu et qu'il accentue dans sa réponse, en invitant le Sénat à lui faire connaître toute sa pensée, ou plutôt en lui dictant les termes d'une motion plus explicite que cette assemblée n'eut garde de repousser.

Avant de rendre ces actes publics, on a donné un rôle à jouer non au Corps législatif, toujours silencieux, en vertu de la Constitution de l'an VIII, mais au Tribunat où la proposition du rétablissement de l'hérédité a été faite par Curée, républicain converti. Elle y a réuni une immense majorité, et le Sénat, auquel ce vœu a été porté, n'a plus qu'à former une commission où la nouvelle constitution est élaborée, sous les yeux de celui dont elle va consacrer la puissance.

Le nouveau César portera le titre d'empereur. Sa liste civile, fixée à vingt-cinq millions, sera la même que celle qu'accordait à Louis XVI la Constitution de 1791. A défaut de descendants directs, il aura la faculté de transmettre la couronne, par voie d'adoption, soit à son frère Joseph, soit à son frère Louis. Aucun prince de sa famille ne pourra se marier sans son consentement; chacun recevra une dotation d'un million par an.

Six grands dignitaires rehausseront l'éclat de la couronne, en exerçant des fonctions honorifiques. Le grand électeur convoquera le Corps législatif, le Sénat, les collèges électoraux. L'archichancelier d'Empire recevra le serment des magistrats, présidera le Conseil d'État et veillera à la promulgation des lois. L'archichancelier d'État recevra les ambassadeurs, signera les traités, surveillera la gestion des finances. Le connétable et le grand amiral exerceront un semblable contrôle sur l'armée et sur la marine.

Il y aura seize maréchaux d'Empire et quatre maréchaux honoraires choisis parmi les généraux sénateurs auxquels l'âge interdit des fonctions actives.

Le Sénat (1), conservant le droit d'élire, de casser les lois ou les décrets inconstitutionnels, et de réformer la Constitution, sera pourvu de nouvelles attributions destinées à rassurer par des garanties, au moins apparentes, ceux qu'aurait effrayés ou irrités un pouvoir trop despotique. Il sera chargé de protéger la liberté individuelle et la liberté de la presse, au moyen d'une commission de sept membres, nommés au scrutin, et renouvelable par la sortie d'un de ses membres, tous les quatre mois. Cette commission devra recevoir, examiner toutes les demandes relatives aux détentions injustes, inviter le ministre à faire remettre en liberté celui dont il aurait ordonné l'arrestation.

Une autre commission, également élective, aura sous sa sauvegarde la liberté de la presse, dont le nom n'avait même pas été prononcé dans les Constitutions depuis le 18 brumaire, et que ses excès, pendant la Révolution,

---

(1) Il était composé de quatre-vingts membres élus par lui-même, de ceux que désignait l'Empereur, des princes de sa famille âgés de dix-huit ans, et des six grands dignitaires de l'Empire.

avaient discréditée. Cette commission n'avait à s'occuper que des livres dont la publication aurait été empêchée sans motifs valables, et la presse périodique restait placée sous la juridiction de la police, c'est-à-dire sous la dépendance absolue du pouvoir impérial.

Le Corps législatif, qui ne pouvait, aux termes de la Constitution de l'an VIII, que voter en silence, recouvre la parole pour discuter les lois, mais seulement en comité secret.

En attendant que le Tribunat disparût des institutions politiques de l'Empire, il continua de délibérer par sections, et de soumettre ses propositions au Corps législatif.

Une haute Cour, composée de soixante sénateurs sur cent vingt, de six présidents du Conseil d'État, de quatorze conseillers d'État, de vingt membres de la Cour de cassation, des grands officiers de l'Empire, des six grands dignitaires et des princes de la famille impériale, ayant voix délibérative, fut instituée dans le but de punir les complots dirigés contre la sûreté de l'État.

Le sénatus-consulte organique du 18 mai associe la forme républicaine au régime impérial, anomalie destinée à ménager les susceptibilités de certains esprits et à couvrir, par une dernière transition, la transformation définitive du pouvoir. L'article premier est ainsi conçu :

« Le gouvernement de la République est confié à un empereur qui prend le titre d'empereur des Français. »

Lorsque Cambacérès alla, au nom du Sénat, haranguer Napoléon, en lui présentant la nouvelle Constitution, il le salua des qualifications de Sire et de Votre Majesté.

« Comment, lui dit-il, le peuple français pourrait-il

penser sans enthousiasme au bonheur qu'il éprouve depuis que la Providence lui a inspiré la pensée de se jeter dans vos bras ?

« Les armées étaient vaincues, les finances en désordre ; le crédit public était anéanti ; les factions se disputaient les restes de notre antique splendeur ; les idées de religion et même de morale étaient obscurcies ; l'habitude de donner et de reprendre le pouvoir laissait les magistrats sans considération.

« Votre Majesté a paru. Elle a rappelé la victoire sous nos drapeaux ; elle a rétabli l'ordre et l'économie dans les dépenses publiques ; la nation, rassurée par l'usage que vous en avez su faire, a repris confiance dans ses propres ressources ; votre sagesse a calmé la fureur des partis ; la religion a vu relever ses autels...

« Heureuse la nation qui, après tant de troubles, trouve dans son sein un homme capable d'apaiser la tempête des passions, de concilier tous les intérêts et de réunir toutes les voix !

« S'il est dans les principes de notre Constitution de soumettre à la sanction du peuple la partie du décret qui concerne l'établissement d'un gouvernement héréditaire, le Sénat a pensé qu'il devait supplier Votre Majesté Impériale d'agréer que les dispositions organiques reçussent immédiatement leur exécution ; et pour la gloire comme pour le bonheur de la République, il proclame à l'instant même Napoléon empereur des Français (1). »

Le 19 mai, la nation était convoquée pour ratifier par

---

(1) THIERS. *Histoire du Consulat et de l'Empire*, t. V, liv. XIX.

ses votes le fait accompli. Soixante mille registres furent ouverts chez les ministres, les préfets, les maires et les officiers civils, comme les notaires et les avoués. La France comptait alors cent huit départements. Il y eut 3,584,254 votants. 2,579 seulement se prononcèrent contre l'hérédité (1). Les opposants étaient des républicains et non des royalistes. Beaucoup de ces derniers s'abstinrent, ne voulant pas donner leurs suffrages à celui qui avait répandu le sang du duc d'Enghien (2).

On compta les abstentions comme des votes favorables, et l'on destitua les rares fonctionnaires qui s'étaient prononcés contre l'Empire (3). A Paris, sur deux cents avocats, quatre seulement votèrent pour le régime impérial, et l'on ne saurait s'étonner de cette hostilité du barreau, Napoléon se montrant l'ennemi de la liberté de la parole, comme de toute liberté, et professant l'opinion qu'on devrait « couper la langue à tout avocat qui s'en sert contre le gouvernement (4) ».

« A l'expiration du délai fixé, chaque dépositaire d'un registre devait l'arrêter, en additionner les votes, certifier le tout et l'adresser au maire pour être transmis à la sous-préfecture. On expédiait ensuite les registres de l'arrondissement totalisés à la préfecture et de là au ministère de l'intérieur avec le relevé général du département...

« Parmi les pièces envoyées au ministère de la guerre,

---

(1) Amédée-Edmond BLANC, *Napoléon Ier, ses institutions civiles et administratives*, p. 44.
(2) BOURRIENNE, *Mémoires*, t. VI, p. 230.
(3) Mme DE STAEL, *Dix années d'exil*, ch. XVIII.
(4) *Le barreau libre pendant la Révolution, Les défenseurs officieux*, par M. J. DELOM DE MEZÉRAC, *Revue des Deux Mondes* du 1er août 1893.

ajoute M. de Barante, nous remarquâmes la lettre d'un général alors en inspection. Il avait écrit son vote à Orléans, puis à Angers et enfin à Nantes où il se rendait, persuadé que cet excellent exemple ne serait pas blâmé(1). »

La caricature est une des formes de l'esprit satirique qui a toujours régné en France. Elle n'épargna pas le plébiscite, et représenta deux registres, celui des *oui* et celui des *non*. Le premier était environné de cordons, de mitres, de sabres d'honneur. Des chaînes, des canons, des épées, des instruments de supplice semblaient défendre l'approche du second. Cette image dépeignait d'une manière expressive l'influence qu'avaient eue sur les votes la crainte et l'ambition. Un sentiment plus général peut-être et non moins vrai était le besoin du repos auquel aspirait la nation. Elle le trouvait dans l'homme et dans l'institution qui ne lui donnaient plus seulement le présent, mais lui promettaient l'avenir.

« Le pouvoir le plus absolu, dit le chancelier Pasquier, se trouvait solidement établi ; il était l'œuvre de la Révolution ; longtemps la puissance politique avait été exercée par un petit nombre d'individus pour le tourment des autres. A l'époque où nous voici parvenus, ce pouvoir était décidément concentré entre les mains d'un seul homme. Napoléon était arrivé à s'en emparer, en gagnant les uns, en se jouant des autres, et subjuguant tout le monde par son incontestable supériorité. En gardant les mots consacrés par la Révolution, il avait eu l'art de détruire en partie son œuvre ; les promesses faites par elle étaient

---

(1) *Souvenirs*, t. I, p. 132.

devenues vaines, et malgré tant de déceptions, le pays, au lieu de lui en savoir mauvais gré, lui témoignait chaque jour une confiance plus grande. Prenons pour exemple les assemblées délibérantes, Sénat et Corps législatif, qui n'avaient pas cessé d'exister depuis le 18 brumaire, gardant leurs étiquettes républicaines : elles disposaient naguère de tout ; devant leur autorité tout fléchissait ; elles deviennent des instruments dociles sous la puissante main qui la dirige. Une commission sénatoriale existe pour garantir la liberté de la presse, et cette liberté n'a jamais été plus enchaînée. Il en est une autre qui doit assurer la liberté individuelle, les prisons d'État n'en sont pas moins conservées ; le nombre des individus qu'elles renferment n'est pas, à la vérité, aussi considérable qu'on le suppose généralement. Mais, enfin, ils sont détenus sans jugement, par la volonté la plus arbitraire. De l'héritage laissé par la Révolution, il n'y a qu'une seule chose que le nouveau chef du gouvernement ait acceptée et défendue avec une complète sincérité, c'est la garantie donnée aux intérêts particuliers que cette Révolution avait créés (1). »

Au moment où le premier Consul devient Empereur, il commence une quatrième dynastie. Son gouvernement semble fondé sur des assises inébranlables. Il a la sanction populaire et celle des services les plus éclatants.

Ayant ceint la couronne de Charlemagne, Napoléon convoita d'autres couronnes, distribuées entre les membres de sa famille, comme un butin pris à l'ennemi. Le trône de France, d'une France agrandie, victorieuse, redoutée,

---

(1) *Mémoires*, t. I, p. 224.

cessa bientôt de suffire à ce génie dont l'orgueil démesuré n'admettait pas d'obstacles, ne souffrait pas de résistance, rêvait la domination universelle et voulut asservir la religion elle-même.

Mais l'heure de la chute aussi profonde que l'élévation avait été rapide et prodigieuse, n'est pas encore venue. Le nouvel Empereur, rétablissant le pompeux cérémonial de l'ancienne monarchie, a, le lendemain de son avènement, reçu, au grand lever des Tuileries, les hommages de ses sujets. Il a promené ses regards satisfaits autour de lui; il a mesuré le chemin parcouru, en songeant secrètement à celui qui lui reste à parcourir encore.

Il ne va pas seulement régner, mais gouverner, l'épée au côté. Le pouvoir qu'il exerce est un pouvoir sans contrôle. Nous savons comment se recrutent les corps de l'État, qui sont censés défendre les intérêts de la nation et ne représentent que la volonté d'un homme. Leurs droits sont fictifs; leur action est illusoire. Le Corps législatif enregistre les lois sans murmure. Le Sénat, composé en partie par le souverain, est un instrument docile de sa toute-puissance. Formé à l'école de la servilité, il prononcera, en 1814, la déchéance de celui auquel il a offert la couronne en 1804 (1).

Nous venons de voir dans la Constitution de l'Empire les réalités du pouvoir. Considérons-en maintenant les pompes extérieures.

---

(1) Voici comment il est jugé par un sénateur : « Ce Sénat taciturne, institution bizarre, composée avec un soin scrupuleux par le chef de l'État, des hommes les plus éminents et les plus éclairés du pays, pour ne leur demander, au lieu de discussions lumineuses et de conseils salutaires,

II

Les anciennes formules, proscrites par l'esprit égalitaire, ont aussitôt reparu. Les princes et les princesses de la famille de Napoléon sont qualifiés d'Altesses Impériales. Les grands dignitaires de l'Empire sont Altesses Sérénissimes. On donne le « monseigneur » aux maréchaux et aux ministres.

Les appellations de l'ancien régime flattent l'oreille de ceux que, la veille encore, on traitait de *citoyens* et de *citoyennes*. Les railleries n'épargnaient pas ces rapides métamorphoses qui inspirèrent un mot cruel, un jour que l'on venait d'annoncer les princesses du sang : « Du sang d'Enghien », ajouta un adversaire du nouveau régime (1).

Toute une cour, copiée d'après celle de l'ancienne monarchie, se déploie autour de l'Empereur qu'un pape, dérogeant à toutes les traditions, est venu sacrer en France, pour donner à sa couronne une sorte de légitimité religieuse.

Voici d'abord la maison de Napoléon (2) : le grand

qu'une approbation aveugle de tous ses actes, et une obéissance servile et silencieuse. » (Comte DE PONTÉCOULANT, *Souvenirs historiques et parlementaires*, t. III, p. 47.)

(1) Mme DE STAEL, *Dix années d'exil*, ch. XVIII.

(2) *Almanach impérial* de 1805. Les particules précédant les noms patronymiques y sont supprimées. Elles ne sont reprises d'une manière générale qu'à dater de 1809. Avant cette époque, on voit régner dans l'*Almanach impérial* une certaine confusion, offrant un mélange des usages monarchiques et des habitudes révolutionnaires.

aumônier (1), suivi de trois évêques, faisant les fonctions d'aumôniers ordinaires, le grand chambellan (2), avec quatorze chambellans dont quelques-uns portent des noms anciens et illustres; le grand maréchal du palais (3) et les trois préfets du palais; le grand écuyer (4), les quatre écuyers cavalcadours, les deux écuyers ordinaires; les pages, sous la direction d'un gouverneur et d'un sous-gouverneur; le grand veneur (5); le grand maître des cérémonies (6); les hérauts d'armes.

Au-dessous se trouvent deux bibliothécaires, un directeur de la musique, un dessinateur du cabinet et des cérémonies (7); l'intendant général de la maison, le premier peintre, les architectes, le premier médecin et le médecin ordinaire, le premier chirurgien et le chirurgien ordinaire, un notaire, un trésorier général de la couronne.

La maison de l'Impératrice renferme un premier aumônier (8), une dame d'honneur (9), une dame d'atour, huit dames d'atour, des chambellans, un premier écuyer, deux écuyers cavalcadours, un secrétaire des commandements.

Les princes et princesses de la famille impériale ont aussi leur maison, ainsi que Madame Lætitia Bonaparte, appelée « Madame Mère ».

On a retranché de l'ancienne étiquette toutes les pres-

(1) Le cardinal Fesch, archevêque de Lyon.
(2) Talleyrand.
(3) Le général Duroc.
(4) Caulaincourt.
(5) Le maréchal Berthier.
(6) Le comte de Ségur, ambassadeur en Russie sous Louis XVI.
(7) Isabey.
(8) M. de Rohan, ancien archevêque de Cambrai.
(9) Mme de la Rochefoucauld.

criptions du cérémonial, devenues puériles ou surannées, et l'on a rédigé un nouveau code en 819 articles (1). Il ne saurait plus être question de « donner la chemise » comme on la présentait au roi et à la reine de France, ni de soumettre la personne du souverain à des exhibitions qui ne seraient plus acceptées des mœurs nouvelles, et dont Napoléon a senti le ridicule ou l'inconvenance (2). Le lever et le coucher de l'Empereur n'ont plus rien des réalités vulgaires que l'antique royauté ne cherchait pas à dissimuler aux yeux de courtisans idolâtres. Ce sont les instants employés à donner des ordres, à accueillir des familiers, à s'entretenir avec un petit nombre de privilégiés.

Quand il dîne en grand couvert, c'est alors que l'appareil de l'ancienne monarchie semble ressuscité aux yeux de la cour éblouie, qui contemple la table où l'Empereur et l'Impératrice sont assis sous un dais. Ils sont venus y prendre place, précédés des pages, des maîtres des cérémonies, du préfet du palais, suivis du grand chambellan, du grand écuyer, du grand aumônier qui a béni le repas. Les souverains n'ont pas seulement pour les servir les grands dignitaires de la couronne, mais les princes eux-mêmes remplissant des fonctions domestiques (3).

---

(1) THIBAUDEAU, *L'Empire*, t. II, ch. XXIII.

(2) « Quant à l'étiquette, l'Empereur disait qu'il était le premier qui eût séparé le *service d'honneur* (expression imaginée sous lui) du service des besoins. Il avait mis de côté tout ce qui était sale et réel, pour y substituer ce qui n'était que nominal et de pure décoration. Un Roi, disait-il, n'est pas dans la nature ; il n'est que dans la civilisation, il n'en est point de nu ; il ne saurait être qu'habillé. » (*Mémorial de Sainte-Hélène*, édit. 1842, t. I, p. 822.)

(3) IMBERT DE SAINT-AMAND, *La cour de l'impératrice Joséphine*, in-12, 1884.

Quelle était la vie de Napoléon dans la demeure impériale, aux heures où l'on pouvait le voir et l'aborder ? Un préfet du palais va nous le dire, en nous donnant des détails qui ne sont pas sans intérêt pour l'histoire :

« Tous les matins, à neuf heures, l'Empereur sortait de ses appartements, habillé comme il devait l'être toute la journée.

« Les officiers de service étaient les premiers admis. Napoléon donnait ses ordres pour la journée.

« Immédiatement après, les *grandes entrées* étaient introduites. Elles se composaient des personnages du plus haut rang qui y avaient droit par leurs charges ou par une faveur spéciale.

« Les officiers de la maison impériale qui n'étaient point de service avaient également l'avantage d'y être admis.

« Bien des gens qui semblent aujourd'hui l'avoir oublié, attachaient alors un très grand prix à l'usage d'une si flatteuse distinction. Napoléon s'adressait successivement à chaque personne et écoutait avec bienveillance tout ce qu'on désirait lui dire. Sa tournée finie, il saluait et chacun se retirait. Souvent quelques personnes, voulant l'entretenir en particulier, attendaient que tout le monde fût sorti et, se rapprochant de l'Empereur, restaient seules avec lui, et en obtenaient le moment d'audience qui leur était nécessaire.

« A neuf heures et demie, le déjeuner de Napoléon était servi. Le préfet du palais allait le prévenir, le précédait dans le salon où il devait déjeuner et y assistait seul avec le premier maître d'hôtel qui remplissait tous les services de détail. Napoléon déjeunait sur un petit guéridon en bois d'acajou, recouvert d'une serviette. Le préfet du palais se tenait son chapeau sous le bras, debout auprès de cette petite table. Sobre autant que jamais un homme a pu l'être, souvent le déjeuner de Napoléon ne durait pas huit minutes... Mais lorsqu'il éprouvait le besoin de *fermer son cabinet*, comme il le disait quelquefois en souriant, le déjeuner durait assez longtemps, et alors rien n'égalait la douce gaieté et le charme de sa conversation. Ses expressions étaient rapides, positives et pittoresques.

« J'ai dû à ce moment de mon service les heures les plus agréables de ma vie. Très souvent je lui proposais de recevoir pendant son déjeuner quelques personnes auxquelles il avait accordé cette faveur. C'étaient en général des savants du premier ordre, tels que MM. Monge, Bertholet, Costaz, intendant des bâtiments de la couronne, Denon, directeur du musée, qu'il avait amenés avec lui pendant la campagne d'Égypte, et Corvisart. Parmi les hommes célèbres par de grands talents, c'étaient MM. David, Gérard, Isabey, Talma, Fontaine et son premier architecte...

« Rentré dans son cabinet, Napoléon s'occupait et recevait les ministres et les directeurs généraux qui arrivaient avec leur portefeuille ; ces différents travaux duraient jusqu'à six heures du soir, et n'étaient jamais interrompus que les jours de conseil des ministres ou de Conseil d'État. Le dîner était régulièrement servi à six heures. Aux Tuileries et à Saint-Cloud, Leurs Majestés dînaient seules, excepté le dimanche où toute la famille impériale était admise au banquet. L'Empereur, l'Impératrice et Madame

Mère étaient assis sur des fauteuils, et les autres rois, reines, princes et princesses, etc., n'avaient que des chaises meublantes. Il n'y avait qu'un seul service, relevé par le dessert; les mets les plus simples étaient ceux que Napoléon préférait. Il ne buvait que du chambertin et le buvait rarement pur. Le service était fait par les pages, secondés par les valets de chambre, les maîtres d'hôtel, les écuyers tranchants et jamais par la livrée. Le dîner durait ordinairement quinze à vingt minutes. Jamais il ne buvait ni vin ni liqueur. Il prenait habituellement deux tasses de café pur, une le matin après son déjeuner, et l'autre après son dîner...

« Rentré dans le salon, un page présentait à l'Empereur un plateau de vermeil sur lequel étaient une tasse et un sucrier. Le chef d'office versait le café; l'Impératrice prenait la tasse de l'Empereur; le page et le chef d'office se retiraient; j'attendais que l'Impératrice eût versé le café dans la soucoupe et l'eût présenté à Napoléon : il était arrivé si souvent à ce prince d'oublier de la prendre au moment convenable, que l'impératrice Joséphine, et après elle l'impératrice Marie-Louise, avaient imaginé ce galant moyen de remédier à ce petit inconvénient...

« A l'égard de la dépense de la maison, tout était réglé avec un ordre infini. Le grand maréchal duc de Frioul (1) avait établi son service avec une sagesse, une prévoyance et une convenance admirables. J'ai sous les yeux un budget de 1805 pour le service du grand maréchal; je vais le copier :

(1) Duroc.

Grand maréchal, 3 préfets du palais, 2 grands maréchaux des logis, 3 adjoints....................	116,000 francs.
Un secrétaire général, premier quartier-maître et premier maître d'hôtel contrôleur....................	16,000 —
Gages des gens employés auprès de Sa Majesté....................	134,000 —
Indemnités aux gens détachés en voyage.	30,000 —
Habillement des livrées..............	107,000 —
Blanchissage....................	45,000 —
Éclairage....................	180,000 —
Bouches (office, cuisine, cave)........	630,000 —
Entretien de l'argenterie.............	20,000 —
— de la lingerie.............	80,000 —
— de la porcelaine............	20,000 —
— des verreries, faïences et batteries de cuisine....................	10,000 —
Frais de transport....................	15,000 —
Palais impérial, dépenses imprévues, frais de bureau, gens, secours, indemnités, etc....................	685,000 —
Dépenses de la couronne, des départements au delà des Alpes, dits du Piémont, etc....................	89,000 —
	2,177,000 francs.

« Il ne faut pas imaginer que la représentation fût mesquine et parcimonieuse. Les goûts de Napoléon étaient simples et modestes ; mais il aimait l'éclat et la magnificence autour de lui. Sa cour fut toujours brillante et de bon goût. Il avait de l'ordre et point de gaspillage (1). »

(1) L.-S.-F. DE BAUSSET, *Mémoires anecdotiques sur l'intérieur du palais et quelques événements de l'Empire*, t. I, ch. I.

« Napoléon aimait que sa cour fût brillante : tous les emplois y avaient un traitement fort élevé, et il exigeait des titulaires qu'ils fissent de la dépense. Un moyen de lui plaire était d'avoir une maison bien montée, d'élégants équipages, de donner des fêtes et de recevoir beaucoup de monde. Il disait quelquefois, en parlant de certains grands personnages soupçonnés de parcimonie : « *Ce sont des grigous qui entassent leur argent...* »

« Il était tout naturel qu'il y eût une grande disparité dans une cour formée de tant de personnages divers. Les anciens nobles, heureux de se retrouver dans l'aisance, jouissaient de leur fortune avec éclat et sans prévoyance, la répandant sur ceux qui les environnaient, sans oublier les malheureux. Les nouveaux riches, princes, ducs, comtes, barons, etc., voulaient rivaliser de luxe, mais la parcimonie montrait toujours le bout de l'oreille; leurs maisons étaient nombreuses; elles étaient mesquinement payées : ils descendaient jusqu'aux plus minces détails, faisaient des vilenies que leurs valets publiaient, et la cour et la ville s'en amusaient. Il en est cependant plusieurs qui s'étaient élevés à la hauteur de leur rang (1); mais le nombre en était petit (2). »

La magnificence extérieure que déploie Napoléon et qu'il exige de sa cour, ne provient pas chez lui de l'amour du faste. Elle est inhérente au prestige de la souveraineté qui doit inspirer le respect, en frappant les yeux; elle est aussi

---

(1) Lebrun, duc de Plaisance, avait établi dans le département de Seine-et-Oise une filature de coton qui faisait vivre trois cents familles.

(2) Générale Durand, *Mémoires sur Napoléon, l'impératrice Marie-Louise et la cour des Tuileries*, p. 298, 299.

un moyen d'encourager le commerce, de faire fleurir l'industrie, de répandre sur les classes inférieures les richesses de ceux dont l'illustration, les services, les honneurs, les dignités rehaussent l'éclat du trône. La pauvreté qu'il a connue lui a enseigné l'habitude de l'économie, l'esprit d'ordre vraiment digne de louange qu'on voit régner dans ses dépenses et dans l'administration des finances. Chaque année, il mettait de côté treize millions prélevés sur sa liste civile qui s'élevait à vingt-cinq millions. Par ce moyen, il se fit une réserve de plus de cent millions, en tenant une cour magnifique, en se montrant constamment généreux envers les services qu'il voulait récompenser et les infortunes qu'il aimait à secourir (1). Au milieu des grandeurs et des pompes impériales, il gardait le goût de la simplicité.

« Le budget de sa toilette, nous dit un de ses familiers, avait d'abord été porté à 60,000 francs; il l'avait réduit à 20,000 francs, tout compris. Il disait qu'avec un revenu de 1,200 francs et un cheval il n'aurait besoin de rien de plus. Il se reportait quelquefois au temps où il était lieutenant d'artillerie; il aimait à parler de l'ordre qu'il mettait dans ses dépenses et des expériences économiques qu'il

---

(1) Baron DE MENEVAL, *Souvenirs historiques*, t. I, p. 146. — « Il gratifiait souvent de ses épargnes; il ne souffrait pas que l'homme qui le servait éprouvât le besoin. Il comblait même de présents les personnes qui dépensaient le plus en prodigalités; mais tout cela était pris sur la caisse de l'extraordinaire, alimenté par les revenus étrangers ou dans les économies sur la liste civile. Lui parlait-on d'un savant estimable, tombé dans la détresse, il lui envoyait de suite un secours. Apprenait-il qu'un maréchal ou un général désirait acquérir une terre ou un hôtel, il lui envoyait un million pour en faire l'achat. Lui disait-on qu'un sénateur, un conseiller d'État était obéré, il lui faisait remettre une somme suffisante pour payer ses dettes. » (CHAPTAL, *Mes souvenirs sur Napoléon*, p. 339.)

tentait pour ne point faire de dettes, quand le triomphe du parti anglais en Corse le privait de toute ressource de ce côté, et qu'il avait à sa charge son frère Louis qu'il élevait et entretenait avec le produit de sa solde. Il se plaignait des exemples de luxe que ses aides de camp donnaient aux officiers de grades plus modestes qu'il attachait à sa personne. Cependant il aimait à être entouré d'éclat et d'une espèce de faste. Il disait à ceux auxquels il prodiguait l'argent : Dans votre vie intérieure, soyez économes et même parcimonieux; en public, soyez magnifiques.

« Il s'appliquait à lui-même ce conseil. Personne n'était plus modeste dans son habillement, moins recherché dans ses repas et dans tout ce qui lui était personnel (1). »

Sous l'ancien régime, la maison du Roi et de la famille royale se composait d'environ 15,000 personnes et occasionnait une dépense annuelle de 45 millions. L'on a vu (2) quelle était la multiplicité des fonctions dont la seule utilité réelle était le salaire qui les rétribuait. Le grand bouillon de nuit et le jour de médecine royale, sous Louis XVI, figurent sur les comptes d'année pour la somme de 5,201 livres (3).

Sous Napoléon, tout est soumis à une surveillance attentive, à un contrôle rigoureux (4). Le voyage de Fontainebleau, qui coûtait à Louis XVI près de 2 millions, lui revient à 150,000 francs, avec le même apparat. Les dé-

---

(1) Meneval, t. I, p. 145.
(2) *La France sous l'ancien régime*, 1re partie, p. 47 et suiv.
(3) Taine, *L'ancien régime*, t. I, p. 167. — *Le régime moderne*, t. I, p. 261.
(4) Mme de Rémusat, *Mémoires*, t. III, p. 316.

penses de sa maison civile s'élèvent à 3 millions au lieu de 25 millions (1).

« La cour de l'Empereur était bien plus magnifique sous tous les rapports que tout ce qu'on avait vu jusque-là, et cependant, disait-il, elle coûtait infiniment moins. La suppression des abus, l'ordre et la régularité dans les comptes faisaient cette grande différence. La chasse, à quelques particularités près, inutiles ou ridicules, comme celle du faucon et autres, était aussi splendide, aussi nombreuse, aussi bruyante que celle de Louis XVI, et elle ne lui coûtait annuellement, assurait-il, que 400,000 francs, tandis qu'elle revenait au Roi à 7 millions. Il en était de même de la table. L'ordre et la sévérité de Duroc, disait l'Empereur, avaient accompli des prodiges sur ce point…

« L'écurie de l'Empereur lui coûtait 3 millions; les chevaux revenaient, en somme, à 3,000 francs, l'un dans l'autre, par an. Un page coûtait de 6 à 8,000 francs. Cette dernière dépense, observait-il, était la plus forte peut-être du palais : aussi pouvait-on vanter l'éducation qu'on leur donnait, les soins qu'on en prenait. Toutes les premières familles de l'Empire sollicitaient d'y placer leurs enfants (2). »

(1) La maison militaire figurait sur les dépenses annuelles pour le chiffre de 800,000 francs : service du grand écuyer, 4 millions; du grand maréchal du palais, 3 millions; du grand chambellan, 3 millions; dames du palais, chambellans, bureaux, huissiers, etc., 1,200,000 francs; musique, chapelle, théâtre, appartements, 100,000 francs; bâtiments, 3 millions; mobilier, 1,800,000 francs. (MENEVAL, t. I, p. 146.) — « Napoléon savait dès le premier jour de l'année ce qu'il dépenserait, et jamais personne n'eût osé dépasser les crédits qu'il avait ouverts. » (BAUSSET, *Intérieur du palais de Napoléon*, t. I, p. 9.)

(2) *Mémorial de Sainte-Hélène*, édit. 1842, t. I, p. 822.

Napoléon s'entend à tenir sa maison comme à réorganiser le gouvernement. Mais s'il aime l'ordre dans les dépenses, il est moins économe de la vie des hommes. La guerre est un luxe qu'il ne sait guère se refuser. Étant soldat, il n'est pas étonnant que sa cour soit menée un peu militairement, et qu'on ne s'y aperçoive du caractère du souverain qui est un maître rude et impérieux.

L'absolutisme de Louis XIV était tempéré par les formes d'une politesse que Saint-Simon a retracée en traits inoubliables (1). On ne trouvera pas chez Napoléon cet art infini, ces nuances délicates, fruits de l'éducation, de l'usage, de la possession ancienne et incontestée du trône. Familier de la vie des camps, il a traversé la Révolution aux mœurs farouches. Il a toutefois la supériorité du génie, le mérite des obstacles franchis, des difficultés vaincues. Formé à la dure école de la pauvreté, il n'est pas né, comme Louis XIV, dans un siècle déjà brillant de l'éclat d'hommes illustres, prêts à environner le trône de leur dévouement traditionnel. Sa couronne n'a pas été, en vertu d'un droit héréditaire, placée sur son berceau. Son

---

(1) « Jamais homme si naturellement poli, ni d'une politesse si fort mesurée, si fort par degrés, ni qui distinguât mieux l'âge, le mérite, le rang, et dans ses réponses quand elles passaient, le *je verrai*, et dans ses manières. Ces étages divers se marquaient exactement dans sa manière de saluer et de recevoir les révérences lorsqu'on partait ou qu'on arrivait. Ses révérences plus ou moins marquées avaient une grâce et une majesté incomparables, jusqu'à sa manière de se soulever à demi de son souper pour chaque dame qui arrivait... Jamais devant le monde rien de déplacé ni de hasardé; mais jusqu'au moindre geste, son marcher, son port, toute sa contenance, tout décent, noble, grand, majestueux et toutefois très naturel, à quoi l'habitude et l'avantage incomparable et unique de toute sa personne donnaient une grande facilité. » (*Mémoires*, édit. CHÉRUEL, in-12, t. VIII, p. 123, 125.)

pouvoir n'a pas été édifié par le ministère d'un cardinal de Richelieu. Il l'a créé par ses victoires, par ses services innombrables; il l'a pris au milieu des ruines d'une société qu'il a reconstruite avec les débris du passé et les matériaux du présent. Il a de commun avec Louis XIV le sentiment de la souveraineté, le goût de la domination (1).

Louis XIV glaçait par son aspect ceux qui l'approchaient. « Il imposait, dit Saint-Simon, un silence et jusqu'à une sorte de frayeur. » La crainte qu'inspirait Napoléon répandait autour de lui une véritable angoisse; elle déconcertait les plus hardis, arrêtait la parole sur les lèvres. Aussi sa cour était-elle triste et contrainte. « Le cérémonial s'exécutait comme s'il eût été dirigé par un roulement de tambour; tout se faisait, en quelque sorte, au pas de charge (2). »

Chaptal appelle la cour de Napoléon « une vraie galère où chacun ramait selon l'ordonnance (3) ». Et elle ne pouvait être autrement avec le caractère et le ton de l'Empereur, dont il parle par expérience :

(1) Le grand Empereur parlait avec éloges du grand Roi. « Un souverain si grave, disait-il, ayant un si grand sentiment de sa dignité et de celle de la France, le créateur de l'administration, qui eut des armées si nombreuses, qui après de belles victoires, sut résister à l'Europe. C'est lui et non pas Henri IV qui a donné à la France cette prééminence que nous avons conservée. » Et jugeant Henri IV, il disait : « Je compare quelquefois son sort au mien : la couronne lui appartenait, et combien il lui fut difficile de la gagner! Il régna en bon et habile souverain, et on l'assassina. Tandis que moi qui n'étais pas né pour monter sur un trône, j'y suis arrivé tout simplement, sans grande peine, et si je puis m'y maintenir avec calme, sans péril, c'est que je suis l'œuvre des circonstances. J'ai toujours marché avec elles. » (BARANTE, *Souvenirs*, t. I, p. 370. Conversation de Napoléon avec Barante en 1813.)

(2) Mme DE RÉMUSAT, *Mémoires*, t. II, p. 32.

(3) *Souvenirs sur Napoléon*, p. 326.

« Son premier abord était froid et ses propos insignifiants ou malhonnêtes ; il n'avait point ces formes agréables que donnent l'usage du monde ou une éducation soignée. Parlait-il à un ambassadeur : *Vous amusez-vous à Paris ? Avez-vous des nouvelles de votre pays ?* Voilà ses formules ordinaires. Voyait-il un sénateur, un conseiller d'État : *Comment se porte M. C...? Il fait chaud, il fait froid* ou *humide.* Était-il dans un cercle de femmes, il demandait le nom à chacune, même souvent à celles qu'il connaissait depuis longtemps, et, par extraordinaire, il faisait quelquefois compliment sur une robe, un diamant, etc.

« Souvent même, il était malhonnête et grossier. Dans une fête de l'Hôtel de ville, il répondait à madame X..., qui venait de lui dire son nom : *Ah ! bon Dieu ! on m'avait dit que vous étiez jolie...* A une autre : *C'est un beau temps pour vous que les campagnes de votre mari...* A des vieillards : *A votre âge, on n'a pas longtemps à vivre...* A de jeunes personnes : *Avez-vous des enfants ?*

« En général, Napoléon avait le ton d'un jeune lieutenant mal élevé, et, au premier abord, rien n'annonçait en lui ni de l'esprit, ni le moindre usage du monde. Je l'ai vu, dans ses petites soirées, sortir de son cabinet en sifflant, accoster des femmes sans interrompre son chant, et s'en retourner en fredonnant un air italien...

« Personne n'était à son aise autour de Napoléon, parce que personne ne pouvait compter sur des sentiments de bonté ou d'indulgence de sa part. Le moindre contre-temps, la plus légère inattention le portaient à des fureurs, et il n'avait aucun égard pour les personnes qui le voyaient le plus habituellement, de sorte que ces personnes étaient toujours sur les épines, dans la crainte de déplaire ou de prendre sur elles des décisions qui pourraient le contrarier. Aussi étaient-elles constamment occupées à prendre ses ordres pour les plus petites choses, et à les exécuter sans modification, fort heureuses encore s'il ne faisait pas retomber sur elles l'inconvenance de quelques mesures qu'il avait ordonnées lui-même (1). »

Chaptal n'est pas le seul à reprocher à Napoléon son manque de galanterie et de politesse envers les femmes. Il les embarrassait volontiers par la brutalité des questions ou des observations qu'il leur adressait (2). Sa surveillance sur ce qui concernait leur parure, était poussée jusqu'à la tyrannie.

« Si sa toilette l'occupait peu, écrit mademoiselle Avrillon, première femme de chambre de l'impératrice Joséphine, il n'en était pas de même de celle des autres; il était fort exigeant sur ce chapitre avec les personnes qui l'approchaient et surtout à l'égard des femmes. Lorsque dans son salon il apercevait des dames dont le costume n'était pas frais ou dont la toilette était mal faite, cela lui sautait aux yeux, et il en faisait des reproches. Son exigence s'étendait jusque sur nous; il fallait être en tenue même dans les voyages; il ne voulait pas même souffrir que nous eussions le matin un châle sur les épaules, et lorsque cela nous arrivait, il nous menaçait de nous jeter au feu (3). »

---

(1) *Souvenirs sur Napoléon*, p. 321, 326.
(2) Voir les exemples cités par THIBAUDEAU, *Mémoires sur le Consulat*, p. 18, et Mme DE RÉMUSAT, *Mémoires*, t. I et II.
(3) *Mémoires*, t. II, p. 104.

La générale Durand, une des dames de l'impératrice Marie-Louise, confirme la sévérité dont la toilette féminine était l'objet de la part de Napoléon. « Lorsqu'il entrait dans le salon, il jetait un coup d'œil sur toutes. Ce regard était une inévitable inspection. Il allait dire un mot gracieux à celle qu'il trouvait bien, et souvent une mauvaise plaisanterie était le partage de celle dont la toilette moins fraîche lui déplaisait. Il détestait les schalls, et jamais on ne pouvait en garder en sa présence. Ceux de cachemire, qu'il souffrait bien malgré lui et dont il parlait souvent, lui déplaisaient encore davantage (1). »

On voit avec quel absolutisme l'Empereur régentait à sa cour la plus belle moitié du genre humain. Loin de subir l'influence des femmes, il affecte de les dédaigner; mais il craint leur opinion, leur jugement. Il poursuit de sa vengeance madame de Staël, exile les duchesses de Chevreuse et de Duras, mesdames Récamier, de Balbi et d'Avaux. Il a le pressentiment qu'il aura un jour contre lui toutes les femmes et toutes les mères.

Ce n'est pas à la Cour qu'il faut voir Napoléon. Homme de guerre, homme d'action, il n'aime que le champ de bataille ou les affaires. Sa véritable cour à lui, ce sont ses soldats, ses généraux. Mais comme il n'y a pas de monarchie sans ces pompes extérieures qui en sont la manifestation aux yeux de la foule, il a dû joindre l'éclat des fêtes à celui des victoires, et s'entourer de prestiges restés si puissants sur les Français. Il a donc constitué une cour, et dès 1805 elle a reçu une organisation définitive. Les en-

---

(1) *Mémoires sur Napoléon et Marie-Louise*, p. 298.

trées, les prérogatives, les rangs, tout a été réglé minutieusement.

Deux éléments se mêlent à la nouvelle cour sans se confondre : l'aristocratie de naissance et l'armée. La première domine la seconde par le nombre ; il suffit pour s'en assurer de jeter les yeux sur l'*Almanach impérial*.

L'impératrice Joséphine s'acquitte de son rôle de souveraine avec un aisance incomparable. Ce n'est pas trop de son charme, de sa grâce, de son affabilité pour rapprocher ceux que séparent tant de griefs, de préjugés, de sourdes rivalités. Dans cette cour, les patriotes de 1792 coudoient les émigrés; les jacobins de la Révolution rencontrent l'ancienne aristocratie qu'ils ont proscrite et dépouillée. Que d'amers souvenirs ! Que de conflits d'opinions, de sentiments, toujours prêts à éclater !

Lannes déteste les émigrés, et ceux-ci le lui rendent. Un jour qu'il vient à la Cour, chez l'Empereur, il les trouve en grand nombre dans un des salons, formant un groupe compact et l'empêchant de passer. Furieux, il tire son sabre et en menace les conjurés qui lui font place aussitôt. Il s'efforce en vain d'irriter Napoléon contre eux, et se livre à une sortie si violente qu'elle lui vaut un exil momentané (1).

Entre l'ancienne noblesse et la nouvelle, les luttes ne sont pas moins ardentes. Elles forment deux partis rivaux; la comtesse de Montesquiou est à la tête de l'un, et la duchesse de Montebello dirige l'autre, moins nombreux. Un troisième parti est le parti militaire qui marche sous la

---

(1) La générale DURAND, *Mémoires sur Napoléon et Marie-Louise*, p. 62.

bannière de Duroc, et dédaigneux des deux autres, ne professe que le culte de la gloire des armes. Il a les sympathies et les préférences de l'Empereur. Mais fidèle à son système, Napoléon neutralise les éléments contraires, en n'accordant à aucun la prééminence qui les rendrait trop puissants (1).

« J'ai inspiré silence aux anciennes discordes, disait-il un jour à Ségur. Le repos de la France en dépend. Je sais bien ce qu'on peut penser de ce qui s'est fait et dit dans ces temps-là ; mais la société actuelle, mais mon gouvernement reposent sur cette base, et je n'entends pas qu'on y touche. Ne voyez-vous pas quels ménagements il fallait avoir pour des hommes dont les talents ou les services sont honorables ou utiles, et à qui j'ai créé une grande existence ? N'avez-vous pas remarqué combien, lorsque j'ai épousé une archiduchesse d'Autriche, nièce de la reine Marie-Antoinette, j'ai pris soin de rassurer et de satisfaire ceux que ce mariage pouvait inquiéter ? Quand l'Impératrice est arrivée ici, elle a joué sa première partie de whist avec deux régicides : M. Cambacérès et M. Fouché (2). »

Le mariage de Napoléon avec Marie-Louise inaugure une ère nouvelle à la cour impériale. L'alliance qui fait entrer le monarque par droit de conquête dans la famille des rois par droit de naissance est, en quelque sorte, un gage donné à la vieille noblesse; elle assure sa prééminence autour de la descendante des Habsbourgs. Toutefois, la grâce et le sourire de Joséphine dont la bonté a su

---

(1) La générale Durand, *Mémoires sur Napoléon et Marie-Louise*, p. 87 et suiv.

(2) Barante, *Souvenirs*, t. I, p. 345.

exercer la plus enviable des souverainetés, en obtenant l'empire des cœurs, ne sont plus là pour répandre des rayons bienfaisants. L'étoile du grand Empereur va bientôt pâlir. La Cour n'a jamais été plus brillante; mais elle offre peu d'attraits à ceux qui en font partie.

Laissons une des dames de Marie-Louise nous décrire les usages, l'existence des Tuileries où la seconde impératrice ne pouvait apporter beaucoup d'animation :

« Les reines et les princesses avaient près d'elles des dames pour accompagner; elles formaient leur cortège à la promenade, garnissaient le salon, le soir, et contribuaient par leur conversation à amuser les princesses. Près des reines, elles se nommaient *dames du palais;* près des princesses, *dames pour accompagner.* Ces places étaient fort recherchées et données presque toutes à la faveur; on enviait celles qui les obtenaient, parce qu'on ignorait tous les désagréments, toutes les tribulations qui y étaient attachés.

« Tous les trois mois, on formait la liste des dames de service, mais c'était une grande affaire pour trouver les douze dont on avait besoin; les unes étaient malades, les autres étaient enceintes ou absentes; enfin, lorsqu'elle était complète, et que les dames étaient nommées, elles s'arrangeaient entre elles, quatre faisaient le service pendant un mois : de ces quatre, deux seulement étaient de *grand service,* c'est-à-dire tous les jours; les deux autres ne venaient que le soir et le dimanche. Les deux dames de grand service arrivaient à onze heures du matin dans le salon qu'on appelait de *service.* Elles étaient libres de s'occuper ou de ne rien faire, et restaient fort tranquilles jusqu'à une heure. Alors, Sa Majesté sortait en voiture ou à pied ; si c'était à pied, elles formaient sa suite. S'il arrivait (et c'était fort rare) que la dame d'honneur et la dame d'atour ne se trouvassent pas au palais, alors l'Impératrice prenait dans sa voiture une de ces dames ; c'était ordinairement la plus qualifiée et la plus âgée, et non celle qui aurait le mieux convenu...

« L'écuyer et le page de service étaient toujours à cheval, l'un à droite et l'autre à gauche de la voiture de Sa Majesté. Cette promenade durait une heure ou deux. De retour au château, l'Impératrice saluait ces dames, et rentrait dans son intérieur, suivie de sa dame d'honneur et de sa dame d'atour.

« Les deux dames restaient au palais jusqu'à cinq heures : elles faisaient alors demander la permission de se retirer. Elles l'obtenaient, et retournaient chez elles bien ennuyées, bien mécontentes et fort heureuses lorsqu'il ne s'y joignait pas d'autres désagréments. Elles revenaient à sept heures, et n'étaient libres que lorsque Marie-Louise allait se coucher. La soirée était plus agréable que la journée. Presque toujours l'Empereur demandait le service ; alors les deux dames, le chambellan, l'écuyer et le page entraient...

« Outre les dames du palais, il y avait une grande quantité de chambellans, dont un certain nombre, nommés par l'Empereur, faisaient le service chez l'Impératrice. Il en était de même des écuyers et des pages. Il y en avait quatre et quelquefois six qui étaient tour à tour de service (1). »

(1) Générale Durand, *Mémoires*, p. 301, 305.

Depuis son mariage avec Marie-Louise, l'Empereur s'était efforcé de donner à sa cour plus de décence et de dignité. Mais le mauvais ton continuait d'y régner, et avec une affectation qu'inspirait, sans doute, l'esprit d'opposition, les représentants de l'ancienne aristocratie donnaient à cet égard de fâcheux exemples (1). Les habitudes soldatesques contractées dans les camps encourageaient aussi la liberté de langage dont les dames du palais avaient à souffrir pendant de longues heures passées au milieu d'hommes impertinents ou mal élevés.

« Elles étaient obligées d'entendre le récit d'aventures scandaleuses qui faisaient rougir quelques-unes d'elles et embarrassaient le plus grand nombre; elles avaient aussi à supporter quelquefois des persiflages indécents sur leurs liaisons. L'Empereur ignorait tout cela : devant lui, tout le monde était respectueux, poli et silencieux; mais on s'en dédommageait lorsqu'il était absent (2). »

Les soirées n'avaient rien d'agréable pour l'entourage de l'Empereur et de l'Impératrice. Napoléon s'entretenait le plus souvent avec ses ministres. S'il jouait parfois au billard, il le faisait avec autant d'inattention que de maladresse. Tout le monde causait à voix basse ou gardait le

---

(1) « On doit croire qu'il y avait soit dans les chambellans, soit dans les écuyers, le mélange que l'on trouvait partout; il aurait été naturel que l'ancienne noblesse réunie en cercle avec la nouvelle, donnât à cette dernière le ton et la politesse d'autrefois : pas du tout, et je dois faire ici une remarque que plusieurs personnes ont faite avant moi, c'étaient les anciens nobles qui affectaient le plus mauvais ton, et dont les discours étaient les plus inconvenants et les plus indécents. Ces mêmes individus, de retour au faubourg Saint-Germain, reprenaient alors les habitudes et la tenue qu'ils n'auraient jamais dû quitter. » (Générale Durand, *Mémoires*, p. 305.)

(2) *Ibid.*, p. 307.

silence autour de l'Empereur qui se fâchait volontiers, et dont l'humeur grondeuse n'était pas faite pour dissiper la contrainte qu'imposait sa présence.

Du moins, il devait communiquer son entrain à ses hôtes, lorsqu'il se livrait à des divertissements où nous avons de la peine à nous représenter le grand Empereur.

« Je l'ai vu, dit la générale Durand, jouer aux barres depuis son mariage avec Marie-Louise, et quoiqu'il fût déjà très gros, il courait encore assez légèrement. Un jour que la cour était à Rambouillet, il y eut une grande partie de barres dans laquelle l'Empereur tomba deux fois sans se faire aucun mal; il s'élançait avec force pour saisir son adversaire qui était le grand maréchal; celui-ci s'esquivait toujours, ce qui fut cause que l'Empereur alla rouler sur le sable à quatre pas de lui; il se releva sans mot dire, et continua la partie plus gaiement encore (1). »

Qu'on pardonne au vainqueur de l'Europe d'oublier dans ces joyeux ébats le fardeau du pouvoir et les fatigues de la représentation où la monarchie impériale déploie aux regards éblouis le faste de sa cour. Nous venons d'en évoquer une image. Près du trône nous sont apparues deux deux noblesses distinctes, mais qui peuvent enrichir l'une et l'autre le patrimoine de la France.

Napoléon a vu dans la noblesse autre chose qu'un vain décor. Il en rétablit l'institution; il lui restitue un rang et des prérogatives. La Révolution avait proscrit la noblesse; l'Empereur la rappelle et l'attire à sa cour. Elle y vint en foule, volontairement et aussi par ordre (2), les uns

---

(1) Générale Durand, *Mémoires*, p. 284.

(2) « Un matin, mon père apprit qu'il avait été nommé chambellan avec

suivant leurs instincts de courtisans, d'autres leur penchant traditionnel pour les grandeurs dont des exploits merveilleux ont rajeuni l'éclat.

Voulant frapper l'ancienne noblesse à son effigie, Napoléon lui impose de nouveaux titres, et il y eut des gentilshommes que l'on nomma plaisamment « les comtes refaits (1) ».

« La prétention de l'Empereur, écrit le chancelier Pasquier, était non seulement de créer une noblesse nouvelle, mais de la fondre avec la noblesse ancienne, et pour cela il donna, à tous ceux qui portaient des noms anciens et qui s'étaient ralliés à son gouvernement, des titres autres que ceux qu'ils portaient avant la Révolution, et malgré la contrariété qu'ils en ressentirent, il fallut bien les accepter. Parmi les déplaisirs de cette nature, on cita beaucoup celui de madame de Montmorency, dame de l'Impératrice ; son ambition cependant avait en apparence quelque chose de fort modeste. On l'avait faite comtesse, et elle demandait à n'être que baronne, ce titre étant celui qu'elle portait en 1789, et qui avait toujours été préféré par les fils aînés de la famille de Montmorency, jaloux de conserver la qualification de *premier baron chrétien* qui leur appartenait de temps immémorial. Napoléon résista persévéramment à ses instances, et faisant allusion à quelques légèretés de sa jeunesse : Vous n'êtes pas, lui dit-il, assez bonne chrétienne pour que je fasse droit à cette prétention...

« Malgré les tiraillements inévitables, dans le début

---

un certain nombre d'autres personnes appartenant aux plus grandes familles du faubourg Saint-Germain. » (Comte D'HAUSSONVILLE, *Ma jeunesse*, p. 60.)
(1) *Ibid.*

d'une institution qui touchait à tant d'intérêts, et qui ne pouvait satisfaire les uns sans froisser les autres, malgré le ridicule justement attaché, il faut en convenir, à la manière dont étaient portés quelques-uns des titres nouveaux, même parmi les plus élevés, la nouvelle noblesse ne tarda pas à prendre pied dans le pays, et elle eut encore plus de facilité à se faire reconnaître à l'étranger où elle se présentait avec le prestige de la gloire militaire.

« En France, les militaires surtout attachèrent une grande importance à ce nouveau mode de récompense, et s'y montrèrent fort sensibles. Plusieurs, à la vérité, en saisissaient assez mal l'esprit, et j'ai tenu entre les mains un assez bon nombre de requêtes dans lesquelles on demandait de l'avancement dans la noblesse, comme on en aurait demandé dans un régiment.

« Toujours est-il certain que l'établissement de la nouvelle noblesse a fait reprendre à la France l'habitude des distinctions héréditaires et de naissance, et que cet établissement essentiellement monarchique, à l'époque de la Restauration, a singulièrement facilité la réintégration de l'ancienne noblesse dans ses titres. On a été alors fort heureux d'avoir à mettre dans la Charte cet article si conciliant : La noblesse ancienne reprend ses titres, la noblesse nouvelle conserve les siens.

« Cette heureuse alliance a levé tous les obstacles, et en cette occasion encore la toute-puissance de Bonaparte a frayé la route dans laquelle devait marcher la royauté, et que difficilement elle se serait ouverte à elle seule (1). »

(1) *Mémoires*, t. I, p. 346. — « L'ancienne noblesse voit cette création plutôt avec plaisir qu'avec peine; elle a raison. En lui empruntant ses

Le 30 mars 1806, quatre décrets instituent vingt et un duchés, fiefs de l'Empire, dans le royaume d'Italie, le royaume de Naples, dans les provinces italiennes et illyriennes. Le premier duc créé par l'Empereur fut le maréchal Lefebvre, qui reçut, le 28 mai 1807, le titre de duc de Dantzick. Il avait débuté par être sergent aux gardes françaises. Le soldat de la vieille monarchie était devenu un des maréchaux de la monarchie nouvelle.

Après lui, d'autres reçurent à leur tour les lettres de noblesse dont nul ne peut contester la légitimité, quand c'est la vaillance qui les donne.

La féodalité n'avait pas une autre origine que cette noblesse militaire, couverte d'exploits comme d'une armure de fer. Napoléon y ajouta d'importantes dotations (1), par le décret du 1er mars 1808 qui constitua d'une manière définitive la noblesse impériale avec sa hiérarchie et son hérédité. Il rendit exigibles des majorats de 200,000 livres de rente pour le titre de duc, de 30,000 livres de rente pour le titre de comte, de 15,000 livres de rente pour le titre de baron.

Les ministres, les sénateurs, les conseillers à vie, les présidents du Corps législatif et les archevêques furent comtes de droit; les évêques, barons. Les premiers présidents et procureurs généraux de la Cour de cassation, de la Cour des comptes et des Cours impériales, et les maires des trente-six villes ayant le droit d'assister au couronne-

---

titres, on lui a fait hommage; elle sait qu'elle est rétablie par le fait. » (Fiévée, *Correspondance et relations avec Bonaparte*, t. II, p. 209.)

(1) Berthier avait ainsi 1,354,000 livres de rente; Davout, un revenu annuel de 910,000 francs; Ney, 728,000 francs; Masséna, 683,000 francs. Les moindres dotations étaient de 100,000 livres de rente.

ment de l'Empereur, pouvaient être barons, après dix ans d'exercice. La noblesse se trouvait ainsi attachée à la fonction. Sous l'ancien régime, elle s'obtenait par quatre mille charges vénales, ce qui faisait à la fois de la noblesse et des emplois publics, non la récompense des services, mais le prix de l'or.

Un conseil du sceau fut institué par l'Empereur. Cambacérès, qui en faisait partie, s'adjoignit trois sénateurs et deux conseillers d'État. Pasquier fut chargé, avec Portalis, d'élaborer les questions nobiliaires.

« Nous eûmes, dit-il, à proposer la forme, la composition des armoiries. Je n'en parle que pour mentionner une singulière petitesse d'esprit dans un homme tel que Napoléon. Il ne voulut jamais admettre que, suivant l'usage généralement reçu en Europe, les écussons fussent surmontés de couronnes variées, suivant la dénomination du titre. Il semblait voir une usurpation de ses droits dans la possession et l'usage de cet insigne. Jamais sa susceptibilité sur ce point ne put être vaincue, et il nous fallut, pour remplacer la couronne, imaginer des panaches, variés par le nombre des plumes, depuis une jusqu'à sept, suivant l'élévation du titre. Ceci fut assez peu agréable à l'archichancelier (1), qui trouvait qu'une couronne aurait figuré on ne saurait mieux sur les panneaux de sa voiture (2). »

Napoléon créa 31 ducs, 3 princes, 388 comtes et 1,090 barons. Dans son décret du 1er mars 1808, il n'avait reconnu que les titres qu'il conférait, et frappait tous les

(1) Cambacérès.
(2) *Mémoires*, t. I, p. 346.

autres d'une interdiction sévère. L'ancienne noblesse se trouvait ainsi dépouillée de ses titres et soumise à une nouvelle investiture.

La Charte de 1814, plus équitable, consacra tous les droits, ceux du temps comme ceux de la gloire.

Reportant sa pensée vers l'œuvre qu'il avait, pendant son règne, accomplie ou tenté d'accomplir, le prisonnier de Sainte-Hélène dit un jour à Las Cases, au sujet de l'ancienne noblesse : « J'ai fait trop et pas assez... Malheureusement, j'étais le seul dans mes intentions. Tout ce qui m'entourait les contrariait, au lieu de les servir, et pourtant il ne pouvait y avoir que deux grands partis à votre égard : celui d'*extirper* ou celui de *fusionner*. Le premier ne pouvait entrer dans ma pensée ; le second n'était pas facile, mais je ne le croyais pas au-dessus de mes forces. Et en effet, bien que nullement secondé, contrarié même, j'en étais venu à bout. Si je fusse demeuré, la chose se trouvait accomplie. Cela semblera prodigieux à celui qui sait juger du cœur des hommes et de l'état de la société. Je ne pense pas qu'on ait rien à citer de pareil dans l'histoire, qu'on puisse montrer un aussi grand résultat obtenu en si peu de temps. J'en avais mesuré toute l'importance. Je devais compléter cette fusion, cimenter cette union à tout prix ; avec elle, nous eussions été invincibles. Le contraire nous a perdus, et peut prolonger encore longtemps les malheurs, l'agonie de cette pauvre France. Je le répète de nouveau : j'ai fait trop ou trop peu. J'aurais dû m'attacher l'émigration à sa rentrée ; l'aristocratie m'eût facilement adoré : aussi bien il m'en fallait une ; c'est le vrai, le seul soutien d'une monarchie, son modérateur, son levier, son point résistant. L'État sans elle est un vaisseau sans gouvernail, un vrai ballon dans les airs. Or, le bon de l'aristocratie, sa magie est dans son ancienneté, dans le temps, et c'étaient les seules choses que je ne pusse pas créer...

« La vraie marche eût été d'employer les débris de l'aristocratie avec les formes et l'intention de la démocratie. Il fallait surtout recueillir les noms anciens, ceux de notre histoire ; c'est le seul moyen de vieillir tout aussitôt les institutions les plus modernes...

« Si j'eusse eu autour de moi des Montmorency, des Nesle, des Clisson, j'eusse fait épouser leurs filles aux souverains étrangers, en les adoptant. Mon orgueil et mon plaisir eussent été d'étendre ces belles tiges françaises, si elles eussent été ou si elles se fussent données tout à nous. Ils n'ont pas su me deviner ! Eux et les miens n'ont vu en moi que des préjugés quand j'agissais par les plus profondes combinaisons (1). »

L'illustre captif, poursuivant ses rêves de grandeur, oubliait peut-être qu'il avait trop volontiers courbé sous le joug ceux que la force peut soumettre, mais qu'elle ne saurait conquérir. Si l'aristocratie de naissance admirait la gloire de Napoléon, si elle lui savait gré d'avoir vaincu l'anarchie et rendu à la France l'ordre et le culte proscrit, elle ne devait pas tout à l'Empereur, et par ses traditions, ses souvenirs, ses préférences, elle restait attachée à ses anciens rois. Toutefois, elle suivit sans peine le drapeau qu'illustraient tous les courages et qui semblait avoir fixé

---

(1) *Mémorial*, édit. 1842, t. I, p. 797.

la victoire. On aime à voir la vieille noblesse, représentée par un des siens, Las Cases, occuper un poste d'honneur dans cette petite cour de Longwood où brillent les noms de Montholon et de Bertrand, et qu'immortalise sa fidélité au malheur.

Par politique plus que par goût (1), Napoléon avait rapproché de lui les révolutionnaires, les jacobins, devenus fonctionnaires, courtisans, convertis aux honneurs, après avoir dénoncé avec indignation les privilèges.

« Je n'ai, disait-il, qu'à dorer leur habit : ce sont des gens à moi (2). »

Il n'aimait pas les hommes de la Révolution, et professait une véritable horreur pour les régicides (3). En les employant, il se donnait moins à eux que ceux-ci ne se donnaient à lui.

Le parti révolutionnaire abdique dans la personne de ses représentants. Trente et un régicides sont fonctionnaires, et à leur tête on voit Fouché, duc d'Otrante, renégat par vocation. Des républicains servent l'Empereur dont

---

(1) « A mesure qu'il s'attachait de plus en plus l'armée et ses chefs, il se détachait du parti républicain. Content de l'avoir perdu dans l'opinion par les concessions qu'il en avait obtenues pour l'établissement du système impérial, il commença à le repousser, dès qu'il ne le jugea plus nécessaire, et se tourna vers les anciens nobles. » (MIOT DE MELITO, *Mémoires*, t. II, p. 228.)

(2) BOURRIENNE, *Mémoires*, t. V, ch. I.

(3) « Bonaparte avait pour les hommes sanguinaires de la Révolution, et surtout pour les régicides, la plus profonde aversion. Il portait comme un fardeau pénible l'obligation de dissimuler avec eux ; mais quand il me parlait de ces hommes de sang, de ceux qu'il appelait *les assassins de Louis XVI*, c'était avec horreur, et il gémissait de la nécessité où il était de les employer et de se contraindre au point de les ménager. » (BOURRIENNE, *Mémoires*, t. III, p. 221.)

David retrace le couronnement avec le pinceau qui reproduisit les traits de Marat. Des anciens conventionnels, apôtres de la liberté, vingt-trois sont préfets ; trente siègent dans les grands corps de l'État ; quatre-vingt-cinq occupent des emplois dans l'administration. Merlin de Douai est procureur général ; Jean Bon-Saint-André est préfet, Drouet, sous-préfet à Sainte-Menehould, dans la ville où il arrêta Louis XVI (1).

Le régime impérial a désarmé ainsi successivement tous ses adversaires. Il semble avoir la force et la durée. Chef d'une nation vaillante, d'une armée victorieuse, Napoléon a un trône, une cour ; les rois sont devenus ses vassaux. Jamais depuis Charlemagne n'est apparu un monarque si puissant, si glorieux. Il n'a pas désormais d'écueil plus redoutable que son ambition, d'ennemi plus dangereux que lui-même.

(1) TAINE, *La Révolution*, t. III, p. 381. — *Le régime moderne*, t. I, p. 310.

CHAPITRE IV

I. L'éducation (1). — II. Le militarisme.

I

Tout gouvernement despotique aspire à se rendre maître des esprits par l'enseignement, à s'emparer des générations qui auront grandi sous sa tutelle, nourries de sa doctrine, imprégnées de son esprit.

Napoléon avait fait de l'Université un des instruments de son règne. Elle devait soumettre tous les Français à une éducation uniforme, à une conscription intellectuelle, façonnant l'âme nationale et y gravant l'idée de l'obéissance passive, le culte du pouvoir absolu. Par le grand maître de l'Université, il tenait l'Université elle-même, et celle-ci disposait à son tour, sans partage, de toute l'éducation, au moyen d'un monopole qui ne cherchait même pas à se dissimuler :

« L'enseignement public dans tout l'Empire est confié *exclusivement* à l'Université. Aucune école, aucun établissement quelconque d'instruction ne peut être formé hors de l'Université impériale et sans l'autorisation de son chef (2). »

(1) Voir Taine, *Le régime moderne*, t. II, liv. VI.
(2) Décret du 7 mars 1808.

« Si quelqu'un enseigne publiquement et tient école sans l'autorisation du grand maître, il sera poursuivi d'office par nos procureurs impériaux qui feront fermer l'école... Il sera traduit en police correctionnelle et condamné à une amende de cent francs à trois mille francs, sans préjudice des plus grandes peines, s'il était trouvé coupable d'avoir dirigé l'enseignement d'une manière contraire à l'ordre et à l'intérêt public (1). »

Même pourvues de l'autorisation universitaire, les écoles privées peuvent être fermées, si elles enseignent « des principes contraires à ceux que professe l'Université ».

Manifestement, il n'y a plus en France qu'une seule école, celle de l'Université, ou, pour mieux dire, celle de Napoléon. L'Université concède la faculté d'enseigner, elle la retire ; elle vit aux frais des écoles privées qui lui payent une redevance égale au vingtième du prix de la pension entière. Tout chef d'institution achète le droit d'avoir des élèves à tant par tête. Il y a ainsi un double prélèvement exercé sur la bourse et sur la faculté enseignante.

Le but de ces mesures restrictives est clair, et Napoléon l'indique lui-même avec sa franchise autoritaire :

« L'Université a l'entreprise de toutes les institutions publiques, et doit tendre à ce qu'il y ait le moins possible d'institutions particulières (2). »

La liberté d'enseignement est déjà bien limitée. Mais voici qu'un décret va la restreindre encore en 1811. Les écoles privées ne peuvent rien enseigner au-dessous d'un

---

(1) Décrets des 17 mars et 17 septembre 1808.
(2) Note de Napoléon à Fontanes (24 mars 1808). Ambroise Rendu, *Essai sur l'instruction publique*, t. I, p. 221.

degré fixé. Défense à un chef d'institution d'atteindre les classes d'humanités dont le monopole appartient aux collèges de l'État. On lui permet d'enseigner seulement la grammaire, les premiers éléments de géométrie et d'arithmétique.

L'Université, grâce à ce système, conserve à elle seule tout l'enseignement secondaire. Elle saisit les élèves des écoles ecclésiastiques situées dans les villes qui ont un lycée. « Les élèves de ces écoles seront conduits au lycée et au collège pour y suivre les classes », lorsqu'ils auront atteint l'âge de dix ans, et aucune de ces maisons d'éducation ne pourra être située à la campagne, où elle échapperait au recrutement forcé, à l'absorption universelle.

« Il ne pourra y avoir plus d'une école secondaire par département; le grand maître désignera celles à conserver, les autres seront fermées. »

Sur toutes les maisons d'éducation qui sont déjà ses clientes obligatoires et ses tributaires, l'Université exerce une surveillance et une inquisition jalouse et parfois tracassière. Elle règle jusqu'aux jeux. Elle s'ingère dans les collèges ecclésiastiques au point de se substituer entièrement à l'Église.

« Toutes ces écoles, dit encore le décret impérial, seront gouvernées par l'Université; elles ne pourront être organisées que par elle; leurs prospectus et leurs règlements seront rédigés par le conseil de l'Université, sur la proposition du grand maître. L'enseignement ne pourra y être donné que par des membres de l'Université, étant à la disposition du grand maître. »

La plus pure doctrine universitaire n'empêche pas un

collège d'être suspect, comme celui de Sainte-Barbe, dont la prospérité inquiète. En 1810, son directeur reçoit l'ordre d'envoyer au lycée ses quatre cents élèves, dans le délai d'un mois.

Il est interdit aux chefs d'institution de conserver des élèves au-dessus de l'âge de neuf ans, à moins que les lycées de la même ville ne renferment la quantité suffisante.

Le despotisme est ici sans voiles. Il opère sur l'éducation comme la loi militaire sur des conscrits. De gré ou de force, il faut être enrégimenté dans l'école officielle. C'est la levée en masse. Aussi bien, dans le système de Napoléon, l'Université est une armée dont le grand maître est le général en chef. Tout doit inspirer l'esprit militaire aux jeunes écoliers, futurs soldats de l'Empereur. Ils en portent l'uniforme, et les maisons d'éducation (les séminaires exceptés) qui ne se soumettent pas à cette prescription sont impitoyablement fermées. Les exercices scolaires sont annoncés au son du tambour.

« Nos maîtres, raconte Alfred de Vigny, ressemblaient à des capitaines instructeurs, nos salles d'études à des chambrées, nos récréations à des manœuvres, et nos examens à des revues (1). »

« Conçus entre deux batailles, élevés au roulement des tambours, des milliers d'enfants se regardaient entre eux d'un œil sombre, en essayant leurs muscles chétifs. De temps en temps, leurs pères ensanglantés apparaissaient, les soulevaient sur leurs poitrines chamarrées d'or, puis les posaient à terre et remontaient à cheval (2). »

(1) *Grandeur et servitude militaires.*
(2) Alfred DE MUSSET, *La confession d'un enfant du siècle*, ch. II.

Les collèges, transformés en casernes, voyaient grandir une génération pleine d'enthousiasme, éprise de gloire, une jeunesse qu'enflammait le récit des victoires de l'Empereur (1), et que cette exaltation guerrière détournait des goûts studieux (2). On se montrait, du reste, peu exigeant envers elle, et l'on se bornait à lui enseigner le latin, les mathématiques, quelques notions d'histoire, pas de grec ni de langues modernes. La carrière militaire semblait l'unique but, le seul digne d'envie. Il ne s'agissait pas de former des savants, mais des soldats. Rejoindre Napoléon, combattre sous les aigles impériales devenait la suprême ambition, le rêve d'enfants de dix ou douze ans. Ces vœux étaient exaucés. A dater de 1806, les conscriptions anticipées venaient prendre les élèves sur les bancs de la rhétorique et de la philosophie. Des circulaires ministérielles étaient adressées aux lycées pour demander des « enfants de bonne volonté », des écoliers de dix-huit à dix-neuf ans, sachant la manœuvre et à qui l'on promettait le brevet de sous-lieutenant ou les galons de sous-officier. C'est par centaines que, de 1808 à 1812, on faisait partir ces recrues qui échangeaient à la hâte leurs livres d'étude contre un sabre ou un fusil, et devenaient colonels à vingt-cinq ans (3).

---

(1) « Nos maîtres ne cessaient de nous lire les bulletins de la Grande Armée, et les cris de : Vive l'Empereur ! interrompaient Virgile et Platon. » (VIGNY, *Grandeur et servitude militaires.*)

(2) « L'institution des lycées tend à créer une race ennemie du repos, avide et ambitieuse, étrangère aux affections domestiques, d'un esprit militaire et aventureux. » (FABRY, *Mémoires pour servir à l'histoire de l'instruction publique depuis* 1789, t. III, p. 112.)

(3) TAINE, *Le régime moderne*, t. I, p. 334.

Cette éducation soldatesque ne correspondait pas aux vœux d'un pays déjà fatigué par de longues guerres, épuisé par les excès encore récents de la Révolution. Elle froissait les sentiments de beaucoup de familles qui auraient préféré plus d'esprit paternel et de douceur chrétienne dans les maisons où croissaient leurs enfants. De là une défaveur qui frappait les collèges de l'État, malgré les lois draconiennes faites pour les remplir. On reprochait aux professeurs, pris souvent parmi les officiers subalternes en retraite, leurs manières rudes, leur culte trop exclusif de l'obéissance absolue, considérée en quelque sorte comme l'unique vertu. L'irréligion ou l'indifférence religieuse était aussi un grief invoqué contre ceux qui enseignaient dans les écoles universitaires.

L'instruction primaire était tout entière à la charge des communes. Sauf une maigre allocation de 25,000 francs, donnée en 1812 aux Frères de la Doctrine chrétienne, et sur laquelle ils touchaient seulement 4,500 francs (1), l'État n'accordait aux écoles primaires qu'une seule faveur : l'exemption de la taxe universitaire. Le préfet intervenait dans leur fondation, et l'Université, régente et dominatrice, les surveillait et les dirigeait, sous l'autorité du grand maître, qui confirmait les choix ou prononçait les révocations, se faisant, au besoin, renseigner par les évêques.

Dans ces écoles, l'enseignement était borné à la lecture, l'écriture et l'arithmétique. Cette instruction paraissait suffire aux besoins des classes à qui elle était donnée. Toute école qui franchissait ces limites était assimilée aux

---

(1) TAINE, *Le régime moderne*, t. I, p. 247.

écoles secondaires, soumise, en conséquence, à la taxe de l'Université, et, de plus, exposée à se voir fermée.

Dans le décret qui instituait l'Université, Napoléon avait indiqué la foi politique qu'il entendait communiquer à la nation française :

« Toutes les écoles de l'Université prendront pour base de leur enseignement la fidélité à l'Empereur, à la monarchie impériale, dépositaire du bonheur des peuples, à la dynastie napoléonienne, conservatrice de l'unité de la France et de toutes les *idées libérales,* proclamées par les Constitutions. »

Les idées libérales n'étaient, à vrai dire, recommandées que pour la forme, afin de rassurer ceux qui acceptent le despotisme, à la condition qu'il parle de liberté.

Imbu comme il l'est de la doctrine du pouvoir absolu, Napoléon veut y rapporter tout l'enseignement. Il juge, condamne ou approuve les livres et les écrivains d'après l'appui que leurs idées apportent ou enlèvent à cette doctrine. Tacite, selon lui, est « un sénateur mécontent, un boudeur qui se venge, la plume à la main, dans son cabinet... Il ne comprend pas la grande unité de l'Empire, cette unité qui, même avec des princes médiocres ou à moitié fous, tenait tant de peuples dans l'obéissance de l'Italie romaine ». « Il calomnie l'Empire ; il est de la minorité, du vieux parti de Brutus et de Cassius. » En un mot, il fait de l'opposition comme madame de Staël.

Napoléon préfère Dioclétien à Marc-Aurèle. Il veut que l'on recommande à la jeunesse la lecture des *Commentaires* de César. « Corneille, Bossuet, voilà les maîtres qu'il lui faut. » Bossuet est l'homme d'autorité ; il est partisan de la monarchie absolue. Napoléon admire et comprend la nature de son génie. « Si cet homme existait, il serait archevêque de Paris. »

Montesquieu lui est antipathique. « Il veut une monarchie tempérée par des gens de robe (1). »

Il formule sur les auteurs ses opinions; il les jette, en passant, à la manière neuve et concise qui lui est propre. A travers les idées qu'inspirent le goût de la domination, l'amour du gouvernement absolu, percent la grandeur des vues, l'intelligence du caractère national et du génie de la France.

Lorsqu'il adresse à Fontanes, en 1808, une note relative à la composition d'une *Histoire de France,* il expose comment il entend qu'elle soit comprise et enseignée :

« Il faut que la faiblesse qui a précipité les Valois du trône et celle des Bourbons qui ont laissé échapper les rênes de leurs mains excitent les mêmes sentiments.

« On doit être juste envers Henri IV, Louis XIII, Louis XIV, mais sans être adulateur. On doit peindre les massacres de Septembre et les horreurs de la Révolution du même pinceau que l'Inquisition et les massacres des *Seize.* Il faut avoir soin d'éviter toute réaction en parlant de la Révolution. Aucun homme ne pouvait s'y opposer. Le blâme n'appartient ni à ceux qui ont péri, ni à ceux qui ont survécu. Il n'était pas de force individuelle capable de changer les éléments, et de prévenir les événements qui naissaient de la nature des choses.

(1) VILLEMAIN, *Souvenirs contemporains d'histoire et de littérature,* t. I, ch. XII. Curieuse conversation de M. de Narbonne avec l'Empereur, où celui-ci exprime ses opinions en matière d'histoire et de littérature.

« Il faut faire remarquer le désordre perpétuel des finances, le chaos des assemblées provinciales, les prétentions du Parlement, le défaut de règle et de ressorts dans l'administration, cette France bigarrée, sans unité de lois, étant plutôt une réunion de vingt royaumes qu'un seul État, de sorte qu'on respire en arrivant à l'époque où l'on a joui des bienfaits dus à l'unité des lois, d'administration et de territoire. Il faut que la faiblesse constante du gouvernement sous Louis XIV même, sous Louis XV et Louis XVI, inspire le besoin de soutenir l'ouvrage nouvellement accompli et la prépondérance acquise.

« Il n'y a pas de travail plus important... Lorsque cet ouvrage, bien fait et écrit avec une bonne direction, aura paru, personne n'aura la volonté et la patience d'en faire un autre, surtout lorsque loin d'être encouragé par la police, on sera découragé par elle (1). »

Ces lignes, qui commandent à l'histoire et finissent par la menace des rigueurs du pouvoir, peignent le caractère de l'homme et du souverain. Tel est bien Napoléon, le constructeur de la société où tout doit rentrer dans le plan conçu par cette intelligence puissante et dominatrice.

Les Français, tous élevés selon une méthode unique, ont été, par les écoles, préparés à la caserne. Ils vont y entrer. La conscription les appellera en foule, de plus en plus dure, exigeante, impérieuse, conduisant par des chemins ensanglantés aux buts les plus glorieux.

Nous touchons ici à l'exagération du système, à l'esprit de conquête, au militarisme avec ses misères et ses gran-

(1) G. MERLET, *Tableau de la littérature française*, 1800-1815, 2ᵉ partie, ch. I, *L'Histoire sous l'Empire*.

deurs, en un mot à ce qui fut l'expression même du régime impérial, l'instrument de sa perte et celui de son impérissable renommée.

II

« Un seul homme était en vie alors en Europe ; le reste des êtres tâchait de se remplir les poumons de l'air qu'il avait respiré. Chaque année la France faisait présent à cet homme de trois cent mille jeunes gens ; c'était l'impôt payé à César, et s'il n'avait ce troupeau derrière lui, il ne pouvait suivre sa fortune. C'était l'escorte qu'il lui fallait pour qu'il pût traverser le monde et s'en aller tomber dans une petite vallée d'une île déserte, sous un saule pleureur.

« Jamais il n'y eut tant de nuits sans sommeil que du temps de cet homme ; jamais on ne vit se pencher sur les remparts des villes un tel peuple de mères désolées ; jamais il n'y eut un tel silence autour de ceux qui parlaient de mort. Et pourtant jamais il n'y eut tant de joie, tant de vie, tant de fanfares guerrières dans les cœurs. Jamais il n'y eut de soleils si purs que ceux qui séchèrent tout ce sang. On eût dit que Dieu les faisait pour cet homme, et on les appelait ses soleils d'Austerlitz. Mais il les faisait bien lui-même avec ses canons toujours tonnants et qui ne laissaient des nuages qu'aux lendemains de ses batailles...

« Tous les berceaux de France étaient des boucliers ; tous les cercueils en étaient aussi ; il n'y avait vraiment plus de vieillards; il n'y avait que des cadavres ou des demi-dieux (1). »

On retrouve dans cette page écrite non par un témoin de l'époque, mais par un de ceux qui en avaient recueilli les impressions directes sur les lèvres des contemporains, la peinture de la France de Napoléon, toujours prête à voler aux combats, entendant retentir continuellement un vibrant appel aux armes.

Cette France qui avait d'abord renfermé 86 départements et 26 millions d'habitants, s'était démesurément agrandie et avait vu sans cesse reculer ses frontières. L'Empire avait fini par renfermer 130 départements et 42 millions d'habitants. L'aigle aux serres formidables régnait sur la Belgique, le Piémont, le Hanovre, la Toscane, l'Italie du centre, l'Illyrie, la Hollande et les provinces hanséatiques, embrassant ainsi 44 départements et 16 millions de sujets annexés. Il ne prenait pas seulement à l'étranger des royaumes, il demandait à la France d'innombrables soldats.

On sait combien le service militaire, sous l'ancien régime, avait pesé légèrement sur la nation. Sauf la milice qui, au moyen du tirage au sort, prélevait dans tout le royaume un contingent annuel de 10,000 hommes, l'armée ne se composait que de soldats enrôlés volontairement sous ses drapeaux. Son effectif était seulement de 154,000 hommes, sur le pied de paix, en 1789 (2).

Sous la Révolution, l'armée s'était recrutée tantôt par des enrôlements volontaires, tantôt par des levées par-

---

(1) Alfred DE MUSSET, *La confession d'un enfant du siècle*, ch. II.
(2) TAINE, *Le régime moderne*, t. I, p. 285, note 2.

tielles ou des levées en masse. Napoléon fit du service militaire une obligation pour tout Français. Il décréta que l'impôt du sang serait exigible de tous ceux qui étaient en état de porter les armes. Ce principe souffrit toutefois des exceptions. Ni les séminaristes ordonnés prêtres, ni les Frères de la Doctrine chrétienne, ni les élèves de l'École normale ne furent appelés sous les drapeaux. Le génie guerrier de Napoléon ne crut pas devoir sacrifier l'élite intellectuelle de la France et attenter à des vocations sacrées. Il admit la faculté de se faire remplacer pour « les réquisitionnaires et les conscrits de toutes les classes... qui ne pourraient supporter les fatigues de la guerre, et ceux qui seront reconnus plus utiles à l'État en continuant leurs travaux et leurs études qu'en faisant partie de l'armée (1) ».

La loi militaire, ainsi comprise et pratiquée, comportait donc des exemptions, des adoucissements ; elle était compatible avec les besoins sociaux. Mais ce qui la rendait difficile à supporter pour tous ceux qu'elle atteignait, c'est qu'elle les retenait sous les armes sans qu'aucun terme fût fixé (2). Le soldat, revenu dans ses foyers, lorsqu'il y retrouvait ses vieux parents, y rentrait le front ridé et les cheveux blanchis. Souvent aussi, se traînant sur sa jambe

(1) Loi du 8 fructidor an XIII, art. 51. — Vers 1804, grâce au remplacement, un conscrit sur quinze dans les campagnes, un sur sept dans les villes, échappait au service militaire. En 1806, le prix d'un remplaçant, variable selon les départements, était de 1,800 à 4,000 francs. (TAINE, *Le régime moderne*, t. I, p. 295.)

(2) « Le temps du service ne fut pas déterminé... On était par le fait exilé de ses foyers pour toute sa vie, et cet exil avait un caractère de perpétuité désolant. » (PELET DE LA LOZÈRE, *Opinions de Napoléon au Conseil d'État*, p. 229.)

de bois, il frappait avec anxiété à la porte de la maison, en tremblant de n'y plus revoir ceux qu'il y avait laissés (1).

Ces vétérans pouvaient s'enorgueillir des combats dont le récit faisait tressaillir d'admiration leurs auditeurs à la veillée. Ils regrettaient parfois aussi l'instruction dont les avait privés la vie des camps, et c'était un spectacle touchant et singulier à la fois que celui d'enfants de dix à onze ans apprenant à lire à ces rudes guerriers (2).

Plus l'ambition de Napoléon prolongeait ou multipliait les guerres, plus elle dévorait les hommes, appelés avant l'âge ou rappelés quand ils avaient accompli leur service militaire. En novembre 1806, on voit partir la classe de 1807; en mars 1807, celle de 1808. Les décrets se succèdent de 1808 à 1813 contre les jeunes gens déjà rachetés et exemptés (3).

Aux termes de la Constitution de l'Empire, le vote des levées d'hommes, comme celui des impôts, appartenait au Corps législatif. Mais l'Empereur s'éleva au-dessus de ses propres lois. Pour les impôts, il décréta lui-même la perception des centimes extraordinaires (4). Pour les levées d'hommes, il s'adressa constamment au Sénat, dont la complaisance ne lui fit jamais défaut (5).

(1) Voir les gravures intitulées : *Le retour de l'armée*, par H. BELLANGÉ, et *Le retour*, par SCHEFFER.
(2) Charlet a représenté cette scène dans une gravure : *L'école d'enseignement mutuel à Metz*. Au milieu de soldats coiffés de bonnets à poil, un enfant écrit sur un tableau qu'il leur montre, et où il a tracé les mots : Honneur et Patrie.
(3) TAINE, *Le régime moderne*, t. I, p. 295.
(4) THIERS, *Histoire du Consulat et de l'Empire*, t. XVII, p. 49.
(5) « Des sénatus-consultes successifs mirent à la disposition du ministre

Pendant la durée de l'Empire, c'est-à-dire en l'espace de dix ans, la conscription appela sous les drapeaux 2 millions 455,000 hommes, dont 200,000 ne rejoignirent pas leurs corps (1).

Les classes de 1803 à 1807 durent satisfaire au service militaire pour la seconde fois; celles de 1808, 1813, 1814 pour la troisième fois; celles de 1809 à 1812 pour la quatrième fois (2).

Du 11 janvier au 7 octobre 1813, 840,000 soldats furent exigés et livrés. 130,000 hommes furent appelés en un an (3).

« C'était l'entier épuisement d'une génération. Les

de la guerre, le 10 janvier 1813, 100,000 hommes, premier ban de la garde nationale; 100,000 hommes pris parmi les conscrits de 1810, de 1811 et de 1812 qui n'avaient pas été appelés; 150,000 de la conscription de 1814; au mois d'octobre 1813, 280,000 hommes sur les classes de 1812, 1813, 1814; et un mois après, 300,000 hommes des classes antérieures à 1813, depuis l'année 1803. — Ces impitoyables levées, faites sans tirage au sort préalable, sans délibération des conseils de revision, les réquisitions de chevaux pour lesquelles on ne m'ouvrait aucun crédit, de sorte que je ne pouvais pas les payer, telle était maintenant l'occupation unique de mes journées. Il n'y avait ni lois, ni règles. Bien que l'administration fût armée de l'arbitraire le plus absolu, je tâchai d'en user avec équité et douceur. » (*Souvenirs du baron de Barante*, alors préfet de Nantes, t. II, p. 7.)

(1) FORNERON, *Histoire générale des émigrés*, t. III, p. 456 et 459, note 1. — On appela sous les drapeaux : septembre 1805 : 80,000 h. — 4 déc. 1806 : 80,000 h. — 7 avril 1807 : 80,000 h. — 21 janv. 1808 : 80,000 h. — 10 sept. 1808 : 160,000 h. — 25 avril 1809 : 40,000 h. — 5 oct. 1809 : 36,000 h. — 3 déc. 1810 : 120,000 h. — 13 déc. 1810 : 40,000 h. — 20 déc. 1811 : 120,000 h. — 13 mars 1812 : 100,000 h. — 1er sept. 1812 : 137,000 h. — 11 janv. 1813 : 30,000 h. — 9 oct. 1813 : 280,000 h. — 15 nov. 1813 : 300,000 h. — Soit 17 levées représentant un total de 2,113,000 hommes. (Roger PEYRE, *Napoléon et son temps*, p. 772.)

(2) Henri HOUSSAYE, *1814*, p. 8 et 9.
(3) TAINE, *Le régime moderne*, t. I, p. 112, note 1.

levées précédentes avaient successivement enlevé les célibataires, puis les veufs sans enfants. Pour la levée des trois cent mille hommes, on dut prendre les soutiens de famille, et même un certain nombre d'hommes mariés... Les forêts s'emplissaient de réfractaires. Dans certains chefs-lieux de canton, le quart seulement des appelés se présente aux mairies (1). »

Les résistances se traduisaient tantôt par des menaces, comme à Toulouse, où on lisait sur un placard affiché : « Le premier qui se présentera pour tirer au sort sera pendu (2) » ; tantôt par des violences et des révoltes.

Dès 1806, les préfets signalaient la répugnance qu'inspirait le service militaire, et la conscription leur suscitait des difficultés qu'ils s'efforçaient de vaincre par leurs ménagements envers les populations qui se montraient rebelles à l'impôt du sang. M. de Barante, sous-préfet de Bressuire, en 1807, parle de ces difficultés par expérience :

« Dans un pays condamné comme la France à une guerre perpétuelle, dit-il, le recrutement constituait le plus important service de l'administration. La conscription n'était pas encore réglée : l'administration locale et les officiers exerçaient un pouvoir arbitraire. Aucune exemption ne s'accordait légalement aux fils de veuve, aux frères d'un conscrit déjà sous les drapeaux ; on différait seulement leur départ en les mettant à la fin du dépôt. Toutes les rigueurs étaient possibles, et certains préfets les appliquaient. La machine administrative n'avait point cette uniformité régulière qu'elle acquit surtout lorsqu'elle fut

---

(1) Henri Houssaye, *1814*, p. 10.
(2) *Ibid.*, p. 23.

soumise à une loi votée sous un régime constitutionnel.

« L'Empereur voulait avoir le plus grand nombre de soldats. C'était le bien servir que d'arriver à ce résultat. Un préfet qui exécutait heureusement les opérations de recrutement était favorablement noté ; mais lorsque, par excès de zèle ou rudesse de caractère, il excitait des mécontentements parmi la population, il n'aurait pu alléguer aucune instruction écrite ou verbale pour se justifier. On l'envoyait dans une autre préfecture, sans que personne lui dit pourquoi (1). »

A la fin de 1808, Lacuée, dans un rapport à l'Empereur, évalue à 307,418 le nombre de ceux qui ne se sont pas présentés à l'appel. Il était de 4,193 pour le seul département du Calvados, où l'on comptait plus de 800 réfractaires.

Des garnisaires allaient s'installer dans les familles de ceux qui tentaient de se dérober à la conscription. Leur présence n'était pas seulement l'occasion des plus coupables excès ; elle constituait une charge onéreuse, accablante pour les humbles foyers où le salaire de chaque soldat était de 4 fr. 50 par jour ; celui d'un sous-officier, de 5 fr. 30 ; celui d'un officier, de 6 fr. 50. Il fallait y ajouter, en outre, 2 francs par cheval. C'étaient les meubles vendus aux enchères, la ruine et le désespoir (2).

Les résistances montraient quelle aversion inspirait le service militaire, dont le fardeau pesait de plus en plus lourdement sur le pays, et paraissait intolérable aux

(1) *Souvenirs*, t. I, p. 265.
(2) FORNERON, *Histoire des émigrés*, t. III, p. 439, 442. — THIERS, *Histoire du Consulat et de l'Empire*, t. XIII, p. 11.

classes rurales. Cette opposition se traduisait par des actes de violence. Dans l'Ariège, les réfractaires s'armaient de pierres et de couteaux, et tiraient sur la gendarmerie. Dans la Haute-Loire, des colonnes mobiles parcouraient les campagnes pour les poursuivre. D'autres fois, les conscrits désertaient en route. On en arrêtait 135 dans les Bouches-du-Rhône, 134 dans la Dordogne (1). On compta jusqu'à 180,000 déserteurs en l'espace de deux mois (2).

Dans les pays de l'Ouest si longtemps soulevés contre un régime oppresseur, on s'efforçait d'alléger le fardeau de la conscription, en accordant de grandes facilités pour le remplacement, en exigeant un contingent moins élevé que partout ailleurs. La Vendée n'avait à fournir que 7,000 hommes au lieu de 12,000, ce qui n'empêchait pas les conscrits de refuser de se présenter au tirage, et les désertions de se produire. Les populations secouaient le joug que faisait peser le régime impérial dont les guerres ne semblaient devoir finir qu'avec lui. « Leur mécontentement se manifestait davantage, à mesure que le gouvernement de l'Empereur perdait l'imposante autorité de ses victoires. On se souvenait des guerres de Vendée. Des rassemblements se formaient et parcouraient les campagnes. Ce n'était pourtant pas encore la guerre civile. Les anciens chefs de la Vendée et de la chouannerie, s'ils inspiraient grande méfiance au gouvernement qui les surveillait de très près, ne se compromettaient en aucune manière. Seule, la coalition de l'Europe devait ramener les Bourbons et les replacer sur leur trône, car, jusqu'à son der-

---

(1) TAINE, *Le régime moderne*, t. I, p. 291, note 2.
(2) Henry HOUSSAYE, *1815*, p. 3.

nier jour, le gouvernement impérial eut assez de puissance pour déjouer et pour réprimer des bandes de conscrits qui n'avaient pas même les secours de l'Angleterre (1). »

De sourdes colères grondaient comme en Vendée dans le cœur des paysans du Maine, et l'histoire des frères Morin personnifie le caractère et les sentiments de beaucoup de ces réfractaires que dominait l'amour du sol natal, et chez lesquels l'horreur de la conscription ne provenait pas de l'absence de courage, car, dans ces luttes opiniâtres contre l'autorité, ils déployèrent une énergie qui savait vaincre les obstacles et braver les périls.

A Voutré, près d'Évron, vivait un cultivateur du nom de Morin. Il exploitait depuis de longues années une petite métairie. Louis, l'aîné de ses quatre fils, avait été tué dans les guerres de l'Empire. Pierre, le second, avait été réformé. François, le troisième, fut appelé, en 1808, sous les drapeaux. Quoique son frère eût été dispensé du service militaire, il se croyait des droits à l'exemption, par la mort de celui qui était tombé sur le champ de bataille. Il quitta la maison paternelle, mais pour y revenir peu de jours après, et pour donner le signal d'une insurrection, dans laquelle il entraîna d'abord son frère Joseph et une trentaine de jeunes gens du pays. Il commença dès lors cette vie des réfractaires où son intrépidité, les sympathies qu'il inspirait aux habitants de la contrée, devenus ses complices, lui permirent de tenir en échec les gardes nationales du Bas-Maine, avec la petite troupe dont il était le chef. Il a raconté son aventureuse existence dans de curieux mémoires (2).

(1) BARANTE, *Souvenirs*, t. I, p. 9, 11, 265.
(2) Publiés en 1876, 1 vol. in-8°, le Mans, librairie Monnoyer.

« Plus d'une fois, dit-il, nous avons eu à nous louer de l'humanité des gendarmes, tant qu'ils n'étaient pas conduits par un fonctionnaire civil : de notre côté, nous les avons payés de retour. Sept d'entre eux étaient tombés dans une embuscade tendue par mon lieutenant, Michel Debray, alors à la tête de cinquante hommes, et furent aisément désarmés. Au rapport, on demande au capitaine ce qu'il faut faire : Gardez les armes, répondit-il, c'est le droit de la guerre. Mettez les gendarmes en liberté, sans aucun mauvais traitement, c'est le vœu de l'humanité. »

Fatigué de cette guerre locale dans laquelle, malgré les forces dont il disposait, le gouvernement impérial ne remportait pas l'avantage, il essaya inutilement des rigueurs, en menaçant de mort les familles des réfractaires ; puis il offrit la paix, en promettant de ne pas sévir contre ceux qui se rendraient à leur corps, munis de leur feuille de route. Confiants dans la promesse du préfet de la Mayenne, Morin et sept ou huit cents de ses compagnons se décident à accomplir leur service militaire. Ils se mettent en marche avec une escorte qui leur donne pour étapes des cachots malsains. Arrivés à Luxembourg, lieu de leur destination, on les met en faction, avec des fusils sans batterie, aux postes avancés d'une forêt.

« Au milieu de ces tristes conjonctures, écrit Morin, je reçois une lettre de ma famille, gémissant de me voir servir une cause qu'elle n'aimait pas : mes antipathies se réveillent, irritées par les déceptions et les mauvais traitements ; je déserte avec quinze de mes camarades. »

Après une longue route, le soldat, redevenu réfractaire, a touché le sol natal. Il a revu le clocher, le toit paternel, les champs dans lesquels, enfant et jeune homme, il a tracé tant de sillons. Il reprend les armes contre l'Empire et se jette de nouveau dans la lutte qu'inspirait et soutenait l'esprit de la chouannerie.

« On arrivait à 1811, lisons-nous dans son récit. Nous fûmes obligés de nous réunir en plus grand nombre pour faire tête aux troupes impériales qui arrivaient de tous côtés vers le Bas-Maine. Après avoir plusieurs fois refusé le titre de chef de notre petite troupe dont l'effectif était alors de deux cent cinquante hommes, je fus obligé de céder aux pressantes sollicitations de mes amis, à l'unanimité des suffrages. On me donna le grade supérieur de chef de bataillon, et comme à tous les autres, un surnom de guerre qui fut *Bon dessein sans façon*. On compléta l'organisation par une élection également régulière d'officiers et sous-officiers. Nous eûmes à soutenir un grand nombre d'engagements, avec les gardes nationales, faciles à mettre en fuite, avec les troupes de ligne plus solides, mais que nous combattions avec l'avantage des lieux. Plusieurs fois nous chassâmes des bois, entre autres de celui de Montécler, près d'Évron. 1,500 soldats avec 200 hommes. »

Les succès obtenus par Morin finirent par faire croire qu'il possédait un talisman comme celui des contes de fées, et cette croyance superstitieuse lui valut un prestige qui le rendait plus redoutable encore. Dans un de ces combats où se déployait sa bravoure audacieuse, et où la trahison d'un des siens, séduit par une somme de dix mille francs, faillit livrer le chef des insurgés, vingt-huit hommes se défendirent pendant quatre heures contre six cents, et réussirent à se retirer, ayant perdu seulement un des leurs.

Un jour, les soldats de Napoléon livrèrent aux flammes une maison où s'étaient barricadés plusieurs réfractaires. Trois périrent incendiés. Un quatrième fut pris vivant et fusillé sous les yeux de sa mère.

Une autre fois, les réfractaires rencontrent à Sougé, près de Laval, cinq gendarmes. Ils les amènent prisonniers à Morin qui leur fait grâce, à la condition qu'ils ne tireront plus jamais sur sa troupe. Les gendarmes le promirent et tinrent parole. Ils révélèrent même bientôt, après une embuscade où les hommes de Morin auraient pu tomber.

L'autorité désespérait de vaincre ces insoumis. Elle négocia encore une fois avec eux.

Le préfet eut une entrevue, au mois d'août 1813, avec Morin, auquel il offrit le poste de capitaine de gendarmerie. Celui-ci refusa ; il demanda qu'on l'exemptât du service militaire et qu'on lui conservât ses droits civils. Ces conditions furent acceptées et furent l'objet d'un traité revêtu de la signature des deux partis. On exigea toutefois que François Morin et son frère Joseph quitteraient le pays où ils avaient porté les armes contre le gouvernement de l'Empereur. Ils y consentirent et se rendirent dans le département de l'Yonne. Ils y étaient depuis quinze jours seulement lorsque, mandés chez le maire de l'endroit, ils y virent arriver des gendarmes qui les arrêtèrent. Garrottés et jetés en prison à Auxerre, ils y furent chargés de chaînes, mis au carcan, puis envoyés à Pierre-Châtel, près de Belley, où ils séjournèrent trois mois dans un cachot. On les transporta à Marseille. Ils y subirent une affreuse captivité, enfermés dans un autre cachot où ils étaient la proie des rats qui dévoraient leurs vêtements et n'épargnaient pas toujours leurs personnes.

La Restauration termina ce supplice en leur rendant la liberté. Morin revint au foyer qu'il avait quitté ; mais la voix de son père ne répondit plus à la sienne. Le vieillard était mort en pleurant l'absence de ceux qu'il ne devait plus revoir. D'amères déceptions suivirent cette épreuve.

« Le gouvernement légitime, entouré de flatteurs, obsédé, trompé par des intrigants, ne fit rien pour nous, écrit le héros de ces dramatiques aventures. Je redevins cultivateur, en perdant mes illusions sur les hommes, en conservant mon dévouement inaltérable pour la religion et pour la royauté. Les Cent-jours me donnèrent bientôt la triste occasion de le prouver. »

François et Joseph Morin s'armèrent encore une fois contre l'Empire, et à leurs côtés prit place leur frère Pierre, qui jusqu'alors était resté inactif. Ils furent tous trois les chefs d'une chouannerie à laquelle mit fin la seconde Restauration. Le grade de capitaine et la croix d'honneur récompensèrent plus tard le dévouement de François Morin à la cause monarchique. Une lettre de Louis XVIII apporta l'expression des sentiments du souverain pour le paysan fidèle à sa cause, et à ce témoignage de la gratitude royale s'ajouta le don d'un sabre d'honneur qui, par une inconcevable négligence de l'administration départementale, ne parvint jamais à son destinataire. Il eût figuré, sans doute, sur le cercueil du vieux combattant qui avait brisé ses armes en 1830, et mourut en 1859.

Curieuse figure où l'on retrouve, avec les sentiments d'un pays et d'une génération, les passions d'une époque pleine d'ardeurs et d'énergies que la nôtre ne connaît plus.

Le roman n'a eu qu'à emprunter ses sujets à l'histoire quand il a voulu peindre la révolte que les guerres continuelles de Napoléon avaient fini par allumer dans bien de cœurs.

Dans le poème de *Pernette,* Victor de Laprade nous transporte au milieu des montagnes du Forez, où Pierre, le fiancé de Pernette, refuse d'obéir à l'appel de la conscription et s'enrôle dans le parti des réfractaires. Il y est encouragé par Jacques le laboureur, ancien soldat de l'an II qui a fait les guerres de la Révolution, et dont on ne saurait suspecter ni le courage, ni le patriotisme. Pierre n'hésitera plus à résister, après lui avoir entendu dire

> Tous les ans, nous voyons de sinistres visages
> Compter tous les berceaux, tous les feux des villages.
> On fauche tous les ans nos robustes garçons
> Comme l'orge ou le seigle, au moment des moissons.
> On prend tout ce qui vaut ! Et l'on nous laisse à peine
> Les impotents marqués pour une fin prochaine.
> Deux bras forts sont d'un prix qu'on ne peut plus payer.
> Chaque jour le canton voit s'éteindre un foyer.
> Nos filles sans maris et nos terres en friches,
> C'est notre lot à tous, aux pauvres comme aux riches.
> Et toi que j'avais cru sauvé de ces hasards,
> Espoir de deux maisons, soutien de deux vieillards,
> Toi qui payas trois fois et de ta terre entière,
> Le droit de consoler les vieux jours de ta mère,
> Voici le noir boucher qui te saisit encor !
> Mais puisqu'au lieu de sang, il prend aussi de l'or,
> Certes, tu t'appartiens, ayant triplé la somme.
> Et moi, je te déclare affranchi de cet homme !
> Moi vieux soldat du Rhin, je connais le devoir.
> C'est de ne plus aider à ce sanglant pouvoir.
> Moi, père et citoyen, je t'interdis de faire,
> Pour fabriquer des rois, ces guerres de corsaire.
> Suive qui le voudra son aigle triomphant ;
> Toi, combats, s'il le faut, pour rester notre enfant !

L'ÉDUCATION. — LE MILITARISME.

Nos forêts des hauts lieux sont encore insoumises.
Un conscrit peut y fuir et sauver ses franchises.
Tout ce qui reste au sol de garçons vigoureux
Se garde au fond des bois... Eh bien, pars; fais comme eux.
S'il te manque un fusil, prends le mien, l'arme est bonne ;
Nous avons fait tous deux nos preuves dans l'Argonne.

Pierre a suivi le conseil qui répondait si bien au vœu le plus cher de son cœur. Pour ne pas s'éloigner de Pernette, il a mené la vie errante et périlleuse du réfractaire. Mais l'invasion s'est abattue sur la terre de France. Il combat parmi les francs-chasseurs et s'efforce de repousser l'ennemi vainqueur. Blessé mortellement, il s'unit à Pernette, au milieu des bois, et le curé du village bénit ces noces funèbres. Avant d'expirer, il a pu faire entendre ces mots qui s'échappent de sa poitrine, tandis que l'assistance réunie autour de lui ne peut contenir son émotion :

Chrétien, je me repens, humble devant la mort ;
Citoyen, je meurs fier, sans l'ombre d'un remord.
J'ai bien fait de braver César et sa fortune,
D'écarter de mon front la bassesse commune,
De refuser mon bras à cet esprit d'orgueil
Qui tient le monde encor dans le sang et le deuil..
J'ai bien fait de rester et de jouer ma tête,
Soldat de la défense et non de la conquête ;
Pour que l'envahisseur trouvât sur son chemin
Quelques hommes encor debout, la hache en main,
Libres, barrant le seuil du logis des ancêtres,
Et montrant ce qu'on peut quand on n'a plus de maîtres.
Au moins, je ne meurs pas loin de mon cher pays,
Sous des murs étrangers follement envahis ;
Je meurs où j'ai vécu, sur ma terre sacrée,
Sur les fières hauteurs dont je gardais l'entrée.
Nos vieux chênes, prenant mon sang pur à témoin,
Diront à l'ennemi : Tu n'iras pas plus loin !
Ici tous mes trésors comblent ma dernière heure ;
J'ai là tout ce que j'aime et tout ce qui me pleure....

La révolte causée par le service militaire s'explique alors par la continuité des guerres, par les levées arbitraires auxquelles on avait recours. La conscription, de création récente, n'était pas encore comme aujourd'hui entrée dans les mœurs, et elle avait contre elle l'amour du clocher, l'attachement à la terre natale, sentiments qu'ont affaiblis la facilité des voyages et les ambitions nouvelles plus puissantes que les affections de famille.

Une autre conscription atteignait les classes élevées, en faisant de beaucoup de jeunes gens des officiers malgré eux.

Napoléon écrit, en 1808, à Fouché, ministre de la police :

« Je suis instruit que des familles d'émigrés soustraient leurs enfants à la conscription et les retiennent dans une coupable et fâcheuse oisiveté. Il est de fait que les familles anciennes et riches qui *ne sont pas dans le système* sont évidemment contre. Je désire que vous fassiez dresser une liste de dix de ces principales familles par département, et de cinquante pour Paris, en faisant connaître l'âge, la fortune et la qualité de chaque membre. Mon intention est de prendre un décret pour envoyer à l'École militaire de Saint-Cyr les jeunes gens appartenant à ces familles, âgés de plus de seize ans et de moins de dix-huit. Si l'on fait quelque objection, il n'y a pas d'autre réponse à faire, sinon que cela est mon bon plaisir (1). »

Cet enrôlement forcé se renouvelle en 1813. Dix mille exempts de la conscription ou rachetés, mariés et pères de

---

(1) FORNERON, *Histoire des émigrés*, t. III, p. 388.

famille, sont désignés par le bon plaisir des préfets pour être incorporés dans la garde d'honneur de Napoléon (1).

Auguste de La Rochejacquelein avait été invité, en 1809, à prendre du service dans l'armée, ainsi que MM. de Talmont, de Castries et d'autres jeunes gentilshommes. « Il alla à Paris et refusa. Dès qu'on vit qu'il faisait des objections, au lieu de les écouter, on le fit arrêter ; il ne céda pas encore, demanda de quoi il était coupable et ne voulut point comprendre pourquoi on le mettait en prison ; de sorte qu'après plus de deux mois, il força du moins le ministre de s'expliquer sans détour, et de lui signifier qu'il serait prisonnier tant qu'il ne serait pas sous-lieutenant. On le plaça dans un régiment de carabiniers ; il y passa trois ans. A la bataille de la Moskowa, il fut couvert de blessures, fait prisonnier et conduit à Saratow ; il y fut bien traité, et son sort fut tout à fait adouci, à la demande de Louis XVIII qui eut l'extrême bonté de faire écrire en sa faveur (2). »

On comprend quel soulèvement finit par provoquer un pouvoir aussi arbitraire et un régime militaire qui conduisait la France à une complète extermination. Miot de Melito, dans un rapport à l'Empereur, en 1815, ne craignit pas de lui dire : « Vous avez presque partout dans les femmes des ennemies déclarées (3). » Jamais le mot du poète : *bella matribus detestata,* n'avait été plus vrai.

La prolongation des guerres et des défaites éteignait l'enthousiasme et affaiblissait le culte populaire de l'Em-

(1) TAINE, *Le régime moderne,* t. I, p. 208.
(2) *Mémoires de la marquise de La Rochejaquelein,* ch. xv.
(3) *Mémoires,* t. III, p. 304.

pereur, dont l'image attirait les regards dans la chaumière, où un tableau de Boilly montre une famille rurale captivée par la lecture du septième bulletin de la Grande Armée, pendant qu'un enfant s'essaye dans ses jeux au métier de soldat.

Charlet, dans une lithographie intitulée : *Misères de la guerre*, représente la sombre horreur de cette retraite fameuse qui porte la date de 1812, et qu'Yvon a retracée sur une toile à la fois douloureuse et magnifique (1). La haine inspirée par Napoléon alla jusqu'à montrer dans une caricature allemande les traits de l'Empereur composés de cadavres et portant les noms des batailles où tant de victimes avaient péri.

Ce n'est pas seulement sur la France et sur l'étranger que s'appesantissait la main de fer de Napoléon. Elle finissait par sembler trop lourde à ses compagnons de gloire, à ces guerriers vieillissants et rassasiés de victoires, auxquels il ne laissait pas même espérer le repos gagné par cent batailles. Pendant la guerre d'Espagne, à Valladolid, il gourmande ainsi sa garde et de nombreux officiers :

« Ah! vous êtes las de la guerre? Vous ne savez donc pas que je la ferai toujours, que je la ferai jusqu'à quatre-vingts ans, que je la ferai en litière quand je ne pourrai plus monter à cheval (2)? »

Au général Dorsenne et aux grenadiers de la garde, il adresse à la même époque ces paroles irritées : « On dit que vous murmurez, que vous voulez retourner à Paris, à

---

(1) Musée de Versailles.
(2) *Études sur Napoléon*, par le lieutenant-colonel DE BAUDUS, t. I, p. 119.

vos maîtresses ; mais détrompez-vous, je vous retiendrai sous les armes jusqu'à quatre-vingts ans. Vous êtes nés au bivouac et vous y mourrez (1). »

La lassitude est plus grande encore dans la nation, à mesure que l'insatiable ambition de Napoléon poursuit sa marche à travers les champs de bataille, et lorsque arrive la période des revers, quand l'étranger foule le sol français, cet immense besoin de paix semble avoir éteint jusqu'au patriotisme. Un éminent historien le constate, malgré son admiration pour le grand homme dont la puissance succomba sous ses propres excès :

« L'invasion terrifia la population ; mais la France abattue n'eut pas un frémissement de révolte. L'idée métaphysique de la patrie violée qui, en 1792, avait eu, quoi qu'on en puisse dire, tant d'action sur un peuple jeune ou rajeuni par la liberté, cette idée ne souleva pas un peuple vieilli dans la guerre, las de sacrifices et avide de repos...

« Loin que l'invasion, dans les premiers temps, élevât les cœurs et donnât à l'Empereur une force morale sur laquelle il était en droit de compter et dont il avait besoin, l'esprit public s'affaissa plus encore. Dans quelques villes, à Dôle, Chalons-sur-Saône, à Bourg en Bresse, les gardes nationales urbaines reçurent les Autrichiens à coups de fusil. Mais, presque partout, il suffit aux alliés d'apparaître (2). »

Combien de vies furent immolées par les guerres de Napoléon ? Le chiffre en a été donné par un ancien directeur de la conscription sous l'Empire, et d'après ce témoi-

---

(1) Ségur, *Histoires et Mémoires*, t. III, p. 312.
(2) Henry Houssaye, *1814*, p. 15.

gnage auquel des écrivains qui l'ont recueilli apportent leur autorité, plus de 1,700,000 Français périrent de 1804 à 1815 (1). Il faut y ajouter environ deux millions d'hommes tués à titre d'alliés ou d'ennemis (2). Le sacrifice de tant d'existences arrache un cri de réprobation même à ceux que séduisent les prestiges de la renommée.

> Oui, que de morts! que d'hécatombes!
> Mais, ô gloire, c'est ta rançon.
> Des lauriers fleuris sur les tombes
> Ne voyons plus que la moisson.
> Colonne de mil huit cent onze,
> Que d'hommes a coûté ton bronze!
> Mais sur l'airain éblouissant,
> Nos larmes amères, versées
> Par regret des grandeurs passées,
> Ont lavé les taches de sang (3).

L'œuvre de conquête s'est écroulée sous les yeux mêmes de l'Empereur. Le temps respectera l'œuvre de gloire, celle qui forme l'héritage d'honneur d'une nation et s'inscrit en caractères immortels dans le livre de son

---

(1) L. DE LAVERGNE, *Économie rurale de la France*, p. 40. — TAINE, *Le régime moderne*, t. I, p. 115. — La *Vie contemporaine*, dans un numéro consacré à Napoléon (1ᵉʳ février 1894) a publié le dénombrement des officiers tués ou blessés dans les grandes batailles de l'Empire :

	Tués.	Blessés.	Total.
Austerlitz	108	481	589
Eylau	277	629	906
Wagram	415	1,244	1,659
La Moskowa	485	1,200	1,685
Leipzig	537	1,807	2,344
Waterloo	268	821	1,089
	2,090	6,182	8,272

(2) TAINE, *Le régime moderne*, t. I, p. 115.
(3) Fr. COPPÉE, *Devant un Raffet*.

Histoire. Des gigantesques exploits de la Grande Armée, il reste plus encore que le monument qui rappelle ses triomphes. Les grandes actions ne périssent pas ; elles continuent de rayonner à travers les âges, illuminant le passé, servant d'exemple au présent et entretenant dans les cœurs le culte de la patrie.

Que l'on condamne l'insatiable ambition de Napoléon ; il en fut lui-même la victime ; il succomba pour avoir trop aimé la guerre, et souleva la coalition des peuples et des rois qui s'affranchirent de son joug, en écrasant l'homme dont la puissance devenait incompatible avec la paix de l'Europe. Du moins, l'Empereur purifia par les prodiges de vaillance de tout un pays les souillures qu'y avaient laissées la Révolution. Il offrit un but grandiose aux ambitions, fournit à chacun l'occasion de s'élever dans la société qu'il avait faite, et où l'on entrait par la porte la plus haute. Loin d'abaisser le niveau moral, il sut développer les facultés de l'intelligence, encourager les efforts et retremper les caractères en les familiarisant avec le péril. Il entraîna les Français vers un idéal, échauffa les âmes du feu de l'enthousiasme. Il créa ainsi une époque qu'obscurcissent bien des ombres, mais qui ne fut pas asservie par l'amour du bien-être et les convoitises de l'or.

Un grand artiste (1) a, dans une de ses plus belles compositions, peint le *Rêve* des soldats français. Sur le champ de bataille, où l'aube n'a pas encore, de ses premières lueurs, annoncé le jour du combat, ils se sont étendus, enveloppés de leurs manteaux. Le sommeil a fermé leurs

---

(1) Édouard Detaille

paupières. Au-dessus de leurs têtes, sur la voûte du ciel, apparaissent les héros de toutes les époques dont les figures restent comme les types de la valeur guerrière. Images brillantes et protectrices de la patrie, ils prêchent les sacrifices sublimes, les ambitions courageuses et désintéressées.

Revenez souvent dans nos rêves, combattants de Bouvines, de Rocroy, d'Austerlitz, pour ranimer la flamme des fiers et généreux sentiments. Ne laissez pas oublier à la grande nation ce qu'elle fut, si parfois elle sommeille. Aux tristes souvenirs de nos revers et de nos discordes, opposez la vision toujours pure et toujours éclatante des gloires qui sont l'orgueil de la France.

CHAPITRE V

I. La police. — II. La liberté individuelle.

I

« Surveillez tout le monde excepté moi. » Tel était le mot d'ordre de Napoléon à la police (1). Les conspirations, les attentats dirigés contre la personne du premier Consul justifiaient les moyens pris pour sa défense. La réorganisation de la police avait suivi de près le 18 brumaire. Elle garantissait à la fois la sécurité générale et la sûreté individuelle du nouveau chef de l'État. La loi du 17 février 1800, relative aux préfectures de France, divise Paris en 72 arrondissements et crée un préfet de police dont des arrêtés de 1800, 1801, 1802, 1804 définissent les attributions. Ce fonctionnaire avait l'autorité des ministres et correspondait directement avec eux. Il était spécialement chargé de tout ce qui concerne les passeports, la mendicité, le vagabondage, les prisons, l'ordre dans les rues, les théâtres, l'imprimerie, la librairie, les cultes, les émigrés, le commerce, les monuments publics, la salubrité.

Cette charge si importante et si difficile fut d'abord

---

(1) Desmaret, *Témoignages historiques, ou Quinze ans de haute police*, 1833, in-8°. Introduction, p. xxx.

dévolue à Dubois, ancien avocat au Parlement et procureur du Châtelet sous Louis XVI. Il avait adopté les idées de la Révolution, sans en approuver les excès, et avait rempli des fonctions judiciaires sous le Directoire. Conseiller d'État, comte de l'Empire, il signala son administration de la police par des actes utiles ; mais son amour de l'argent lui fit encourir de graves reproches, et il ne sut pas réprimer, chez ses subalternes, des abus qu'encourageaient ses propres exemples (1).

Pasquier, depuis chancelier de France, fut appelé, en 1810, à lui succéder. Napoléon, en lui faisant connaître son choix, lui demanda de rétablir la préfecture de police avec le caractère d'une magistrature, comme au temps des Sartines, des Lenoir, dont les talents et l'autorité avaient laissé des souvenirs ineffaçables.

« Vous avez été magistrat, dit l'Empereur à Pasquier, et c'est comme tel que je vous ai choisi. Celui que vous allez remplacer vous laissera beaucoup à faire, beaucoup à réparer. Vous me nettoierez cette police (2). »

Le préfet de police avait un conseil présidé par Rovigo, ministre de la police, et composé de deux conseillers d'État, Réal et Pelet de la Lozère, chargés spécialement de la surveillance de la police générale de l'Empire, divisée en deux arrondissements. Ce conseil se réunissait une ou deux fois la semaine. Chacun rendait compte des affaires soumises à sa juridiction.

« Toutes les arrestations ordonnées par l'un de nous,

---

(1) H. Raisson, *Histoire de la police de Paris* (1667-1844), in-8°, ch. xvii et xviii.
(2) Pasquier, *Mémoires*, t. I, p. 411.

dit Pasquier, avaient besoin, pour être maintenues, que le ministre les confirmât, et le ministre en devenait alors responsable. Le préfet de police recourait plus habituellement qu'aucun autre à cette approbation; la police d'une aussi grande ville que Paris nécessitait une foule d'arrestations qui n'entraînent pas toujours le renvoi devant les tribunaux. C'était une nécessité alors peu embarrassante, attendu le pouvoir arbitraire dont se trouvait investi le gouvernement (1). »

Ces lignes montrent sans dissimulation à quels dangereux abus était exposée la liberté individuelle, et nous verrons bientôt quelles nombreuses atteintes elle subit sous le régime consulaire et impérial.

Lorsque Pasquier visita les prisons, il trouva dans celle de Bicêtre un prisonnier du nom de Desol de Grisolles, arrêté comme chouan, lors de la conspiration de Cadoudal, et retenu sans preuves. Confondu avec les criminels, il sollicita comme une faveur un cabanon humide, pour échapper à cette affreuse promiscuité. Pasquier reconnut que sa détention était injuste et arbitraire; il ne put toutefois obtenir sa liberté, que ce malheureux recouvra seulement à la Restauration (2).

Ce ne fut pas sans émotion que Pasquier revit Saint-Lazare, où il avait subi la captivité pendant la Terreur, et il y fit la rencontre de celui qui l'avait écroué dans cette prison en 1794. Il parle avec éloges des hôpitaux de Paris, qu'il proclame les mieux tenus de l'Europe.

Le personnel de la préfecture de police laissait beaucoup

(1) *Mémoires du chancelier Pasquier*, t. I, p. 414.
(2) *Ibid.*, t. I, ch. xvii.

à désirer et conservait les habitudes et les procédés du temps de la Révolution. Pasquier introduisit parmi les agents plus de circonspection et de ménagements envers les personnes. Il voulut établir l'usage des livrets pour les domestiques, dans le but d'exercer sur eux une surveillance salutaire ; mais il échoua contre l'opposition des maîtres, qui craignaient d'être ainsi surveillés eux-mêmes (1).

L'Empereur, ne jugeant pas suffisante la police qu'il avait instituée, avait sa police particulière. Il y avait aussi celles du ministre, du commandant militaire de la division et de la place, du grand maréchal du palais, Duroc, du commandant de service de la garde impériale et du commandant général de la gendarmerie. Toutes ces polices, rivales les unes des autres, s'espionnaient sans cesse (2).

« Jamais souverain, nous dit Pasquier, ne fut mieux gardé que Napoléon. » Il faut ajouter que la sécurité de ses sujets était souvent sacrifiée à la sienne, et que le moindre soupçon coûtait la liberté à des individus, victimes de délations, de faux rapports auxquels l'Empereur avait le tort d'ajouter foi trop facilement. Chaptal ne dissimule pas les graves abus qu'encourageait l'esprit soupçonneux de l'Empereur :

« Chaque jour amenait de nouvelles dénonciations ; chaque jour faisait éclore de prétendues conspirations, et on le voyait retirer sa confiance aux uns et jeter les autres dans les cachots, sans que jamais on pût en connaître le motif.

«Outre le ministre et le préfet de la police, il y avait trois

---

(1) Pasquier, *Mémoires*, t. I, p. 456.
(2) *Ibid.*, t. I, p. 430.

directeurs généraux de la police qui résidaient à Paris, et qui avaient la surveillance sur les départements, divisés en arrondissements. Il existait des commissaires généraux de police dans toutes les grandes villes et des commissaires spéciaux dans toutes les autres. Ce grand nombre d'agents qui remplissaient chaque jour leur bulletin de tous les *on dit* des cafés, semait l'alarme partout. Aucun citoyen ne pouvait se flatter de ne pas être arrêté et compromis. Et les administrateurs, qui n'étaient pas à l'abri des dénonciations, avaient en tout une marche timide. C'était presque toujours à des jeunes qu'on confiait ces fonctions importantes, de sorte que l'habitude des délations desséchait de bonne heure ces jeunes cœurs, qui n'étaient accessibles à aucun sentiment généreux. C'était presque toujours sur leurs rapports qu'on destituait les administrateurs, qu'on enfermait des citoyens paisibles, etc.

« Indépendamment de cette police, l'Empereur en avait de plus redoutables encore. La gendarmerie était chargée de transmettre chaque jour à l'inspecteur général à Paris un bulletin pour connaître la situation de chaque partie de la France, et les gendarmes ne consultaient souvent que leurs ressentiments ou des propos de cabaret qui compromettaient, par des délations faciles, le repos des citoyens et la tranquillité des villes.

« A toutes ces polices venaient se joindre celles des aides de camp et des généraux qui composaient la garde de Napoléon. Cette police était la plus dangereuse de toutes pour les personnes de la Cour et les principaux agents de l'administration, parce qu'elle était confiée à des hommes dévoués qui dénaturaient tout, empoisonnaient tout, et présentaient comme criminels tous ceux qui n'étaient pas lâchement adorateurs de leur idole.

« Tout cet échafaudage ne suffisait pas encore à Napoléon. Il avait chargé plusieurs personnes de lui rendre compte de tout ce qui se passait parmi les savants, les commerçants, les militaires, et cette correspondance lui arrivait à Moscou, comme aux Tuileries. Madame de Genlis, Fiévée, Regnaud de Saint-Jean d'Angély, étaient ses correspondants et pensionnés comme tels (1). »

Le caractère méfiant du maître encourage les dénonciations des serviteurs. Si l'on ne trouve pas de vrais coupables, on accusera des innocents pour se faire un mérite auprès de lui et se créer des titres à sa bienveillance, à sa faveur. Plus le souverain est puissant, plus on sera servile, et l'écueil auquel il est exposé n'est pas la résistance, mais l'extrême docilité qu'on montrera pour accomplir ses ordres, pour prévenir, au besoin, ses désirs et flatter ses passions.

Napoléon put se féliciter de l'ordre et de la sécurité que fit régner la police impériale. Mais ce fut aux dépens de la liberté individuelle trop souvent sacrifiée aux ombrages du pouvoir, aux excès de zèle de ses agents et aux inimitiés particulières.

Treilhard répondit un jour à l'Empereur qui se plaignait d'une injustice commise : « Sire, quand il y a trop de police, il n'y a pas assez de justice (2). »

(1) *Mes souvenirs sur Napoléon*, 3ᵉ partie, ch. III.
(2) BARANTE, *Souvenirs*, t. I, p. 154.

II

Napoléon, nous dit Charles Nodier, crut avoir violé seulement vingt-six fois la liberté individuelle. Mais, si l'on en croit le témoignage de cet écrivain hostile au grand homme et qui avait des raisons de ne pas l'aimer, puisqu'il avait été emprisonné sous le Consulat et en gardait rancune à l'Empereur, il y aurait eu six cents individus victimes de détentions arbitraires. Il écrit à ce sujet :

« Sous le règne de Napoléon et dès la fin du Consulat, les formes, d'abord enfreintes avec violence, tombèrent bientôt dans un tel mépris qu'on ne les aurait pas réclamées sans exciter la dérision. Ce que l'on en conserva quant aux délits politiques dont il est exclusivement question ici, n'eut pour objet qu'un petit nombre d'événements plus vulgaires et d'accusés trop connus pour qu'il fût possible de les soustraire à la notoriété publique. Le reste obscur des malheureux suspects au pouvoir fut mis en masse hors de la loi commune. La justice faite pour tous fut déniée au proscrit. La prison devint une espèce de colonie d'ilotes jetés en dehors des limites de la société et qui avait perdu tous ses droits. L'autorité reconnaissait probablement un délit, puisqu'elle infligeait une peine ; mais c'était sans jugement, sans information contradictoire, sans débats, sans instruction, sans interrogatoire, car on ne saurait donner ce nom à une série de questions plus ou moins vagues, faites dans les bureaux de la police par un officier de police, et qui n'avait le plus souvent pour objet que de constater l'identité du prisonnier. On négligeait quelquefois jusqu'à cette formalité. J'ai connu un vieillard respectable et incapable de feindre, qui était depuis deux ans en prison sans avoir été interrogé, et qui me jurait sur l'honneur qu'il lui était impossible de deviner la cause de son arrestation. J'ai vu un papetier, nommé Métivier, qui ne fut interrogé qu'au bout de huit mois. Ce jour-là, on s'aperçut qu'il y avait eu erreur sur la personne; il fut mis en liberté. Quand il arriva chez lui, sa marchandise était séquestrée et sa mère était morte.

« Chose étrange ! Ces formes conservatrices de la justice, qu'on feignait de respecter à l'égard de quelques prévenus, ne les protégeaient que jusqu'à la condamnation inclusivement. Un accusé déclaré innocent était encore coupable. Dix de mes amis, acquittés à l'unanimité par des juges qu'on n'a jamais soupçonnés d'une arrière-pensée séditieuse, ont subi dix ans de captivité depuis leur absolution, et les portes des cachots pèseraient encore sur eux, si la fortune lassée n'avait abrégé les destinée du grand Empire. Ce jugement après jugement avait même un nom, mais un nom hybride, un nom monstrueux, un nom qui fait frémir : il s'appelait le *jugement administratif* (1). »

Forneron est loin d'être favorable à Napoléon. Aussi a-t-il recueilli avec soin tous les faits accusateurs du régime impérial. Du 18 brumaire à 1811, il compte de 1,500 à 2,000 prisonniers d'État, et 2,500 depuis 1811 (2). Aucun

---

(1) *Souvenirs, portraits de la Révolution et épisodes de l'Empire*, 1861, in-12, t. II, p. 10.
(2) *Histoire générale des émigrés*, t. III, p. 592.

tribunal, aucune justice régulière n'avait statué sur ces détentions, dont beaucoup avaient été déterminées par les motifs les moins valables et parfois les plus futiles (1).

Chaque jour, passaient sous les yeux de l'Empereur et de son conseil privé les noms des individus arrêtés par mesure de police.

Dans la première classe se trouvaient les prisonniers d'Etat, gardés au Temple, à Vincennes, à Bicêtre, à la Force, à Sainte-Pélagie, au fort de Joux, aux châteaux de Ham, d'If, de Saumur, de Bitche, du Mont Saint-Michel, de Fenestrelles, etc.

Les prêtres, détenus pour les affaires ecclésiastiques ou leurs opinions religieuses, appartenaient à la seconde catégorie, et dans la troisième étaient comprises les personnes que leur acquittement prononcé par les tribunaux n'avait pu dérober à la sévérité de l'Empereur, qui prolongeait la détention à laquelle il les avait condamnées, de sa propre autorité.

Il faut ranger dans la quatrième classe les individus arrêtés à la requête de personnages influents, sans qu'aucune accusation de crime ou de délit pût être produite ou justifiée, et la cinquième était celle des vagabonds et des aliénés, confondus dans plus d'une prison avec les victimes de l'arbitraire impérial (2).

(1) *Histoire générale des émigrés*, t. III, p. 540. « Hors des prisons d'État, sur toute la surface de l'Empire, il y avait des prisonniers enfermés dans d'autres geôles : on n'avait à leur reprocher ni crimes, ni délits ; ils n'avaient pas été l'objet de poursuites criminelles ; ils n'avaient pas été condamnés par un jugement ; ils n'en restaient pas moins dans leurs prisons... Beaucoup de personnes sont détenues pour des chansons... Les propos de diligences, les plaintes des soldats, tout cela est recueilli, classé et finalement puni par un emprisonnement arbitraire. » (*Ibid.*, t. III, p. 563, 565.)

(2) *Ibid.*, t. III, p. 541.

Lorsque le duc d'Enghien était arrêté sur un territoire étranger pour être amené en France, où son exécution fut un meurtre juridique ; quand le pape Pie VII, saisi dans sa capitale, subissait la captivité, ainsi que les cardinaux fidèles à sa cause, ce n'était pas seulement la violation de la liberté individuelle, mais celle du droit des gens.

D'origine française, le duc Claude de Saint-Simon, grand d'Espagne, lieutenant général, était né Espagnol et remplissait son devoir, en défendant Madrid contre l'armée de Napoléon. Compris dans une capitulation, il aurait dû être traité en prisonnier de guerre. Cependant il fut condamné à mort, et l'Empereur commua sa peine en celle de la détention dans une prison d'État, détention qui ne finit qu'en 1814. Là encore, il y avait violation du droit des gens et des lois de la guerre chez les nations civilisées.

Ne nous arrêtons pas aux étrangers comme le Suisse Christin, comme le capitaine anglais Wright et beaucoup d'autres détenus sans jugement, arrêtés en Espagne, en Italie, dont l'histoire n'a pas retenu les noms, et qui grossirent la liste des prisonniers d'État.

Les démêlés de l'Empereur avec Pie VII ont donné lieu à des emprisonnements qui ne sont pas moins injustes et moins arbitraires ; ils atteignent à la fois la liberté individuelle et la liberté religieuse. S'ils n'ont pas d'excuse, ils trouvent une explication dans les circonstances, dans la lutte engagée entre deux hommes et deux puissances.

Il est particulièrement intéressant, au point de vue qui nous occupe en ce moment, de connaître sous quelles lois, en dehors de ces événements, vivaient en France les sujets de l'Empereur, et de rechercher dans quelle classe, dans quel ordre de personnes se recrutaient les prisonniers d'État. On n'est pas surpris d'y trouver beaucoup de royalistes. Le retour des Bourbons se dressait toujours devant les yeux de Napoléon comme un fantôme menaçant. Leurs amis dévoués, leurs partisans, tout ce qui par les souvenirs, les traditions, les espérances se rattachait à l'ancienne monarchie, était en butte aux soupçons et aux rigueurs du gouvernement impérial.

L'arbitraire du Consulat avait enfermé au fort de Joux, en 1801, au mépris des traités, MM. d'Andigné et de Suzannet, officiers vendéens, qui réussirent à s'évader en 1802. On y rencontre, en 1804, Henri-Charles de Frotté, frère de Louis de Frotté, le héros de la chouannerie normande, dont l'exécution projeta une ombre accusatrice sur les gloires du premier Consul. Au fort de Joux se trouve à la même époque Moulin, un des lieutenants de Frotté. D'autres fidèles de la cause royaliste végètent près de Marseille, au château d'If, avec vingt sous par jour pour frais de nourriture et d'entretien. M. de la Grimaudière n'en sortit qu'à la chute de l'Empereur.

D'anciens chouans sont gardés en prison, malgré les traités de pacification et les sauf-conduits; ils y restent jusqu'à la fin de l'Empire, et quelques-uns sont en proie aux plus durs traitements.

Arrêté en 1803 pour avoir à Dijon, chez M. de Virieu, porté un toast à Louis XVIII, Étienne de Salignac-Fénelon est encore à Bicêtre en 1805, en proie à toutes les souffrances et toutes les privations de la plus rude captivité. Les prisons d'Italie reçoivent parfois des Français qui ont encouru les sévérités ou les simples soupçons du gouvernement. En 1813, d'anciens chouans du Morbihan sont détenus depuis onze ans, sans vêtements, presque sans nourriture. Aucun jugement n'a été rendu contre eux.

Beaucoup d'autres prisonniers se trouvaient dans le même cas. Ils n'avaient comparu devant aucun tribunal. Privés de communication avec le dehors, séparés de leurs parents, de leurs amis, on ignorait leur existence, le lieu de leur détention. Soumis à une surveillance rigoureuse, les journaux ne se seraient pas exposés au danger de révélations qui eussent attiré le même sort à leurs rédacteurs.

Ces abus d'autorité, ces actes d'arbitraire encouragés par le zèle d'une police ombrageuse ne sauraient être justifiés. Ils montrent la liberté individuelle privée des garanties les plus nécessaires et les plus légitimes. Mais il ne faut pas oublier qu'en prenant le pouvoir, le 18 brumaire, Napoléon avait trouvé l'Ouest en armes ; que même après la pacification des provinces royalistes, la chouannerie, toujours prête à se réveiller, existait comme une perpétuelle menace. Il suffit de prononcer les noms de Cadoudal, de Pichegru, de Moreau pour rappeler les conspirations dirigées contre le premier Consul, qui faillit perdre la vie lors de l'explosion de la machine infernale.

Son esprit dut être hanté par le souvenir de ces tentatives, même alors que sa puissance semblait défier toute opposition. Son despotisme n'acceptait d'ailleurs que trop facilement les procédés que réprouve la justice, et qu'avait mis en pratique le gouvernement révolutionnaire auquel le sien succédait.

Les guerres continuelles dans lesquelles l'Empereur se

laissa entraîner, contribuaient aussi à détourner son attention des mesures que conseillaient des agents subalternes, vindicatifs ou trop zélés, mesures qu'aurait rejetées une justice éclairée.

On peut relever sous l'Empire bien des faits où se révèlent les maux et les inconvénients des régimes arbitraires.

Le marquis de la Valette subit, en 1809, sept mois de prison préventive ; il fut remis en liberté, sans qu'aucune charge ait pu être invoquée contre lui.

Une chanson publiée en 1813, pendant la campagne de Russie, fit arrêter tous ceux qui commettaient l'imprudence de l'avoir en leur possession.

Les gens les plus obscurs ne sont pas épargnés. La police poursuit, au nom de la politique, jusqu'à des femmes dont l'influence ne devait pas être bien redoutable : une ouvrière en dentelles nommée Marion, accusée d'avoir tenu des propos hostiles au Concordat et au gouvernement. Jetée en prison en 1805, elle y meurt sept ans plus tard. Une veuve Nicolas est incarcérée pendant un an pour avoir, en termes assez vagues, témoigné des opinions peu favorables au régime impérial. Une simple servante, Madeleine Bontoux, est enfermée à Grenoble, par ordre du préfet, avec des fous furieux. On lui reproche d'avoir fait de la propagande en faveur de la petite Église. On arrête dans l'Aveyron, en 1810, quatre paysans « prévenus d'avoir formé des attroupements séditieux, sous prétexte de se réunir pour prier Dieu ». Un cultivateur du Morbihan, Julien Montrélais, est détenu à Bicêtre pendant deux ans et demi sans être interrogé. On conduit dans la même prison, sans jugement, une marchande de modes que Napoléon a trouvée chez l'Impératrice, et dont elle est accusée de favoriser le goût pour la dépense.

C'est par centaines que l'on compte les femmes enfermées à cause de leurs opinions politiques. Il y en a au Mont Saint-Michel, à Saint-Lazare.

La femme d'un cocher de fiacre nommé Thiot est envoyée aux Madelonnettes par le préfet du Doubs. Quel est donc son crime? Elle cherche à s'en justifier dans un interrogatoire : « J'ai pu dire quelquefois que nous étions plus heureux sous la monarchie... il m'est échappé de dire que la canaille était protégée, mais ces expressions étaient le résultat d'un moment d'humeur et de la misère que nous éprouvons. »

Un M. d'Icher de Villefort est détenu en 1813 pour avoir eu dans sa maison une statuette de Louis XVI; un sous-lieutenant, nommé Terrett, pour avoir manifesté dans des lettres adressées à son frère des sentiments contraires au gouvernement. Quatre individus sont en prison à Toulouse, accusés de « légers propos contre le gouvernement (1) ».

Ce qui rendait la prison encore plus pénible, c'est que le régime ne comportait guère d'adoucissements pour les détenus, recevant difficilement des secours de leurs familles et ne pouvant correspondre avec elles. On tenait secret le lieu de détention de la plupart d'entre eux.

De faibles sommes étaient prélevées sur le budget de l'Empire pour les dépenses des prisons d'État. Le plus grand nombre des prisonniers était à la charge des départements (2).

(1) FORNERON, t. III, p. 541 et suiv.
(2) *Ibid.*, t. III, p. 563.

La Constitution de l'Empire, nous l'avons vu plus haut (1), avait institué une commission de la liberté individuelle, destinée à prévenir les abus de pouvoir que nous venons de constater. Le rôle de cette commission aurait eu de nombreuses occasions de s'exercer; mais il resta purement illusoire. La plupart des prisonniers d'État ignorèrent son existence. Salignac-Fénelon recourut vainement à elle. Hyde de Neuville, le jeune, ne fut pas plus heureux, quand il la sollicita de s'intéresser à lui. Elle intervint rarement et n'obtint pas une seule liberté. Si elle rassura l'opinion, elle n'empêcha aucun des actes d'arbitraire qu'elle avait pour but de prévenir ou de réparer.

Comment ces actes purent-ils se produire et se renouveler impunément? Comment ne révoltèrent-ils pas le peuple qui avait démoli la Bastille? Il est facile de se l'expliquer. Succédant à la tyrannie sanguinaire de la Révolution, aux crimes de la Terreur, aux proscriptions du Directoire, l'Empire, malgré son despotisme, apportait une liberté relative. Il avait rétabli l'ordre social, et en considérant ce qu'il donnait à la France, on oubliait volontiers ce qu'il ne donnait pas.

Ce dut être le sentiment des contemporains, frappés du souvenir encore récent des calamités sans nombre qui avaient marqué la période révolutionnaire. Pour les générations suivantes, les gloires militaires de Napoléon couvrirent de leur incomparable éclat beaucoup des fautes de son gouvernement intérieur et des abus qu'on peut juste-

(1) Ch. III, § 1.

ment reprocher à son administration. Il faut bien le dire aussi, ces fautes et ces abus n'étaient pas sans excuse dans un temps si voisin de la Révolution, chez des hommes qui n'en avaient pas dépouillé les sentiments et en continuaient volontiers les procédés.

Quand les ministres de la police étaient un ancien jacobin comme Réal, un ancien terroriste comme Fouché, il n'était pas surprenant de voir l'esprit révolutionnaire se servir des armes dont disposait un pouvoir despotique, pour en frapper de nouveau ceux qu'il avait poursuivis naguère de ses haines toujours vivaces.

Le préfets de l'Empire ont leur part dans l'œuvre de la police où les délations, les vengeances se donnent souvent un libre cours. Ils ont la liste des personnes dont on doit décacheter toutes les lettres, et qui sont de la part du pouvoir l'objet d'une surveillance jalouse et tracassière (1).

L'exil, cette punition de l'ancienne monarchie qui frappait les opposants et les disgraciés, en les confinant en province, loin de Paris et de la cour, est aussi une arme familière à Napoléon. Il ne s'en est pas servi seulement contre Mme de Staël dont l'esprit pouvait sembler une puissance redoutable; contre Mme Récamier, coupable d'être restée fidèle à son amie proscrite. La duchesse de Chevreuse n'a pu résister au chagrin d'être ainsi séparée du monde et de tous les siens; elle en est morte à Lyon, où l'ordre du maître la retenait solitaire et abandonnée. Mmes de Balbi et de la Trémoïlle subissent le même sort.

(1) FORNERON, t. III, p. 382, 569.

La duchesse d'Escars, dans l'intimité, quelques jours après Austerlitz, a jeté au feu avec colère le bulletin annonçant la victoire de celui que maudissent en secret les fidèles de la royauté. Dénoncée le soir même, elle est arrêtée, envoyée aux îles Sainte-Marguerite, puis exilée à Nice.

Ces rigueurs atteignent les représentants le plus en vue du parti dont les vœux appellent le retour des Bourbons, ceux qui sont soupçonnés d'entretenir des intelligences avec les princes ou de rester attachés à leur cause. Le duc de Laval, l'abbé de Montesquiou, l'abbé de Damas figurent sur la liste des exilés où on lit les noms de M. de Montagnac, de M. du Bouzet, ancien colonel au régiment de Penthièvre, et de bien d'autres que leur peu d'importance ne préserve pas des coups de la puissance impériale.

Le faubourg Saint-Germain est suspect par les opinions de ceux qui l'habitent. Aussi poursuit-on l'opposition royaliste dont il est le foyer, et qu'abritent les vieux hôtels où sont revenues des familles appartenant à l'ancien régime et en ressuscitant par leurs noms les souvenirs.

La rente a-t-elle baissé? On accuse aussitôt ces salons où de nouvelles frondeuses combattent avec des épigrammes. Après Austerlitz, Fouché présenta à l'Empereur une liste de quinze personnes qu'on exila (1). De ce nombre furent Mmes de Tourzel, de Charost et de Léon.

Joseph Cadoudal fut exilé à Tours, où il recevait cinquante francs par mois. On ne put relever contre lui d'autre charge que celle d'être frère de Georges Cadoudal.

Lorsqu'on était exilé, on se trouvait placé, dans le lieu

---

(1) SAVARY, *Mémoires*, t. II, p. 244.

où l'on résidait, sous la surveillance des autorités, des agents de l'administration, parmi lesquels étaient d'anciens révolutionnaires, heureux de trouver de nouvelles victimes, ou des créatures du pouvoir qu'animait le désir de donner des preuves de leur zèle.

On ouvrait les lettres de ces proscrits toujours suspects, et la mesure qui les atteignait les condamnait à une solitude dont ils ne pouvaient sortir sans compromettre leurs visiteurs, leurs correspondants, et les exposer à la même peine.

Pour les gens privés des adoucissements de la fortune, l'exil était plus triste encore, car il les faisait tomber de la gêne dans la pauvreté, et les obligeait à solliciter des secours du pouvoir qui les opprimait.

La police soupçonneuse de l'Empire ne se laissait pas toucher par l'infériorité de la condition. On vit ainsi des familles de paysans de la Seine-Inférieure internées à Bruxelles et y mourir de faim, sous le coup des opinions vraies ou fausses qu'on leur reprochait (1).

L'emprisonnement, l'exil n'étaient pas les seules armes dirigées par l'Empereur contre la liberté individuelle. Cette liberté se trouvait atteinte dans la famille par les mariages qu'imposait la volonté souveraine de Napoléon.

Des préfets furent chargés de fournir la statistique des demoiselles à marier « appartenant à des familles notables », et que l'Empereur destinait de préférence à ses généraux, dans le but de récompenser leurs services en fusionnant, par des alliances, l'ancienne noblesse et la nouvelle. Ces

---

(1) FORNERON, t. III, p. 584, 585.

statistiques étaient dressées d'après des formulaires comprenant, dans des colonnes distinctes, l'indication des noms, de la dot et même « des agréments physiques ou des difformités, des talents, de la conduite et des principes religieux de chacune des jeunes demoiselles ».

Par dépêche confidentielle du 29 juillet 1811, Savary demande aux préfets des tableaux de ce genre où doivent être indiquées « avec toute la précision possible la dot présumée et les espérances d'héritage, la nature et la situation des biens ». Comme il n'obtenait pas de réponse, il renouvela, le 11 novembre, ses injonctions, en réclamant « dans le plus bref délai » les statistiques relatives à cette nouvelle conscription qui détermina des mariages forcés.

M. de Barante, alors préfet en Vendée, s'en tira en feignant d'avoir mal compris la question. C'était le seul moyen d'obéir, sans livrer les familles de ses administrés. Il a raconté la surprise que lui causèrent cette circulaire et l'enquête qu'elle exigeait de la part des fonctionnaires de l'Empire :

« Je reçus, dit-il, à cette époque (1813), ce me semble, une singulière lettre du ministre de l'intérieur. Depuis quelque temps, l'Empereur favorisait les mariages de plusieurs de ses généraux ou des officiers de sa maison avec de jeunes personnes de la haute aristocratie. Peut-être eut-il un jour la pensée de faire de ces alliances une mesure politique. Quoi qu'il en soit, le ministre de l'intérieur écrivit à tous les préfets en leur demandant une liste de jeunes filles à marier, appartenant à des familles riches ou considérées. Comme la lettre ministérielle ne s'expliquait pas nettement, et n'indiquait point ce qu'on voulait dire par riche ou considéré, je répondis en homme qui ne sait pas comprendre, et j'envoyai une liste d'une centaine de noms, classés par ordre alphabétique, sans notes particulières sur aucune famille : de la statistique et rien de plus. Je n'ai jamais appris que de ce travail il fût résulté une seule union dans un département quelconque (1). »

M. de Barante aurait pu en connaître des exemples, s'il avait voulu se renseigner. M. de Marbeuf put, grâce à ce moyen, épouser une riche héritière de Lyon, désirée par M. de Polignac. Il fallut des prodiges d'adresse à M. d'Aligre pour marier sa fille à M. de Pomereu, en dépit des choix qu'on tenta de lui imposer. La marquise de Coigny, à laquelle le régime impérial ne pardonnait pas son esprit frondeur, fut forcée d'accepter pour gendre le général Sébastiani. Mademoiselle de la Rochefoucauld épousa, malgré elle et malgré son père, le comte Aldobrandini, frère cadet du prince Borghèse, le mari de Pauline Bonaparte. Mademoiselle Dillon subit la même contrainte, en devenant la femme du général Bertrand, et le comte d'Arberg dut donner ses deux filles, l'une au général Klein, l'autre au général Mouton, depuis comte de Lobau. Le duc de Cröy, averti secrètement par son ami, le préfet du Mans, qu'il recevrait le lendemain un ordre de l'Empereur lui enjoignant de marier sa fille à un général, lui fit épouser la nuit même son cousin, Fernand de Cröy, qui se trouvait là par hasard (2).

---

(1) *Souvenirs*, t. I.
(2) Taine, *Le régime moderne*, t. I, p. 330, note 1. — Comte Joseph d'Estourmel, *Souvenirs de France et d'Italie*, p. 239. — Baron de Vitrolles, *Mémoires*, t. I, p. 19. — Forneron, III, 383, 387, 388.

Dans le département de l'Isère, l'enquête concernant les jeunes filles à marier excita les plaintes des fonctionnaires chargés d'y concourir. Quoiqu'elle fût confidentielle, elle ne tarda pas à être connue et jeta le trouble et l'inquiétude dans les familles. On vit dans cet acte de despotisme une grave atteinte à l'autorité paternelle et un incroyable abus du pouvoir qui disposait ainsi des héritières ou des alliances nobiliaires, en faveur de soldats heureux. Le préfet avoua dans son entourage la répugnance qu'il éprouvait à seconder une mesure semblable. On a retrouvé, écrites de la main d'un de ses conseillers de préfecture, les notes adressées, en 1810, au ministre de la police et à Duroc, grand maréchal du palais, sur le recensement matrimonial que le ministre attendait de ses subordonnés. On y lit les indications suivantes : « Mademoiselle Blanche de Bellegarde, âgée de vingt-quatre ans, 300,000 francs de dot. Ses parents sont morts. Elle a une figure agréable, de l'usage et de l'esprit. » « Mademoiselle de la Cisterna, âgée de dix-sept ans, fort agréable ; fille du prince de la Cisterna, de Turin, ayant 80,000 livres de rente. »

Un autre parti est celui d'une fille unique de seize à dix-huit ans. « 48,000 francs de rente. Tournure et figure agréables, taille moyenne, éducation distinguée sous tous les rapports. L'on s'occupe en ce moment de son établissement, mais on n'a pu savoir avec qui on a entamé à ce sujet des négociations... Son père est d'une famille très distinguée dans le Berry ; il était officier aux gardes françaises. Sa mère, bonne famille de Bourgogne...

« Voici leurs propriétés : leur hôtel à Paris où ils passent l'hiver ; des bois dans les communes de Parnay et de Coutras, près Dom-le-Roi, 18,000 francs de revenu. Trois terres rachetées par lui de ses acquéreurs ; terres appartenant à sa femme, près Dijon... Non compris les prétentions sur les biens de madame de Morfontaine. On croit qu'il a un portefeuille considérable, ayant toujours vécu avec ordre et géré ses biens avec économie (1). »

Il faut convenir que la puissance de Napoléon devait peser terriblement lorsqu'elle s'imposait ainsi au foyer domestique et décrétait des mariages qui risquaient d'être mal assortis. Au nombre des victimes de ce pouvoir arbitraire, on peut citer en Dauphiné le marquis de Bérenger de Sassenage. Ancien émigré, rentré en France au commencement de l'Empire, il fut inscrit d'office avec le grade de colonel dans la garde d'honneur fournie par le département de l'Isère pour escorter l'Empereur, pendant la campagne d'Allemagne. Il se rendit aussitôt à Paris afin d'y faire connaître son peu de goût pour le métier militaire. Il plaida sa cause auprès de Duroc ; mais la décision dont il se plaignit était irrévocable, et ce n'était pas la seule qui eût été prise à son égard. Colonel malgré lui, on lui signifia qu'il allait épouser mademoiselle de Boisgelin, et il dut se soumettre à cet ordre souverain.

Ce mariage venait à peine d'être célébré quand Napoléon partit pour Dresde, accordant au nouveau colonel un congé de dix jours avant de venir le rejoindre à l'armée en Allemagne. Dès son arrivée, M. de Bérenger prit part à une bataille où il tomba frappé mortellement. Mais il lui fut donné de se survivre dans le fils que sa jeune veuve mit au

(1) A. CHAMPOLLION-FIGEAC, *Chroniques dauphinoises* (1794-1810), p. 180.

monde et qui fut le marquis Antoine-Raymond de Bérenger, député de Saint-Marcellin (1).

La main de fer de celui qui restaura la société française et fit naître l'ordre du chaos ne s'est pas emparée seulement de l'enfant, soumis à l'éducation universitaire ; elle intervient dans la famille, dans des mariages accomplis par ordre. Elle jette dans les prisons d'État des suspects, des innocents que le contrôle d'une justice impartiale et éclairée ne vient pas protéger contre les surprises faites à la bonne foi du monarque, ou contre les abus de sa propre autorité. Enfin, les champs de bataille se remplissent des victimes d'une ambition qui finit par lasser les plus vaillants capitaines.

Un tel régime semble au-dessus du fardeau que peut supporter une nation. Mais, quand on regarde Napoléon, il ne faut jamais oublier la Révolution. La tyrannie jacobine rend plus acceptable le despotisme impérial. Les gloires éclatantes, les services mémorables du premier Consul protégèrent longtemps l'homme qui ne sut pas résister aux enivrements de la toute-puissance et à l'orgueil du génie.

Aujourd'hui encore, ce qu'il a fait de grand doit adoucir la sévérité des jugements qu'inspirent les fautes commises et les maux qui furent son ouvrage. Despote et conquérant, il n'est pas dans la nature de se fixer des bornes, quand on a commandé à la victoire et dompté la fortune.

Napoléon n'admit plus la résistance et franchit sans

(1) A. Champollion-Figeac, *Chroniques dauphinoises* (1794-1810), p. 180.

hésitation tous les obstacles qui contrariaient ses desseins. Après avoir solennellement rétabli le culte en France, il porte la main sur le chef de l'Église. Il a touché à toutes les libertés de l'homme ; il n'épargnera pas la plus précieuse et la plus digne de respect : la liberté religieuse.

CHAPITRE VI

La liberté religieuse.

I

Le Concordat est un des actes qui honorent le plus le premier Consul. En restaurant le culte proscrit par la Révolution, en rendant à l'Église la place que lui refusait la tyrannie jacobine, il a mérité la reconnaissance de la France catholique. Plus tard, il a été à son tour l'oppresseur de la liberté religieuse, le spoliateur et le geôlier du pontife qui était venu en France le sacrer de ses mains vénérables et rehausser d'un nouveau prestige l'éclat de la couronne impériale.

S'il parut, en ternissant ainsi sa renommée, défaire son propre ouvrage, il fut toutefois conséquent avec lui-même, avec son caractère et avec ses idées. Napoléon ne saurait être assimilé aux Rois Très Chrétiens dont les démêlés avec le Saint-Siège ont, à plus d'une reprise, retenti en Europe. L'exemple de Louis XIV suffirait pour prouver quels conflits s'élevèrent parfois entre des princes catholiques et le chef de l'Église.

Loin de partager la foi héréditaire des rois de France, Napoléon est dépourvu des croyances que professe le pays qu'il gouverne et dont il n'hésite pas à favoriser la libre manifestation, avec la hauteur de son génie, les vues profondes du politique et du chef d'État. Déiste, toutes les religions lui semblent bonnes, et il n'a de préférence pour aucune (1). Il les considère comme le fondement de la morale, comme le frein sans lequel on ne saurait gouverner les peuples (2). Ce n'est pas un croyant, c'est encore moins un impie (3). Le son de la cloche de l'église l'émeut, et il a dans l'âme je ne sais quelle vague religiosité, voisine de la superstition (4).

En sa qualité de souverain, il s'associe extérieurement au culte dont il a rétabli l'exercice public ; mais il ne se livre pas aux pratiques religieuses supposant une adhésion

---

(1) « On dira que je suis papiste ; *je ne suis rien ;* j'étais musulman en Égypte ; je serai catholique ici, pour le bien du peuple. *Je ne crois pas aux religions :* mais l'idée d'un Dieu ! » (THIBAUDEAU, p. 152, 21 prairial an X.)

(2) « Nulle société ne peut exister sans morale : il n'y a pas de bonne morale sans religion : il n'y a donc que la religion qui donne à l'État un appui ferme et durable. Une société sans religion est un vaisseau sans boussole : un vaisseau dans cet état ne peut ni s'assurer de sa route, ni espérer d'entrer au port ; une société sans religion, toujours agitée, perpétuellement ébranlée par le choc des passions les plus violentes, éprouve en elle-même toutes les fureurs d'une guerre intestine qui la précipite dans un abîme de maux, et qui, tôt ou tard, entraîne infailliblement sa ruine. » (*Discours de Bonaparte aux curés de Milan,* 5 juin 1800.)

(3) « On a coutume de regarder Bonaparte comme un impie, un athée, etc. Je ne puis pas partager cet avis, et ceux qui l'ont connu dans les années de son Consulat seront de mon opinion. Alors, Bonaparte n'était pas dévot, mais il croyait à l'existence de Dieu et à l'immortalité de l'âme. Il parlait toujours de la religion avec respect et plaisantait souvent ceux qu'il croyait athées. Il pensait surtout qu'un peuple ne peut pas exister sans religion. » (CHAPTAL, *Mes souvenirs sur Napoléon,* p. 236.)

(4) « Napoléon était superstitieux, et il n'aimait pas qu'on se dît esprit fort ; il disait qu'il n'y avait que les sots qui défiassent l'inconnu. » (*Souvenirs du duc de Vicence,* t. I, p. 240.)

de cœur et d'esprit, sans laquelle elles deviennent une profanation (1).

Si nous voulons connaître les idées et les sentiments de Napoléon en matière de religion, personne ne nous renseigne mieux à cet égard que lui-même. Il est intéressant d'interroger sa pensée à Sainte-Hélène. Définitivement vaincu, l'illustre captif sait qu'il ne peut plus compter sur un retour de la fortune. Il sent la vie lui échapper, et, en abordant alors ces graves sujets, nous devons croire qu'il ne cherchait pas à dissimuler ses opinions avec ceux qui restaient fidèles à l'adversité. Las Cases nous a transmis une de ces conversations qui eut lieu en sa présence, au mois de juin 1816, et où Napoléon, après avoir parlé avec beaucoup d'animation des questions religieuses, s'exprima ainsi :

« Tout proclame l'existence d'un Dieu, c'est indubitable ; mais toutes nos religions sont évidemment les enfants des hommes... Pourquoi ces religions se décriaient-elles, se combattaient-elles, s'exterminaient-elles ? Pourquoi cela avait-il été de tous les temps, de tous les lieux ? C'est que les hommes sont toujours les hommes ; c'est que les prêtres ont toujours glissé partout la fraude et le mensonge. Toutefois, je me suis empressé de rétablir la religion. Je m'en servais comme de base et de racine. Elle était à mes yeux l'appui de la bonne morale, des vrais

(1) « Sous l'Empire et surtout après le mariage de Marie-Louise, on fit tout au monde pour me porter, à la manière de nos rois, à aller, en grande pompe, communier à Notre-Dame. Je m'y refusai tout à fait ; je n'y croyais pas assez, disais-je, pour que ce pût m'être bénéficiel, et j'y croyais trop encore pour m'exposer roidement à un sacrilège. » (*Mémorial de Sainte-Hélène*, t. IV, p. 161, édit. 1823, in-12.)

principes, des bonnes mœurs. Et puis l'inquiétude de l'homme est telle qu'il lui faut ce vague et ce merveilleux qu'elle lui présente. Il vaut mieux qu'il le prenne là que d'aller le chercher chez Cagliostro, chez Mlle Lenormand, chez toutes les diseuses de bonne aventure et les fripons. »

Les vérités chrétiennes n'ont pas encore triomphé dans l'âme de Napoléon ; mais déjà l'on pouvait pressentir qu'il mourrait consolé par elles, et réconcilié avec l'Église. Un de ses familiers lui ayant dit qu'il finirait par être dévot, il répondit qu'il craignait de ne pas le devenir, et que la foi religieuse lui paraissait désirable.

« Je suis bien loin d'être athée, ajouta-t-il ; mais je ne puis croire tout ce qu'on m'enseigne, en dépit de ma raison, sous peine d'être faux et hypocrite...

« Je suis la montre qui existe et ne se connaît pas. Toutefois, le sentiment religieux est si consolant que c'est un bienfait du ciel que de le posséder...

« Je suis entouré de prêtres qui me répètent sans cesse que leur séjour n'est pas de ce monde, et ils se saisissent de tout ce qu'ils peuvent. Le Pape est le chef de cette religion du ciel, et il ne s'occupe que de la terre. Que de choses celui d'aujourd'hui, qui est assurément un brave et saint homme, m'offrait pour retourner à Rome ! La discipline de l'Église, l'institution des évêques ne lui étaient plus rien s'il pouvait à ce prix redevenir prince temporel. Aujourd'hui même, il est l'ami de tous les protestants, qui lui accordent tout, parce qu'ils ne le craignent pas...

« Comment aurais-je conservé l'indépendance de ma

pensée et de mes mouvements sous la suggestion d'un confesseur qui m'eût gouverné par les craintes de l'enfer? Quel empire un méchant, le plus stupide des hommes, ne peut-il pas, à ce titre, exercer sur ceux qui gouvernent les nations? N'est-ce pas alors le moucheur de chandelles qui, dans la coulisse, peut faire mouvoir à son gré l'Hercule de l'Opéra? Qui doute que les dernières années de Louis XIV n'eussent été bien différentes avec un autre confesseur? J'étais tellement pénétré de ces vérités que je me promettais bien de faire en sorte, autant qu'il eût été en moi, d'élever mon fils dans la même ligne religieuse où je me trouve (1). »

Cette profession de foi nous éclaire sur l'attitude prise par l'Empereur vis-à-vis du Saint-Siège et du clergé. Elle ne justifie aucun des actes qu'on est en droit de lui reprocher et qui entachent sa mémoire ; mais elle fait disparaître l'inconséquence qui semble exister entre le restaurateur du culte et le geôlier de Pie VII. La haute intelligence de Napoléon lui avait montré la nécessité politique et sociale de la religion ; son despotisme s'irrita ensuite des obstacles qu'il rencontrait.

Pour briser toute résistance, il n'hésita pas à emprisonner le chef de la catholicité et à opprimer l'Église de France dont il avait eu la gloire d'être le libérateur. Les véritables mobiles auxquels il avait obéi, en restaurant le culte, apparurent dans les entreprises d'une ambition qui n'avait pas le frein des croyances religieuses (2).

---

(1) *Mémorial*, t. IV, p. 159 et suiv.
(2) « Pour lui la religion était un instrument politique, un moyen particulier et plus efficace qu'un autre de dominer les esprits et de se les atta-

Quels qu'aient été les motifs qui inspirèrent Napoléon, lorsqu'il signa le traité solennel auquel son nom reste attaché, il faut louer sa clairvoyance en cette circonstance, hommage indirect rendu à la religion par le génie. Il eut le mérite de lutter contre les passions révolutionnaires, contre les préjugés de son entourage, pour imposer le Concordat qui ouvrit l'ère de la pacification religieuse.

« L'opération la plus hardie qu'ait faite Bonaparte, dit avec raison un de ses ministres, a été le rétablissement du culte sur ses anciennes bases... Quoique cet acte n'eût l'approbation d'aucune des personnes qui l'entouraient, il l'exécuta (1). »

Sur l'opposition faite à Bonaparte et sur l'hostilité des esprits de la cour consulaire, nous avons de curieux témoignages dans les paroles qui s'échangeaient autour de lui,

---

cher. On ne saurait sans injustice l'accuser d'athéisme... Il a toujours été à peu près exclusivement frappé de la puissance de la loi catholique, comme moyen d'action à utiliser, dans l'intérêt de son gouvernement : c'est là le point de vue sous lequel il s'est plu surtout à l'envisager, à toutes les époques de sa vie. » (D'HAUSSONVILLE, *L'Église romaine et le premier Empire*, t. I, p. 104, 107.)

(1) CHAPTAL, *Mes souvenirs sur Napoléon*, p. 236. — « Quelques-uns ont pensé que les croyances religieuses n'étaient aux yeux de Napoléon que des superstitions consacrées par le temps, et qu'en rétablissant le culte catholique, il ne s'en servait que comme d'un instrument de son ambition, sans tenir autrement compte de l'influence sociale de la religion. Ceux qui ont parlé ainsi ignoraient que Napoléon était sincèrement religieux, et j'ajouterai catholique. Il détestait également le cynisme philosophique qui inspire le dédain de la religion, considérée au contraire par lui comme l'appui de la morale et des bonnes mœurs, et la bigoterie qui restreint l'intelligence humaine... Son respect pour la doctrine de l'Évangile était le résultat de sa conviction et des impressions de son enfance qui étaient toujours vivantes dans son âme, témoin les idées religieuses que réveillait en lui la cloche de l'église de Rueil qu'il entendait du jardin de la Malmaison, et son recours aux consolations et aux secours de la religion dans son

peu d'heures avant la cérémonie à laquelle il allait assister à Notre-Dame, dont les voûtes devaient retentir du *Te Deum* chanté à l'occasion de cet heureux événement.

« Le jour de la proclamation faite par le premier Consul sur la loi des cultes, il se leva de bonne heure et fit entrer le service pour faire sa toilette. Pendant qu'on l'habillait, je vis entrer M. Joseph Bonaparte avec le consul Cambacérès.

« — Eh bien, dit à celui-ci le premier Consul, nous allons à la messe. Que pense-t-on de cela dans Paris? — Beaucoup de gens, répondit M. Cambacérès, se proposent d'aller à la première représentation et de siffler la pièce, s'ils ne la trouvent pas amusante. — Si quelqu'un s'avise de la siffler, je le fais mettre à la porte par les grenadiers de la garde consulaire. — Mais si les grenadiers se mettent à siffler comme les autres? — Pour cela, je ne le crains pas. Mes vieilles moustaches iront à Notre-Dame, tout comme au Caire ils allaient à la mosquée. Ils me regarderont faire, et, en voyant leur général se tenir grave et décent, ils feront comme lui, en disant : C'est la consigne ! — J'ai peur, dit M. Joseph Bonaparte, que les officiers généraux ne soient pas si accommodants. Je viens de quitter Augereau qui jette feu et flamme contre ce qu'il appelle vos capucinades. Lui et quelques autres, ne seront pas faciles à ramener au giron de notre Mère la Sainte Église. — Bah ! Augereau est comme cela. C'est un braillard qui

heure suprême à Sainte-Hélène. En rétablissant le culte catholique en France, il comblait le vide que son absence laissait dans l'État, mais il obéissait en même temps à un instinct religieux. » (*Souvenirs historiques du baron de Meneval*, secrétaire de Napoléon, t. I, p. 64.)

fait bien du tapage, et s'il a quelque petit cousin imbécile, il le mettra au séminaire pour que j'en fasse un aumônier (1). »

Les colères dont on avait menacé le premier Consul éclatèrent au milieu du cortège qui se rendait à la basilique. Lannes et Augereau, voyant qu'on les conduisait à l'église, voulurent descendre de voiture. Il fallut un ordre du maître pour les y maintenir.

Bonaparte demanda le lendemain à Augereau comment il avait trouvé la cérémonie : « Très belle, répondit celui ci. Il n'y manquait qu'un million d'hommes qui se sont fait tuer pour détruire ce que nous rétablissons (2). »

Bourrienne, en rapportant ce propos, ajoute que le premier Consul en fut très irrité.

En dépit de ces luttes et de ces résistances, la solennité religieuse qui affirmait l'accord intervenu entre l'Église et l'État fut un triomphe et eut un retentissement profond dans le pays.

« J'ai assisté à la cérémonie de la proclamation du Concordat à Notre-Dame, écrivait plus tard le chancelier Pasquier. Jamais Bonaparte n'a paru plus grand que ce jour-là. C'était la plus éclatante victoire qu'il fût possible de remporter sur le génie révolutionnaire, et toutes celles qui sont venues ensuite n'ont été, je n'en excepte aucune, que la conséquence de celle-là.

« La joie de l'immense majorité de la France imposa silence aux mécontents, même les plus audacieux. Une foule de personnes qui, avant le succès, n'osaient faire

---

(1) *Mémoires de Constant*, t. I, p. 127.
(2) Bourrienne, *Mémoires*, t. IV, ch xvii.

éclater leurs sentiments, ne les dissimulèrent plus, et il fut évident que Bonaparte avait mieux que tout ce qui l'entourait connu le fond des cœurs (1). »

Près d'un siècle après ce grand événement, le traité de paix conclu entre la puissance religieuse et la puissance civile, sur les ruines de la Révolution et de l'impiété, apparaît comme une des plus belles pages de la vie de Napoléon et reste un de ses principaux titres à l'admiration de la postérité.

« Remettre la France en communion avec le centre de l'unité catholique, a dit avec raison un historien et un croyant, fut le plus grand service qu'un gouvernement ait jamais rendu à un peuple ; et lorsqu'on songe au déchaînement de tant de passions et de tant d'intérêts, aux fureurs de l'impiété naguère encore triomphante, il est impossible de ne pas voir dans le Concordat de 1801 une œuvre d'audace et de génie sans précédent dans l'histoire. Il fallait plus de courage au premier Consul pour assister à une grand'messe que pour triompher à Marengo (2). »

Napoléon, qui a tant aimé la guerre, eut l'honneur d'attacher son nom à un traité de paix religieuse ; il rendit un hommage éclatant aux croyances persécutées par la Révolution et reconnut les droits d'une Église spoliée et déchirée par le schisme.

La religion catholique fut proclamée non plus religion d'État, mais celle de la grande majorité des Français. Elle

---

(1) *Mémoires*, t. I, p. 159.
(2) Comte DE CARNÉ, *Études sur les fondateurs de l'unité nationale*, t. II, p. 370.

put reparaître librement sur le sol où une guerre impie l'avait contrainte de se cacher (1). En échange des richesses qui leur avaient été enlevées, ses ministres reçurent une indemnité qui assurait leur existence matérielle.

Ce n'est pas ici le lieu de recommencer une histoire déjà faite avec tant d'autorité (2).

On a dit les avantages que retira l'Église du grand acte qui, au moment où il s'accomplit, pacifia la France, rendit le calme et la sécurité aux consciences, et termina les maux qu'avait déchaînés sur le pays l'esprit persécuteur. On n'a pas dissimulé les servitudes imposées par l'État aux catholiques qui durent alors les trouver acceptables, en se reportant aux souvenirs récents de la tyrannie révolutionnaire.

Par ce que nous savons des idées de Napoléon en matière religieuse, par ce que nous connaissons du despotisme de son caractère, nous pouvons juger des mobiles auxquels il obéit en restaurant le culte. Convaincu de la nécessité d'une religion, voyant en elle la moralisatrice des peuples (3), il trouve le catholicisme enraciné dans le cœur de la France, mêlé depuis des siècles à sa vie nationale, assez fort pour avoir résisté à l'assaut des passions révolution-

(1) L'article 1ᵉʳ du Concordat est ainsi conçu : « La religion catholique, apostolique et romaine sera librement exercée en France. Son culte sera public, en se conformant aux règlements de police que le gouvernement jugera nécessaires pour la tranquillité publique. »

(2) Comte D'HAUSSONVILLE, *L'Église romaine et le premier Empire*. — Comte BOULAY DE LA MEURTHE, *Documents sur la négociation du Concordat*, 3 vol. in-8°. — Duc DE BROGLIE, *Le Concordat*, in-12, 1893.

(3) « Je n'y vois pas le mystère de l'incarnation, mais le mystère de l'ordre social; la religion rattache au ciel une idée d'égalité qui empêche le riche d'être massacré par le pauvre. » (Paroles de Napoléon, 4 mars 1806. PELET DE LA LOZÈRE, *Opinions de Napoléon au Conseil d'État*, p. 223.)

naires et pour en avoir triomphé. Il n'hésite pas à lui rendre sa place dans l'État qu'il est appelé à gouverner (1). Mais, avec sa nature dominatrice, il envisagera aussitôt la religion comme un instrument de son règne. Après avoir délivré l'Église, il ne tardera pas à l'asservir. Il s'irritera de toute résistance, y verra une atteinte à son pouvoir qu'il croit sans limites, et, dès lors, il engagera la lutte de la force contre le droit et contre la conscience.

Comme toutes les libertés, la liberté religieuse fut mesurée avec parcimonie par Napoléon. Volontiers despotique avec le clergé, il se montre surtout favorable aux

---

(1) « Le rétablissement de la religion était une idée arrêtée dans l'esprit du premier Consul. *Il était pénétré de l'importance d'une religion.* Le catholicisme paraissait détruit. La plupart des hommes influents dans les affaires de l'État étaient portés vers le protestantisme ; mais *la très grande majorité des Français tenait au culte catholique. Dans presque tous les départements, cet attachement est indestructible.* Malgré la confiance inouïe qu'inspirait le premier Consul, il n'était pas en son pouvoir de choisir entre les deux cultes. » (Baron DE MENEVAL, *Souvenirs historiques*, t. I, p. 58.) — « Lorsqu'en 1801, Napoléon rétablit le culte en France, il avait fait non seulement un acte de justice, mais aussi de grande habileté : car il avait immédiatement rallié à lui par ce seul fait les sympathies des catholiques du monde entier ; et par le Concordat avec Pie VII, il avait raffermi sur une base solide la puissance catholique un moment ébranlée par la Révolution française, et dont tout gouvernement sensé en France doit aider le développement, ne fût-ce que pour l'opposer aux envahissements du protestantisme et de l'Église grecque. Or, quelles sont les forces principales du catholicisme comme de toute puissance, si ce n'est l'unité et l'indépendance ? Et ce sont précisément ces deux forces que Napoléon voulut saper et détruire, le jour où, poussé par l'ambition la plus insensée, il entra en lutte avec la cour de Rome. Il s'attaqua à l'unité de l'Église catholique en voulant priver le Pape du droit d'instituer les évêques ; à son indépendance, en arrachant au Saint-Siège son pouvoir temporel. » (TALLEYRAND, *Mémoires*, t. II, p. 122.) — Le Napoléon du Concordat, « c'est le Napoléon vraiment grand, éclairé, guidé par son beau génie, et non par les passions furieuses qui plus tard l'ont étouffé ». (*Ibid.*, t. II, p. 125.)

congrégations qui ont une utilité sociale. Loin de les entraver dans leurs œuvres d'enseignement et de charité, il les autorise, les encourage, leur facilite les moyens de s'accroître et de se répandre.

Les Frères des Écoles chrétiennes sont dispensés du service militaire comme les séminaristes. Éducateurs du peuple, ils rendent au pays un service moral dont une intelligence comme celle de Napoléon, au-dessus des passions des sectaires, reconnaît l'importance et apprécie les bienfaits.

Les Filles de la Charité, les Sœurs hospitalières, les Sœurs de Saint-Thomas, les Sœurs de Saint-Charles, d'autres congrégations d'hommes et de femmes, se voient rendre une existence légale. Leurs statuts reçoivent l'approbation du Conseil d'État. Redevenues propriétaires, elles peuvent recevoir des donations et participer à des legs. Le gouvernement, qui n'est point alors atteint de la fièvre laïque et de la fureur persécutrice, fait plus encore. Il accorde des libéralités à ces Ordres religieux dont la mission est pacifique et moralisatrice. « En 1808, trente et une communautés hospitalières, et pour la plupart enseignantes, obtiennent ainsi, par concession gratuite, en toute propriété, les immeubles et bâtiments qu'elles demandent. Souvent aussi, l'État pourvoit à leur entretien ; à plusieurs reprises, il décide que, dans tel hospice ou dans telle école, les Sœurs, désignées par l'antique fondation, reprendront leur emploi et seront défrayées sur les revenus de l'école ou de l'hospice. Bien mieux, et malgré ses décrets comminatoires, en dehors des congrégations qu'il autorise, Napoléon laisse naître et vivre, entre 1804 et 1814, cinquante-quatre communautés nouvelles, qui ne lui soumettent pas leurs statuts, et qui se passent de sa permission pour exister ; il ne les dissout pas, il ne les inquiète point (1). »

Non content de faire renaître les institutions catholiques en France, il entend les propager dans le monde entier. « Mon intention, dit-il, le 22 mai 1804, à une séance du Conseil d'État, est que la maison des missions étrangères soit rétablie ; ces religieux me seront très utiles en Asie, en Afrique et en Amérique... Je leur ferai un premier fonds de 15,000 francs de rente (2). »

Les catholiques peuvent faire des fondations en faveur des églises et du culte (3).

Si les revenus des paroisses sont insuffisants, la commune ou le département viennent en aide aux fabriques, au moyen d'un prélèvement de 10 pour 100 sur les revenus de toutes les propriétés foncières des communes, de manière à pourvoir aux acquisitions, reconstructions ou réparations des églises, séminaires et presbytères (4).

La religion, si cruellement persécutée par les hommes de la Révolution, a désormais en face d'elle un gouvernement disposé à favoriser son influence, mais pour s'en servir à son profit. Le clergé sent peser sur lui la main rude de Napoléon, et il lui manque une de ses libertés les plus essentielles, celle de se recruter d'une manière suffi-

(1) Taine, *Le régime moderne*, t. I, p. 237.
(2) Pelet de la Lozère, p. 208. — Taine, *Le régime moderne*, t. I, p. 237, note 5.
(3) Concordat, art. 15. Articles organiques, 73.
(4) Lois des 15 septembre 1807 et 30 décembre 1809.

sante. Les vocations sont entravées par la volonté du maître qui limite le nombre des ordinations. Dans le diocèse de Grenoble, l'Empereur n'en permet que huit en l'espace de sept ans, et l'évêque, Mgr Claude Simon, écrit, le 18 avril 1809, au ministre des cultes :

« Depuis sept ans que je suis évêque de Grenoble, je n'ai encore ordonné que huit prêtres ; pendant cet intervalle, j'en ai perdu au moins cent cinquante. Les survivants me menacent d'une lacune plus rapide ; ils sont ou infirmes, ou courbés sous le poids des années, ou surchargés de fatigues. Il est donc urgent que je sois autorisé à conférer les saints ordres à ceux qui ont l'âge et l'instruction nécessaires. Cependant vous vous êtes borné à demander l'autorisation pour les huit premiers de la susdite liste, dont le plus jeune est âgé de vingt-quatre ans... Je prie Votre Excellence de présenter à l'autorisation de Sa Majesté Impériale les autres sujets de cette liste. »

Il exhale encore de nouvelles plaintes, le 6 octobre 1811 :

« Je n'ai qu'un diacre et un sous-diacre, tandis que je perds chaque mois trois ou quatre prêtres (1). »

Pour combler les vides aussi préjudiciables à l'administration des paroisses, des évêques sont forcés d'employer d'anciens prêtres constitutionnels, ce qui décharge le Trésor des pensions dont ils jouissaient, en vertu des articles organiques.

Pendant toute la durée de son règne, Napoléon n'a autorisé que 6,000 ordinations, soit 400 par an, 100 par diocèse, 6 ou 7 par an dans chaque diocèse (2).

(1) Archives de Grenoble. TAINE, *Le régime moderne*, t. I, p. 241, note 2.
(2) *Régime moderne*, t. II, p. 35.

La liste que l'évêque adresse à Paris lui revient avec les nombreuses suppressions qu'y a pratiquées le bon plaisir impérial. S'il est suspect par ses opinions, par son attitude, toute ordination lui est interdite (1). Il y a plus. Des évêques sont réprimandés pour avoir déplacé des curés sans la permission de l'Empereur (2). Leurs nominations sont contrôlées par le préfet, qui vise, à chaque trimestre, la liste des desservants, auxquels l'État alloue 500 francs de traitement (3).

Ainsi entravé dans ses choix, l'évêque ne peut exercer sur son diocèse la direction morale qui lui appartient légitimement, en vertu de sa mission apostolique. Ses instructions, ses mandements, ses lettres pastorales, sont soumis à la censure. Pour plus de précaution, ces documents ne peuvent être livrés à la publicité sans sortir des presses de la préfecture, qui en supporte les frais.

D'abord, les préfets ont été les seuls juges des mandements épiscopaux, ce qui ne laissait pas d'être bizarre s'ils étaient protestants, libres penseurs ou juifs. Cette situation se compliquait encore d'une façon non moins étrange, le nombre des évêchés étant inférieur à celui des préfectures, et certains évêques, par la circonscription de leurs diocèses, dépendant à la fois de plusieurs préfets.

Une semblable confusion de pouvoirs avait naturellement engendré des conflits, dont quelques-uns ne tournèrent

---

(1) *Régime moderne*, t. II, p. 36.

(2) « Ecrivez à l'évêque de Bayeux qu'il a déplacé dans la commune de Balleroy le curé qui y était, *qu'il n'avait pas ce droit*, et que cela est contraire à mon intention. » (Napoléon à Portalis, *Correspondance*, t. VII, p. 28.)

(3) TAINE, *Régime moderne*, t. II, p. 40.

pas à l'avantage de l'autorité civile. Des évêques, voisins du département de l'Aveyron, ayant permis en carême l'usage des aliments gras pendant certains jours de la semaine, le préfet de l'Aveyron trouva mauvais que ses administrés n'eussent pas été favorisés d'une dispense de ce genre, et menaça l'évêque de n'approuver son mandement qu'à cette condition. Portalis, alors ministre des cultes, dut intervenir pour calmer les susceptibilités du préfet, et il eut souvent à protéger l'épiscopat contre des empiétements qui nuisaient au pouvoir religieux sans profiter au pouvoir civil (1).

On décida plus tard de centraliser à Paris la censure livrée d'abord à chaque préfet dans son département. Placée au siège du gouvernement, sous les yeux de l'Empereur, elle s'exerçait d'une façon plus intelligente et parvenait à éviter les excès de zèle de maladroits subordonnés. Mais un pareil contrôle, exercé en matière religieuse par une autorité ombrageuse et despotique, constitue une véritable chaîne, et il faut, pour la supporter, toute la soumission d'un épiscopat devenu de plus en plus docile.

« En chaque occasion, les bureaux de Paris ont soin d'envoyer aux évêques l'esquisse toute faite de leur prochain mandement, le canevas sur lequel ils broderont les fleurs ordinaires de l'amplification ecclésiastique : selon les lieux et les temps, le canevas diffère. En Vendée et dans l'Ouest, les prélats devront flétrir « les odieuses machina-
« tions de la perfide Albion », expliquer aux fidèles la persécution que les Anglais font subir aux catholiques

---

(1) *Le régime moderne*, t. II, p. 46. — D'HAUSSONVILLE, *L'Église romaine et le premier Empire*, t. I, ch. XIII.

d'Irlande. Si l'ennemi est la Russie, le mandement rappellera qu'elle est schismatique, et que les Russes méconnaissent la suprématie du Pape (1). »

Ces exigences sont profondément humiliantes pour la dignité épiscopale, et César finit par vouloir qu'on lui rende ce qui est dû à Dieu. Mais il ne reste jamais qu'à obéir avec Napoléon, et c'est ce que font tous les prélats, quand on leur dicte leurs exhortations à leurs diocèses (2).

On sait, du reste, quel châtiment atteindrait les récalcitrants. Le grand vicaire de l'évêque de Bayonne, ayant rédigé un mandement où se trouve une phrase malsonnante, est envoyé pour dix ans à Pignerol (3).

Dans de semblables conditions, l'évêque est bien près de ressembler à un fonctionnaire de l'Empire plutôt qu'à un successeur des apôtres.

« Confiné dans sa circonscription comme le préfet dans la sienne, l'évêque n'est lui-même qu'un préfet ecclésiastique, un peu moins précaire que l'autre : sans doute, on ne peut le destituer par arrêté ; mais on lui commande de se démettre, et il donne sa démission, de force. Aussi, pour lui comme pour le préfet, le premier soin sera de ne pas déplaire, le second sera de plaire (4). »

Le despotisme rencontre moins souvent l'indépendance

(1) Taine, *Le régime moderne*, t. II, p. 47.
(2) « Nous n'avons point entendu dire qu'aucun évêque de France ait jamais osé ne pas tenir compte de ces pressantes recommandations auxquelles le chef de l'État se serait bien gardé de donner la forme d'un ordre exprès, mais dont il surveillait de l'œil le plus jaloux la stricte exécution. » (D'Haussonville, *L'Église romaine et le premier Empire*, t. II, ch. xxv.)
(3) Roederer, t. III, p. 535, 567.
(4) Taine, *Régime moderne*, t. II, p. 42.

du caractère que la servilité humaine. Celui des grands hommes a, du moins, pour se justifier, le génie et la gloire qui rehaussent la soumission des autres hommes, tandis que la tyrannie d'une faction, d'un parti, rend la servitude plus humiliante, en lui ôtant l'excuse du prestige qu'exercent sur les esprits la supériorité individuelle et l'image de la grandeur.

L'éclat des victoires de Napoléon, les services rendus par lui à la cause de la religion expliquent son influence dominatrice sur le clergé trop français pour ne pas lui savoir gré de l'incomparable éclat qu'il avait répandu sur notre pays.

Bernier, évêque d'Orléans, Pancemont, évêque de Vannes, le cardinal Maury appartiennent à la race de ces prélats courtisans, disposés à s'incliner devant le pouvoir civil, distributeur des dignités et des biens temporels. Bourlier, évêque d'Évreux, n'avait rien à redouter de la censure, lorsque, peu après la proclamation de l'Empire, il s'était exprimé dans un mandement en ces termes :

« Ainsi, dans notre histoire, Dieu remplace deux dynasties par une autre; ainsi, dans les annales saintes, Saül, choisi pour roi, devenu bientôt infidèle, est rejeté avec toute sa race, et les larmes de Samuel sur le prince repoussé ne peuvent plus faire révoquer l'arrêt. »

Lorsque l'Empire tomba, le même évêque se laissa nommer pair de France par le roi qu'il avait comparé à Saül, quand le frère de Louis XVI était en exil, au lieu d'être sur le trône. Il avait plus de chances de plaire à l'Empereur qu'à ses diocésains, lorsque, le 19 septembre 1809, par une lettre circulaire, il engageait ainsi ses curés à prêcher en faveur de la conscription :

« Vous direz aux fidèles qu'aujourd'hui les recrutements sont soumis à des formes plus régulières, que le mode de conscription est en proportion avec l'immense population de l'Empire, que la haute sagesse de Sa Majesté ne demande ce qu'exigent les besoins du dehors qu'en ménageant tout ce que réclament les besoins de l'intérieur (1). »

Rousseau, évêque d'Orléans, alla plus loin encore. Il poussa l'adulation pour l'Empereur jusqu'à publier un mandement où il déclarait le Pape prisonnier, aussi libre à Savone qu'à Rome.

En véritable homme de cour, le prince de Rohan, premier aumônier, adressant, au mois de février 1810, une requête à l'Empereur, avait écrit : « Le grand Napoléon est mon Dieu tutélaire. »

L'Empereur ajouta en marge : « Le duc de Frioul fera payer au premier aumônier 12,000 *francs sur la caisse des théâtres* (2). »

Ce n'est pas assez de brûler l'encens près de l'autel. Il faut surtout le faire fumer autour du trône; mais encore doit-on se servir de l'encensoir avec adresse et avec grâce.

M. de Broglie, évêque de Gand, ayant à célébrer la naissance du roi de Rome, avait reproduit textuellement les vœux inspirés à Bossuet par le berceau d'un petit-fils de Louis XIV. Il n'en était pas moins suspect. « Il faut louer davantage l'Empereur dans vos mandements », lui dit un jour Réal. — « Donnez-moi la mesure », répondit le prélat. — « Je ne la sais pas. — Devrai-je en dire autant

---

(1) FORNERON, *Histoire générale des émigrés. Les émigrés et la société française sous Napoléon*, t. III, p. 479.

(2) TAINE, *Régime moderne*, t. II, p. 44.

que tel de mes confrères dont les flatteries déplaisent à l'Empereur par leur énormité ? — Ce serait trop. — Alors, monsieur, donnez-moi exactement la dose de la louange, afin que je puisse toujours l'atteindre sans la dépasser (1). »

On ne pouvait faire sentir avec plus d'esprit la servitude à laquelle l'Empire réduisait l'épiscopat.

Malheur à ceux dont le dévouement à Napoléon prétendait se concilier avec l'indépendance du caractère ! Tel était M. de Chevigné de Boischollet, évêque de Séez. Ancien royaliste, ayant pris part à la pacification de la Vendée, il ne vivait pas en bons termes avec le préfet de l'Orne et avec le maire de Séez. On lui reprochait d'avoir eu l'intention d'adresser une circulaire à ses curés pour les engager à chanter vêpres aux jours de fêtes supprimées par le Concordat. On lui reprochait encore de ne pas assister assez souvent aux mariages des rosières que le maire de Séez honorait de sa bienveillance.

L'Empereur passant à Alençon, le 1er juin 1811, reçut la visite de l'évêque de Séez qu'il apostropha de la façon suivante :

« Je suis très mécontent de vous. Vous êtes le seul évêque sur qui j'ai reçu des plaintes. Vous entretenez ici des divisions. Au lieu de fondre les partis, vous distinguez encore les constitutionnels et les inconstitutionnels... Vous voulez la guerre civile. Vous l'avez déjà faite ; vous avez trempé vos mains dans le sang français. Je vous ai pardonné, et vous ne pardonnez pas aux autres, misérable !...

(1) D'Haussonville, *L'Église romaine et le premier Empire*, t. II, ch. XXV.

Votre diocèse est le seul en désordre. — Sire, tout y est très bien. — Vous avez fait une circulaire très mauvaise. — Je l'ai changée. — Je vous ai fait venir à Paris pour vous montrer mon mécontentement, et rien ne vous corrige. Vous êtes un mauvais sujet; donnez votre démission sur l'heure!... — Sire!... — Qu'on mette de suite la main sur les papiers de ses secrétaires », dit Napoléon, en se tournant vers le préfet, qui sortit alors avec l'évêque (1).

Les grands vicaires et les chanoines du chapitre de Séez parurent bientôt après, mandés auprès de l'Empereur, qui, interpellant violemment les chanoines, leur dit : « Quel est parmi vous celui qui conduit votre évêque, lequel d'ailleurs n'est qu'une bête ? »

On lui désigna M. Le Gallois, curé de paroisse, grand vicaire honoraire de M. de Boischollet, et dont les vertus et le savoir étaient universellement reconnus. « Ah! c'est donc vous? lui dit l'Empereur. Et pourquoi ne lui avez-vous pas conseillé d'assister au mariage des rosières? — Sire, répondit l'abbé Le Gallois, un peu troublé, j'étais absent. — Pourquoi avez-vous fait faire à votre évêque cette circulaire au sujet des fêtes supprimées? — Sire, j'étais encore absent, et pour dire la vérité, aussitôt que j'en ai eu connaissance, je me suis rendu à Séez pour conseiller une circulaire tout opposée qui a effectivement paru. — F...! où étiez-vous donc? — Dans ma famille. — Comment, avec un évêque pareil qui n'est qu'une f... bête, étiez-vous si souvent absent? Et pourquoi vous êtes-vous rendu auprès d'un évêque comme ça pour être son

(1) ROEDERER, *OEuvres complètes*, t. III, p 567.

grand vicaire? — Sire, j'ai obéi à mes supérieurs. »

Les fouilles opérées dans les papiers de l'évêque n'avaient amené aucune découverte. Mais l'Empereur exigea la démission de M. de Boischollet. L'évêque céda. La douleur qu'il éprouva de ce sacrifice avait été grande, et la scène d'Alençon lui avait causé un saisissement dangereux à son âge. Quelques mois plus tard, il était mort.

L'abbé Le Gallois ne fut pas mieux traité. Arrêté par les gendarmes, on le conduisit à Paris, où on l'enferma à la Force. Transféré à Vincennes, il y resta neuf mois, et quand il fut frappé de paralysie, on échangea sa prison contre une maison de santé, où il resta jusqu'à la chute de Napoléon (1).

Sous un tel maître, la crainte vient toujours conseiller l'obéissance. Les évêques l'ont appris plus d'une fois, à leurs dépens. Le clergé séculier ne sent pas peser moins durement le pouvoir qui règne jusque dans le sanctuaire, et envahit le domaine de la conscience.

II

Le curé n'est pas seulement le ministre de l'Évangile; il est aussi un des instruments du régime impérial. « Par ordre, il prêche pour la conscription : c'est un péché que de s'y dérober, d'être réfractaire; par ordre encore, il lit

(1) D'HAUSSONVILLE, *L'Église romaine et le premier Empire*, t. III, p. 255; t. IV, p. 176.

les bulletins de l'armée, le récit des dernières victoires; toujours par ordre, *il lit le dernier mandement de son évêque; c'est une pièce autorisée, corrigée par la police* (1). »

La lecture des bulletins de l'armée cessa d'être faite en chaire, à dater de 1805. Napoléon craignit qu'elle ne donnât trop d'importance au clergé paroissial. Faire annoncer les victoires par le curé, c'eût été lui donner le droit de publier aussi les défaites, et les revers auraient eu ainsi plus de retentissement dans le pays (2).

Napoléon voyait dans l'autorité religieuse un moyen d'accroître et de fortifier la sienne. Un catéchisme fut rédigé spécialement dans ce but. Le 5 mai 1806, le *Journal de l'Empire* mentionnait un décret impérial approuvé par le cardinal Caprara, légat du Pape, et annonçant la publication prochaine d'un catéchisme qui devait seul être en usage dans toutes les églises de l'Empire français. Il fut mis en vigueur dans la première quinzaine du mois d'août 1806. La septième leçon complétait en ces termes le IVe commandement :

« *D*. Quels sont les devoirs des chrétiens à l'égard des princes qui les gouvernent, et quels sont en particulier nos devoirs envers Napoléon Ier, notre empereur ? — *R*. Les chrétiens doivent aux princes qui les gouvernent, et en particulier à Napoléon Ier, notre empereur, l'amour, le respect, l'obéissance, la fidélité, le service militaire, les tributs ordonnés pour la conservation et la défense de l'Empire et de son trône; nous lui devons encore des

(1) Taine, *Régime moderne*, t. II, p. 46
(2) D'Haussonville, t. II, ch. xxv

prières ferventes pour son salut et pour la prospérité spirituelle, et temporelle de l'État. — *D.* Pourquoi sommes-nous tenus de tous ces devoirs envers notre empereur? — *R.* C'est : 1° parce que Dieu qui a créé les empires et les distribue selon sa volonté, en comblant notre empereur de dons, soit dans la paix, soit dans la guerre, l'a établi notre souverain, l'a rendu le ministre de sa puissance et son image sur la terre. *Honorer et servir notre empereur est donc honorer et servir Dieu lui-même.* 2° Parce que Jésus-Christ, tant par sa doctrine que par ses exemples, nous a enseigné lui-même ce que nous devons à notre souverain ; il est né en obéissant à l'édit de César Auguste ; il a payé l'impôt prescrit, et, de même qu'il a ordonné de rendre à Dieu ce qui appartient à Dieu, il a aussi ordonné de rendre à César ce qui appartient à César. — *D.* N'y a-t-il pas des motifs particuliers qui doivent plus fortement nous attacher à Napoléon Ier, notre empereur? — *R.* Oui, car il est celui que Dieu a suscité, dans les circonstances difficiles, pour rétablir le culte public et la religion sainte de nos pères, et pour en être le protecteur. Il a ramené et conservé l'ordre public par sa sagesse profonde et active ; il défend l'État par son bras puissant ; il est devenu l'oint du Seigneur par la consécration qu'il a reçue du Souverain Pontife, chef de l'Église universelle. — *D.* Que doit-on penser de ceux qui manqueraient à leur devoir envers notre empereur? — *R.* Selon l'apôtre saint Paul, *ils résisteraient à l'ordre établi de Dieu même et se rendraient dignes de la damnation éternelle.* — *D.* Les devoirs dont nous sommes tenus envers notre empereur nous lieront-ils également envers ses successeurs légitimes dans l'ordre établi par les constitutions de l'Empire? — *R.* Oui, sans doute, car nous lisons dans la sainte Écriture que Dieu, Seigneur du ciel et de la terre, par une disposition de sa volonté suprême et par sa providence, donne les empires non seulement à une personne en particulier, mais aussi à sa famille (1). »

Telle était la doctrine enseignée aux catholiques, dans toutes les églises de l'Empire français, et qui pénétrait dans les moindres villages, récitée par les enfants au curé de la paroisse. Son exagération nous fait sourire aujourd'hui, et l'on aurait peine à comprendre qu'elle ait pu être professée et admise sérieusement, si l'on ne se reportait au prestige dont était environné Napoléon, illustré par d'éclatantes victoires, et qui, après avoir arraché la France au chaos révolutionnaire et attaché son nom à la restauration du culte, avait obtenu d'être sacré par le Pape venu donner une investiture solennelle au nouvel empereur et le marquer du sceau qu'imprimait la religion sur le front des rois (2).

Cette étrange leçon de catéchisme avait rencontré, il est vrai, une vive opposition à Rome; mais entièrement soumis à l'Empereur, Caprara, le légat du Pape, avait été contre les ordres de Pie VII et les instructions formelles de Consalvi, en se disant autorisé à accepter ce nouveau catéchisme. La nouvelle de cette acceptation, parvenue à Rome par la voie des journaux, avait plongé Consalvi dans

---

(1) D'HAUSSONVILLE, t. II, p. 257. — THIBAUDEAU, *L'Empire*, t. II, ch. XXI.

(2) « Je puis me regarder comme le chef des ministres catholiques, disait un jour Napoléon, puisque j'ai été sacré par le Pape. » PELET DE LA LOZÈRE, *Opinions de Napoléon au Conseil d'Etat*, p. 910. (17 juillet 1806.)

la stupeur, et le Pape s'abstint de protester, de peur de susciter de graves complications, toujours à craindre avec un caractère aussi dominant que celui de Napoléon (1).

En France, le catéchisme impérial souleva peu de critiques dans les rangs du clergé. Le cardinal Fesch ne put s'empêcher de faire remarquer à Napoléon les singulières contradictions dans lesquelles il se laissait entraîner.

« Vous voulez, lui dit-il, la damnation éternelle pour ceux qui se tiennent en dehors de votre gouvernement, et vous n'en voulez pas pour ceux qui ne reconnaissent pas l'autorité de l'Église. »

M. d'Aviau, archevêque de Bordeaux, blâma cette ingérence du pouvoir civil dans une question essentiellement religieuse et s'exprima ainsi : « A lui les choses de la terre, à nous les choses du ciel. Bientôt, si nous le laissons faire, il mettra la main à l'encensoir, et peut-être voudra-t-il plus tard monter à l'autel (2). »

Il ne se trompait pas, et d'autres prélats partageaient son avis ; mais ils se turent.

« Parmi les évêques français, *le plus grand nombre applaudit*. Tout prétexte ostensible était désormais ôté aux opposants, qui, d'ailleurs, n'étaient pas bien nombreux ; ils se résignèrent, ou du moins gardèrent le silence, *jusqu'aux jours où l'Empereur étant tombé, il leur devint possible de le rompre sans danger* (3). »

Ils avaient, pour la plupart, adhéré avec enthousiasme

---

(1) D'Haussonville, t. II, ch. xxvi.
(2) *Histoire de Mgr d'Aviau*, par l'abbé Lyonnet, p. 549.
(3) D'Haussonville, *L'Église romaine et le premier Empire*, t. II, p. 294.

à la dévotion décrétée envers saint Napoléon, dont la fête avait été instituée, en 1806, dans le but de rappeler la naissance de l'Empereur, la ratification du Concordat, et de faire oublier le vœu de Louis XIII, que Portalis, dans une lettre confidentielle aux évêques, qualifie de « souvenirs inutiles ».

Aussitôt que saint Napoléon eut été offert à la vénération des fidèles, on écrivit de tous les diocèses de France pour solliciter l'autorisation de dédier des chapelles au nouveau saint, qui jusqu'alors était demeuré complètement inconnu.

M. d'Osmond, évêque de Nancy, ancien émigré et de famille royaliste, se distingua par son ardeur. Il invita les jeunes gens de toutes les paroisses de son diocèse à former des associations pieuses sous le patronage d'un si grand saint.

Malheureusement, les Bollandistes n'en faisaient pas mention, et le martyrologe romain gardait également le silence à son sujet, ce qui rendait très difficile la composition de l'office qu'on voulait lui consacrer. M. d'Osmond écrivit à Portalis, qui ne put le renseigner. Il fallut s'adresser à Rome, où l'on institua par décret, en la fixant au 15 août, la fête du saint que l'on crut avoir découvert dans un certain *Neopolis* ou *Neopolas*, martyrisé sous Dioclétien, et dont il ne fut pas difficile de transformer le nom en celui de *Napoleo* et de *Napoleone* (1).

Si l'Église était redevable à Napoléon de la place qui lui avait été rendue dans la société nouvelle par le Concordat, elle avait trouvé aussitôt en lui un protecteur exigeant et un maître impérieux. Au lendemain de l'acte solennel qui

---

(1) *L'Église romaine et le premier Empire*, t. II, ch. xxv

garantissait la liberté religieuse, le pouvoir civil émettait des prétentions singulières, et Portalis, dans une circulaire du mois de juin 1802, ne craignait pas de dire au clergé :

« Le divorce est admis par la loi civile. Il serait donc aussi injuste qu'imprudent de refuser la bénédiction nuptiale à tous ceux qui contracteraient un second mariage, après un divorce (1). »

Plus la puissance de Napoléon grandissait, plus elle s'appesantissait sur l'Église. Tout ecclésiastique soupçonné d'opposition était impitoyablement frappé.

En 1802, l'abbé Guillon, qui devint plus tard évêque du Maroc, fut enfermé au Temple pour avoir adressé une consultation au chapitre de Rouen. On trouva dans ses papiers des notes sur Bonaparte qui n'étaient pas de lui, on le savait. Il n'en fut pas moins maintenu en prison (2). Quelques prêtres du diocèse d'Arras correspondaient avec leur ancien évêque.

« Je veux savoir, écrit Napoléon, quelles seraient les formes canoniques à employer pour les dégrader, afin qu'ils soient livrés à la rigueur de la justice... Je ne suis pas content du vicaire de Saint-Sulpice; c'est un homme également à dégrader (3). »

Des prêtres du diocèse de Blois ont répandu un mandement de M. de Thémines, leur ancien évêque. Ordre de les faire arrêter et transporter à Rimini (4).

(1) *L'Église romaine et le premier Empire,* t. I, ch. XIII.
(2) FORNERON, *Les émigrés et la société française sous Napoléon,* t. III, p. 466.
(3) *Ibid.* — Lettres de Napoléon. *Correspondance officielle,* t. IX. p. 240, 306, etc.
(4) Lettre à Régnier, 10 février 1804.

Du moins, ces sévérités s'appuient sur l'exécution du Concordat et atteignent des réfractaires. Ceux qui ne s'y soumettent pas sont punis de l'exil ou de la prison. De ce nombre est l'abbé Beaunier, arrêté à Cloyes en 1810, enfermé à Bouillon, puis à Pierre-Chatel, où il était encore en 1814 (1).

Napoléon penche rarement pour l'indulgence et a toujours le bras levé, prêt à punir ou à prolonger le châtiment.

« Pourquoi a-t-on relâché les deux prêtres que j'ai fait arrêter à la Rochelle, et n'a-t-on pas emprisonné ceux dont j'avais ordonné l'arrestation à Blois (2)? »

« Je vois dans votre lettre du 12 que vous avez arrêté un curé de la Vendée. Vous avez très bien fait. Gardez-le en prison (3). »

Il est dangereux, dans la discussion, de soutenir une opinion contraire à la sienne. L'abbé Thierry, grand vicaire de M. d'Aviau, archevêque de Bordeaux, en fit l'expérience. Un jour qu'au passage de l'Empereur, au mois d'avril 1808, l'entretien étant tombé sur le divorce, cet ecclésiastique avait contredit respectueusement les affirmations erronées du souverain et rappelé la doctrine invariable de l'Église, au sujet de l'indissolubilité du lien conjugal :

« De quels hommes s'entoure donc cet archevêque de Bordeaux? dit avec humeur Napoléon, après avoir congédié brusquement ses interlocuteurs. Il n'y a pas un seul théologien parmi eux. »

(1) Forneron, t. III, p. 468.
(2) Lettre à Moncey, 23 mars 1804.
(3) Lettre à Fouché, 24 janvier 1807.

Peu de temps après son retour à Paris, le ministre des cultes, par ordre de l'Empereur, informait l'archevêque que l'abbé Thierry cessait d'être son grand vicaire, et lui enjoignait de destituer également son secrétaire général et le supérieur du grand séminaire de Bordeaux, l'abbé Lacroix, dont les idées avaient déplu à Napoléon (1).

La liberté de la chaire ne pouvait guère exister sous un régime aussi despotique.

L'abbé Fournier, prédicateur renommé à Paris, et dont les sorties véhémentes contre les hommes et les crimes de la Révolution avaient excité un jour l'enthousiasme de plusieurs émigrés qui lui firent une ovation à la sacristie, s'était attiré de redoutables inimitiés. Mais il n'attaquait pas le gouvernement consulaire. Prêchant à Saint-Germain l'Auxerrois, en 1801, à la Pentecôte, il avait parlé en termes voilés de la mort de Louis XVI :

« Oh! mon Dieu! s'était-il écrié, la ville dans laquelle vous avez opéré le prodige que nous honorons en ce jour, venait de commettre un grand crime en condamnant à mort votre Fils; la ville dans laquelle je parle s'est-elle rendue moins coupable? Je me tais. »

Il n'y avait là qu'une allusion à un meurtre pour lequel Bonaparte n'avait jamais caché son horreur, et l'abbé Fournier ne s'était pas rendu coupable en rappelant d'une manière aussi indirecte le souvenir d'un forfait présent à toutes les mémoires. Dénoncé cependant pour ces paroles, il fut arrêté par l'ordre de Fouché et conduit à Bicêtre comme atteint de *folie séditieuse*. Son arrestation entraîna

---

(1) FORNERON, t. III, p. 468. — *Histoire de Mgr d'Aviau*, par l'abbé LYONNET.

quelques jours après celle de l'abbé Émery, son parent et son ami.

L'opinion publique s'émut d'une mesure que rien ne justifiait, et le premier Consul, se trouvant à la Malmaison avec plusieurs conseillers d'État, dit un jour :

« Le clergé de Paris est venu me présenter une pétition très bien faite dans laquelle il se plaint de l'acte arbitraire commis par le préfet de police contre le prêtre Fournier. J'ai répondu : Le préfet n'a agi que par l'ordre de mon gouvernement. J'ai voulu vous prouver que si je mettais mon bonnet de travers, il faudrait bien que les prêtres obéissent à la puissance civile. Ils se sont retirés sans rien répliquer. Fournier est leur coryphée : ils ont été très sensibles à ce qu'on lui a fait. C'est un acte révolutionnaire. Il faut bien agir ainsi, en attendant qu'il y ait quelque chose de réglé. Fournier ne reverra pas la France. Je l'enverrai en Italie, et je le recommanderai au Pape (1). »

La détention de l'abbé Émery dura dix-huit jours. Quant à l'abbé Fournier, transféré en Piémont, il devait y habiter un séminaire ou un couvent. Mais, à Turin, les autorités le jetèrent en prison, au milieu de forçats. Il endura avec courage et résignation cette dure captivité, et recouvra seulement la liberté à la fin de 1802, grâce à la sollicitation de M. de la Tour du Pin-Montauban, ancien archevêque d'Auch, dont il avait été le grand vicaire, et qui, acceptant l'évêché de Troyes, demanda la délivrance de l'abbé Fournier pour prix du sacrifice imposé à son grand âge, dans des circonstances difficiles (2).

---

(1) THIBAUDEAU, *Mémoires sur le Consulat,* p. 157.
(2) Comte BOULAY DE LA MEURTHE, *Négociations sur le Concordat,* t. III,

Le gouvernement était renseigné par la police sur les prédications qui provoquaient parfois les réprimandes de Napoléon. « Faites connaître mon mécontentement à M. Robert, prêtre de Bourges, écrit-il à Portalis. Il a fait un très mauvais sermon au 15 août (1). »

Une autre fois, les conférences de l'abbé Frayssinous, à Saint-Sulpice, excitent ses ombrages, et il en témoigne son irritation dans les lignes suivantes, adressées à Fouché, le 15 septembre 1809 :

« Il paraîtrait que dans les conférences qui se tiennent à Saint-Sulpice, les prêtres se conduisent mal et excitent le cagotisme. Il est convenable que vous insinuiez sans bruit aux vicaires de Paris, si les conférences ont lieu, de les ajourner jusqu'à l'Avent, et, dans cet intervalle, de leur faire bien comprendre que je ne peux plus tolérer ces conférences. Si elles ne se tiennent plus, conseillez-leur sur-le-champ de ne pas les laisser renouveler, car je n'entends pas qu'elles aient lieu davantage (2). »

L'effet suivit la menace, et mandé à la police, l'abbé Frayssinous dut cesser ses prédications, malgré la mesure dont il ne s'était jamais écartée dans son langage (3).

Les congrégations qu'avait rétablies et favorisées Napoléon se voient à leur tour en butte à ses défiances et à ses ressentiments. Il écrit, le 12 septembre 1809, à Bigot de Préameneu, ministre des cultes :

---

p. 31. — *Vie de M. Émery*, supérieur de Saint-Sulpice, par l'abbé Gosselin, t. I, p. 45. — L.-F.-J. de Bausset, *Mémoires anecdotiques sur l'intérieur du palais et sur quelques événements de l'Empire*, t. I, p. 106.

(1) *Correspondance de Napoléon*. — Forneron, t. III, p. 477.
(2) *Correspondance*, t. XIX, p. 477. — D'Haussonville, t. III, ch. xxxiv.
(3) Forneron, t. III, p. 476.

« Je n'entends pas que des missionnaires faisant profession de prédicateurs errants, parcourent l'Empire. Je donne des ordres en ce sens au ministre de la police... Je ne veux plus de missions quelconques. J'avais permis un établissement de missionnaires à Paris, et je leur avais accordé une maison ; je rapporte tout. Je me contente d'exercer la religion chez moi ; je ne me soucie point de la propager à l'étranger ; ces missionnaires, d'ailleurs, sont pour qui les paye, pour les Anglais, s'ils veulent s'en servir. Présentez-moi un décret là-dessus, je veux en finir. Je vous rends responsable si, au 1er octobre, il y a encore en France des missions et des congrégations (1). »

L'abbé Hanon, supérieur des Lazaristes et des Sœurs de Saint-Vincent de Paul, ayant refusé de mettre madame Lætitia à la tête du conseil de l'Ordre, il fut arrêté une nuit et enfermé à Fénestrelles.

Les Sœurs s'attirèrent également le courroux de l'Empereur pour n'avoir pas voulu, contrairement à leurs statuts, reconnaître une supérieure choisie par le pouvoir civil. « Il est temps, écrit, le 3 mars 1811, Napoléon au ministre des cultes, de finir ce scandale des Sœurs de charité en révolte contre leur supérieure. Mon intention est de supprimer les maisons qui, vingt-quatre heures après l'avertissement que vous leur donnerez, ne seront pas rentrées dans la subordination. Vous remplacerez les maisons supprimées, non par des Sœurs du même Ordre, mais par celles d'un autre Ordre de charité ; les Sœurs de Paris y perdront leur influence, et ce sera bien (2). »

---

(1) *Correspondance*, t. XIX, p. 439.
(2) D'Haussonville, t. V, p. 148.

En 1810, l'abbé Perreau fut enfermé à Vincennes pour avoir concouru à une œuvre charitable, présidée par l'abbé Legris-Duval, patronnée par la duchesse de Duras, par les princesses de Poix et de Chimay, et dont le but était d'empêcher de mourir de faim les cardinaux exilés et privés de leurs biens ecclésiastiques et patrimoniaux, pour n'avoir pas assisté au mariage de Napoléon avec Marie-Louise (1). Mais ces rigueurs s'expliquent alors sans se justifier, par l'âpreté de la lutte entreprise et poursuivie à cette époque par l'Empereur contre l'Église et la papauté. Elles déterminent de nombreuses arrestations d'ecclésiastiques, incarcérés sans jugement et retenus en prison pour empêcher les manifestations de sympathie auxquelles leur délivrance eût donné lieu (2).

Les petits séminaires sont fermés par décret du 15 novembre 1811. M. de Fontanes parvient à en sauver 41 qui subsistaient encore en 1815 (3).

Ce n'est plus seulement alors le despotisme; c'est la persécution religieuse dirigée par Napoléon, par celui-là même qui a donné à la France le Concordat et pacifié les consciences.

« Il assemble en concile les quatre-vingts prélats dispo-

---

(1) « Plusieurs cardinaux ne sont pas venus hier, quoiqu'invités, à la cérémonie de mon mariage. Ils m'ont par là essentiellement manqué. Je désire savoir quels sont ceux de ces cardinaux qui ont des évêchés en France, dans mon royaume d'Italie ou dans le royaume de Naples. Mon intention est de donner à *ces individus* leur démission, et de suspendre le payement de leur pension, en ne les considérant plus comme cardinaux. » (Napoléon à Bigot de Préameneu. Lettre du 5 avril 1810, non insérée dans la *Correspondance*. — FORNERON, t. III, p. 474, note. — D'HAUSSONVILLE, t. III, p. 448.)

(2) FORNERON, t. III, p. 474, 476.

(3) TAINE, *Régime moderne*, t. I, p. 249.

nibles de l'Italie et de la France, il se charge de les discipliner, il les fait marcher ; par quel emploi de toutes les influences, il faudrait un volume pour le dire : arguments théologiques et canoniques, appel aux souvenirs gallicans et aux rancunes jansénistes, éloquence et sophismes, manœuvres préparatoires, intrigues à huis clos, scènes publiques, sollicitations privées, intimidation croissante, rigueurs effectives, treize cardinaux exilés et dépouillés de leurs insignes, deux autres cardinaux détenus à Vincennes, dix-neuf évêques d'Italie transférés en France sans escorte, sans pain et sans habits, cinquante prêtres de l'arme, cinquante prêtres de Plaisance et cent autres prêtres italiens expédiés et internés en Corse, toutes les congrégations d'hommes en France, Saint-Lazare, Mission, Doctrine chrétienne, Saint-Sulpice, dissoutes et supprimées, trois évêques du concile saisis dans leur lit au petit jour, mis au cachot et au secret, forcés de donner leur démission et de promettre par écrit qu'ils n'entretiendront aucune correspondance avec leurs diocèses, les séminaristes de Gand convertis en soldats, et, sac au dos, partant pour l'armée, des professeurs de Gand, les chanoines de Tournay et d'autres prêtres belges enfermés dans les châteaux de Bouillon, Ham et Pierre-Châtel... (1). »

Dès 1808, Rome a été occupée par surprise, les États pontificaux réunis un an après à l'Empire français, le Pape saisi dans son palais, envoyé en France sous bonne escorte, traité en prisonnier, livré aux tortures morales les mieux faites pour vaincre sa résistance, en consumant ses forces

---

(1) Taine, *Régime moderne*, t. II, p. 48.

physiques, en ébranlant ses facultés, en l'isolant, en le trompant, douloureux spectacle où l'honneur reste du côté du faible désarmé, mais confiant dans le triomphe de la justice éternelle.

Rien ne prouve mieux le prodigieux ascendant exercé par Napoléon que la soumission qu'il continua de rencontrer dans les rangs des fidèles et du clergé, même lorsqu'il fut entré en lutte ouverte avec le Pape (1).

« Le clergé français, devenu peut-être un peu froid à son égard, depuis la captivité de Pie VII, ne lui était au fond nullement hostile. D'adversaires déclarés ou même sourdement malveillants, il n'en comptait pas un seul parmi les ecclésiastiques de France qui jouissaient de tant soit peu de réputation ou de quelque influence sur le gros des populations (2). »

L'homme qui a emprisonné le chef de l'Église et si peu respecté la liberté religieuse, n'arrivait pas à arrêter la protestation sur toutes les lèvres, malgré la soumission extérieure dont il était généralement environné. Des prélats comme M. d'Aviau et M. de Broglie osaient manifester leur improbation, au milieu d'un épiscopat silencieux et résigné. L'abbé Émery en avait souvent imposé à l'Empereur par l'indépendance et la fermeté de son caractère, et le courage de l'abbé d'Astros n'avait pas fléchi devant la violence et la persécution. Mais si grandes que fussent ses

---

(1) « Depuis le Pape jusqu'aux simples prêtres, tous, à bien peu d'exceptions près, acceptaient sa dynastie sans arrière-pensée, tous lui croyaient le pouvoir de faire pour eux plus que qui que ce fût au monde. » (Chancelier Pasquier, *Mémoires*, t. I, p. 488.)

(2) D'Haussonville, *L'Église romaine et le premier Empire*, t. IV, p. 183.

fautes, Napoléon était encore soutenu par le prestige de ses victoires, par le souvenir des services immenses qu'il avait rendus à la religion et à la société. On pardonnait donc beaucoup au restaurateur du culte catholique, à celui qui avait affranchi la France du joug révolutionnaire. La reconnaissance publique le protégeait contre les actes dont avaient le plus à souffrir les intérêts religieux, et il serait injuste de ne voir dans l'attitude trop soumise des fidèles et du clergé que le sentiment de la crainte ou celui de la servilité.

III

La pensée intime de Napoléon nous a été révélée par son caractère et par ses propres aveux. Ce n'est, nous le savons, ni un croyant, ni tout à fait un incrédule. Il veut rétablir la religion, mais pour s'en servir à son profit. Dominateur, il aspire à être le chef obéi de l'Église elle-même. Il estime que tout lui appartient, qu'il est le maître de tout, que tout doit fléchir sous sa volonté.

Nous venons de voir à quelle servitude il a réduit le clergé, comment il a enchaîné l'épiscopat. La papauté n'a pas été épargnée. Mais, avant de la spolier et de l'amener prisonnière dans ses États, il l'a employée à consolider sa propre puissance. Par le Concordat, il a fait servir le Pape à ses desseins politiques. La destitution des anciens évêques a brisé le lien religieux qui unissait encore la France nouvelle à la monarchie des Bourbons.

« Cinquante évêques émigrés et soldés par l'Angleterre, s'est-il dit, conduisent le clergé français. Il faut détruire cette influence, et l'autorité du Pape est nécessaire pour cela (1). »

Guidé par l'intérêt de la religion, ébloui par l'éclat de la gloire, Pie VII a secondé le premier Consul ; il a sacré l'Empereur, au grand scandale des fidèles de la royauté et de l'ancien régime dont M. de Maistre se faisait l'interprète et l'écho, laissant échapper des expressions qu'on s'étonne de trouver sous la plume d'un des défenseurs les plus ardents de la papauté.

« On se moque ici assez joliment, écrit-il de Saint-Pétersbourg en 1804, du bonhomme (Pie VII) qui, en effet, n'est que cela, soit dit à sa gloire ; mais ce n'est pas moins une calamité qu'un bonhomme dans une place et à une époque qui exigeraient un grand homme... Les forfaits d'un Alexandre Borgia sont moins révoltants que cette hideuse apostasie de son successeur... Je n'ai point de termes pour vous peindre le chagrin que me cause la démarche que va faire le Pape. S'il doit l'accomplir, je lui souhaite tout simplement la mort... Je voudrais de tout mon cœur que le malheureux pontife s'en allât à Saint-Domingue pour sacrer Dessalines. Quand une fois un homme de son rang et de son caractère oublie à ce point l'un et l'autre, ce qu'on doit souhaiter ensuite, c'est qu'il achève de se dégrader jusqu'à n'être plus qu'un polichinelle sans conséquence (2). »

---

(1) THIBAUDEAU, p. 152. (21 prairial an X.) — TAINE, *Régime moderne*, t. II, p. 11.
(2) *Correspondance*, t. I, p 138. — D'HAUSSONVILLE, t. I, ch. XIII.

Sacré par le Pape, Napoléon ne tarde pas à agir vis-à-vis de lui en suzerain et à le traiter en vassal.

« Si le Pape n'adhère pas à mes intentions, je le réduirai à la condition qu'il était avant Charlemagne (1). »

Et il tient parole.

Il ne se considère pas comme le successeur de Louis XIV, mais comme celui de Charlemagne (2).

D'une intelligence trop élevée pour se montrer hostile à la religion, dont il reconnaît les immenses bienfaits au point de vue social, il diffère essentiellement par la doctrine et par le but des jacobins, des révolutionnaires qui l'ont précédé, et eût considéré comme une monstrueuse folie les tentatives d'un gouvernement athée poursuivant la destruction de toute croyance religieuse, au moyen d'une législation appliquée avec une implacable persévérance.

Il ne désire pas miner l'Église, mais l'asservir. Il entend « discipliner les prêtres », le mot est de lui (3). Le clergé devient « une gendarmerie de surcroît (4) ». Un prélat, courtisan du pouvoir, le cardinal Maury, traduisait ainsi sa pensée, lorsque, venant d'être nommé archevêque de Paris par Napoléon, il disait à Pasquier, préfet de police :

« Eh bien, l'Empereur vient de satisfaire aux deux plus grands besoins de sa capitale : avec une bonne police et un bon clergé, il peut toujours être sûr de la tranquillité

---

(1) D'Haussonville, t. II, p. 78 et 101. — Taine, *Régime moderne*, t. II, p. 14, note 2.

(2) « Je n'ai pas succédé à Louis XIV, mais à Charlemagne... Je suis Charlemagne, parce que, comme Charlemagne, je réunis la couronne de France à celle des Lombards, et que mon Empire confine à l'Orient. » Au cardinal Fesch, 1806. — Taine, *Régime moderne*, t. II, p 14.

(3) Thibaudeau, p. 154. — Taine, t. II, p 13.

(4) Taine, t. II, p. 8.

publique, car un archevêque, c'est un préfet de police (1). »

Faire de la religion un instrument de règne, un simple rouage du mécanisme gouvernemental, ce n'est pas nier son influence salutaire ; mais c'est ne rien comprendre à sa conception divine, et méconnaître sa véritable mission, lorsqu'elle contrarie les exigences du despotisme et les entraînements de l'ambition. Aussi la puissance et le génie de Napoléon se sont-ils brisés contre les écueils qu'il eût facilement évités, si les rêves de son orgueil n'avaient altéré sa raison et son jugement. Le glorieux Empereur, qui avait triomphé de tant de monarques, fut vaincu dans sa lutte contre un vieillard sans armée. Il tomba du trône qu'avait élevé si haut ses exploits et sa renommée. Et lorsque, captif à son tour de l'Angleterre à laquelle il s'était confié, il languissait, durement traité sous l'œil des représentants de la France, de l'Autriche et de la Russie (2), sans qu'aucun d'eux intervînt pour adoucir l'amertume de ses dernières années, la cause du prisonnier de Sainte-Hélène fut plaidée par l'ancien prisonnier de Savone et de Fontainebleau.

« La famille de Napoléon, écrivait, le 6 octobre 1817, Pie VII au cardinal Consalvi, m'a fait connaître, par le cardinal Fesch, que le rocher de Sainte-Hélène est mortel, et que le pauvre exilé se voit dépérir à chaque minute.

---

(1) D'Haussonville, t. III, p. 438.

(2) « La France, l'Autriche, la Russie, désignaient des commissaires à la résidence de Sainte-Hélène : le captif était accoutumé à recevoir des ambassadeurs des deux dernières puissances; la légitimité, qui n'avait pas reconnu Napoléon empereur, aurait agi plus noblement en ne reconnaissant pas Napoléon prisonnier. » (Chateaubriand, *Mémoires d'outre-tombe*, t. IV, p. 79.)

Nous avons appris cette nouvelle avec une peine infinie, et vous la partagerez sans aucun doute, car nous devons nous souvenir, tous les deux, qu'après Dieu, c'est à lui principalement qu'est dû le rétablissement de la religion dans ce grand royaume de France. La pieuse et courageuse initiative de 1801 nous a fait oublier et pardonner depuis longtemps les torts subséquents. Savone et Fontainebleau ne sont que des erreurs de l'esprit ou des égarements de l'ambition humaine. Le Concordat fut un acte chrétien et héroïquement sauveur.

« La mère et la famille de Napoléon font appel à notre miséricorde et générosité ; nous pensons qu'il est juste d'y répondre. Nous sommes certains d'entrer dans vos intentions en vous chargeant d'écrire de notre part aux souverains alliés et notamment au prince régent (1). C'est votre cher et bon ami, et nous entendons que vous lui demandiez d'adoucir les souffrances d'un pareil exil. Ce serait pour notre cœur une joie sans pareille que d'avoir contribué à diminuer les tortures de Napoléon. Il ne peut plus être un danger pour quelqu'un ; nous désirerions qu'il ne fût un, remords pour personne (2). »

Cette lettre, qui fait tant d'honneur à Pie VII, est un des plus touchants exemples de mansuétude apostolique et de vertu chrétienne. La générosité envers le vaincu n'a pas ému les princes surveillant la captivité de Napoléon ; ce noble sentiment s'est réfugié dans le cœur du pontife qui avait été sa victime. Le pardon est descendu des hauteurs du Vatican sur le grand homme malheureux.

(1) Le prince régent d'Angleterre.
(2) D'Haussonville, t. V, p 347.

La papauté ne pouvait remplir alors sa mission d'une manière plus digne d'elle, ni plus conforme à ses destinées. Les habiletés de la diplomatie, les combinaisons d'un esprit subtil et délié ne sauraient lui conférer que la moins enviable des supériorités. Elle ne se distinguera guère des puissances de la terre, si elle s'incline trop facilement devant la force et le succès. Mais elle restera une grande puissance morale, en se faisant l'interprète de la justice divine, en avertissant tour à tour les peuples et les rois, en prenant toujours et partout la défense du droit méconnu.

La multitude a ses flatteurs comme les monarques, et les erreurs d'une orgueilleuse et jalouse démocratie ne sont pas moins à craindre que les fautes du pouvoir absolu.

En face de la tyrannie et de l'iniquité triomphante, il est beau qu'un vieillard, vêtu de blanc, dominant le tumulte des passions humaines, élève la voix en faveur des vaincus, des faibles et des opprimés.

CHAPITRE VII

Les journaux, les livres et la censure (1).

I

Lorsque l'on juge Napoléon, il ne faut jamais oublier qu'il succède non à un régime prospère, mais à une période de troubles, de discordes civiles, de ruines matérielles, d'anarchie morale. Son despotisme n'a pas seulement l'excuse du génie et de la gloire ; il est justifié par les circonstances, par le vœu d'un pays affamé d'ordre et de sécurité. La Terreur avait couvert la France de prisons et d'échafauds ; le Directoire avait montré l'impuissance dans l'arbitraire.

La Révolution avait fait disparaître des esprits jusqu'à la notion de la liberté, dont le nom était devenu synonyme des proscriptions auxquelles il avait été constamment associé.

Ne nous étonnons donc pas de voir la liberté de parler et d'écrire se perdre alors au milieu de l'éblouissement des victoires, sans exciter les regrets qui se feront sentir à

---

(1) *La censure sous le premier Empire,* par Henri Welschinger, 1 vol. in-8°, 1887. — *Histoire politique et littéraire de la presse en France,* par Eugène Hatin.

l'heure des revers, après la lassitude causée par l'oppression d'un pouvoir devenu écrasant, lorsqu'il n'était plus réparateur.

La licence démagogique avait déshonoré les journaux révolutionnaires, en étouffant toutes les voix de la justice et de l'opposition.

Rien n'était moins libéral que le décret de la Convention portant la date des 29 et 31 mars 1793, et conçu en ces termes : « Quiconque sera convaincu d'avoir composé ou imprimé des ouvrages ou écrits qui provoquent la dissolution de la représentation nationale, le rétablissement de la royauté ou tout autre pouvoir attentatoire à la souveraineté du peuple, sera traduit au tribunal extraordinaire et puni de mort. »

Ces menaces reçurent leur exécution. Environ vingt journalistes et cinquante hommes de lettres périrent sur l'échafaud. La souveraineté du peuple, qui n'était pas épargné lui-même, masquait ainsi la tyrannie d'une faction.

Le Directoire revint, le 18 fructidor, aux procédés du gouvernement jacobin, et brusquement effaça la disposition contenue dans la Constitution de l'an III, en faveur de la liberté de la parole et de la plume. L'incarcération de soixante écrivains ou imprimeurs, la déportation de quarante-cinq journalistes, la suppression de quarante-deux journaux, tels avaient été les derniers actes d'un régime dont l'arbitraire légitimait le coup d'État du 18 brumaire.

Bonaparte, en prenant le pouvoir, n'avait pas à détruire la liberté de la presse ; elle n'existait plus alors. Il était naturel qu'il ne songeât pas à la rétablir. Ni son caractère, ni les circonstances ne pouvaient l'y encourager.

Le 17 janvier 1800, un arrêté des consuls limita à treize sur soixante-treize le nombre des journaux politiques (1), en interdisant à l'avenir toute feuille périodique nouvelle et en conservant seulement des journaux de sciences, de littérature, de commerce et d'annonces.

L'opinion publique accueillit sans murmurer et avec indifférence cet acte d'un pouvoir absolu qui délivrait la France du chaos révolutionnaire et allait lui donner des lois, des institutions, en restaurant l'ordre si profondément troublé. Pourquoi se serait-on inquiété de l'existence des journaux ou de la liberté d'écrire, lorsqu'on était frappé du spectacle de tant de ruines, lorsque chacun était occupé du soin de reconstituer sa propre existence?

Les treize journaux autorisés par l'arrêté consulaire furent :

Le *Moniteur*, les *Débats*, la *Gazette de France*, le *Publiciste*, l'*Ami des lois*, la *Clef du cabinet des souverains*, le *Citoyen français*, le *Journal des hommes libres*, le *Journal du soir*, la *Décade philosophique*, le *Journal des défenseurs de la patrie*, le *Bien informé*.

Ces journaux furent, ainsi que leurs rédacteurs, placés sous la surveillance de la police, où un bureau spécial était installé avec la mission d'examiner les journaux et les livres, sur lesquels le premier Consul se faisait renseigner par son bibliothécaire, Ripault, et par Fiévée, dont il appréciait l'esprit judicieux et les conseils intelligents.

« Tous les journaux qui inséreraient des articles con-

---

(1) Ils avaient atteint depuis le commencement de la Révolution le chiffre de 6,000, dont près de 500 à Paris seulement. (P.-B. PUJOULX, *Paris à la fin du XVIIIe siècle*, ch. XLI.)

traires au respect dû au contrat social, à la souveraineté du peuple et à la gloire des armées, ou qui publieraient des invectives contre les gouvernements et les nations amis ou alliés de la République, lors même que ces articles seraient extraits de feuilles périodiques étrangères, encourraient la suppression instantanée. Ainsi, on limitait d'abord le nombre des journaux, et ensuite on les menaçait de suppression sans aucune procédure, pour des cas tellement vagues qu'ils embrassaient toutes les matières. Pour suppléer ceux des journaux supprimés qui leur étaient vendus, les royalistes établirent des feuilles secrètes, des bulletins à la main, et étendirent leur fabrique de pamphlets : effet inévitable de l'esclavage de la presse (1). »

La censure restait livrée à la police et exposée à des agents maladroits ou trop zélés. C'est ainsi que l'on discutait la question de savoir s'il y avait de l'inconvénient à laisser publier une traduction des œuvres de Sénèque.

Ces entraves n'avaient pas empêché les journaux de s'augmenter, mais ils voyaient diminuer le nombre de leurs abonnés, à cause du peu d'intérêt qu'ils leur offraient.

D'après une statistique publiée par le *Moniteur*, on comptait, en l'an VIII, 19 journaux politiques et 50,000 abonnés ; en l'an IX, 21 journaux et 34,000 abonnés. Le chiffre des journaux scientifiques avait suivi la progression de celui des lecteurs. Il s'élevait à 21 en l'an VIII, à 38 en l'an IX, et les abonnés, qui étaient 4,365 en 1800, étaient 7,000 l'année suivante (2).

En 1803, le nombre des abonnés aux feuilles pério-

---

(1) Thibaudeau, *Le Consulat et l'Empire*, t. I, p. 402.
(2) *Ibid.*, t. II, p. 155.

diques avait diminué de moitié. Ils se trouvaient répartis de la manière suivante :

Les *Débats* : 8,000. — La *Gazette de France* : 3,250. — Le *Publiciste* : 2,850. — La *Feuille économique* : 2,500. — Le *Moniteur* : 2,450. — Le *Journal du commerce* : 1,580. — La *Clef du cabinet des souverains* : 1,080. — Le *Citoyen français* : 1,300. — Le *Journal des défenseurs de la patrie* : 900. — Le *Journal de Paris* : 600. — Le *Journal du soir* : 550. — Les *Courriers des spectacles* : 170. — *Petites Affiches* : 30. — *Journal d'annonces et d'indications* : 24. — *Anciennes Affiches* : 20 (1).

Outre ces journaux, il y en avait encore environ 43 non quotidiens.

L'Empire restreignit encore la liberté de la plume et étendit le pouvoir de la censure, à laquelle il donna une organisation nouvelle.

Afin de rassurer l'opinion toujours facile à émouvoir, il avait, par le sénatus-consulte qui créait la constitution impériale, établi une commission sénatoriale, celle de la liberté de la presse, garantie illusoire dans une assemblée servile. Cette commission composée de sept membres, élue au scrutin et renouvelable dans la personne d'un de ses membres tous les quatre mois, devait recevoir les réclamations des auteurs et des éditeurs, et les transmettre au ministre, en l'invitant à lever les interdictions qui ne sembleraient pas justifiées. Si ces invitations se renouvelaient trois fois sans succès, elles pouvaient provoquer une

(1) Eugène Hatin, t. VII, p. 380

réunion du Sénat. Mais la commission n'usa jamais de ses prérogatives pour protéger les lettres, et ses droits ne s'étendaient pas jusqu'aux feuilles périodiques, ce qui laissait la presse sans défense.

Le Sénat, constamment docile et muet sous le règne de Napoléon, n'éleva la voix qu'à l'heure de sa chute, et c'est seulement en prononçant la déchéance de celui auquel il devait l'existence qu'il se fit le champion de la liberté de la presse.

L'Empereur, en montant sur le trône, avait placé les livres et les journaux sous la surveillance de la police, à l'aide d'un bureau de consultation, chargé spécialement de la presse. Le *Journal des Débats* était devenu le *Journal de l'Empire*.

Les hommes de lettres qui comme Lemontey, Esménard, Lacretelle jeune, faisaient partie du bureau des censeurs, n'étaient pas les moins ardents contre les journaux. Mais si la censure, objet des constantes préoccupations de Napoléon, exerçait ses rigueurs, elle ne reçut une organisation complète et définitive que par le décret du 5 février 1810. Ce décret semblait restreindre les attributions des censeurs et leur donner seulement un rôle secondaire. Mais la direction générale de l'imprimerie et de la librairie devenait un ministère redoutable pour la presse et pour toutes les publications, frappant les écrits d'interdiction, déterminant les délits et décrétant les châtiments. L'autorisation légale ne préservait pas de la saisie les ouvrages censurés. Les auteurs se trouvaient ainsi sans garanties, exposés aux poursuites judiciaires, lors même qu'ils avaient soumis leurs ouvrages à l'examen de la censure.

Pendant quatorze ans, la police supprima, par simple décision, des ouvrages déjà imprimés, et causa ainsi la ruine des libraires et des auteurs.

La direction générale comprenait 76 personnes, sans compter les sous-chefs et les commis, et ce nombre était encore insuffisant pour remplir une tâche aussi laborieuse que délicate.

La police gardait une action prépondérante; elle pratiquait les saisies sur les ouvrages qui avaient échappé aux censures de la direction générale. Atteints une première fois dans la liberté de la pensée, les écrivains ne trouvaient aucune sécurité dans l'accomplissement des formalités légales auxquelles ils s'étaient soumis.

Les mesures relatives à la presse, loin de s'adoucir, furent de plus en plus restrictives, à mesure que l'Empire, en poursuivant le cours de ses conquêtes, s'acheminait vers sa ruine. Un seul journal politique fut autorisé en 1809 dans chaque département. Un journal de l'arrondissement de Montargis, consacré seulement aux annonces de ventes, locations, hypothèques, s'était vu refuser l'autorisation en 1807, sous prétexte qu'il existait déjà un journal dans le département du Loiret.

Le préfet décidait de la suppression de tout journal qui lui paraissait nuisible. Réduites à copier servilement le *Moniteur*, les feuilles de province étaient contraintes de verser à la police deux douzièmes de leurs bénéfices.

Le décret de 1811 aggrava encore la situation déjà si difficile des journaux, en ne conservant que le *Moniteur*, le *Journal de l'Empire*, la *Gazette de France* et le *Journal de Paris*. Le *Mercure*, le *Publiciste*, le *Journal du soir* et le *Courrier de l'Europe* furent supprimés.

Les *Débats,* dont l'esprit d'opposition avait éveillé les ombrages du pouvoir absolu, et que Fouché poursuivait de ses haines de jacobin, se virent confisqués. La saisie fut pratiquée sur la caisse, les papiers, les meubles, et la propriété, divisée en vingt-quatre parts, fut distribuée par l'Empereur à la police, à ses courtisans et à des hommes de lettres.

Cette spoliation ne tarda pas à s'étendre aux quatre journaux qu'on avait laissés subsister. Leurs bénéfices, leurs revenus, leur rédaction, tout fut livré aux mains du gouvernement, qui prohiba la création de toute feuille nouvelle. 1,500,000 francs furent ainsi confisqués à leurs propriétaires légitimes.

On peut dire qu'il n'y avait plus alors de journaux en France. Il n'y avait plus que les bulletins des victoires de Napoléon, car il était interdit de parler de ses défaites.

En 1814, la Restauration ne modifia que par une application plus tolérante le régime inauguré par l'Empire. La censure continua de fonctionner. Seulement, elle fut royaliste au lieu d'être impérialiste.

Revenu de l'île d'Elbe, Napoléon transforma aussitôt le césarisme en empire libéral, abolit la censure, laissa aux journaux une liberté qui dégénéra promptement en licence. Mais les voix tumultueuses de la presse se perdirent alors dans le bruit des combats, et le sol, envahi pour la seconde fois, résonna sous les pas des vainqueurs, tandis que la puissance impériale sombrait dans un suprême désastre.

II

Par le coup d'œil qu'on vient de jeter sur les lois auxquelles furent soumis les journaux pendant toute la durée de l'Empire, on a pu juger déjà des inconvénients du système. Fiévée ne craignait pas de les signaler à Napoléon lui-même et lui montrait l'ineffacité d'une presse asservie, sans influence, sans crédit sur l'opinion qu'elle ne pouvait plus tromper.

« Mentir pour arriver à un but peut être un moyen politique, écrivait-il à l'Empereur au mois d'octobre 1807 ; mais mentir quand il est si facile de s'apercevoir qu'il n'y a plus de crédulité, quand, au contraire, le défaut de confiance se témoigne à haute voix, c'est se tromper soi-même et perdre la partie la plus essentielle de l'autorité. Doit-on s'en étonner quand on est parvenu, à force de précaution, à faire *des journaux que les dernières classes du peuple trouvent aussi par trop bêtes?*

« Toutes les gazettes ont le même ton, la même couleur, parce que la grande main de la police s'y fait également sentir, et que la même frayeur frappe tous ceux qui y coopèrent. Il était utile de diriger les journaux, quand les journaux dirigeaient l'opinion publique : c'était un ressort entre les mains de l'autorité ; on l'a brisé maladroitement (1). »

(1) *Correspondance*, t II, note 68. — « Le mensonge organisé par système, formant la base du gouvernement et consacré dans les actes

« La presse est dans l'esclavage le plus absolu, disait à son tour le comte Réal au Conseil d'État en 1809. La police cautionne et supprime, comme elle le veut, les ouvrages, et ce n'est même pas le ministre qui juge : il est obligé de s'en rapporter à ses bureaux. Rien de plus irrégulier, de plus arbitraire que ce régime, et néanmoins il est insuffisant, car la police, ne pouvant examiner tous les ouvrages qui paraissent, est obligée de se borner à ceux qui marquent le plus, et de là résulte que beaucoup d'écrits répréhensibles lui échappent, à la faveur d'un titre qui n'éveille pas l'attention et ne provoque pas la défiance. »

L'esprit d'opposition trouvait ainsi moyen de se faire jour, et les efforts de l'absolutisme pour enchaîner ses adversaires ne servaient parfois qu'à montrer son impuissance.

Réal, dont nous venons d'entendre le témoignage, dit comment étaient composées ces feuilles qui n'existaient que sous le bon plaisir du gouvernement, et ne renseignaient le public qu'avec sa permission.

Chaque matin, le censeur allait prendre le mot d'ordre chez le ministre de la police, et autorisait l'impression du numéro qui, envoyé le soir au ministre, paraissait le lendemain.

Le *Moniteur* décourageait par l'importance de son format beaucoup de lecteurs. On cherchait dans le *Journal*

publics... l'abjuration de toute vérité, de toute conviction à soi, c'est le caractère que déploient les administrateurs, en mettant en scène les actes, les sentiments et les pensées du gouvernement qui se sert d'eux pour décorer les pièces qu'il donne sur le théâtre du monde... les administrateurs ne croient rien de ce qu'ils disent; les administrés non plus. » (FABER, *Notice sur l'intérieur de la France*, 1807, p. 35.)

de Paris les faits divers dont il avait la spécialité. Le journal religieux était la *Gazette de France*. Le plus recherché de tous était les *Débats,* devenus le *Journal de l'Empire,* et restés le refuge des esprits indépendants, suppléant à la liberté absente par l'habileté des formes.

Le métier de journaliste ne brillait guère alors que par ses écueils. Il devenait difficile de tenir la plume sans provoquer les foudres de la censure ou l'ennui des lecteurs.

L'*Ami des lois* fut supprimé pour avoir tourné en ridicule l'Institut. La *Gazette de France* encourut, en 1801, les rigueurs de la police pour avoir raconté en plaisantant le suicide d'un portier qui, avant de se tirer un coup de pistolet, « avait eu, disait-elle, l'attention de quitter ses bottes pour éviter apparemment à ses héritiers la peine de les lui retirer ».

La *Vedette de Rouen* dut cesser, en 1802, sa publication pour avoir dit que le discours du président de l'Institut au premier Consul avait été inspiré par le vingt et unième livre de *Télémaque*.

Les *Annales de la religion* furent supprimées à cause de ses attaques contre les prêtres mariés, la censure ne pouvant permettre qu'on « outrageât de paisibles et bons citoyens, pères de famille et la plupart fonctionnaires publics ou hommes de lettres ».

La presse religieuse excitait les ombrages du pouvoir, qui n'hésitait pas à la supprimer, au moindre prétexte.

« M. Portalis, écrit le 7 février 1806 l'Empereur à Fouché, m'a fait connaître l'existence de plusieurs journaux ecclésiastiques et les inconvénients qui peuvent résulter de l'esprit dans lequel ils sont dirigés et surtout de la diversité de leurs opinions, en matière religieuse. Mon intention est, en conséquence, que les journaux ecclésiastiques cessent de paraître, et qu'ils soient réunis dans un seul journal qui se chargera de tous leurs abonnés. Ce journal, devant servir à l'instruction des ecclésiastiques, s'appellera *Journal des curés*. Les rédacteurs en seront nommés par le cardinal archevêque de Paris. »

L'archevêque de Paris était alors le cardinal de Belloy, vieillard faible et entièrement dévoué à Napoléon, qui se montra mécontent de la feuille dont il avait ordonné la création.

« On ne doit s'occuper de l'Église que dans les sermons », écrivait à ce sujet, le 1ᵉʳ août 1807, l'Empereur à Fouché (1).

Mais nous avons vu quelle était la liberté de la chaire sous l'Empire.

Le *Publiciste* avait nommé un jour le comte de Lille (Louis XVIII). « Faites connaître au rédacteur de ce journal, écrivit, le 16 octobre 1807, Napoléon à Fouché, que la première fois qu'il parlera de *cet individu,* je lui ôterai la direction du journal ; *que je désire qu'il soit porté la plus grande attention sur cet objet* (2). »

Si l'on était réprimandé pour ce que l'on disait, on l'était aussi parfois pour ce que l'on n'avait pas dit. Le ministre de la police reprocha vivement à Étienne, rédacteur du *Journal de l'Empire,* de n'avoir pas parlé d'une revue passée par Napoléon, au mois de mars 1811, sur la place du Carrousel, ni des transports qui avaient accueilli l'Empereur paraissant pour la première fois au milieu de

---

(1) D'HAUSSONVILLE, *L'Église romaine et le premier Empire,* t. II, ch. xxv.
(2) *Correspondance*, t. XV.

ses soldats, depuis la naissance du roi de Rome. « Il m'est pénible, lui écrivait-il, d'avoir à vous reprocher des négligences de ce genre, et si je connaissais moins votre zèle, je ne saurais à quel motif attribuer un oubli pareil... Je vous invite à vous occuper de la partie politique de votre journal plus que de la partie littéraire, qui est bien moins importante dans les circonstances où nous nous trouvons. »

Qu'importait, en effet, la gloire des lettres, lorsque la gloire des armes devait seule passionner tous les esprits, allumer toutes les ambitions, et faire de la France une nation armée, ayant à sa tête un capitaine victorieux?

C'est bien ainsi que l'entendait Napoléon. Les journalistes ne devaient être, selon lui, que des soldats de la plume, célébrant les grandeurs de son règne.

« Mon intention, écrivait-il, au mois d'avril 1805, au ministre de la police, est que vous fassiez appeler les rédacteurs du *Journal des Débats,* du *Publiciste,* de la *Gazette de France,* pour leur déclarer que s'ils continuent à n'être que les truchements des journaux et des bulletins anglais, et à alarmer sans cesse l'opinion, en répétant bêtement les bulletins de Francfort et d'Augsbourg, sans discernement et sans jugement, leur durée ne sera pas longue ; que le temps de la Révolution est fini, et qu'il n'y a plus en France qu'un parti ; que je ne souffrirai jamais que *mes journaux* disent ou fassent rien contre mes intérêts ; qu'ils pourront faire quelques petits articles où ils pourront mettre un peu de venin, mais qu'un beau matin on leur fermera la bouche (1). »

---

(1) *Correspondance,* t. X.

La presse n'avait plus qu'à obéir ou à se taire. Il en résultait un manque d'intérêt dont se plaignait la censure, après y avoir contribué.

Pour ramener vers le journal les lecteurs qui s'en éloignent, on propose des polémiques littéraires ou musicales. Lemontey croit avoir trouvé le moyen de rendre à la presse un peu de faveur auprès du public.

« Une discussion un peu vive sur des objets d'art et de littérature serait excellente en ce moment, écrit-il, le 25 mai 1812, à Savary, ministre de la police. Il me paraît facile de l'établir par le moyen des journaux; mais, malheureusement, ils paraissent tous faits sur le même moule et n'excitent aucun intérêt. En faisant prendre à chacun un rôle, on peut établir une lutte d'opinions qui amuse singulièrement le public, et qui suffise pour faire les frais de toutes les conversations des salons. La discussion, qui a existé dans le *Journal de l'Empire*, entre MM. Geoffroy et Dussault, a non seulement occupé le public de Paris, mais, d'après tous les renseignements que j'ai reçus, elle a produit beaucoup d'effet dans les départements. L'abonné, qui a lu l'attaque, attend la réponse avec impatience : chacun prend parti pour ou contre; les oisifs discutent, les beaux esprits écrivent, et cette division de l'opinion produit les plus heureux effets.

« Il y a aujourd'hui un objet sur lequel on enflammerait aisément tous les esprits, c'est la musique. Il n'y a personne à Paris qui ne s'en mêle : ceux qui ne la savent pas même en raisonnent, et ce ne sont pas les moins passionnés. La musique italienne et la musique française sont en présence. Le Conservatoire de musique a ses prôneurs;

l'opera buffa a ses fanatiques. Au premier signal, des flots d'encre vont couler, et il y aura combat à outrance entre l'harmonie et la mélodie. Si Votre Excellence approuve l'idée que j'ai l'honneur de lui soumettre, je ferai commencer les hostilités dans le *Journal de l'Empire* par un amateur de musique cisalpine, et je préviendrai confidentiellement M. Lacretelle pour qu'un champion de la musique française se présente, armé de pied en cap, dans la *Gazette de France*. Cette petite guerre pourra durer quelque temps et faire un peu de diversion à la grande. »

La grande guerre, c'est celle de Russie, et bientôt le silence imposé aux journaux ne pourra plus cacher à la France le nombre de ses deuils, l'étendue de sa défaite.

III

Que la presse fût réduite à la servitude la plus complète sous un gouvernement absolu qui, au lendemain de la Révolution, avait eu besoin de la dictature et du despotisme pour restaurer l'ordre social, on ne saurait s'en étonner, et l'on ne dut guère songer d'abord à s'en plaindre. Mais, à mesure que l'on vit renaître l'existence nationale, l'esprit retrouva son essor et le caractère français se sentit atteint dans son indépendance.

Pareille à ces malades dont les exigences reviennent avec la santé, la France, qui avait salué avec reconnaissance son libérateur, souffrit du despotisme et de l'ambition que la victoire ne suivait plus.

Proscrite du journal, la pensée ne pouvait se réfugier dans le livre.

Quand les rigueurs de l'interdiction frappaient les ouvrages relatifs à Louis XVI, aux malheurs de la famille royale, aux événements de la Révolution, Napoléon obéissait à une préoccupation légitime ; il défendait l'existence de son gouvernement, en prohibant les sujets de nature à réveiller le souvenir des discordes civiles ou à faire naître dans les cœurs une pitié attendrie dont l'influence pouvait profiter à la dynastie en exil, et ressusciter le culte de la royauté encore puissante par le prestige de ses gloires séculaires (1).

Les *Considérations sur la France* par le comte Joseph de Maistre furent interceptées par la police, et justifiaient les ombrages du pouvoir, car ce livre, qui avait valu à son auteur les félicitations de Louis XVIII, ne jetait pas seulement l'anathème aux hommes de la Révolution; il prêchait la restauration de la monarchie légitime. Mais les susceptibilités du gouvernement allaient plus loin encore, et toute allusion à Henri IV ou aux Bourbons avait été interdite au *Journal de l'Empire*.

Chateaubriand, auquel le *Génie du christianisme* avait

(1) « Il faut que les ouvrages ne visent point à donner des préceptes politiques, à endoctriner les peuples et à régenter les rois. — Les ouvrages qui reportent les lecteurs aux temps révolutionnaires ne sont propres qu'à réveiller l'esprit de parti. — On doit interdire tous les livres relatifs à la mort de Louis XVI, parce qu'il ne sert de rien de rappeler des souvenirs *fâcheux*, lorsqu'on peut jouir d'un temps plus fortuné. » (Registres de la librairie. Aveux des censeurs sur leurs principes de conduite et les obligations imposés aux écrivains.)

obtenu la faveur du premier Consul, l'avait perdue aussitôt par son attitude courageuse lors du meurtre du duc d'Enghien. La censure n'épargna pas les *Martyrs,* en butte à des attaques qu'encourageait le pouvoir dont Chateaubriand subissait la disgrâce, et qui s'adressaient moins au livre qu'à l'auteur.

Marie-Joseph Chénier avait donné des gages à la Révolution, et il servait l'Empire qui l'avait nommé inspecteur de l'Université. Mais dans son *Épître à Voltaire* il plaidait la cause de la liberté des lettres, et osait nommer Tacite l'accusateur des Césars. C'en était assez pour lui attirer les rigueurs qu'évitaient seuls le silence ou la servilité. Il perdit son emploi, et réduit à la gêne, il dut manifester humblement un repentir qui lui mérita de nouvelles libéralités du souverain.

Les nombreuses sympathies qu'inspirait Delille le protégèrent contre les colères que souleva son poème de la *Pitié,* où il s'attendrissait sur de royales infortunes. Son ouvrage, atteint par la saisie, reparut avec les corrections de la censure.

Les inquisiteurs, si sévères en matière politique, se montraient plus indulgents sur la morale. Des contes fort libres, intitulés *Comme on soupait,* et ayant pour auteur Cailhava, membre de l'Institut, donnent lieu aux remarques suivantes :

« Cet ouvrage est un de ceux qui déconcertent quelquefois la gravité des censeurs ; mais on l'a considéré comme entraînant peu d'inconvénient, parce que si les grâces s'y jouent sans ceinture, leur nudité n'est pas sans pudeur (1). »

(1) Registres des bulletins de la librairie Bulletin du 13 octobre 1810.

Ce n'est pas avec cette mansuétude que fut traité le livre de l'*Allemagne*. Mais il s'agissait de frapper en lui madame de Staël que ne pouvait souffrir Napoléon, et sur laquelle s'acharnait la puissance impériale.

La censure avait examiné l'ouvrage. Elle y avait relevé seulement dix passages dont elle avait indiqué la suppression et un autre qui appelait, selon elle, une modification. Madame de Staël s'était soumise à la revision d'une œuvre à laquelle elle avait consacré six ans de travail. Elle se croyait en règle avec les exigences d'un pouvoir particulièrement hostile à sa personne. Toutes les susceptibilités devaient être calmées par les corrections de la censure, qui n'avait pas dû pécher par excès d'indulgence.

Sur un ordre de Savary, ministre de la police, le livre fut saisi. 10,000 exemplaires furent détruits et mis au pilon, pendant que madame de Staël recevait l'ordre de quitter le sol français où elle était venue, sans approcher de Paris dont le séjour lui était interdit.

Une telle mesure attestait moins la force du gouvernement impérial que les passions auxquelles il obéissait. C'est avec autant d'esprit que de dignité courageuse que madame Récamier répondit un jour au ministre de la police, chargé par Napoléon de l'avertir de l'exil qui la frapperait à son tour, si elle allait en Suisse voir madame de Staël : « On peut pardonner à un grand homme la faiblesse d'aimer les femmes, mais non celle de les craindre. »

La persécution infligée à l'auteur de l'*Allemagne* ne décourageait pas l'esprit d'opposition; elle le justifiait. Elle rehaussait la femme en poursuivant l'écrivain. La brutalité des formes ajoutait encore à l'injustice du fond.

« Il ne faut point rechercher la cause de l'ordre que je vous ai signifié, écrivait Savary à madame de Staël, dans le silence que vous avez gardé vis-à-vis de l'Empereur dans votre dernier ouvrage : ce serait une erreur ; *il ne pouvait pas y trouver de place qui fût digne de lui... Il m'a paru que l'air de ce pays-ci ne vous convenait pas,* et nous n'en sommes pas réduits à chercher des modèles dans les peuples que vous admirez.

« Votre dernier ouvrage n'est pas français, c'est moi qui en ai arrêté l'impression. Je regrette la perte qu'il va faire éprouver au libraire ; mais il ne m'est pas possible de le laisser paraître. »

Madame de Staël reproduisit plus tard cette lettre dans la préface de l'*Allemagne* et dans les *Dix années d'exil*. Elle n'était à regretter que pour celui qui l'avait écrite. Un ordre d'exil suivit cet acte de rigueur, et l'auteur de *Corinne* dut se retirer à Coppet, doublement frappée dans son œuvre et dans sa vie de proscrite. Ce n'était plus seulement Paris, c'était la France qu'il lui était défendu d'habiter.

Pour apprécier, sans les excuser, les procédés de Napoléon vis-à-vis de madame de Staël, il est nécessaire de se reporter aux origines d'une antipathie réciproque dont les débuts dataient des premières rencontres de deux esprits naturellement hostiles l'un à l'autre, de deux caractères que tout mettait en opposition violente. Napoléon avait de l'aversion pour les femmes supérieures. Il voyait en elles une puissance ennemie de la sienne. Madame de Staël devait l'irriter plus qu'aucune autre par ses utopies, ses rêves de parlementarisme, son amour de la discussion, son esprit frondeur, son imagination ardente et dominatrice. Après s'être passionnée pour la Constitution de 1791 où elle appelait de ses vœux une monarchie copiée sur le modèle du gouvernement d'Angleterre, elle s'était éprise, sous le Directoire, du désir de réconcilier avec la République ceux que tout devait en éloigner. Non contente de travailler à rapprocher dans son salon les éléments les plus contraires, elle avait publié un écrit politique (1) où elle développait, avec sa fougue habituelle, ses idées sur la situation de la France, préconisant la fondation d'une république américaine comme elle avait vanté, peu d'années auparavant, l'établissement d'une monarchie anglaise, se brouillant avec tous les partis en voulant les réunir, trop monarchiste pour les républicains, trop républicaine pour les monarchistes, voyant ses théories démenties par la réalité, et subissant le sort des esprits chimériques qui recommencent à toutes les époques les mêmes tentatives avec le même insuccès.

L'aurore du césarisme qui se levait le 18 brumaire n'avait pu répondre aux aspirations de la fille de Necker, justement inquiète de l'absolutisme que présageait un soldat victorieux et encouragé par les circonstances, comme par son caractère personnel, à exercer un pouvoir indiscuté. A la fois éblouie et intimidée par la gloire du héros, madame de Staël avait tenté de se le rendre favorable; mais elle en avait été froidement accueillie.

L'éloignement qu'elle lui avait inspiré, dès la première entrevue, n'avait fait que s'accentuer avec les années, et la

---

(1) *Réflexions sur la paix, adressées à M. Pitt et aux Français.* Genève, 1795, in-8°.

disgrâce avait puni d'un exil à quarante lieues de Paris l'opposition grandissante de la femme dont la renommée, l'agitation perpétuelle semblaient braver la puissance impériale. Le nom seul de madame de Staël faisait jaillir des mots amers et violents de la plume ou des lèvres de Napoléon, qui, la sachant loin de Paris, mais en France, écrivait en 1807 à Fouché : « Cette femme est comme un corbeau ; elle croyait la tempête arrivée et se repaissait d'intrigues et de folies... Qu'elle s'en aille sur son Léman... Je la ferai mettre à l'ordre de la gendarmerie, et alors je serai sûr qu'elle ne reparaîtra pas à Paris. »

Madame de Staël était retournée alors en Suisse et s'était drapée dans son exil, auquel le succès de *Corinne* avait ajouté une auréole peu faite pour calmer le ressentiment de l'Empereur. Aussi, lorsqu'en 1810 elle reparut en France, où elle venait publier l'*Allemagne,* elle sollicita vainement une audience de Napoléon, qui répondit durement aux instances de Metternich en faveur de madame de Staël : « C'est une machine à mouvement ; elle remue les salons ; ce n'est qu'en France qu'une pareille femme est redoutable. Je n'en veux pas. »

M. Sorel, qui a jugé avec tant de finesse et de goût la nature et l'esprit de madame de Staël dans le livre qu'il lui a consacré (1), dit au sujet de la lutte fameuse entre le grand empereur et la femme célèbre :

« Il faut faire la part des circonstances qui étaient encore toutes révolutionnaires et du caractère de l'homme qui était plus que despotique. Mais il convient aussi de faire

(1) *Madame de Staël,* in-12, 1890. Collection des grands écrivains français.

la part du pouvoir absolu et de ses conditions. Les grands meneurs d'hommes n'ont jamais été patients aux cabales féminines. Madame de Guéménée et madame de Chevreuse en ont su quelque chose au temps du cardinal. On se demande comment Louis XIV, avec son auguste politesse, eût traité la grande dame qui se fût avisée de tenir à Paris une cour de jansénistes ou un cénacle d'esprits forts, mêlés à des réformés insoumis. Leur habit n'a point gardé les religieuses de Port-Royal de la brutalité des exempts. Cette réserve faite, il reste bien de la disproportion et du mauvais goût dans les colères et les proscriptions de Bonaparte. Tant de décrets, de police, de gendarmes, de dépêches et de gros mots pour un salon où l'on cause...

« Napoléon grandit madame de Staël en l'élevant à la dignité de puissance à combattre ; il se diminue par l'excès des coups qu'il porte dans le vide pour l'écraser. »

Le livre de l'*Allemagne*, signé d'un autre nom, n'eût pas, sans doute, déchaîné les foudres qu'il attira sur l'auteur. En feignant de venger le patriotisme, on frappait avant tout l'esprit d'opposition que madame de Staël manifestait avec tant de persévérance et d'éclat. Mais si elle subissait le sort qu'elle n'avait pas craint de mériter, d'autres écrivains devaient, pour ne pas compromettre leur sécurité, s'abstenir de provoquer des colères toujours prêtes à éclater.

Nous avons vu combien était alors malaisée la tâche des historiens, puisque, ne pouvant faire l'éloge des monarques français antérieurs à Napoléon, la période révolutionnaire leur était interdite comme l'ancien régime.

Villemain constate ainsi le joug de plus en plus pesant imposé alors aux lettres françaises :

« Il est d'une exactitude littérale de dire que toute émission de la pensée écrite, toute mention historique, même la plus lointaine et la plus étrangère, devint une chose aventureuse et suspecte. Il n'y eut plus dans l'ordre des idées d'autre langage possible que le raisonnement prescrit par l'autorité. Il n'y eut plus dans l'ordre des faits d'autre volonté soufferte que les innombrables déclarations d'*absence* dont après 1812 le *Moniteur* enregistrait habituellement, dans sa colonne d'annonces judiciaires, le relevé funèbre (1). »

L'on ne s'étonnera plus de l'infériorité des lettres sous l'Empire, quand on verra les chaînes portées par les écrivains peser non moins lourdement sur le théâtre; les tragédies de Corneille, de Racine et de Voltaire mutilées, dès qu'elles semblent offrir la moindre allusion défavorable à la puissance ombrageuse qu'irritent et qu'inquiètent les leçons du passé. Un des ministres de l'Empereur, Chaptal, a dit avec raison :

«Napoléon marquait souvent son étonnement de ce que nos littérateurs ne produisaient plus aucune pièce d'un grand mérite, et il ne voyait pas qu'il avait tellement rétréci le cercle qu'il n'y avait plus moyen de donner carrière au talent (2). »

Quel sujet restait accessible aux écrivains quand se dressaient contre eux tant de prohibitions menaçantes? La gloire de l'Empereur. Mais les jours néfastes arrivaient et leur lumière éclairait des défaites. De sombres nuages

---

(1) *Souvenirs contemporains d'histoire et de littérature*, 1re partie, p. 280.
(2) *Mes souvenirs sur Napoléon*, 3e partie, ch. III.

obscurcissaient le ciel où avait resplendi l'étoile de Napoléon. L'aigle fut arrêté dans son vol triomphant. La fortune, si souvent tentée, se détourna des étendards sur lesquels se lisaient tant de noms de victoires.

Le despotisme d'un grand homme avait affranchi la France de la tyrannie révolutionnaire ; il l'avait placée au-dessus de toutes les nations par l'éclat de ses exploits. Mais des succès enivrants et continuels défendaient seuls ce pouvoir qui étouffait la pensée, paralysait les productions de l'esprit, vouait à la vie des camps un pays fatigué de combattre, des capitaines rassasiés de gloire et avides de repos. Que deviendrait-il le jour où l'on apercevrait l'abîme creusé par une insatiable ambition et où, au milieu du grand silence, se ferait entendre le bruit sinistre des irréparables désastres ?

On comprend la soif de liberté que fit naître un régime où il n'y en avait plus aucune, et la Restauration, malgré ses fautes et son inexpérience des temps nouveaux, répondit à ce besoin, en inaugurant une ère pacifique qui fut marquée par une renaissance littéraire dont la génération de 1830 a été la complète éclosion.

Poursuivons maintenant l'étude de la France intérieure qui ne nous est encore apparue qu'à travers ses institutions.

Nous avons vu le premier Consul lui rendre l'ordre et la sécurité, reconstruire la société après les destructions révolutionnaires, puis l'Empereur achever l'œuvre commencée, la couronnant par une monarchie absolue à laquelle le désignaient son caractère, sa renommée, ses services et les aspirations du pays.

Nous avons envisagé le gouvernement dans ses rapports avec les individus et dans ses conséquences au point de vue religieux et social. L'esprit et les mœurs de la France consulaire et impériale méritent d'être considérés à leur tour, et nous les trouverons à Paris, en province, au milieu des salons, au théâtre, partout où se meut un peuple discipliné par une main de fer.

Il existe alors une nation armée, toujours prête à voler aux combats, familière avec le champ de bataille que domine la figure du grand Empereur. Il y a aussi une France qui vit et qui pense, qui travaille et s'amuse. Pour recomposer son image, nous nous adresserons surtout aux contemporains, car ils ont vécu de sa vie. Ils ont éprouvé ses enthousiasmes, ses déceptions, sa lassitude.

Aux années brillantes succéderont les années sombres. Bien des sentiments contraires agiteront l'âme française. Mais si les triomphes sont payés par d'amères souffrances, si l'on maudit un jour le sauveur qui sut accomplir tant de prodiges, il restera cependant de cette incomparable histoire des pages immortelles, chères à la mémoire d'un pays qui garde, avec le souvenir de ses blessures, l'admiration du génie et le culte de ses héros.

CHAPITRE VIII

PARIS

I. Paris au lendemain du 18 brumaire. — II. Physionomie et tableaux de Paris. — III. La vie extérieure. — IV. La vie mondaine. — V. Les provinciaux et les étrangers à Paris. — VI. 1814 et les Cent-jours.

I

Paris nous est apparu, sous l'ancien régime (1), brillant de l'éclat de la prospérité, paré de toutes les séductions d'une époque que les longs jours de la puissance et de la stabilité ont remplie d'une heureuse insouciance. Les années sinistres de la Révolution sont venues ensuite, étendant un sombre voile sur la capitale, promenant dans ses rues la charrette des suppliciés et lui faisant éprouver les tortures de la faim (2). A la tyrannie sanglante qui expire avec Robespierre, succèdent l'ivresse de la délivrance, les corruptions du Directoire, le scandale de ses fortunes et l'insolence de ses plaisirs.

A travers tous ces événements, Paris n'a pas cessé de vivre; sa voix a dominé le tumulte des hommes et des choses; elle a jeté les premiers cris de la discorde et donné

(1) *La France sous l'ancien régime*, 2ᵉ partie, ch. III.
(2) *La France pendant la Révolution*, t. II, ch. II.

le signal des fêtes où s'éteint la fureur des partis dans un irrésistible besoin d'apaisement et d'oubli.

Le meurtre avait souillé la ville superbe ; le crime y avait régné ; l'aveugle Révolution y laissait son empreinte sur les édifices mutilés. Mais la main d'un homme de génie allait la relever de ses ruines et la faire resplendir d'une gloire nouvelle.

Les mesures arbitraires par lesquelles le Directoire s'efforçait de prolonger son règne, la décomposition sociale, la ruine publique plongeaient la capitale dans une morne inquiétude.

« On reprenait par degrés les mêmes habitudes, les mêmes déguisements que sous la Terreur. Les familles opulentes, et pour la plupart royalistes, préféraient encore le séjour inquiet de leurs châteaux à cette résidence où elles étaient observées de près. Paris n'avait plus guère que la moitié de la population qu'il offre aujourd'hui. La prudence y défendait le luxe et coupait les vivres à tant de professions qui ne subsistent que par lui. Plus de réunions élégantes, plus de bals, plus de banquets. Le peuple paisible et indolent des rentiers voyait sa misère égale tout au moins à celle des familles d'émigrés. Il fallait chercher les heureux du jour parmi une troupe d'agioteurs qui assiégeaient le perron du Palais-Royal et y faisaient un perpétuel trafic d'escroqueries légales ou du moins impunies ; parmi des hommes aventureux qui se créaient d'eux-mêmes agents de change ou banquiers ; parmi des fournisseurs au cœur dur, au front joyeux, qui riaient tandis que les marches et les nuits du bivouac moissonnaient par milliers les victimes de leurs fournitures frauduleuses, et enfin parmi des usuriers qui, maîtres de leur argent et le tenant bien serré, étaient les véritables rois de ces troupes pillardes... Le plus riche propriétaire ne pouvait emprunter à moins de douze pour cent. Jugez de ce que les fournisseurs qui avaient recours à eux, faisaient payer d'intérêts au gouvernement dont ils étaient les créanciers. Plusieurs dévoraient dans un faste gauche, dans des plaisirs intempérants ou débordés, d'immenses bénéfices dont ils étaient éblouis. Aussi tombaient-ils promptement. Ceux qui leur survivaient et dont on évaluait assez arbitrairement la fortune à huit ou dix millions, n'avaient pas honte de se faire assigner à maintes reprises pour les dépenses de leur table, de leur mobilier. L'énorme intérêt qu'ils retiraient de leurs usures couvraient largement les poursuites des huissiers ; on en citait quelques-uns qui étaient accusés de crimes (1). »

Le gouvernement ne frappait pas seulement Paris dans ses intérêts matériels; il l'atteignait dans ses divertissements. Il interdisait les bals masqués où il soupçonnait les conspirations dont la crainte l'obsédait.

« Le Directoire se traînait de crise en crise vers le terme de son règne. Paris qui, par instinct plutôt que par calcul, sentait ce terme approcher, essayait de se donner par anticipation les plaisirs dont la Révolution l'avait privé et qu'une révolution nouvelle devait lui rendre. Indépendamment des bals qui se multipliaient dans une proportion toujours croissante, et faisaient de cette grande ville un vaste Ranelagh, on avait rouvert des bals masqués. La

---

(1) Ch. DE LACRETELLE, *Histoire du Consulat et de l'Empire*, t. I, p. 70.

classe supérieure de la société ne s'était jamais montrée plus avide de ce plaisir... Le gouvernement qui devait s'estimer heureux que la société qui ne l'aimait pas, songeât à lui et se livrât aux distractions que des spéculateurs ressuscitaient pour elle, méconnut ce principe, et ce ne fut pas par délicatesse de conscience. Au lieu de s'étudier à tirer parti de ces divertissements, tout en les surveillant, il en prit de l'ombrage; sous prétexte d'arrêter les réquisitionnaires réfractaires, il fit cerner l'hôtel de Richelieu où les masques étaient réunis, jeta l'inquiétude, la terreur même dans cette assemblée qui ne voulait penser qu'au plaisir, et se faisant autant d'ennemis irréconciliables qu'il y avait là d'individus, il força les esprits les plus frivoles à s'occuper des objets dont ils s'étaient efforcés de se distraire...

« Des rancunes que les Parisiens gardaient au Directoire, la moins vive n'est pas celle que provoqua la suppression des bals masqués (1). »

La chute d'un régime détesté, le coup d'État qui mettait fin à son existence ne pouvaient qu'être accueillis comme une délivrance par la capitale frappée dans son existence, contrariée dans ses besoins, ses habitudes et ses goûts.

Un contemporain décrit ainsi l'état moral de Paris au lendemain du jour où venait de s'accomplir l'événement qui a rendu si fameuse la date du 18 brumaire :

« La satisfaction et l'espérance se manifestaient sur toutes les figures; on attendait beaucoup de la révolution qui venait de s'opérer...

(1) Ant. Vinc. ARNAULT (secrétaire perpétuel de l'Académie française), *Souvenirs d'un sexagénaire,* t. IV, p. 291.

« Le succès, lorsque j'arrivai à Paris, avait tout justifié. Le mépris dans lequel le Directoire était tombé, la crainte de rentrer sous l'empire des jacobins, les espérances que faisaient concevoir les talents de Bonaparte et l'illustration qu'il avait acquise, rendaient généralement les habitants de Paris très indulgents sur les moyens qui avaient amené un résultat dont on attendait et plus de bonheur et plus de gloire. Ainsi je trouvai tout ce qu'il y avait d'hommes éclairés, d'hommes amis de leur pays, ralliés autour de Bonaparte. La foule se précipitait au Luxembourg qu'il habitait : on voyait déjà en lui la source de la fortune et des honneurs, et chacun cherchait à s'en approcher pour y puiser (1). »

Ceux qui avaient vécu loin de la France pendant la tourmente révolutionnaire et portaient dans le cœur le deuil des victimes immolées, ne pouvaient revoir sans une impression douloureuse ces rues, ces places, ces monuments, ces églises profanées, cette ville où leur jeunesse avait connu les jours heureux. En s'y retrouvant, ils s'y sentaient oppressés par le poids des souvenirs et le sentiment d'un indicible effroi.

« Il me semblait à la lettre que j'allais descendre aux enfers, dit Chateaubriand, revenu à Paris en 1800... J'ouïs à mon grand étonnement, en entrant dans les Champs-Élysées, des sons de violon, de cor, de clarinette et de tambour. J'aperçus des bastringues où dansaient des

(1) MIOT DE MELITO, *Mémoires*, t. I, p. 260, 267. — « Le 19 brumaire, Paris n'offrit aux regards qu'une ville entière de spectateurs, calmes en apparence, mais mentalement faisant les vœux les plus vifs pour Bonaparte et attendant le succès pour applaudir. » (Général comte DE SÉGUR, *Histoires et Mémoires*, t. I, p. 515.)

hommes et des femmes (1) ; plus loin, le palais des Tuileries m'apparut dans l'enfoncement de ses deux grands massifs de marronniers. Quant à la place Louis XV, elle était nue ; elle avait le délabrement, l'air mélancolique et abandonné d'un vieil amphithéâtre ; on y passait vite ; j'étais tout surpris de ne pas entendre des plaintes ; je craignais de mettre le pied dans un sang dont il ne restait aucune trace ; mes yeux ne pouvaient se détacher de l'endroit du ciel où s'était élevé l'instrument de mort. Je croyais voir, en chemise, liés auprès de la machine sanglante, mon frère et ma belle-sœur : là était tombée la tête de Louis XVI...

« Au milieu du Palais-Royal, le cirque avait été comblé ; Camille Desmoulins ne pérorait plus en plein vent ; on ne voyait plus circuler des troupes de prostituées, compagnes virginales de la déesse Raison, et marchant sous la conduite de David, costumier et corybante. Au débouché de chaque allée, dans les galeries, on rencontrait des hommes qui criaient des curiosités, *ombres chinoises, vues d'optique, cabinets de physique, bêtes étranges ;* malgré tant de têtes coupées, il restait encore des oisifs. Du fond des caves du Palais marchand, sortaient des éclats de musique, accompagnés du bourdon des grosses caisses...

« Dans mes couvents d'autrefois, les clubistes avaient été chassés après les moines. En errant derrière le Luxem-

(1) « Jamais on n'a tant dansé que depuis qu'on n'a pas le cœur à la danse. Les murs sont couverts d'annonces de bals : le silence des rues les moins fréquentées est troublé par l'aigre archet du ménétrier, et l'obscurité des plus sombres culs-de-sac est dissipé par des transparens coloriés qui offrent en gros caractères les mots : Bals de société. » (J.-B. PUJOULX, *Paris à la fin du XVIIIe siècle*, 1801, ch. xv.)

bourg, je fus conduit à la Chartreuse : on achevait de la démolir.

« La place des Victoires et celle de Vendôme pleuraient les effigies absentes du grand Roi ; la communauté des Capucines était saccagée ; le cloître intérieur servait de retraite à la fantasmagorie de Robertson. Aux Cordeliers, je demandai en vain la nef gothique où j'avais aperçu Marat et Danton dans leur primeur. Sur le quai des Théatins, l'église de ces religieux était devenue un café et une salle de danseurs de corde. A la porte, une enluminure représentait les funambules, et on lisait en grosses lettres : *Spectacle gratis* (1). »

La douleur causée par d'irréparables pertes se mêle chez tous ces revenants de l'ancienne France aux douceurs du retour dans la patrie où les survivants évoquaient la mémoire des morts. Ces sentiments se partageaient le cœur de madame Vigée-Lebrun, arrivée à Paris en 1801, et restée fidèle au culte de la Reine dont son pinceau avait reproduit les traits, alors qu'ils respiraient encore la sérénité des derniers jours de bonheur :

« J'étais bien vivement touchée, dit-elle, de la joie que me témoignaient les amis et les connaissances qui, chaque jour, accouraient chez moi. A la vérité, le plaisir que j'éprouvais à les revoir tous était cruellement troublé par le chagrin d'apprendre beaucoup de morts que j'ignorais, car il ne me venait pas une personne qui n'eût perdu ou sa mère, ou son mari, ou, pour le moins, quelque parent. »

Tout l'étonnait dans ce Paris, si différent de celui de

---

(1) *Mémoires d'outre-tombe*, t. II, p. 221, 225.

l'ancien régime, et encore marqué du sceau brutal de la Révolution.

« La première fois que j'allai au spectacle, l'aspect de la salle me parut extrêmement triste, habituée comme je l'étais à voir autrefois en France et, depuis, à l'étranger, tout le monde poudré. Ces têtes noires et ces hommes vêtus d'habits noirs formaient un sombre coup d'œil. On aurait cru que le public était rassemblé pour suivre un convoi.

« En général, l'aspect de Paris me paraissait moins gai ; les rues me semblaient si étroites que j'étais tentée de croire qu'on y avait bâti double rang de maisons. Ceci tenait, sans doute, au souvenir récent des rues de Pétersbourg et de Berlin qui sont, pour la plupart, extrêmement spacieuses. Mais ce qui me déplaisait bien davantage, c'était de voir encore écrit sur les murs : *Liberté, fraternité ou la mort*. Ces mots, consacrés par la Terreur, faisaient naître de bien tristes idées sur le passé et ne nous laissaient pas sans crainte sur l'avenir (1). »

L'image de la Révolution frappait encore les yeux ; sa devise restait inscrite auprès des ruines qu'elle avait faites ; mais un nouveau pouvoir s'était élevé et grandissait dans le palais qu'avait quitté Louis XVI, le 10 août. La dictature préparait une monarchie absolue dans la demeure d'où l'émeute avait chassé le monarque débonnaire.

La place du Carrousel ne présentait pas alors le coup d'œil qu'elle offre aujourd'hui.

« C'était, nous dit un témoin de l'époque, une toute

---

(1) *Souvenirs*, t. III, ch. vii.

petite place. A droite et à gauche, il y avait des rues, des îlots de maisons, de grands hôtels, tout un quartier. Avant le 10 août, la cour se divisait en trois parties, entourées de maisons irrégulièrement bâties. Elles furent brûlées et détruites, la cour déblayée et séparée du Carrousel par une cloison de planches que, peu de mois avant le 18 brumaire, on décida de remplacer par une grille de fer... Elle n'était pas terminée lorsque le premier Consul se logea au Luxembourg, précédemment occupé par le Directoire. On en pressa l'achèvement, les ouvriers y travaillaient même de nuit. On enlevait encore précipitamment les planches de la cloison quelques instants avant l'arrivée du premier Consul et de son cortège. Je me promenais en curieux sur le Carrousel, et je vis emporter les derniers débris de cette barricade. Près de la grande entrée du milieu, on avait autrefois attaché un large écriteau où on lisait cette inscription :

LE 10 AOUT 1792, LA ROYAUTÉ FUT ABOLIE.
ELLE NE SE RELÈVERA JAMAIS.

« Je me demandai s'il serait replacé. Cette suppression aurait été un peu hâtive. L'inscription fut posée sur un des petits pavillons qui ornaient le milieu de la grille avant l'érection de l'Arc de triomphe ; depuis elle a été retirée, et autant que je puis m'en souvenir, avant la proclamation de l'Empire. Beaucoup plus tard, en 1806, on effaça tous les trous des boulets qui criblaient la muraille du palais, en face du Carrousel, et les mots *dix aoust* tracés sur chaque brèche (1). »

(1) *Souvenirs du baron de Barante,* t. I, p. 53.

L'année où Bonaparte s'installa aux Tuileries n'était pas encore écoulée, lorsque, par son ordre, un solennel hommage était rendu à une des gloires de la monarchie française. Les restes de Turenne, arrachés de Saint-Denis dont le délire révolutionnaire avait violé les tombes royales, gisaient dans un grenier du Jardin des Plantes. Ils furent transportés aux Invalides. Les pompes religieuses n'accueillirent pas le cercueil de l'illustre guerrier à son entrée dans l'église, car le culte n'était pas encore rétabli. Mais on lui rendit des honneurs nationaux. Lucien Bonaparte, ministre de l'intérieur, monta en chaire et, en présence des députés des départements, fit un discours pathétique sur les malheurs de la France et sur l'aurore du siècle qui promettait de meilleurs jours (1).

Les mœurs se transformaient peu à peu avec les idées. On revenait aux institutions, aux usages du passé, à quelques-unes de ses modes. Deux années avaient suffi pour opérer ce changement dans le Paris de la Révolution.

Nous retrouvons, sous la plume de Bourrienne, une image de ce qu'il était redevenu en 1802 :

« La capitale offrait un coup d'œil nouveau pour la génération nouvelle. Le goût du luxe et du plaisir s'était introduit dans les mœurs qui n'étaient plus républicaines, et le grand nombre de Russes et d'Anglais que l'on voyait circuler partout avec de brillants équipages, ne contribua pas peu à cette métamorphose. Toute la population de Paris accourait sur le Carrousel les jours de

(1) *Mémoires du duc de Rovigo pour servir à l'histoire de l'empereur Napoléon*, t, I, ch. xx.

revue, et se plaisait à regarder le spectacle inaccoutumé pour elle des riches livrées étrangères et des voitures armoriées...

« Jamais, depuis l'assemblée des États généraux, les spectacles n'avaient été aussi fréquentés, les réunions aussi courues (1). »

Et, décrivant l'aspect que présentaient alors Paris et la France, un éloquent écrivain nous dit à son tour :

« Après huit ans d'une guerre terrible, poursuivie à travers des révolutions et des coups d'État presque aussi fréquents que nos victoires, la France maîtresse des deux rives du Rhin, de la Belgique, de l'Italie, et bordée au midi par une ceinture de républiques que couvrait son drapeau, était glorieusement rouverte à l'Europe ; et, de toutes parts, les curieux accouraient pour visiter le volcan au repos et descendre dans ces abîmes qui naguère jetaient tant de torrents de fumée et de flammes. Ils passaient avec admiration auprès de riches cultures et des usines croissantes de ce sol renouvelé, qu'ils n'avaient pas vu depuis la défaite du duc de Brunswick; et ils se hâtaient vers Paris, la cité du bien et du mal, l'élégante Persépolis de Voltaire et le camp de la Convention, la métropole de la Terreur, alors toute renaissante de l'éclat du luxe et parée de tous les monuments des arts, dont la victoire avait dépouillé Rome et l'Italie. Puis de Paris même ce qu'on cherchait, ce qu'on enviait de voir, c'était un homme : le jeune conquérant, le jeune dictateur, celui qu'on n'avait pu vaincre sur aucun point de l'Europe, ni retenir en

---

(1) *Mémoires,* t. V, ch. IV.

Égypte ; le héros du 14 juin 1800, le triomphateur de Marengo, pour lequel l'Italie semblait être non plus seulement une terre conquise, mais un champ clos où il attendait et détruisait successivement les armées des peuples du Nord (1). »

II

La population de Paris se trouvait fort diminuée en 1800, ce qu'expliquent suffisamment les existences détruites par la Révolution et le grand nombre de familles dispersées par l'émigration. On comptait alors dans la capitale 600,000 habitants, 60,000 de moins que sous Louis XVI, selon le dénombrement fait par Necker en 1784. Parmi eux on énumère 100 médecins, 150 apothicaires, 24 agents de change, 80 banquiers et de nombreuses banqueroutes (2). La suppression de la poudre a entraîné celle d'une infinité de perruquiers dont un quart à peine survit à

---

(1) VILLEMAIN, *Souvenirs contemporains d'histoire et de littérature*, 1re partie, ch. IX.

(2) L'auteur d'un livre sur Paris parle ainsi des banqueroutiers en 1801 : « Autrefois, ce nom était une tache ; aujourd'hui, c'est un titre fort commun et presque un état qui n'est pas le moins lucratif. On déclare une banqueroute comme on fait une spéculation, ou pour mieux dire l'un n'est souvent que le résultat de l'autre. J'ai entendu dans une place publique peu éloignée de la Bourse, un habitué dire à son voisin, en lui indiquant quelqu'un qui entrait à ce rendez-vous des spéculateurs : *Cet homme est fort riche ; il a fait, il y a deux ans, une bonne affaire. — Quoi donc ? — Une excellente banqueroute.* » (J.-B. PUJOULX, *Paris à la fin du XVIIIe siècle*, ch. LXV.)

la brillante corporation qui exerçait ses talents sous l'ancien régime. Mais si l'on se coiffe moins, on s'habille encore beaucoup, car il y a 2,400 tailleurs.

Les malheurs de la Révolution n'ont pas découragé les écrivains. Ils sont 400 sur le pavé de Paris, souffrant de la disette de lecteurs.

« La plupart des auteurs, nous dit l'anonyme auquel j'emprunte ces chiffres, se plaignent de l'insouciance du public. Le public se plaint de la médiocrité des auteurs (1). »

La Bourse est ouverte de une heure à deux, les boutiques fermées à onze heures du soir (2).

Tandis que l'ordre et la confiance renaissent dans les esprits, la capitale se transforme et s'embellit sous l'impulsion donnée par le grand homme qui restaure la société française.

Dès le Consulat, les Invalides avaient attiré la sollicitude de Bonaparte dont l'âme guerrière, admirait cette noble création de la monarchie.

Les travaux qui s'exécutent partout laissent deviner des projets grandioses, des améliorations salutaires, et l'auteur d'un livre consacré à Paris retrace ainsi sa physionomie en 1803 :

« On s'occupe avec activité du soin d'embellir cette vaste capitale, et les amis des arts voient avec plaisir les plans qu'on présente et les travaux qu'on commence. Déjà les ouvriers sont dans ce Louvre si longtemps abandonné et le disposent pour recevoir la Bibliothèque nationale; déjà l'on plante les jalons pour le tracé de la galerie qui

---

(1) *Tableau de Paris en l'an VIII*, in-4°, an VIII.
(2) *Ibid.*

s'élèvera le long de la terrasse des Feuillants ; la fontaine Desaix s'achève ; un pont léger et commode réunit les îles Saint-Louis et de la Cité ; le séminaire Saint-Sulpice qu'on démolit enfin laissera la place nécessaire pour admirer le magnifique portail de l'église ; l'alignement des rues s'exécute au fur et à mesure qu'on rebâtit, et dans quelques rues vastes et larges, on établit des trottoirs pour garantir les piétons de la rapidité des voitures et des cabriolets.

« La jonction du Louvre aux Tuileries est dans le plan des architectes ; ce travail, qui achèverait enfin ce palais, illustrera le commencement du dix-neuvième siècle. Mais une idée vraiment grande est celle du canal de l'Ourcque qui va bientôt apporter une eau abondante dans tous les quartiers de la partie nord de Paris. Des ordres sont donnés pour que ce canal soit promptement exécuté. Le premier Consul lui-même en a visité la ligne et les travaux : sa présence a été un encouragement pour les ouvriers, et tout nous promet que dans deux ans nous jouirons des bienfaits de cette entreprise (1). »

L'Empire continue à Paris les travaux commencés par le Consulat, en le décorant des monuments de ses victoires. La colonne Vendôme, formée du bronze pris en trois mois à l'ennemi, s'élève sur la place où fut la statue de Louis XIV, dont une inscription placée sur la porte Saint-Denis consacre de nouveau la mémoire. Les exploits de la Grande Armée sont gravés sur l'édifice qui semble impérissable comme eux,

Monceau de pierre assis sur un monceau de gloire (2).

(1) *Paris et ses modes, ou les Soirées parisiennes*, par L*** (1803), p. 18.
(2) Victor Hugo, *Les voix intérieures*. A l'Arc de triomphe.

Napoléon associant Paris à l'éclat de sa renommée, voulait lui donner une splendeur nouvelle. Il désirait agrandir ses rues et rêvait une voie impériale de cent pieds de large, allant du Louvre à la barrière du Trône.

« Rien, dit Bourrienne, ne lui paraissait trop beau, trop majestueux pour embellir la capitale d'un pays dont il voulait faire le premier pays du monde. C'était, après la guerre, le premier besoin de son ambition ; ces deux idées se confondaient même dans son esprit, de telle sorte qu'une conquête n'était pas pour lui une œuvre achevée, tant qu'il y manquait le monument destiné à en transmettre le souvenir à la postérité (1). »

On a relevé les dépenses faites à Paris par Napoléon, de 1804 à 1813. Elles s'élèvent à un total de 102 millions 421,000 francs (2). Il n'est pas sans intérêt de donner ici quelques chiffres :

Arc de triomphe	4,500,000
Statues, ponts et places	600,000
Église de Sainte-Geneviève	2,500,000
Église de Saint-Denis	2,200,000
Temple de la Gloire (la Madeleine)	2,000,000
Palais de l'archevêché et Métropole	2,500,000
Pont d'Austerlitz	3,000,000
Pont des Arts	900,000
Pont d'Iéna	4,800,000
Palais du Corps législatif	3,000,000
Colonne de la place Vendôme	1,500,000
La Bourse	2,500,000
Ouvertures des rues et places	4,000,000
Marchés	4,000,000
Abattoirs	6,700,000
Lycées	500,000

(1) *Mémoires,* t. IV, ch. I.
(2) Baron FAIN, *Manuscrit de* 1813, t. I, p. 85

De pareils travaux ne s'exécutaient pas sans exiger des matériaux et des échafaudages qui obstruaient les voies publiques. Le chancelier Pasquier, alors préfet de police, nous dit en se reportant à l'aspect de Paris en 1810 :

« Depuis la place de la Bastille jusques et y compris la place Louis XV, les pierres de taille occupaient le terrain des boulevards, de telle manière que trois voitures pouvaient rarement passer de front, et que deux s'y trouvaient souvent embarrassées. L'état des choses était pire encore sur les quais. La place des Victoires et celle du Carrousel étaient, l'une et l'autre, couvertes par un énorme massif de ces mêmes pierres au travers duquel on avait seulement ouvert des rues pour conserver les communications indispensables (1). »

Rien ne justifiait mieux la réponse faite par le roi de Wurtemberg, à qui Napoléon demandait son impression sur Paris : « Mais je l'ai trouvée fort bien pour une ville prise d'assaut par les architectes. »

Ce qu'il faut rappeler à la louange du gouvernement impérial, c'est que les gigantesques travaux entrepris à Paris et en province, au milieu de guerres continuelles, ne coûtèrent rien au Trésor public et furent acquittés, sans emprunt, par la liste civile et le Domaine extraordinaire (2).

La satisfaction des habitants de la capitale est encore loin cependant d'être complète. Écoutons-les se plaindre, par

---

(1) *Mémoires*, t. I, p. 428.
(2) Bonald, *Mémoires sur l'intérieur du palais impérial*, t. IV, p. 258. — L.-F.-J. de Bausset, *Mémoires anecdotiques sur l'intérieur du palais et quelques événements de l'Empire* (1805-1814), t. IV, p. 89 et suiv.

la voix de l'un d'entre eux, de la confusion qui règne dans le numérotage des maisons :

« Dans les rues Saint-Denis, Saint-Honoré et autres, il y a jusqu'à quatre, cinq et six numéros semblables. Je suis allé rue Saint-Denis dans trois maisons, numéro 42, avant de trouver celle dont j'avais besoin. Il est inconcevable que dans la même ville, où l'on s'occupe d'une mesure universelle, on ne trouve pas d'ordre d'un simple numérotage...

« Il y a des rues qui sont numérotées de droite à gauche, au lieu de l'être de gauche à droite comme l'écriture. Nous voyons cela, et nous osons dire encore que ce siècle est le siècle des lumières et Paris le centre du goût (1) ! »

Notons que cette remarque est faite en 1800 par un Parisien, ami de l'ordre, et qui paraît avoir oublié déjà les malheurs causés par la Révolution dont le nouveau pouvoir relevait les ruines matérielles et morales. Sa mauvaise humeur, provoquée par une de ses courses rue Saint-Denis, n'eût pas été justifiée en 1805, époque à laquelle, par les soins du préfet de la Seine, des numéros neufs, placés dans un ordre méthodique, ornaient la façade des maisons. Dans les rues parallèles à la Seine, les maisons étaient gratifiées de numéros peints en rouge (2).

De nouvelles plaintes s'élèvent en 1808. Cette fois, elles sont motivées par de plus graves inconvénients que celui qu'on vient de signaler :

« Il faut pourtant convenir qu'il reste encore bien des

---

(1) HENRION, *Encore un tableau de Paris* (an VIII), ch. xv.
(2) P.-J.-B. NOUGARET, *Aventures parisiennes avant et après la Révolution*, 1808, in-12, t. I, p. 9.

choses à faire pour l'embellissement et la salubrité de Paris. C'est avec autant d'étonnement que de dégoût qu'on voit des boucheries et des tueries dans plusieurs rues de cette capitale, infectées par des miasmes qui s'en élèvent ; les ruisseaux regorgent de sang ainsi que le pavé, et l'on y pose le pied en frémissant d'horreur. Ce n'est pas tout ; souvent le bœuf qui va être frappé du coup mortel, brise ses liens et s'échappe en fureur dans les rues ; il court, brise, renverse tout ce qui se présente et foule souvent à ses pieds des femmes et des enfants (1). »

Le pont des Arts, construit depuis quelques années, était soumis à un droit de péage. On évaluait à environ 11,000 le nombre des piétons y passant chaque jour, moyennant un sou par tête, et dans l'espace des dix premiers mois le pont avait rapporté 72,000 francs (2).

Des noms et des inscriptions révolutionnaires subsistaient en 1813, rappelant le souvenir des mauvais jours :

« Nous avons encore à Paris, observe un écrivain, les divisions Le Pelletier, de Brutus, du Contrat social, des Gardes françaises, des Droits de l'homme, de la Fraternité, de l'Unité, du Finistère, etc. La *mort* aujourd'hui si loin de nous n'est couverte que d'un léger nuage (3). »

La rue de Richelieu, que la Révolution avait débaptisée pour l'appeler rue de la Loi, avait repris son ancien nom.

Chaque quartier a son caractère propre, sa physionomie.

---

(1) *Aventures parisiennes avant et après la Révolution*, t. I, p. 15.
(2) *Ibid.*, t. I, p. 9.
(3) J.-B.-S. SALGUES, *De Paris, des mœurs, de la littérature et de la philosophie*, 1813, in-8º, p. 161.

On signale même les différences d'esprit et de mœurs qui se font remarquer selon les rues.

« Dans la rue Saint-Jacques et aux environs, nous dit un Parisien, en 1808, on est disposé à aimer et à cultiver les sciences et les lettres; dans les rues Saint-Honoré et Saint-Denis, on a l'âme mercantile et tournée au commerce. Dans le Marais, on est lourd et pesant; le faubourg Saint-Germain rend les esprits légers et subtils. A la Chaussée d'Antin, on est plus porté qu'ailleurs aux spéculations de banque (1). »

Ce Parisien confond ici l'effet avec la cause. De tout temps, des quartiers se sont formés des groupes d'habitants que réunissent les mêmes goûts, les mêmes habitudes, les mêmes occupations.

Les ministres, les sénateurs, les conseillers d'État, les médecins habitaient volontiers les rues du Pré-aux-Clercs, de Lille et de Verneuil.

Un contemporain décrit, en 1809, les mœurs patriarcales de ce paisible quartier dont le silence, paraît-il, n'était pas tel que l'eussent désiré les hommes d'étude :

« Sans les cabarets, les rues de Lille et de Verneuil seraient admirables pour la tranquillité et le bon accord de leurs habitants. Cependant on y rencontre une foule d'enfants, ce qui prouve les bons ménages. Mais ils fatiguent les personnes raisonnables par un bruit continuel qui fend la tête la mieux organisée...

« Le soir, dans la belle saison, les domestiques et les ouvriers se rassemblent aux portes pour jouer, et leur

---

(1) NOUGARET, *Aventures parisiennes*, t. I, p. 26.

bruit jusqu'à onze heures remplace celui que les enfants ont fait une grande partie de la journée. Je plains les salons qui donnent sur la rue; si les fenêtres en sont ouvertes, on ne s'entend pas.

« A ces inconvénients près, qui, d'ailleurs, ne subsistent pas toujours, il est de bon ton d'habiter dans les rues de Lille et de Verneuil. Je tire cette conséquence de la qualité des personnes qui, de tout tems, ont voulu y demeurer (1). »

Beaucoup d'anciennes familles restaient fidèles au faubourg Saint-Germain où elles avaient retrouvé leurs hôtels et où s'était écoulée leur vie avant la Révolution. Le luxe et l'élégance choisissaient de préférence la Chaussée d'Antin qu'habitaient de riches financiers.

Certains quartiers, autrefois le séjour de la plus brillante société, semblaient austères et surannés comme des villes de province.

« Le Marais, nous dit un livre où se trouve la peinture de Paris en 1809, est le seul qui ait conservé le sentiment de son ancienne dignité. Les préjugés y sont maintenant dans toute leur force, et toute innovation est sévèrement interdite. L'homme du monde que quelques devoirs de parenté forcent de se rendre une fois par an au Marais, contemple toujours avec un nouvel étonnement ces salles immenses que décorent d'antiques tapisseries, et où tous les portraits de famille sont étalés avec orgueil. Après un long dîner où l'étiquette a exercé ses sévères lois, il est forcé de choisir entre une partie de loto et une partie de

---

(1) BAUDRY DES LOZIÈRES, *Les soirées d'hiver du faubourg Saint-Germain*, 1809, in-8°, p. 8.

mouche, à moins qu'il ne préfère une conversation où l'on discute gravement sur les avantages de la révocation de l'édit de Nantes ou sur le mérite de la bulle *Unigenitus*. Trop heureux si on lui propose une promenade sur la place Royale! Là, au moins, il pourra promener un œil respectueux sur ces femmes vénérables dont un large falbala orne la robe de satin, et dont les cheveux poudrés et relevés sous un bonnet en pyramide découvrent ce noble front qui n'eut jamais à rougir. Il admirera aussi les jeunes gens qui, les cheveux frisés avec art, la tournure guindée, portent sous le bras le chapeau qui dérangerait l'économie de leur coiffure, pendant qu'ils tiennent sous l'autre le petit chien de la maman, et osent quelquefois jeter en rougissant un coup d'œil sur les charmes voilés de celle qui, après quatre ans de soupirs, couronnera peut-être leur ardeur.

« Avec quelle satisfaction nouvelle, heureux habitant de la Chaussée d'Antin, tu reverras ensuite ton brillant boulevard Italien! Quel monde nouveau! Le riche cachemire a remplacé le modeste mantelet noir : aux airs sérieux, à la tournure sévère succède une aimable et bruyante folie (1). »

Ce qui n'avait pas changé à travers tant de changements, c'était l'extrême liberté pour chacun de se perdre dans la foule et de rester inconnu de ses semblables.

Retraçant la physionomie de Paris sous Louis XIV, Saint-Evremond écrivait en 1692 :

« Voulez-vous être homme de bien à Paris pendant six mois seulement, et après vivre en scélérat, changez de

(1) Pierre Jouhaud, *Paris dans le XIXe siècle, ou Réflexions d'un observateur*, in-8° (1809), p. 44.

quartier, et personne ne vous connaîtra. Voulez-vous y vivre inconnu toute votre vie, allez loger dans une maison où il y ait huit ou dix familles ; celui qui demeurera le plus près de vous sera le dernier à savoir qui vous êtes (1). »

La même observation sera faite en 1808, presque dans les mêmes termes :

« Tout est confondu dans l'immense capitale ; on est étranger à son voisin et l'on n'apprend sa mort que par le billet d'enterrement, ou parce qu'on le trouve exposé à la porte, quand on rentre le soir. Aussi les parens les plus proches, lorsqu'ils sont brouillés, quoique demeurant dans la même rue, sont à mille lieues l'un de l'autre. Voulez-vous passer pour un homme d'importance, voulez-vous mener la vie de garçon, tandis que vous êtes marié ? Désirez-vous être répandu ou vivre seul comme un ours ? Venez habiter Paris : personne ne prendra garde à votre façon de vivre ni à votre conduite (2). »

Les critiques, qu'on adressait sous l'ancien régime à l'inconstance du caractère parisien, à ses engouements faciles, à son culte de la mode, on les répète après la Révolution, et l'on écrit en 1803 :

« Aussi prompts à changer de manière de voir les choses que d'habits, les aimables de Paris parlent chez

(1) Lettre écrite par un Sicilien à un de ses amis. *Saint-Evremoniana, ou Recueil de diverses pièces curieuses.* Rouen, 1710, in-12.

(2) NOUGARET, *Aventures parisiennes*, t. I, p. 31. — « Chacun y vit comme bon lui semble ; on se renferme, on s'isole, ou l'on se répand quand et comme on veut. On ne demande compte à personne de ses pensées ni de ses actions ; et si par hasard vous rencontrez un questionneur importun, à coup sûr, c'est un provincial. » (J.-P. GALLAIS, *Mœurs et caractères du XIX*^{e} *siècle*, Paris, 1817, t. I, ch. XXXV.)

Tortoni, chez Frascati, de la paix, de la guerre, avec la même légèreté qu'ils parlent des modes, de la coupe de leurs cheveux, de la bonté de leurs chevaux, de la course de la veille, du bal du lendemain, de la rouerie du matin, des visites et des renvois de créanciers, de la chute d'une pièce nouvelle, etc. (1). »

La race des badauds s'est également continuée, attentive aux riens qui excitent sa curiosité. Nous la retrouvons toujours persiflée, toujours incorrigible :

« A Paris, tout fait événement : un train de bois qui descend la rivière, deux fiacres qui s'accrochent, un homme vêtu un peu différemment des autres, une voiture armoriée; des gens qui se battent, s'ils sont remarqués par deux personnes, le seront bientôt par mille, et la foule ira toujours croissant, jusqu'à ce que d'autres circonstances tout aussi remarquables la forcent de s'écouler (2). »

Les cris, que Mercier avait notés dans son *Tableau de Paris,* faisaient encore retentir les rues, avec des variantes ou des innovations. Il en était de facétieux et de bizarres. Prêtons un moment l'oreille aux appels de quelques-uns de ces industriels dont la voix aiguë résonne pour adresser aux clients l'appel accoutumé.

Sur le pont Neuf, un marchand de pierres à briquet s'égosille à répéter : *N'oubliez pas en passant des pierres à brrriquets qui rrrrendent la lumièrrre à volonté !*

Coiffée d'un chapeau à la mode, en taffetas blanc, la marchande d'amadou, une commère à la face réjouie, se

---

(1) *Paris et ses modes, ou les Soirées parisiennes,* par L***, p. 193.
(2) Ét. DE JOUY, *L'Hermite de la Chaussée d'Antin* (1811), t. I, p. 140.

promène en multipliant son invitation familière : *La vl'à, mes enfants, la marchand' d'amadou !*

Un peu plus loin, on entend une voix enrouée qui module ce récitatif : *C'est moi, vl'à que c'est moi, c'est lui, vl'à que c'est moi. Comme ça, madame, on n'en a jamais vu comme ça, mia, mia, mia, mia, mia, mia, jamais, jamais de pareil à ça !*

C'est le marchand d'encre. Il a la figure enluminée, les cheveux ébouriffés, et ne porte jamais de chapeau.

Comme sous Louis XVI, l'écaillère s'en va redisant : *A la barq' ! à la barq' ! à la barq' !*

Tous les matins, Madeleine, la célèbre marchande de gâteaux de Nanterre, passe aux environs du palais du Tribunat, en dansant et en criant : *C'est la bell' Madeleine qui vend des gâ-teaux, des gâteaux tout chauds.* Un marchand offre quatre échaudés pour un sou : *Quat', quat', quat', un sou quat' !* Un autre annonce des petits pains, dans des couplets en vers sur des airs connus. Le marchand de fromages de Neufchâtel exécute des trilles sur le « froma-aaage à la *creume* ».

La marchande de cure-dents, les marchands de lunettes, de rubans, de fil et de fourneaux font leur partie dans ce concert où l'on entend le carreleur de souliers proposer ses services d'un ton nasillard : *Carr'leu' de souliers ! Avez-vous des souliers à raccommoder ? Si vos souliers sont déchirés, voilà l'ouvrier qui vous demande à travailler.*

Il y a jusqu'à des crieurs de livres, et des libraires ambulants parcourent les rues avec cette annonce bruyante et originale : *Avez-vous rêvé d' chats ? Avez-vous rêvé d' chiens ? Avez-vous vu l'eau trouble ? Voilà l'explication de tous les rêves : un volume broché avec des figures* (1).

Que l'on se transporte à Paris en 1813, par une de ces évocations du passé qui donnent la sensation du présent. Il n'est encore que trois heures du matin. Un calme profond enveloppe les rues où vacille la lumière affaiblie des réverbères. Le pavé s'ébranle bientôt sous les roues des charrettes des maraîchers qui portent des légumes à la Halle, et se croisent avec des voitures venant du bal de l'Opéra.

Dès quatre heures, de rares boutiques de boulangers et d'épiciers entr'ouvrent leurs volets. Le garçon, à moitié endormi, allume la lampe du comptoir et prépare l'eau-de-vie destinée aux cochers de fiacre pour réparer leurs longues veilles. Le jour paraît, et de petites charrettes de laitières, des mulets chargés de légumes croisent la diligence, tandis que les ouvriers se rendent au travail, et que le marteau frappe sur l'enclume, interrompant le sommeil à peine commencé des oisifs que les plaisirs ont retenus toute la nuit loin de chez eux.

Les quartiers populeux ont repris leur mouvement matinal, et ces premières agitations se répandent dans les autres quartiers de la capitale. La rue Vivienne, silencieuse encore à huit heures, est sillonnée à dix heures par les courtiers qui vont prendre les ordres de Bourse, par les garçons de caisse qui, la sacoche sur l'épaule et le portefeuille sous le bras, vont procéder aux recouvrements de la journée. Ailleurs, ce sont des commis, des employés se

---

(1) *Les personnages célèbres dans les rues de Paris,* par J.-B. GOURIET, 1801-1811, 2 vol. in-12. — G. KASTNER, *Les voix de Paris,* in-4°, 1857, p. 58 et suiv.

dirigeant vers leurs bureaux. Les rues de la Harpe et Saint-Jacques sont remplies de la foule des élèves des lycées, des étudiants du Collège de France, des gens de loi, des élèves de médecine qui se rendent aux hôpitaux.

A quatre heures, le Palais-Royal est encombré de négociants et de spéculateurs. Les *marrons* ont envahi la Rotonde. C'est l'heure où les femmes à la mode descendent de voiture, rue de Richelieu, pour y faire des emplettes, avant de se répandre aux Tuileries ou au bois de Boulogne, pendant qu'assis sur le boulevard de Coblentz, les célibataires et les désœuvrés attendent le dîner qui a lieu à cinq ou six heures. Les parasites en bas noirs se rendent alors dans les maisons où ils sont invités, marchant sur la pointe du pied pour éviter de se crotter. D'autres, moins favorisés, avisent les restaurants où ils dîneront à trente sous par tête.

Le mouvement interrompu recommence avec les spectacles. On voit alors les voitures se précipiter vers les théâtres, les cafés se remplir. A la sortie des spectacles, les boutiques se ferment, et les visites, les réunions mondaines se prolongent une partie de la nuit. Le souper les termine vers deux heures du matin (1).

Maintenant la grande cité sommeille. Mais nous n'en avons encore entrevu qu'une image, et nous allons la parcourir pour la mieux connaître par ses côtés extérieurs, avant de pénétrer dans sa vie mondaine.

(1) *L'Hermite de la Chaussée d'Antin,* t. III, p. 129.

III

Pendant que nous sommes dans la rue, regardons passer les voitures qui subissent les caprices de la mode. La faveur est aux voitures anglaises en 1802, et leurs formes disgracieuses provoquent des réflexions comme celle-ci :

« Il y a deux ans, les voitures étaient si élevées que de la portière on pouvait entrer sans lever la jambe au premier étage d'une maison. Aujourd'hui, les voitures sont si basses que la caisse traîne à terre pour peu que les roues entrent dans une ornière (1). »

L'année suivante, la critique se montre plus satisfaite du goût qui préside aux voitures, dont elle énumère la variété et les couleurs :

« La mode a fixé lentement son choix sur les voitures : on les a vues hautes, basses, penchées beaucoup en arrière. Le cocher fut placé sur un siège carré et dans un fauteuil ; les couleurs ont flotté entre le citron, le violet, le gros bleu, et se sont enfin arrêtées à la racine de buis pour la caisse et le brun pour le train. Les formes sont élégantes, la caisse n'est ni trop élevée, ni trop basse, et le cocher est placé à une hauteur respectueuse.

« On voit quelques dormeuses élégantes, fond serin,

---

(1) ROEDERER, *OEuvres complètes*, t. IV, p. 436.

plusieurs riches berlines fond cerise. Les principaux cabriolets ont toujours le fond gros brun ou noir, quelques-uns orange, et les bockeis, les carriks et autres voitures de fantaisie, des fonds de couleurs légères (1). »

Ces voitures sont le luxe des privilégiés, et un observateur, qui n'a pas, sans doute, le bonheur d'avoir un équipage, nous fait remarquer les charges qu'entraîne sa possession :

« Une voiture annonce au moins 30,000 francs de rente, et encore faut-il avec une pareille fortune user d'une grande économie pour n'avoir pas de dettes avant la fin de l'année. On n'évalue cependant qu'à 6,000 francs la dépense qu'occasionne une voiture; mais celle qu'on est forcé de faire pour soutenir le ton que l'on prend alors est incalculable : un équipage donne un rang, un nom qu'il faut soutenir. Table, logement, toilette, domestiques, tout chez vous doit afficher l'opulence. Pouvez-vous décemment, lorsque vous allez au spectacle, descendant d'un équipage brillant, allez vous morfondre *à la queue,* pour vous disputer avec une canaille venue à pied, un billet de six livres douze sous? Non, il faut une loge louée à l'avance, et fussiez-vous seul, le bon ton, votre voiture vous obligent de payer pour six...

« Beaucoup de personnes, pour se dérober aux folles dépenses que nécessite une voiture, se servent d'un remise. On en trouve de fort élégants, quand on les prend à l'année, et pour 5,000 livres environ, on se procure les mêmes douceurs, sans s'imposer les mêmes embarras;

---

(1) *Paris et ses modes, ou les Soirées parisiennes,* par L***, p. 198.

ceux qu'on loue au mois et à la journée décèlent ordinairement le *locatis* (1). »

Mme de Genlis, revenue à Paris en 1800, déplore l'innovation des cabriolets de place. Elle regrette les chaises à porteurs et les « brouettes » de l'ancien régime, dont le prix était moins élevé que celui des fiacres (2).

Il est dans la destinée des fiacres d'exciter, à toutes les époques, les plaintes de ceux qui ne peuvent s'en passer. On ne leur ménage pas alors les reproches, et la description suivante fait juger peu favorablement des progrès réalisés sous ce rapport en 1809 :

« Les chevaux, la voiture et le cocher parfaitement en harmonie, ne forment aucun disparate. Les chevaux sont presque mourants ; la voiture est ordinairement dure, le cocher toujours insolent, et le tout est le plus souvent d'une malpropreté repoussante...

« N'oubliez pas lorsque vous voulez faire plusieurs courses de vous munir de votre montre, autrement le cocher aura la précaution de hâter le mouvement trop tardif de la sienne, et vous courrez grand risque d'être conduit à trois heures dans la maison où vous devez aller diner à cinq heures. Indépendamment de la somme fixée, on donne ordinairement une légère gratification qu'ils regardent comme un tribut qui leur est dû et qu'on ne peut leur refuser sans leur entendre vomir un torrent d'injures. Vainement la police use contre eux de la plus grande sévérité ; l'état d'ivresse presque perpétuelle dans lequel ils vivent, leur fait oublier le lendemain la punition de la

(1) Pierre JOUHAUD, *Paris dans le XIXe siècle* (1809), p. 26.
(2) *Mémoires,* ch. XXXVII.

veille. Un numéro placé devant et derrière leurs voitures, sert à signaler à la police ceux dont on a à se plaindre.

« Depuis quelques années, les fiacres ont dans les cabriolets de place des rivaux redoutables. Ces cabriolets, que l'on distingue de ceux des particuliers par les numéros beaucoup plus grands qu'ont ceux-là, sont ordinairement plus propres que les fiacres; le cheval en est meilleur et les cochers plus honnêtes. Jaloux les uns des autres, les cochers de fiacres et de cabriolets, quand ils peuvent se nuire, n'en laissent pas échapper l'occasion. Les premiers tâchent d'accrocher les seconds qui sont moins forts et plus généreux, et se vengent en les devançant. Les gens pressés, et ils sont nombreux à Paris, applaudissent à cet esprit de rivalité et cherchent à l'entretenir (1). »

Après les doléances sur les fiacres, nous avons celles des piétons, inspirées par les accidents, et dont Fiévée se fait l'interprète en 1805 :

« Je ne crierai ni contre le luxe, ni contre les voitures qui vont à Paris du pas dont on disputait aux jeux Olympiques le prix de la course; je sais ce que valent les déclamations. Mais je vais à pied par goût, et j'ai le coup d'œil assez prompt. Vingt fois, j'ai sauvé des femmes, des enfants, des vieillards de la vélocité des chevaux, et cela m'a conduit à remarquer que la police de voirie a entièrement oublié son métier. On avait mis le long des maisons, dans Paris, des bornes dont la destination était d'offrir un refuge aux piétons; depuis dix ans, pour avoir plus d'élégance, les boutiques s'avancent dans les rues; et de rivalité

---

(1) *Paris dans le XIXe siècle.*

en rivalité, le devant des boutiques prend tant de terrain qu'il y a des rues entières (et ce sont les plus fréquentées) où les bornes sont entièrement cachées sous les vitraux des boutiques. Il n'y a pas longtemps que, dans la rue de Richelieu, j'ai remarqué un homme qui, pendant une minute, vit venir une voiture sur lui ; il reculait toujours et ne put éviter d'être froissé. Point de bornes pour se mettre à l'abri ; sans l'adresse du cocher, il était tué en toute connaissance de cause (1). »

Les protestations contre la vitesse des allures des chevaux et l'imprudence des cochers se renouvellent sans succès, et quelques années plus tard, nous entendons un Parisien signaler en ces termes les dangers auxquels on se trouve continuellement exposé, par suite de l'augmentation toujours croissante des voitures et des cabriolets :

« Il serait à désirer que la police pût inspirer aux cochers l'obligation de n'aller qu'au pas, surtout dans les rues étroites et populeuses... A voir la rapidité des chars qui traversent en tous sens cette capitale, on dirait qu'elle vient d'être envahie par un ennemi impitoyable qui veut en écraser les malheureux habitants sous les pieds des chevaux et d'une multitude de chariots de guerre... Les cabriolets sont une voiture très dangereuse par la vélocité et le peu de bruit de leur course ; vous en êtes souvent renversé avant de les avoir entendus venir...

« Maintenant, en 1808, on s'est avisé d'attacher au cou du cheval plusieurs grelots et au cabriolet deux petites lanternes qu'on éclaire le soir. Mais les accidents n'en sont

---

(1) *Correspondance et relations de Fiévée avec Bonaparte* (1802-1813), t. II, p. 88.

guère moins fréquents, parce que la police a négligé de faire mettre des entraves aux pieds des chevaux qui traînent ces sortes de voitures (1). »

Si les cabriolets étaient redoutables, les voleurs ne l'étaient pas moins, et exerçaient leur profession avec trop de succès. Fiévée les dénonce à la vigilance et à la sévérité de la police :

« Je puis affirmer le mal ; il surpasse tout ce qu'on pourrait dire... Les voleurs vivent réellement dans une trop grande sécurité ; il faut la troubler pour le repos des honnêtes gens (2). »

Avant lui, Boileau avait dit en 1661 :

> Le bois le plus funeste et le plus fréquenté
> Est au prix de Paris un lieu de sûreté.
> Malheur donc à celui qu'une affaire imprévue
> Engage un peu trop tard au détour d'une rue !
> Bientôt quatre bandits lui serrant les côtés :
> La bourse!... Il faut se rendre ; ou bien non, résistez,
> Afin que votre mort, de tragique mémoire,
> Des massacres fameux aille grossir l'histoire.
> Pour moi, fermant ma porte, et cédant au sommeil,
> Tous les jours, je me couche avecque le soleil.
> Mais en ma chambre à peine ai-je éteint ma lumière,
> Qu'il ne m'est plus permis de fermer la paupière.
> Des filous effrontés, d'un coup de pistolet,
> Ébranlent ma fenêtre et percent mon volet (3).

L'audace des voleurs n'était certainement pas si grande sous le Consulat et l'Empire, et l'on ne passait plus à Paris de si mauvaises nuits que celles du fameux satirique dont les reproches cessèrent d'être fondés sous le règne de

---

(1) Nougaret, *Aventures parisiennes*, t. I, p. 274.
(2) *Correspondance et relations avec Bonaparte*, t. II, p. 90, 93.
(3) *Les embarras de Paris*, sat. VI.

Louis XIV, grâce à la puissante organisation de la police qui protégeait la sécurité des habitants et faisait l'admiration des étrangers.

Toute grande capitale attire nécessairement les filous qui trouvent mille occasions d'y exercer leur industrie.

Nous avons recueilli les plaintes des Parisiens. Voyons-les maintenant se répandre dans les cafés du Mail, de Foy, de Chartres, de la Régence. La société élégante se retrouvait au café de la Paix, à Frascati et chez Tortoni.

« Les cafés s'emplissent ordinairement depuis six heures jusqu'à onze heures du soir ; quelques personnes y vont encore déjeuner pour y lire les nouvelles ; beaucoup y vont lire les nouvelles sans déjeuner... Dans presque tous les cafés, on joue aux échecs, aux dames et aux dominos ; souvent, c'est un bruit à fendre la tête. Plusieurs sont le rendez-vous des nouvellistes qui, à défaut de nouvelles, en forgent pour alimenter la curiosité (1). »

On trouvait à dîner pour vingt-quatre et trente sols par tête, et à ceux qui avaient la bourse peu garnie, Piat offrait six plats au choix, moyennant un franc cinquante. Chez Naudet, Véry, les Frères provençaux, Robert, Beauvilliers, on faisait d'excellents dîners qui coûtaient jusqu'à trente francs par tête (2).

« C'est au Palais-Royal ou dans les rues qui l'avoisinent que sont placés les restaurateurs les plus renommés... Le Marais vante avec raison le *Cadran bleu ;* le paisible habitant du boulevard Montparnasse prétend qu'on ne peut plus

---

(1) *Paris et ses modes, ou les Soirées parisiennes,* par L*** (1803), p. 177.

(2) *Ibid.*, p. 170.

bien dîner qu'à la Chaumière. Doyen est justement estimé des promeneurs du bois de Boulogne, et le faubourg Saint-Germain cite avec éloge ses Edon et ses Labbaye...

« Un homme aux belles manières ne dîne jamais qu'au café ; on le voit se rendre négligemment sur les six heures au café *Riche* ou au café *Hardy*. Là, il évite soigneusement tout ce qui pourrait offenser la délicatesse d'un estomac difficile ; on ne lui sert que poissons délicats, suprêmes de volaille ; quelquefois, il se hasarde à manger une aile de chapon au riz ou même un filet de chevreuil aux truffes, et il digère ensuite son léger dîner, en jetant un œil distrait sur les élégants promeneurs de Coblentz (1). »

Le boulevard de Coblentz, ainsi nommé à cause des anciens émigrés qui s'y retrouvent habituellement, est devenu la promenade favorite « de la bonne compagnie de la Chaussée d'Antin, des mécontents du faubourg Saint-Germain, des élégants du faubourg Saint-Honoré et des jolies femmes de la rue Richelieu et du Palais-Royal... On s'y porte en foule entre neuf et dix heures du soir, dans la belle saison et quand il fait chaud : on y va dans l'intention de s'y promener et on reste assis toute la soirée ; on y va pour prendre le frais et on étouffe de chaleur.

« Comment en serait-il autrement dans une allée étroite, garnie de quatre rangs de chaises, au milieu d'une foule d'hommes qui ne se pressent pas, mais qui s'étouffent ; qui ne marchent pas, mais qui sont portés les uns sur les autres, et qui avancent à peu près de six pouces par minute, et parcourent six toises en deux heures ? En entrant

---

(1) Pierre Jouhaud, *Paris dans le XIXᵉ siècle*, p. 135.

dans cette allée, on croit entrer dans une étuve : on est bientôt en nage : on ne respire plus. N'importe, on regarde, on écoute. On a vu quelques femmes *mises dans le dernier goût,* des épaules à la romaine, des bras admirables, des yeux étincelants : on a entendu des propos, des lazzis, des calembours. Tout cela n'est-il pas délicieux ? Cela ne vaut-il pas la peine d'étouffer et d'attraper une fluxion de poitrine (1)? »

Au bois de Boulogne se croisent chaque jour les cavaliers qui se font gloire de galoper « à l'anglaise », et les « petites-maîtresses » penchées sur le bord d'une calèche et près desquelles ils s'arrêtent en passant pour leur tenir d'aimables propos.

« Aller au bois de Boulogne est une de ces jouissances avouées par le bon ton. Un homme que personne n'a remarqué dans un cercle, une femme à laquelle on n'a adressé aucun hommage, glissent adroitement dans la conversation que le bois de Boulogne était charmant le matin. A ces mots magiques, chacun les traitera avec déférence, car ils ont appris à tout le monde qu'ils ont des équipages, des gens (2). »

Pendant les trois derniers jours de la semaine sainte, tout le beau monde se rend à Longchamps avec une régularité exemplaire :

« Les gens riches vont dans leurs voitures les plus nouvelles, traînées par les plus beaux chevaux, richement harnachés, suivis de leurs domestiques en grande livrée,

---

(1) J.-P. GALLAIS, *Mœurs et caractères du XIXe siècle.* Paris, 1817, t. I, ch. I.
(2) JOUHAUD, *Paris dans le XIXe siècle,* p. 48.

huchés derrière le carrosse : les femmes s'enfoncent dans la voiture pour se soustraire à tous les regards ; dans cet état, on suit lentement la file, confondu avec le misérable fiacre qui, sans respect, passe souvent le premier : quelques cabriolets, quelques tristes carricks sont aussi dans le rang, et l'on peut aisément distinguer l'ennui sur toutes les figures. Dans cet état, on roule jusqu'à la barrière et l'on revient ; quelques voitures poussent jusqu'au bois de Boulogne, mais c'est le petit nombre.

« Les cavalcades des jeunes gens sont plus agréables pour les spectateurs qui critiquent tantôt le cheval, tantôt le cavalier. Autrefois, on poussait la gaieté jusqu'à dire mille injures à ceux qui passaient ; mais aujourd'hui, on est plus sage, on se contente de tout voir, et on ne dit rien.

« Enfin, ceux qui sont à pied se rangent aux deux côtés de la route ; ils regardent, ils admirent et bâillent... Oh ! je le soutiens, rien n'est plus triste que Longchamps (1). »

Peut-être cet avis est-il celui d'un spectateur morose. Il pouvait n'être pas partagé par les tributaires de la mode qui, rendant ses arrêts en faveur des cafés où l'on doit dîner, n'est pas moins souveraine en matière de promenades. Un de ceux que nous avons pris pour guides dans le Paris de cette époque, signale ces usages dont on accepte si volontiers la tyrannie :

« On va au spectacle par ton, non moins que par goût ; il est aussi indispensable pour un homme à la mode de se rendre le vendredi à l'Opéra ou le mercredi à Buffa que

---

(1) *Paris et ses mœurs, ou les Soirées parisiennes*, par L***, p. 188.

de se montrer un moment le matin au bois de Boulogne, et un homme semblable se croirait déshonoré s'il n'avait pas assisté à la première représentation de toute pièce nouvelle (1). »

Sous l'ancien régime, à la sortie du spectacle, on reconnaissait les habitants des différents quartiers aux ordres qu'ils donnaient à leurs cochers. L'habitant du Marais disait : *Au logis!* Celui de l'île Saint-Louis : *A la maison! A l'hôtel!* était la formule du faubourg Saint-Germain, et celle du faubourg Saint-Honoré : *Allez* (2) ! Mais cette variété avait disparu alors, et tous ceux qui remontaient en voiture employaient les mêmes termes, en disant : *A la maison* (3) !

Dans les piquants tableaux qu'il a laissés de Paris et de la société de ce temps, l'*Hermite de la Chaussée d'Antin* nous fait assister aux courses du Champ de Mars, au mois de septembre 1813 :

« Tandis que la foule se distribuait sur le pourtour, les calèches, les carricles, les bogeys, les voitures de toute espèce se rangeaient par ordre, le long des avenues dont le Champ de Mars est bordé extérieurement : l'espace spécialement réservé pour la course était marqué de distance en distance par des poteaux, liés entre eux par des cordes, en forme de barrière; le centre était occupé par les spectateurs à cheval; deux pavillons étaient ouverts aux personnes invitées par billets; un troisième, plus élégamment décoré, était destiné à Son Excellence le

---

(1) *Paris dans le XIXe siècle*, p. 302.
(2) Voir Mercier, *Tableau de Paris*.
(3) Nougaret, *Aventures parisiennes*, t. I, p. 27.

ministre de l'intérieur, aux juges des courses, aux inspecteurs de haras et au jury d'admission. »

Soudain paraissent cinq ou six cavaliers. « L'un montait un cheval courte-queue, équipé à la houssarde, l'autre trottait à l'anglaise sur une selle rase, avec un chasse-mouches, une chabraque en velours cramoisi et une rosette sur la queue de son cheval; celui-ci se pavanait sur une selle anglaise ornée de têtière, de croupière et de martingale...

« Il était quatre heures. Le moment de la course approchait : les chevaux avaient été présentés aux inspecteurs et reconnus pour indigènes; les jockeys, la selle sous le bras, en toque et en veste de satin, après avoir été pesés, selon l'usage, achevaient de seller leurs chevaux et de visiter chaque partie des harnais. Enfin, l'ordre du départ fut donné... Deux beaux chevaux entiers, montés par des jockeys vêtus, l'un en bleu, l'autre en jaune, parcoururent le premier tour avec rapidité... le second tour s'acheva moins vite... Le jockey jaune fournit la carrière en quatre minutes quarante-huit secondes; il devança son concurrent de douze secondes et fut proclamé vainqueur de la première course (1). »

Un tout autre coup d'œil est celui que présente le Salon de peinture, au mois de novembre, dans les salles du Louvre, ouvertes le matin aux artistes, jusqu'à dix heures, et où le public est admis ensuite jusqu'à quatre heures. Le monde élégant s'y donne rendez-vous le vendredi (2).

Le monde studieux s'enferme dans les bibliothèques

(1) T. IV, p. 200.
(2) T. III, p. 306.

publiques, notamment à la Bibliothèque nationale, ouverte tous les jours de dix heures à deux heures.

« Le nombre des lecteurs a augmenté depuis qu'elle a été ouverte plus souvent. Il n'y a pas de doute qu'il n'augmente encore quand le public pourra y être admis dans les après-dîner d'été (1). »

« Un silence profond règne sous ces voûtes prolongées. Que d'hommes chaque jour assis autour de ces longues tables! Ils lisent, ils écrivent, ils méditent. Sont-ce des sages? Quelques-uns peut-être, mais bien peu; tout le reste, ouvriers, manœuvres, copistes : ils sont là comme dans un magasin de costumes; ils viennent chercher parmi les dépouilles des morts un vêtement pour habiller leur incapacité. Quelquefois aussi, ce sont des spéculateurs sur la malignité humaine : ils exhument la méchanceté des âges passés; ils la restaurent et la revendent à la méchanceté du leur. Quelquefois, c'est pis encore : dangereux charlatans, ils colligent les poisons; et c'est la mort des générations qu'ils préparent (2). »

Le moraliste qui écrit ces lignes pense évidemment aux philosophes, aux encyclopédistes du dix-huitième siècle dont les doctrines ont ébranlé les assises de la société qui commence à renaître, après les longs orages qu'elle vient de traverser.

L'habitué de la bibliothèque n'est pas un personnage ordinaire; c'est un type, et un peintre de mœurs décrit, en 1813, sa physionomie, dans ce portrait de « l'homme studieux qui fait de la bibliothèque son cabinet de travail ».

---

(1) *Tableau de Paris en l'an VIII.*
(2) J. Lavallée, *Lettres d'un Mameluck* (1803), lettre XXIV.

« Économe du temps qu'il peut y passer, on le voit attendre dans la cour le moment où l'horloge sonne dix heures. Les portes s'ouvrent, il monte rapidement l'escalier, traverse les salles en homme qui connaît le local, et va prendre sa place accoutumée dans la galerie où siègent les bibliothécaires. Le plan de son travail est fait ; il n'hésite pas sur le livre qu'il doit demander et qu'il va souvent prendre lui-même dans la case où il l'a déposé la veille. Assis près d'une table sur laquelle il range ses papiers, sa tabatière ouverte près de lui, il lit, prend ses notes, et quatre heures s'écoulent sans qu'il ait seulement jeté les yeux sur ceux qui travaillent à la même table et sans qu'il se soit aperçu que la température est à six degrés au-dessous de zéro, dans ce lieu où jamais une étincelle de feu n'a pénétré (1). »

L'habitué d'aujourd'hui, soumis à des formalités que ne connaissait pas celui de 1813, n'est plus livré à l'inclémence des hivers. Il a conservé son application au travail, mais non sa tabatière.

Les familiers des bibliothèques n'étaient pas les seuls que possédât la passion des livres. Avec l'ordre et la sécurité s'était développée une fièvre de lecture qu'il n'eût guère été possible de satisfaire pendant la Révolution. On dévorait surtout les romans, et la fécondité des auteurs rivalisait avec l'avidité du public. En 1801, pendant plus de six mois, on vit paraître jusqu'à quatre volumes par jour (2).

Un contemporain qu'alarme cette prodigieuse abon-

(1) *L'Hermite de la Chaussée d'Antin*, t. III, p. 146.
(2) J.-B. Pujoulx, *Paris à la fin du XVIIIe siècle*, p. 27.

dance n'est rassuré que par une réflexion peu flatteuse pour les écrivains :

« C'est une chose effrayante que la quantité de livres qu'on imprime ; on devrait craindre que toutes les maisons ne fussent bientôt encombrées par ces immenses tas de papier que l'on noircit, s'il n'existait pas fort heureusement une foule d'épiciers qui remédient à cet inconvénient et parviennent à établir une compensation presque exacte entre ce que les presses produisent et ce que leurs magasins absorbent (1). »

IV

On croit presque retrouver le même Paris, en le parcourant à différentes époques. Beaucoup de traits de sa physionomie et de son caractère si mobiles semblent n'avoir pas changé. On reconnaît parfois le passé dans l'image du présent. Tant d'années écoulées, tant d'événements accomplis laissent subsister non toutes les formes extérieures de la capitale, mais ses habitudes, ses goûts, souvent même ses usages. C'est que l'humanité elle-même, malgré son amour de la nouveauté, reste fidèle aux aspirations de tous les temps, et que l'existence d'une grande cité, à travers d'inévitables transformations, se meut dans la même sphère et s'inspire des mêmes besoins.

(1) Pierre JOUHAUD, *Paris dans le XIXe siècle*, p. 277.

Paris n'avait pas attendu l'ère de renaissance du Consulat pour retourner aux plaisirs qu'avait à peine interrompus le règne de la guillotine qui se dressait sur ses places publiques. Mais maintenant que la sécurité n'était plus menacée, qu'une main puissante rassurait et protégeait l'ordre social si longtemps bouleversé, la vie reprenait un nouvel essor dans la ville où, revenus de l'exil, des émigrés appauvris, ruinés, coudoyaient les fortunes nouvelles.

Si Paris, insouciant et frivole, oubliait le passé, combien il paraissait différent à ceux qui l'avaient connu sous l'ancien régime! Un de ceux-là, faisant un triste retour vers les années écoulées, répond à un étranger qu'émerveille le séjour de Paris en 1803 :

« Paris vous enchante. Quel eût donc été votre délire si vous l'eussiez habité il y a vingt ans? C'était vraiment alors le paradis terrestre, le séjour des dieux, l'asile de tous les plaisirs, le temple de tous les arts, le rendez-vous de l'Europe, la patrie de l'Europe...

« Qui n'a pas vu l'ancien Paris n'a rien vu : mille carrosses de plus, cinquante mille laquais, des coureurs, des cochers à moustaches, des manchons, des bouquets, des diables, des cabriolets, des mousquetaires, des gardes françaises, un parlement, un bruit!... Et puis alors on dînait, on soupait. Un homme un peu répandu était sûr que deux fois par jour les plaisirs de la table se répétaient pour lui; mais aujourd'hui quelle mesquinerie! On dîne à six heures. C'est fort heureux pour les finances de ceux qui tiennent la maison, mais pour leurs convives!...

« Quelle magnificence, quelle grandeur, quelle dignité

dans ces repas que vous ne verrez jamais et que je ne verrai plus!... Les visites! Vingt courses dans une soirée, quatre ou cinq courses dans son carrosse; on ne trouvait personne, c'était admirable. Et les soupers! On était prié huit jours, quinze jours, un mois d'avance... Étiez-vous invité chez une duchesse?... Madame la duchesse à sept heures commençait sa toilette. Voilà de l'occupation jusqu'à dix heures. Et quelle parure! Un panier de quatre aunes, une robe éblouissante d'or et d'argent, pour cent mille écus de diamants, une coiffure haute de cela, des plumes, ah! des plumes! A dix heures elle entrait dans son salon; personne n'était encore arrivé... Bientôt après, un valet de chambre ouvrait les deux battants : Madame la princesse Une telle... Madame la vicomtesse Telle... Elles entraient, puis les révérences, puis les fauteuils que l'on approchait :

« Vous venez de l'Opéra? — Non, de Versailles. — Le temps est horrible. — Votre robe superbe.

« Cric, crac, les deux battants : Son Éminence Monseigneur le cardinal Un tel... M. le grand bailli de la Morée. On se lève, on salue. Nouvelle distraction. Encore la voix sonore du valet de chambre : M. et madame Un tel. Remarquez bien; ce sont des gens de province. Rien qu'un battant. C'est délicieux. On annonce encore : M. le duc... c'est le maître de la maison.

« Il est onze heures et demie. Tout le monde est arrivé; les parties se forment... Il est minuit. Le maître d'hôtel paraît : Madame la duchesse est servie. Tout le monde se lève; on donne le bras, on traverse cinq antichambres, on arrive dans la salle à manger. Cent bougies, la plus riche vaisselle... On a soupé. On retourne dans le même ordre ; les parties s'achèvent. Il est deux heures. On sort, on appelle ses gens, on monte en voiture et l'on va se coucher (1). »

Ce ne sont pas seulement les personnages qui ont changé, mais le décor du théâtre mondain et les costumes des acteurs. La mode est à l'antiquité, à la mythologie. Un salon rappelle l'appartement d'Alcibiade, et l'*Anacharsis* de l'abbé Barthélemy serait chez lui. On se dit involontairement, en l'année 1801 :

« Suis-je en France, en Grèce, en Angleterre ou à Constantinople? Je suis en Grèce, sans doute... Ces meubles, ces lits de repos, ces fauteuils, ces draperies, ces candélabres, ces autels, ces trépieds, tout est grec (2). »

Avec leurs chemises de mousseline transparente, les femmes ressemblent aux nymphes de la fable. L'éclairage s'est transformé. On fait encore usage des bougies, mais on y joint « des lampes dont le foyer est énorme et dont l'éclat est tempéré par des espèces de ballons de gaze... dont le voile diaphane laisse deviner la lumière, à peu près comme la gaze dont les femmes sont couvertes permet de pressentir leurs appas ». Ces lampes sont multipliées avec profusion. « Tantôt elles décorent les cheminées, tantôt des candélabres les supportent comme dans l'atrium de l'antiquité. Ici, elles brillent sur des consoles du siècle de Léon X ; là, elles font scintiller les cristaux, les lanternes anglicanes suspendues au plafond. Dans les boudoirs,

---

(1) Lavallée, *Lettres d'un Mameluck, ou Tableau moral et critique de quelques parties des mœurs de Paris*, in-8°, 1803, p. 248.

(2) J.-B. Pujoulx, *Paris à la fin du XVIIIe siècle*, ch. xxxix.

autres mœurs, autres usages ; les lumières sont déposées dans des vases d'albâtre (1). »

Des papiers de couleurs sombres ont remplacé les étoffes de damas, de lampas, les brocarts et les tapisseries. Plus de lambris, plus de meubles Louis XV aux formes gracieuses. Tout est grec ou romain.

Comme les quartiers ont chacun leur caractère propre, leur physionomie, les habitants de ces quartiers diffèrent les uns des autres par leur genre de vie, leurs relations.

« On change de liaisons à Paris toutes les fois qu'on change de logement. Tel qui dans le faubourg Saint-Jacques n'était lié qu'avec des professeurs ne sera lié qu'avec des financiers en allant demeurer à la Chaussée d'Antin ; un autre qui vivait en bon bourgeois avec ceux du Marais deviendra merveilleux en se liant avec les merveilleux du faubourg Saint-Honoré (2). »

Au Marais, on est heureux avec 10,000 livres de rente. Le luxe d'un équipage se borne à la « demi-fortune ». On dîne à cinq heures, on chante au dessert : *Partant pour la Syrie,* et l'on se couche à neuf heures.

Les mœurs de la vie sociale varient aussi selon les classes, selon le rang et la fortune.

L'aristocratie, en retrouvant sa place, sous l'Empire, reprend ses traditions et ses usages. Dans les maisons opulentes, avant d'arriver à la porte du salon où l'huissier vous annonce d'une voix retentissante, on a traversé le vestibule, au milieu d'une double haie de laquais. Les

---

(1) Lavallée, *Lettres d'un Mameluck,* lettre XVII.
(2) J.-P. Gallais, *Mœurs et caractères du XIX⁰ siècle dans Paris,* t. I, p. 221.

femmes sont étincelantes de diamants. Des généraux, des personnages d'importance, causent à voix basse, et l'on se retire à une heure du matin. Un invité auquel la solennité de cette réunion paraît voisine de l'ennui, et dont la présence a été, sans doute, peu remarquée, trouve que « les grands ne font attention chez eux qu'à ceux qui n'y sont pas ».

La finance, où l'on sert, à onze heures, du punch et des glaces, cherche à faire oublier les travers qu'on a raillés chez les Turcarets. Mais tout annonce la fortune dans cet élégant hôtel de la rue du Mont-Blanc où une allée de marronniers conduit au péristyle, devant lequel on a dressé pour la circonstance une tente de coutil. Là, demeure la femme d'un banquier, citée pour la beauté et la variété de ses cachemires. Sansier, le fameux joaillier, change tous les mois la monture de ses diamants. Noustier lui réserve ses étoffes du goût le plus nouveau. Elle a un brillant équipage dont son mari ne se sert jamais, une loge à l'Opéra, une maison de campagne dans la vallée de Montmorency, une grande terre à quinze lieues de Paris. Pourtant son ambition n'est pas encore satisfaite, car les boutiques de la rue du Mont-Blanc l'environnent de tous côtés, et son rêve serait d'avoir un hôtel dans le faubourg Saint-Honoré.

Sa fille ne sera complètement heureuse que si elle épouse un maréchal de l'Empire, comme une de ses amies dont elle a reçu la visite de noces, et dont elle a contemplé d'un œil d'envie la livrée galonnée, la voiture armoriée. Le fils du banquier passe ses matinées au Bois ou au Rocher de Cancale ; il joue à la paume, et, malgré ses 20,000 francs de pension, il s'endette chez son tailleur. Il dépense plus de mille écus par mois. Tout dernièrement, ne lui a-t-il pas fallu emprunter de l'argent pour acheter un cheval turc ?

L'aristocratie qui vous invite à sa table ou à ses fêtes vous prie de « lui faire l'honneur ». La finance substitue le mot « plaisir » à celui d' « honneur ». « Lui faire l'amitié » est le terme employé par le commerçant dans ses invitations.

L'honnête bonnetier, qui dîne à deux heures, a convié deux ou trois voisins et autant de voisines, avec l'attrait d'une partie de dames ou d'un cent de piquet. Sa fille fait entendre des chansons nouvelles, en s'accompagnant au clavecin, dont les sons fêlés reportent à l'année 1737 (1).

C'est ainsi qu'aux différents étages de la société l'on vit et l'on se reçoit à Paris en 1812. Dans les maisons opulentes, on est possédé de l'ambition d'avoir de trop nombreuses relations, au détriment de la « bonne compagnie » qui doit être composée avec art, avec choix. On veut (c'est un écrivain du temps qui en fait la remarque) « avoir beaucoup de carrosses à sa porte, beaucoup de convives à sa table, la foule dans son salon ; on veut faire dire qu'on a *tout Paris;* on veut que les passans émerveillés du grand nombre de croisées éclairées, s'écrient : Que cela est beau ! qu'ils sont heureux là dedans ! Et pourtant, on y bâille, on y périt d'ennui (2). »

Nous retrouvons dans les livres quelques-uns des aspects de la société de l'époque. Les estampes font revivre mieux encore les personnages. Le crayon de Debu-

---

(1) *L'Hermite de la Chaussée d'Antin*, t. I, p. 192 ; t. II, p. 201.
(2) J.-P. Gallais, *Mœurs et caractères du XIX*^e *siècle*, t. I, ch. i.

court nous les montre dans les *visites,* au commencement du siècle. Le négligé des costumes, le peu de grâce des attitudes contrastent avec la suprême distinction des familiers de Versailles, des habitués d'un salon de l'ancien régime.

Une femme assise écoute la lecture d'une lettre que lui fait un homme aux cheveux ébouriffés, vêtu d'une redingote et emprisonné dans une ample cravate. Auprès d'elle, un autre visiteur tient un chat qui paraît vivre en bonne intelligence avec un chien. On aperçoit, formant un groupe, deux jeunes filles. L'une d'elles tient un cornet d'où s'échappent des bonbons, tandis qu'elle en reçoit de la main d'un ami de la maison. La porte s'est ouverte pour livrer passage à un autre visiteur dont les cheveux sont ramenés sur le front, et qui salue avec une gaucherie prétentieuse.

Ce sont des figures à peu près semblables qu'on aperçoit dans une gravure représentant la *bonne société.* Une autre, intitulée *l'Orange,* nous fait voir un salon où ce fruit paraît fort apprécié des personnes qui se trouvent réunies. Un jeune homme, assis devant trois femmes debout, tient à la main une de ces oranges, avec une allusion évidente au jugement de Pâris.

C'est encore Debucourt qui ressuscite *Frascati,* où se presse la foule des consommateurs. Selon l'usage d'alors, les femmes, au corsage Empire, y viennent décolletées et en cheveux.

Le *thé* commence son apparition sous le Directoire. Il est le premier essai pour reconstituer la société proscrite ou dispersée par la Révolution. Sa faveur n'est pas déchue sous le Consulat, et une plume volontiers satirique nous décrit une de ces réunions en 1803 :

« On arrive, c'est un jour de thé : tout Paris est là. Quel ennui sur le front de ces femmes ! Aussi par quelle mode bizarre leur tient-il en fantaisie aujourd'hui d'être toutes assises à côté l'une de l'autre ! Dix pièces sont ouvertes, étincelantes de lumières ; peu de laquais dans les antichambres. On n'annonce plus ; on entre, on sort quand on veut, comme on veut, avec qui on veut...

« On vient d'applaudir. Qu'est-ce donc ? Une sonate de harpe. Personne ne parlait, il est vrai, mais personne n'écoutait, ni les hommes, ni les femmes. Les femmes, pourquoi? parce que la virtuose est femme et qu'elle est jolie. Les hommes ? parce qu'elle est jolie et que c'est une femme (1). »

Un académicien fait son entrée. Il va lire une pièce en trois actes. Un chanteur fameux lui succède, puis le souper est servi. « On l'appelle souper, cela est plaisant; c'est un déjeuner. » Les mets sont froids. Les femmes sont assises; les hommes restent debout pour les servir et s'en acquittent assez mal. Il est une heure du matin. On sort de table, et les sons de l'orchestre invitent à danser.

Il est curieux de suivre la variation des heures des repas à Paris, à travers les âges. Sous Charles V, on déjeune à dix heures du matin, on soupe à cinq heures du soir. A la Cour, on se couche à neuf heures en hiver, à dix heures en été. Sous François Ier, on dîne à neuf heures du matin, on soupe à cinq heures du soir. On dîne à huit heures du

---

(1) LAVALLÉE, *Lettres d'un Mameluck,* lettre XVII.

matin sous Louis XII, à onze heures sous Henri IV, à midi sous Louis XIV. Le souper est alors à sept heures. Le dîner de plus en plus retardé, sous les règnes suivants, finit par atteindre quatre heures, à la veille de la Révolution.

En 1799, les dîners ont lieu à cinq heures; les spectacles commencent à sept heures et finissent à onze heures. Les visites se prolongent ensuite jusqu'à minuit (1). Les habitudes se sont modifiées encore en 1801, et un contemporain nous dit alors :

« Les Parisiens dînaient, il y a deux cents ans, à midi; aujourd'hui l'artisan dîne à deux heures, le gros marchand à trois, le commis à quatre, l'enrichi, l'homme aux entreprises, l'agent de change à cinq; le ministre, le législateur, le riche célibataire à six... Les trois quarts de Paris ne soupent plus, et la moitié de ces trois quarts a pris cette habitude par économie. Les personnes qui soupent se mettent à table à onze heures, et se couchent en été quand l'ouvrier se lève (2). »

« Les spectacles, les visites, les amusements de société, écrira en 1808 un chroniqueur de la vie parisienne, ne commencent guère avant l'heure où l'on allait autrefois se coucher. Quand les gens en place se mettent à table, à Paris, pour dîner, on goûte dans la bourgeoisie, on soupe dans les pensions des jeunes demoiselles qui ont succédé aux couvents, et on se couche dans les hôpitaux.

« Si plusieurs personnes dînent actuellement à cinq ou six heures, c'est moins parce qu'elles sont de bureau ou

(1) ROEDERER, *OEuvres complètes*, t. IV, p. 395.
(2) J.-B. PUJOULX, *Paris à la fin du XVIIIe siècle*, ch. XXXVI.

attachées à quelque fonction publique que par économie. C'est afin de ne point souper (1). »

En 1813, un dîner élégant du faubourg Saint-Germain est servi à sept heures. Il brille par le luxe de l'argenterie, la richesse du « surtout », la beauté des cristaux et l'éclat des lumières que répandent sur la table des candélabres d'argent. En rentrant dans le salon, on le trouve embaumé du parfum des cassolettes. Des invités arrivent pour la soirée. On voit se dresser les tables de jeu. Les parties s'achèvent à onze heures, et le piano fait entendre des morceaux de *Didon,* d'*Armide* et des *Danaïdes*. Vers minuit, on joue des proverbes. On applaudit l'*Enragé,* pièce de Carmontelle. Le souper est servi. Peu de gens y prennent part. Le plus grand nombre accepte du punch ou des glaces. Lorsque tout le monde se retire, vers deux heures du matin, il ne reste plus dans le salon que quelques joueurs attardés (2).

Voulons-nous avoir l'idée d'un dîner provincial à Paris, en 1810? Il faut en laisser faire le récit par un convive qui ne paraît pas en avoir gardé bon souvenir :

« M. D... a donné un grand dîner auquel il m'a invité. C'est une chose passablement divertissante que de voir à Paris faire les honneurs d'une table, suivant l'usage de la province. Le nom de chacun des convives est écrit sur une carte placée sur la serviette; on passe beaucoup de temps à savoir où l'on doit s'asseoir. Les personnages importants sont seuls dispensés de chercher leur place; le maître, la maîtresse, les enfants de la maison s'empres-

---

(1) Nougaret, *Aventures parisiennes,* t. I, p. 50.
(2) *L'Hermite de la Chaussée d'Antin,* t. IV, p. 311.

sent de la leur indiquer. Ils crient tous à la fois, afin de prouver leur empressement et leur savoir-vivre.

« Madame D... était en face de son mari, et aux deux bouts de la table, deux grandes filles qui ne négligeaient aucune occasion de faire apercevoir qu'elles avaient été mieux élevées que madame leur mère. Elles lui indiquaient l'une après l'autre, ou toutes deux ensemble, le plat dont elle devait servir, la personne à laquelle il fallait en offrir. La soupe est une grande affaire ; quiconque n'en accepte pas, passe pour mal élevé, ou pour un homme extraordinaire. La maîtresse de la maison et sa fille vous avertissent qu'après la soupe, il faut boire une goutte de vin pur. »

Chaque plat est commenté, chaque domestique grondé. Le vin est mauvais, le café froid, et personne ne peut se dérober au *ratafia* que la maîtresse de maison a pris soin de composer elle-même (1).

Si de semblables intérieurs n'étaient pas exempts de ridicules et paraissaient peu récréatifs aux invités, on pouvait y louer le goût de l'ordre, de l'économie et de la simplicité. Bien différentes étaient les maisons envahies par le luxe et l'amour du bien-être que condamne un censeur de 1808 :

« Autrefois, les maisons les plus riches n'avaient que deux feux, celui de la cuisine et celui du maître. Actuellement il faut du feu pour les laquais, pour les valets de chambre, pour la salle à manger, pour le salon, pour l'appartement de monsieur, pour celui de madame Les domes-

(1) Stanislas Girardin, *Journal et Souvenirs, discours et opinions* (1828, in-8°), t. IV, p. 372.

tiques, de leur côté, semblent se faire un point d'honneur de brûler une quantité prodigieuse de bois (1). »

La Révolution à peine finie, la domesticité affiche des prétentions, se donne de grands airs :

« On ne rencontre plus aujourd'hui un postillon qui ne vous dise qu'il a été *piqueux* chez quelque prince, point de piqueux qui n'ait été écuyer chez quelque princesse, pas un laquais qui n'ait été *valet de chambre,* point de valet de chambre qui n'ait été *maître d'hôtel.* Un homme modeste n'ose presque se faire servir.

« Mais aussi on entend très souvent un citoyen peu riche vous dire comme un ci-devant prince : *mon écuyer,* quand il devrait dire simplement : *mon piqueur,* et : *mes valets de pied,* quand il devrait dire : *mes domestiques* (2). »

Le mal a fait des progrès en 1809. Le désir de briller encourage les entreprises hasardeuses ou précipite les ruines.

« Il n'existe, en général, aucune proportion entre la dépense et le revenu des particuliers : bientôt on s'aperçoit du désordre de ses affaires ; on veut cependant soutenir sa maison sur le même ton. De là ces entreprises hardies, ces spéculations téméraires qui doivent le plus souvent, selon les chances du hasard, engloutir ou décupler les fortunes. On doit voir encore une autre cause de la ruine de tant de maisons dans cette rivalité ridicule qui existe entre des hommes qui, jadis égaux, se trouvent maintenant, d'après l'ordre des choses, dans des situations tout à fait

---

(1) Nougaret, *Aventures parisiennes*, t. I, p. 37.
(2) Roederer, *OEuvres complètes*, t. IV, p. 395 (avril 1799).

différentes. On se voit toujours, on veut lutter de luxe, de magnificence, et le simple particulier qui, réduit aux seules ressources de sa fortune, rivalise avec l'homme en place qui est secondé par le gouvernement, doit nécessairement se ruiner (1). »

Ces réflexions semblent avoir été écrites aujourd'hui. Elles sont de tous les temps, comme les travers de l'humanité. La fortune est toujours convoitée, mais les moyens d'y parvenir diffèrent selon les époques et les circonstances.

« Les états qui font aujourd'hui promptement fortune dans la capitale, observe un Parisien en 1808, sont les banquiers, les notaires, les maçons ou entrepreneurs de bâtiments, les charlatans, les comédiens et une partie de ceux qui professent des arts agréables, tels que les musiciens, les maîtres de danse, etc. (2). »

On compte 112 banquiers à Paris sur l'*Almanach impérial* de 1808 ; mais il en existe au moins 5,000 (3).

Le luxe, la vanité ont tourné toutes les têtes, s'il faut en croire un moraliste de l'époque :

« Il n'est pas une petite bourgeoise qui ne préfère un piano à un métier à broder, qui ne veuille danser comme une artiste de l'Académie impériale ; chanter comme Mme Festa, dormir comme une duchesse, se parer comme la femme d'un banquier. Quelle marchande oserait aujourd'hui se montrer dans sa petite société sans un cachemire, paraître au spectacle sans diamants ? Que serait-ce que cent louis ou mille écus pour sa toilette ? Ainsi, 100,000 francs

---

(1) Pierre JOUHAUD, *Paris dans le XIXe siècle*, p. 100.
(2) NOUGARET, t. I, p. 36.
(3) JOUHAUD, *Paris dans le XIXe siècle*.

de dot ne sont plus rien aujourd'hui. Un voile, un schal suffisent pour en dévorer le produit (1). »

L'anglomanie sévissait avec une intensité que la critique signalait en décrivant la société parisienne :

« Nous nous moquons des Anglais, nous rions de leurs singularités, et chaque jour nous devenons plus empressés à les adopter. Il faut à nos femmes élégantes une voiture anglaise, une mélancolie anglaise; nos petits-maîtres ont adopté les carricks, les spencers; leurs chevaux ne galopent plus qu'à l'anglaise : un jockey est dans toute bonne maison le domestique le plus indispensable; nos gastronomes dédaignent le dîner le mieux servi si l'on y a oublié le roastbeef ou le succulent beefsteak. Le whist est le jeu à la mode; les jardins anglais surtout sont la folie du jour; c'est à qui bouleversera des terres pour faire de petits ponts, de petites allées, de petites prairies, de petits ruisseaux, de petites ruines, etc. (2). »

Qu'est-ce qu'une femme à la mode sous l'Empire? La voici :

« Logée à la Chaussée d'Antin, elle passe la journée à feuilleter des brochures, à parcourir le journal des modes; elle lit ou écrit des billets doux; faisant dix toilettes par jour, elle déteste la parure, le négligé seul lui paraît délicieux, et c'est toujours en négligé qu'elle va, l'air mélancolique, se faire voir dans sa calèche, au bois de Boulogne, et entendre le soir, un moment, Lays ou madame Barilly (3). »

---

(1) J.-B.-S. Salgues, *De Paris, des mœurs, de la littérature et de la philosophie* (1813), p. 26.
(2) Jouhaud, *Paris dans le XIX*ᵉ *siècle*, p. 132.
(3) *Ibid.*, p. 133.

« Le matin, toilette élégante, à laquelle deux femmes de chambre suffisent à peine ; à midi, chevaux attelés à la voiture, courses chez la modiste, le lapidaire, le bijoutier, le tailleur et le coiffeur même, etc., puis promenade aux Champs-Élysées, au bois de Boulogne ; à six heures, dîner de vingt convives...; à la suite, soirée délicieuse, concert, bal, souper qui commence à deux heures du matin (1). »

Celle-ci s'est commandé pour 500 francs un chapeau de paille d'Italie. A midi, elle est montée en voiture, drapée dans son cachemire. De retour à une heure, elle a déjeuné, puis elle a été voir la *Bataille de Marengo,* œuvre de Vernet, exposée rue de Lille. Elle a fait ensuite une promenade au Bois, où elle a rencontré le « Tout-Paris », et, de retour à quatre heures, elle s'est laissé retenir par des emplettes. Elle n'a pu résister ni aux fichus de croisé de soie « à la Bayadère », ni aux schalls de cachemire de Courtois, qui ne valent pas cependant ceux de Ternaux. Elle a essayé des chapeaux chez Le Roi, commandé une garniture de camélias chez Nattier, pris chez Tessier des essences et des pastilles d'aloès. Après une journée si bien employée, elle est rentrée chez elle à cinq heures et a commencé les préparatifs de sa toilette pour le dîner (2).

Suivons maintenant ce jeune officier, venu en 1813 à Paris, en congé de convalescence. Capitaine de hussards, à vingt-quatre ans, et décoré, il a 25,000 francs à dépenser et en trouvera facilement l'emploi. Avant de faire à cheval une promenade matinale, il a reçu Walter, son

---

(1) J.-B.-S. SALGUES, *De Paris, des mœurs, de la littérature et de la philosophie,* p. 25.

(2) *L'Hermite de la Chaussée d'Antin,* t. III, p. 216.

tailleur, auquel il a commandé pour 2,000 francs un nouvel uniforme. Revenu du Raincy à onze heures, il a déjeuné chez Tortoni. Son bogey, qui l'attend au coin du boulevard, le conduit chez Charrier, où il joue à la paume pendant une heure. A quatre heures, il s'est rendu aux bains chinois. On le voit reparaître en *demi-tenue*, frac vert saule, gilet de Cosaque, culotte de casimir, bas à côtes. Il dîne au café Hardy, où il ne manque pas de boire de la tisane de champagne à la glace, justement renommée. Il va entendre aux Français trois actes de *Gabrielle de Vergy*, se rend ensuite à l'Opéra et prend plaisir à voir danser un ballet. En sortant de l'Opéra, il se fait servir des glaces au café Foi, puis il regagne son lit à une heure du matin, ayant joui des plaisirs qu'offre la capitale à ceux qui viennent s'y reposer de la vie des camps.

V

Nous avons vu les Parisiens à Paris. Il faut y voir les provinciaux et les étrangers.

De tout temps, Paris a excité la curiosité de la province, et la province a provoqué les railleries de la capitale.

Je rouvre un livre dans lequel j'ai déjà puisé plus d'une information, et dont l'auteur nous conduit à une des barrières de Paris où arrivent des voyageurs, ceux-ci installés dans de bonnes voitures ou dans la diligence, ceux-là cheminant à pied, un sac sur le dos, un bâton à la main.

« Les premiers viennent dépenser quelques écus dans l'espoir de se faire remarquer tout à l'heure ; les autres viennent essayer de gagner quelques écus dans quelques mois ; les uns et les autres dans l'espoir de donner le ton à leur village, quand ils le reverront.

« Les gens de province, les femmes surtout, croient qu'un voyage fait à Paris leur donne une sorte de prépondérance dans leur petite ville. C'est une petite magistrature dont ils se prévalent pour critiquer, dédaigner, regarder en pitié tous les personnages qu'ils retrouvent dans le petit cercle qu'ils reviennent habiter. En fait de grâces, de danse, de bon ton, de modes, de cuisine, de spectacle, qui dans les petites villes oserait appeler des jugements d'une femme ou d'un merveilleux que leurs hautes destinées élevèrent à l'honneur suprême de passer huit jours à Paris ?...

« Paris est ingrat : la province trouve admirables tous les ridicules de Paris, et Paris se moque sans cesse des ridicules de la province...

« La prétention la plus familière à ces provinciaux que la marotte de la vanité conduit à Paris, c'est de se figurer que leur arrivée, leur séjour, leur personne feront sensation dans une ville où les grands de tous les empires, les ambassadeurs, les rois même sont à peine aperçus dans la foule. »

On racontait à ce propos l'histoire de la femme d'un directeur de la Compagnie des Indes, venue à Paris. L'hôtel où elle descendit était alors illuminé, à l'occasion d'une fête qu'y donnait une dame, occupant une partie de cet hôtel. La voyageuse ne douta pas qu'on eût voulu célébrer ainsi son arrivée. Elle fit dire à cette dame qu'elle la remerciait de son attention, mais qu'elle préférait dormir en repos. Ce trait fut bientôt connu à Paris, et l'on s'égaya aux dépens de celle qui l'avait fourni avec tant de naïveté.

Notre auteur juge un peu sévèrement peut-être les provinciaux; mais il observe, non sans raison, que l'espoir chimérique de la fortune attire à Paris beaucoup de gens qui n'y trouvent que déceptions et ruines. « Tant qu'à la vanité, ajoute-t-il, succédera la fausse honte de ne pas retourner dans ses foyers, quand on a mangé son argent à Paris, ou qu'on n'y a pas trouvé assez de ressources pour y en acquérir, cette ville fourmillera d'oisifs dont l'esprit fermentera chaque matin pour inventer des moyens d'existence dans le jour (1). »

Un provincial va nous dire à son tour comment il juge Paris (2). Il a gardé l'anonyme. Nous savons seulement qu'il est Alsacien. Parti au mois de mars 1806, il est monté à Strasbourg dans la diligence de Paris, où il a pour compagnon de voyage un hobereau normand, qui a quitté l'armée avec le grade de sous-lieutenant, après vingt ans de service, s'est mis à faire des vers et les récite volontiers. Dans le même compartiment se trouvent la veuve d'un ancien ingénieur du Roi, sa fille et deux enfants en bas âge auxquels une grande consommation de gâteaux ne manque pas de donner une indigestion.

La diligence a conduit les voyageurs, d'une traite, à Phalsbourg. Ils ont dîné à Lunéville et couché à Nancy, d'où l'on est reparti, le 9 mars, à trois heures du matin.

(1) Lavallée, *Lettres d'un Mameluck*, lettre XX.
(2) *Lettres sur Paris*, par M***, 1806-1807, in-12. Heidelberg, 1809 (Bibliothèque Carnavalet.)

Nouvelle couchée à Bar-le-Duc, dont les confitures de groseille ont été fort appréciées, et où l'on a soupé dans la même hôtellerie avec les voyageurs de la diligence venant de Paris. On s'est remis en route pour Vitry, et l'on est arrivé à sept heures du soir à Châlons, « aux huées d'une trentaine de polissons qui, pour nous bien faire les honneurs de la ville, eurent, dit le narrateur, l'attention d'accompagner la diligence jusqu'à l'hôtellerie où nous devions passer la nuit ».

Le départ de Châlons a lieu, le 11, à trois heures du matin. Le dîner a été servi à Épernay dans une auberge où se trouvaient des Juifs, et pour éviter leur compagnie, l'Alsacien est allé chez un perruquier dont la « respectable et grasse moitié » lui a fait la barbe. Il soupe à Château-Thierry, déjeune le 12 à Meaux, à six heures du matin, et arrive vers midi, transi de froid, aux barrières de Paris. Il est une heure quand la diligence le descend au bureau Notre-Dame des Victoires, où il est assailli d'offres de service. Ayant réglé son compte avec les messageries, il a pris place avec ses bagages dans un fiacre ne possédant qu'une glace, un store, un volet, un marchepied, et le véhicule avarié le conduit à l'hôtel du Petit-Espagne, rue de la Loi (ancienne rue de Richelieu), où il fait une courte toilette et un long dîner.

Le manque de trottoirs, la hauteur des maisons, l'étroitesse des rues toujours humides et boueuses, tels sont les premiers objets qui frappent l'attention du nouvel arrivant. Il admire davantage les grandes places et les promenades qui seraient très poussiéreuses dans la belle saison, si l'on ne prenait la précaution de les arroser avec des tonneaux.

On se procure un carrosse de remise à deux chevaux, pour vingt et une livres par jour, y compris le pourboire du cocher.

« Dans le nombre des fiacres qui de même que les cabriolets sont tous numérotés, on remarque souvent de très jolis carrosses, ce qui provient encore des premiers temps de la Révolution où les carrosses des émigrés étaient vendus pour rien, et où chaque particulier tâchait de se défaire de son équipage à tout prix. Malgré l'air d'élégance qu'ont plusieurs de ces voitures, on n'ose cependant les détailler sans qu'on y trouve quelque chose qui cloche : ou c'est un siège en lambeaux, ou une glace, ou un marchepied de moins, ou quelque autre imperfection saillante de ce genre, sans parler des chevaux qui ne sont que de misérables rosses, ni des cochers qui ont l'air de véritables chenapans. »

Rien ne vaut un cabriolet dont les chevaux ont d'excellentes allures, et que l'on peut conduire soi-même, en faisant monter le cocher derrière soi.

Les filous sont nombreux. Des passants voyant le mouchoir de notre provincial sortir de sa poche, lui disent charitablement : « Faites attention, monsieur, à votre mouchoir. »

Quoiqu'il ait négligé toutes les précautions dont les Parisiens ont coutume de se servir, il ne lui arrive pas une seule fois d'être volé.

« On peut, dit-il, passer en toute sécurité et à toute heure de la nuit dans les rues de Paris, sans courir le moindre risque. Le guet, tant à cheval qu'à pied, est d'une surveillance si éprouvée, qu'au moment où vous croyez être dépourvu de tout secours, vous vous trouvez enveloppé par lui de tous côtés. »

L'éclairage laisse beaucoup à désirer. Lorsque les boutiques où brille la lueur des bougies ou des quinquets, sont fermées, après onze heures du soir, on se dirige à grand'-peine à travers les rues sur lesquelles de rares réverbères répandent une faible clarté.

« Il semble en général que le climat de Paris est assez sain, car il y a peu d'endroits où l'on entend moins parler de maladies épidémiques et où l'on rencontre tant de vieilles gens qu'à Paris, dont le séjour est sans contredit infiniment agréable, puisqu'on y trouve toutes les ressources possibles, de même que l'agrément de vivre absolument indépendant, ignoré, si l'on veut, de tout le monde, ou répandu dans la société quand et autant qu'on veut. »

Le voyageur dont nous transcrivons les impressions, emploie ses journées à parcourir la capitale. Certaines enseignes lui paraissent mériter une mention spéciale. Telle, par exemple, celle d'un chapelier avec ces mots : *C'est ici le temple du goût.*

Ailleurs, une dame est représentée en grande parure, étendue dans une bergère, tandis qu'à ses pieds un individu, revêtu d'un costume militaire, lui enlève délicatement un cor. Tout auprès, on aperçoit un militaire dans la même attitude, subissant la même opération, et on lit cette réclame : *On coupe bien ici les cors.*

Les théâtres ne manquent pas d'attirer l'Alsacien. Le théâtre Montansier lui déplaît par son genre bouffon et par le grand nombre de courtisanes à qui l'on accorde l'entrée gratuite, dans l'espoir d'attirer par leur présence plus de spectateurs. Il va aux Français, à une représentation de *Coriolan,* tragédie de La Harpe, où il applaudit Talma. Un autre soir, il voit jouer *Tartufe.* Le théâtre Feydeau lui fait goûter la musique de Grétry, dans *Richard Cœur de lion.* Il trouve insupportables les limonadiers qui, pendant les entr'actes, se promènent dans la salle en criant : *Orgeat, limonade, glaces.*

Il dîne un jour chez Cambacérès, et aperçoit l'Empereur dans les appartements de l'Impératrice, à un des concerts qui ont lieu le mercredi et le samedi, à dix heures du soir.

Nul doute que notre provincial ne soit retourné dans son pays enchanté du séjour qu'il nous a fait connaître par ses récits.

Les étrangers qui visitent Paris le jugent avec leurs idées, leur caractère national et leurs préjugés. Leurs impressions n'en sont pas moins curieuses à consulter, et complètent les peintures que nous ont faites de la capitale des Parisiens et des provinciaux.

Un Allemand (1) venu en 1802 à Paris y admire l'organisation de la police et l'ordre qu'elle fait régner. Il se loue de la politesse de ses agents. Une chose l'étonne et ne nous étonnerait pas moins aujourd'hui, c'est que les femmes viennent décolletées dans le jardin des Tuileries, dont l'entrée est rigoureusement interdite aux hommes sans cravate. Il se plaint des voitures qui, par leur vitesse, causent d'innombrables accidents, sans que

---

(1) F.-J.-L. Meyer, *Briefe ans der Haupstadt und dem Innern Frankreichs,* 1802, 2 vol. in-8°. (Bibliothèque Carnavalet.)

la police puisse modérer de telles allures. L'exemple est donné par les cochers des grands personnages et des fonctionnaires du gouvernement; ce sont eux qui vont le plus vite.

Ce voyageur remarque le goût des Parisiens pour le luxe et les futilités, l'inconstance et la versatilité de leur caractère.

Un Anglais, habitant Paris de 1802 à 1805, trouve les maisons plus belles qu'à Londres, mais les rues plus étroites. Elles sont traversées par des ruisseaux qui passent au milieu, et l'absence de trottoirs les rend dangereuses pour les piétons que menacent continuellement les voitures lancées à fond de train. La rue de Tournon lui semble la plus belle, ainsi que celle qui conduit à la place Vendôme. Les bateaux de blanchisseuses lui gâtent l'aspect des bords de la Seine. Comme le voyageur allemand, il fait l'éloge de la police dans toute l'étendue de l'empire français; mais il déplore le militarisme, le rôle dominant de la conscription qui affaiblit, dit-il, les forces vitales et intellectuelles du pays.

Il critique la nourriture dont il a fait l'essai dans les restaurants qu'il trouve inférieurs aux tavernes anglaises. Sa surprise est extrême en voyant les tapis manquer dans les salles à manger comme dans les chambres à coucher. Il s'étonne, en sa qualité d'Anglais, de voir les hommes quitter la table en même temps que les femmes, au lieu d'y rester après elles pour se livrer aux libations.

Il attribue cette coutume à l'amabilité des Françaises qui savent grouper et retenir tout le monde autour d'elles. Le luxe de Paris, l'élégance, le goût dont s'inspirent la parure et l'ameublement, les splendeurs de la cour de Napoléon excitent son admiration (1).

Kotzebue, qui vint Paris en 1804, a laissé un récit de son séjour (2). La Révolution avait détruit les institutions de l'ancien régime. Mais les souvenirs de la France de cette époque étaient encore vivants dans bien des esprits, et Kotzebue se montre frappé de sentiments où, malgré le régime nouveau, se manifeste la fidélité royaliste :

« On peut voir, dit-il, par mille petites circonstances, que les Parisiens se rappellent avec plaisir le temps ancien. Le portrait de Louis XVI se trouve chez tous les marchands de gravures. Le jour de mon arrivée, j'allai voir l'opéra d'*Adrien,* et je fus surpris d'entendre applaudir avec force ces paroles : *Fidèle à mon roi,* etc.

« Des gens qui vous offrent leurs services comptent parmi les motifs de recommandation d'avoir été ci-devant nobles... On donne de nouveau le titre d'excellence aux ministres. Le nombre des livrées augmente tous les jours (3). »

L'écrivain allemand consacre un chapitre à la table et aux usages du monde, dont beaucoup lui causent de l'étonnement :

« Depuis que l'on ne se met plus à table pour dîner qu'à six ou sept heures du soir, on a nécessairement perdu l'habitude de goûter... Les *thés* ont pris la place des goûters. On appelle ainsi des repas qui se font entre deux et

---

(1) J. PINKERTON, *Recollections of Paris, in the years* 1802-1805. London, 1806, 2 vol. in-8°.
(2) *Souvenirs à Paris en* 1804, trad. par PIXÉRÉCOURT, 2 vol. in-12, 1805.
(3) T. II, ch. XII.

trois heures du matin, et où l'on trouve de tout excepté du thé. De la viande, du gibier, des vins spiritueux, du punch, etc., voilà de quoi se compose un thé. »

Les dîners ne semblent avoir exercé aucune séduction sur Kotzebue, qui les décrit de la manière suivante :

« Le maître d'hôtel entre dans le salon avec la serviette sous le bras et annonce que madame est servie. Après quelques cérémonies que l'on abrège, en mettant les noms sur les serviettes (usage qui devient souvent désagréable aux convives, en ce qu'il les place quelquefois auprès des personnes qu'ils n'eussent pas choisies), on sert la soupe bouillante, car c'est là son principal mérite, ce qui fait qu'on se brûle nécessairement le gosier, à moins qu'il ne soit pavé de mosaïque ou que l'on n'ait reçu de la nature les mêmes privilèges que l'Espagnol incombustible...

« A Paris, c'est le maître de maison qui sert ou bien celui des convives devant lequel chaque plat se trouve posé. »

Il parle avec éloges des restaurants et prend plaisir à énumérer les mets qu'on y trouve. Chez Véry et Naudet, en ne se refusant rien, il ne lui arrive jamais de dépenser plus de dix à douze livres.

« Pour donner au lecteur une idée exacte du dîner qu'il peut faire chez un fameux restaurateur, je vais rapporter une des cartes de Véry qui ne passe plus pour le premier du Palais-Royal, depuis que Naudet y est établi. On a d'abord à choisir entre neuf espèces de potages qui sont suivis de sept espèces de pâtés. Ceux qui n'aiment pas la pâtisserie peuvent se régaler d'huîtres à dix sous la douzaine, car il y a dans l'antichambre des femmes qui ne font autre chose que de les ouvrir. Souvent vingt-cinq espèces de hors-d'œuvre presque tous froids... Mais la base du dîner est le bouilli assaisonné avec vingt sauces différentes ou le bifteck avec toutes ses variations... On peut choisir dans trente et une entrées de volailles sauvages ou domestiques, et vingt-huit de veau ou de mouton. Ce choix est d'autant plus difficile que l'on ne connaît pas toujours les termes techniques. Par exemple, qui pourrait deviner ce que c'est qu'une *mayonnaise de poulet,* une *galantine de volaille* ou une *épigramme d'agneau?* Souvent trompé par ces noms bizarres, il arrive que l'on se fait servir des mets qui ne remplissent pas l'attente du palais ni du gosier...

« Je défie le mangeur le plus intrépide de conserver de l'appétit en sortant de dîner chez ce restaurateur; mais s'il restait encore une petite place dans son estomac, elle serait bientôt remplie par le choix qu'il pourrait faire dans trente et un plats de desserts (1). »

L'auteur anonyme d'un livre anglais sur Paris sous le Consulat (2) nous fait conaître la capitale à cette époque, en nous introduisant dans la société parisienne. Paris, où il était venu avant la Révolution, lui semble bien changé. Il n'y retrouve plus la même animation. Le nombre des équipages a beaucoup diminué. Les seules livrées qu'on y rencontre sont, dit-il, celles des étrangers et des ambassadeurs. Les armoiries ne décorent plus les panneaux des voitures. Les inscriptions révolutionnaires frappent les regards. Ce sont les seuls vestiges qui rappellent les jours

---

(1) T. I, ch. vii.
(2) *Paris as it was and as it is,* traduit en allemand. Leipzig, 1805-1806, 3 vol. in-8°

d'anarchie auxquels a succédé le règne de l'ordre. Le prix des hôtels a augmenté depuis 1789. Notre voyageur paye vingt-deux louis par mois, au lieu de douze, le logement qu'il occupe à l'hôtel d'Angleterre, rue des Filles Saint-Thomas.

Il est reçu chez une marquise de l'ancien régime où s'est conservé l'usage d'ouvrir la porte à deux battants ou à un seul, selon l'importance et la qualité des visiteurs. La maîtresse de maison sait indiquer les égards dus aux personnes réunies chez elle, par ses prévenances et les nuances de son accueil. Les titres sont donnés à chacun comme autrefois, et les omettre serait considéré comme une impolitesse, un acquiescement au « nouvel ordre de choses ». Il faut bien se garder de substituer aux noms de province ceux des départements, d'employer les nouveaux termes usités pour les poids et mesures. Mais on parle librement dans son salon de toutes les questions qui intéressent les arts et les sciences. La conversation roule volontiers sur l'ancienne cour, les anecdotes du temps passé. Celui-ci parle de ses terres, de ses chasses, un autre de son régiment.

Tout le monde, chez la marquise, est partisan de l'ancien régime et hostile au nouveau. Tout autre est le salon d'un parvenu où pénêtre cet Anglais. Malgré son origine plébéienne et ses préjugés démocratiques, le maître de maison a jugé convenable d'anoblir son nom, et l'on est d'autant mieux disposé à ne pas contredire cette prétention qu'il jouit de 100,000 livres de rente. L'étiquette est rigoureusement observée chez lui, où les invités s'efforcent de ne pas trahir leur extraction par leurs expressions et leurs manières. Mais les habitudes l'emportent parfois sur la consigne. Cette maison hospitalière se distingue par la variété des plaisirs qu'on y trouve : concerts, prestidigitations, pantomimes, ventriloques s'y succèdent et contribuent à en faire un centre fort recherché.

La grande préoccupation de la société nouvelle que composent des éléments différents et souvent hostiles, est d'éviter tout ce qui peut provoquer des discussions irritantes, réveiller des souvenirs pénibles. « Le gouvernement français, dit notre observateur, ressemble dans sa jeunesse à une jeune plante exposée à un air rude et dont la croissance a besoin d'être dirigée par des mains habiles. Tout ce qui peut compromettre sa croissance doit être évité avec soin. Pour l'amour de Dieu, ne parlez pas de la Révolution. Les blessures dont saignait la France sont encore trop récentes. Le rôle joué dans ces événements par beaucoup de personnes rappellent des faits qu'il faudrait pouvoir ensevelir dans un oubli éternel. »

Dans bien des salons, ces sujets douloureux sont si bien écartés de la conversation, que l'étranger admire l'harmonie qu'on y voit régner entre les gens les plus opposés les uns aux autres par leurs origines et leurs opinions.

La légèreté nationale contribuait à la pacification des esprits. « Un Français, dit encore celui qui vient de nous communiquer ses impressions, est porté à oublier ses malheurs ; il s'occupe peu de l'avenir et ne semble vouloir jouir que du présent. »

Peut-être cette mobilité, cette insouciance sont-elles un bienfait pour un peuple qui avait souffert de tant de calamités. Elles l'aidaient à se relever, en l'empêchant de se sentir écrasé par le poids de ses souvenirs.

VI

Retracer les événements auxquels assista la capitale de la France, ou dont elle ressentit le contre-coup, ce serait refaire l'histoire du Consulat et de l'Empire, redire les noms des victoires qui résonnèrent à Paris, comme y retentirent plus tard nos désastres. Rappelons cependant l'impression qu'y causèrent les plus mémorables de ces événements.

L'exécution du duc d'Enghien frappa les habitants de Paris de stupeur, et le bal donné, trois jours après, par Talleyrand, joignit à l'horreur du crime le dégoût qu'inspire la bassesse humaine (1). Mais l'émotion causée par le

(1) « A travers toutes ces scènes de terreur et d'alarmes, M. de Talleyrand trouva moyen de se distinguer par une insigne flatterie. Il donna un bal le 3 germinal, trois jours après la mort du duc d'Enghien. Deux mois auparavant, Mme de Talleyrand avait refusé de se trouver à un bal que M. de Cobentzel, par inadvertance, avait indiqué pour le 21 janvier, anniversaire de la mort de Louis XVI. *Comment*, disait-elle, *peut-on danser ce jour-là?* Que dire de ces scrupules et de l'indécence d'une fête donnée pour ainsi dire au bruit des coups de fusil qui venaient de frapper un parent de ce même Louis XVI ?

« Au surplus, la vive et pénible impression que cette dernière catastrophe avait faite dans Paris, s'affaiblit en peu de temps, ou du moins se dissimula soigneusement parmi les courtisans du pouvoir. Quant à la population de Paris, d'autres objets attirèrent bientôt sa curiosité, et lui firent oublier l'événement qui l'avait d'abord si fortement émue. D'ailleurs, il faut le dire, il n'y avait parmi elle ni souvenir, ni affection pour les Bourbons : elle les avait entièrement perdus de vue. Et malheureusement, elle avait été trop longtemps accoutumée à des scènes sanglantes pour que celle-ci lui parût plus extraordinaire et plus affligeante que tant d'autres dont elle avait été témoin. » (MIOT DE MÉLITO, *Mémoires*, t. II, p. 159.)

drame de Vincennes dura peu ; elle n'attendit pas pour s'effacer les fêtes du sacre de Napoléon qui remplirent d'une animation extraordinaire la capitale, en redonnant un nouvel essor au commerce et à l'industrie (1).

Dix ans plus tard, la couronne impériale tombait du front de celui qui avait connu tous les enivrements de la gloire. Le 25 janvier 1814, Napoléon quittait la capitale où devaient entrer, le 31 mars, les armées alliées, malgré les héroïques efforts par lesquels s'illustra l'armée pendant la campagne de France.

Le départ de l'Empereur avait été suivi d'alternatives de craintes et d'espérances. La nouvelle d'un succès faisait monter la rente, qui retombait à la suite d'une défaite. On vit le change du numéraire coûter jusqu'à neuf et dix pour cent, l'or disparaître, la foule assiéger la Banque de France pour le remboursement des billets qui ne pouvait excéder 500,000 francs par jour. Les employés de la préfecture de police ne suffisaient pas à délivrer des passeports. Treize cents personnes partirent en un jour. Les magasins se fermaient. Partout les maçons étaient employés à pratiquer des cachettes dans l'épaisseur des murs, et l'on se préparait aux éventualités d'un siège.

(1) « Les approches du sacre répandirent une grande satisfaction dans la classe commerçante des habitants de Paris. L'affluence des étrangers et des habitants de la province y était extrêmement considérable, et le retour vers l'ancien luxe et les anciens usages donnait de l'occupation à de nombreuses classes d'ouvriers qui sous la Convention et le Directoire n'avaient point trouvé à exercer leur industrie, tels que les selliers, les carrossiers, les passementiers, les brodeurs et beaucoup d'autres. Ces intérêts positifs firent à l'Empire plus de partisans que l'opinion et la réflexion ; et il est juste de dire que depuis douze ans, le commerce de Paris n'avait été dans une si belle position. » (BOURRIENNE, *Mémoires*, t. VI, ch. XIV.)

Le bulletin victorieux de Champaubert avait ranimé la confiance, et l'on espérait voir encore triompher l'aigle dont le vol avait parcouru l'Europe. Le carnaval fut très brillant et très animé.

« Paris, nous dit un historien de cette époque, avait recouvré la sécurité. On commençait à plaisanter ceux qui avaient envoyé leur mobilier en province ou caché leur or dans les caves... Les plaisirs, sinon les affaires, reprenaient. Des masques coururent les boulevards les jours gras. Il y eut foule aux derniers bals de l'Opéra, qui furent très gais... Le Palais-Royal reprit son diable au corps. On dansait au Wauxhall, au bal Tarare, au cirque de la rue Saint-Honoré. Dans les salons, on causait de la mort de Bernardin de Saint-Pierre, de celle de Geoffroy, le célèbre feuilletoniste des *Débats,* et du mémoire du jeune Villemain sur *les avantages et les inconvénients de la critique* que l'Académie française avait récemment couronné. MM. Aignan et Baour-Lormian, candidats en présence, faisaient leurs visites, comme si de rien n'était...

« Les théâtres retrouvaient leur public. Beaucoup de gens y venaient, comme à la Bourse d'ailleurs, en uniforme de garde national. C'était la mode du jour, comme c'était la mode pour les femmes de faire de la charpie. On applaudissait les couplets et les tirades patriotiques des pièces de circonstance. L'Opéra donnait *l'Oriflamme;* le théâtre de l'Impératrice les *Héroïnes de Belfort;* les Variétés, *Jeanne Hachette;* l'Ambigu, *Philippe-Auguste;* la Gaîté, *Charles-Martel;* le Cirque français, le *Maréchal de Villars;* le théâtre Feydeau, *Bayard à Mézières.* La Comédie française annonçait la *Rançon de Duguesclin,* avec Talma et Mlle George... Sur toutes les scènes on chantait la *Ronde de la garde nationale* d'Emile Dupaty :

> Gardons-le bien, l'enfant dont la puissance
> A nos esprits doit servir de soutien !
> Repose en paix, noble espoir de la France,
> Et nous, amis, dans l'ombre et le silence,
> Gardons-le bien !

« Le jour, c'étaient d'autres spectacles, les revues, les défilés de troupes ; enfin, le dimanche 27 février, la présentation à l'Impératrice des drapeaux ennemis pris dans les combats de Champaubert, de Montmirail et de Vauchamps (1). »

« On se fait à tout, raconte dans ses Mémoires le duc Victor de Broglie. Les alternatives de succès et de revers pendant la courte campagne de France avaient tellement démonté les esprits et déconcerté les conjectures, que le jour où l'on apprit l'approche des alliés, personne n'y voulut croire. Il fallut que le bruit du canon et le spectacle des paysans se réfugiant dans les faubourgs avec leurs familles, leurs meubles, leurs bestiaux, vinssent triompher de l'incrédulité générale (2). »

Levé de grand matin, le jour de l'entrée des armées étrangères dans la capitale, le duc de Broglie parcourut avec M. de Norvins les rues et les boulevards. Des hauteurs de Paris, il aperçut les troupes qui s'avançaient.

« Revenus sur le boulevard, entre la Madeleine et la rue Montmartre, il nous parut, dit-il, que la foule avait changé de caractère ; ce n'était plus une cohue effarée de gens

---

(1) Henry Houssaye, *1814*, p. 35.
(2) T. I, p. 252.

appartenant à toutes les conditions de la vie : la foule était presque exclusivement composée de gens bien mis, de femmes en négligé élégant ; c'était presque une promenade publique. Les boutiques, d'abord soigneusement fermées, se rouvraient à demi ; les restaurants se remplissaient d'hommes et de femmes qui déjeunaient à la hâte ; on entendait le bruit du combat très distinctement, on dit même que quelques obus tombèrent dans les rues adjacentes, mais je n'en crois rien. Les nouvelles qui circulaient étaient, comme on peut le penser, très diverses et très contradictoires ; personne ne croyait à rien ; tout le monde s'attendait à tout. »

M. de Broglie assista en spectateur à l'entrée à Paris de Louis XVIII, entouré des princes de sa famille et des maréchaux de l'Empire. Il a décrit la physionomie et l'attitude de la foule :

« Je ne crains pas de me tromper en disant qu'il y avait là deux courants distincts : l'un, et c'était de beaucoup le plus considérable, composé de gens à peu près comme moi, curieux, tristes et résignés ; l'autre composé de royalistes ardents, en nombre limité, mais bruyants et démonstratifs ; ces deux courants alternaient selon les quartiers, croissant ou décroissant plus ou moins, mais toujours distincts ; le dernier devint prédominant aux approches des Tuileries. »

Des sentiments bien différents se partageaient alors les cœurs français. Le patriotisme était humilié par la présence de l'étranger dont la vue rappelait nos défaites. La chute de l'Empire qui avait élevé si haut la gloire nationale, laissait de légitimes regrets aux admirateurs de l'homme de génie accablé par les revers, après avoir été à l'apogée de la puissance. D'autres voyaient dans le terme de son règne celui des guerres continuelles qui, provoquées par une ambition insatiable, décimaient la France et ne laissaient jamais espérer le repos à un pays épuisé.

Le retour de la royauté promettait une ère pacifique et réparatrice, et le souvenir de Louis XVI couronnait d'une auréole la race qui, après tant de malheurs, recueillait son héritage.

De nouveaux spectacles allaient éveiller de nouvelles émotions dans la ville où s'étaient accomplis tant d'événements.

Un an s'était à peine écoulé, quand Napoléon reparut au milieu de la capitale qu'avait quittée précipitamment le représentant de la monarchie restaurée.

Le récit d'un aspirant de marine (1), alors à Paris, nous y transporte pendant cette période, en nous initiant aux impressions de ses habitants.

Napoléon venait de débarquer à Fréjus :

« La nouvelle, arrivée à Paris ainsi qu'à Vienne dans la soirée du dimanche qui était le 5 mars, cachée d'abord par le gouvernement, mettait le lendemain toute la ville dans la plus grande agitation... La première pensée fut de n'y pas croire, tant cela parut extraordinaire. Ce ne furent d'abord que de vagues rumeurs qui coururent dans les théâtres et dans cette vieille galerie de bois du Palais-

---

(1) A. JAL, *Souvenirs d'un homme de lettres*, in-12, 1877, ch. VII. Né à Lyon en 1795 et mort en 1873, cet écrivain fut historiographe et archiviste de la marine.

Royal, improvisée depuis 1793 sur le vaste terrain qui servait aux écuries du duc d'Orléans, et où chaque soir un grand nombre d'anciens militaires, assez peu amis de la Cour, venaient, parmi une foule d'oisifs, battre la terre de ses deux allées parallèles, couvertes en toiles et en planches, avec quelques vitrages, et bordées d'une triple ligne de boutiques, où les libraires étalaient leurs nouveautés et les modistes travaillaient sur de grands tabourets tournés vers le dehors.

« On ne savait dans cette foule ce dont il s'agissait, mais on était certain qu'il y avait quelque chose. Enfin, la vérité se fit jour. On apprit que Napoléon s'était d'abord présenté comme le lieutenant général des armées de son fils, sans cavalerie, sans artillerie, sans matériel aucun. Au récit de sa marche audacieuse, quelqu'un s'étant écrié devant M. de Fontanes que c'était affreux : Oui, repartit celui-ci; mais ce qu'il y a de pire, c'est que cela est superbe.

« En effet, s'il n'y avait pas de complot, cela tenait du merveilleux comme tant de pages de la vie de cet homme. Mais combien la France devait payer cher cet éblouissement! Les esprits sérieux semblaient le pressentir. La capitale prit aussitôt un aspect étrange. Ce qu'il y avait d'inquiétude, d'assurance, de tristesse morne, de joie mal dissimulée, de crainte et d'espérance sur la physionomie de cette grande cité, ne saurait se dire.

« Dans la journée du 7, les groupes se formaient aux Tuileries et sur les boulevards. Les cafés se remplissaient de nouvellistes dont chacun avait sa lettre confidentielle, et la lecture du *Moniteur* qui se faisait à haute voix était interrompue par des commentaires où l'esprit de parti commençait à se montrer à découvert. Dès ce jour, on put remarquer dans la contenance des militaires un changement dont il était facile de démêler la cause et de prévoir l'effet...

« Ce fut dans les premiers jours que nous vîmes reparaître les singuliers uniformes que les émigrés rentrés en 1814 avaient fait faire pour se montrer à l'heure de la messe.

« Je n'oublierai jamais un ancien major de Champagne, infanterie, et un ci-devant mousquetaire gris de Louis XV qui étaient dans le salon de la Paix, portant, l'un son long et vaste habit blanc, à revers bleu de ciel, et l'autre sa veste de drap écarlate, cuirassée d'un spencer de drap gris à croix noire. Chacun de ces défenseurs de la monarchie menacée était plus que septuagénaire. La traînante rapière du fantassin qui avait appris en Angleterre à suspendre son épée à deux tresses de soie, le petit chapeau à la Saxe, galonné d'or, la perruque à la brigadière, les jambes de vanneau dont les bottes hautes, larges et pointues montaient jusqu'aux rotules saillantes du cavalier, excitèrent le rire des spectateurs.

« Ils étaient pourtant bien affligés, ces deux vieillards. Le mousquetaire, qui avait vu dès le berceau toute cette famille que l'exil allait frapper pour la seconde fois, pleurait de grosses larmes de regret véritable, car il n'avait rien gagné à la Restauration que le droit de porter son antique uniforme et une cocarde de ruban blanc qu'il avait faite d'autant plus énorme ce jour-là que le péril lui paraissait plus grand. Il n'avait eu ni pension, ni dignité, ni croix de Saint-Louis. Il nous le dit sans amertume, sans adresser un seul reproche au Roi; bien différent en cela de tant de gens qui se réjouissaient aux Tuileries mêmes de la catastrophe prochaine, parce qu'elle allait renverser un pouvoir qu'on avait, disaient-ils, vu avare à l'égard des émigrés et des hommes de la Révolution ralliés aux Bourbons depuis un an.

« Les Bourbons, disait le mousquetaire, n'ont rien fait pour moi; mais je les sers depuis plus de soixante ans, et ce n'est pas aujourd'hui que je les abandonnerai. Ils ont besoin de moi, me voilà. Mon épée leur appartient, et je viens mourir à côté d'eux sur les degrés du trône.

« Et le bonhomme levait en l'air son chapeau, l'agitait avec enthousiasme et criait de toutes ses forces : Vive le Roi! A bas le tyran corse! Ces cris impuissants trouvaient à peine deux ou trois échos dans ce salon où nous étions plus de deux cents personnes.

« Jusqu'au 19 mars, le major du régiment de Champagne et le mousquetaire de Louis XV ne quittèrent pas le château; ils se retirèrent quand ils virent qu'on les avait trompés, et que ni Roi, ni princes n'étaient disposés à arroser de leur sang les marches du trône...

« Après le départ de Louis XVIII, le boulevard des Italiens, rendez-vous du monde élégant et surnommé en 1792 le boulevard de Coblentz, se trouva divisé en deux parties, l'une nommée le boulevard de Gand, l'autre boulevard de l'île d'Elbe. Sur ce dernier se promenaient les amateurs de la violette et de l'œillet rouge, c'est-à-dire les impérialistes et les républicains. Sur le boulevard de Gand, de jeunes et jolies femmes se montraient avec des guirlandes de lis ou de roses blanches, semées de fleurs de lis bleues. Le bleu royal était devenu pour elles une couleur aimée : il signifiait la constance.

« Napoléon avait souvent mis les femmes contre lui : les mères d'abord par la conscription, les jeunes filles riches et leurs parents par l'habitude qu'il avait prise de marier sans les consulter des héritières à des officiers en faveur, enfin les femmes d'esprit, de génie même, par sa brutalité envers elles. »

Après une course triomphale à travers la France, Napoléon arrive à Paris, où l'auteur de ce récit nous transporte le 20 mars :

« Partout, en dehors du Palais de justice où MM. Séguier et Brisson siégèrent encore, le gouvernement royal avait cessé d'exister et le gouvernement impérial n'existait pas encore. Seule la garde nationale veillait, et cela était bien nécessaire, car les faubourgs, depuis les portes Saint-Denis et Saint-Martin jusqu'au Jardin des Plantes, avaient comme versé leur population sur les boulevards. Les ateliers étaient fermés, et l'on voyait dehors ces figures qui semblent n'apparaître que les jours de grande commotion ou de grand spectacle, ce qui est souvent tout un.

« On a beaucoup exagéré de part et d'autre l'effet que produisit l'entrée de Napoléon à Paris : les passions y voient mal. J'ai cela présent à la mémoire comme aux yeux, et je me souviens de la fausseté de diverses relations. Depuis le matin, le drapeau blanc avait été amené du pavillon de l'Horloge; les Tuileries attendaient les trois couleurs. A une heure après midi, un officier général du nom de Rainbaut, célèbre dans les fastes de la guerre comme commandant de la cavalerie, prit possession du château au nom de l'Empereur, son maître et le nôtre, comme il nous le dit dans son langage monarchique impérial. Quelque temps après, un lieutenant colonel des ci-devant lanciers rouges vint dire que l'Empereur serait à Paris dans quatre heures; il était déjà à Villejuif. Un garde national ayant demandé quels étaient les personnages qui apportaient des nouvelles, il lui fut répondu que c'étaient deux plénipotentiaires du général Lefèvre des Nouettes. On se porta alors sur la route par laquelle l'on supposait que Napoléon devait arriver. Des milliers de corbeilles de violettes, avaient été préparées pour être répandues sur son chemin; mais il avait pris par des rues où l'on ne l'attendait pas.

« A la nuit tombante, toutes les boutiques se fermèrent. Celles qui portaient les emblèmes de la royauté les avaient effacés dans la matinée. Bientôt tous les honnêtes gens étaient rentrés chez eux : femmes, enfants, hommes; dans les rues obscures et désertes, on n'entendait que le bruit des patrouilles. Il n'y avait guère de monde qu'au Palais-Royal et au Carrousel; là étaient les curieux et les intéressés.

« Au Palais-Royal où était le café Montansier, des agents impérialistes, montés sur des chaises et environnés de groupes, faisaient des harangues ou chantaient des chansons en l'honneur de Napoléon; des femmes perdues comme ce lieu en rassemblait tant alors, ivres, en désordre, criaient : Vive l'Empereur!

« Sur la place du Carrousel se tenaient des curieux plus ou moins indifférents; mais des napoléonistes étaient déjà dans la cour des Tuileries et dans les appartements. Lorsque Napoléon y arriva vers neuf heures, l'Empereur et son cheval furent textuellement portés de la grille au pavillon, ainsi qu'ils l'avaient été huit jours auparavant dans la rue de la Barre, à Lyon, en descendant du pont de la Guillotière. On pressait tellement l'Empereur qu'il fut plusieurs fois obligé de prier qu'on s'éloignât un peu de lui, et d'avertir qu'on lui faisait mal.

« Dans cette cour, l'enthousiasme était au comble ; mais tout se passait assez froidement sur la place. On criait peu, on regardait ; on était plus surpris que joyeux... La nuit ne fut pas sans inquiétude ; l'on ignorait que le Roi eût défendu une résistance inutile. Paris attendait le lendemain pour savoir s'il devait croire à l'Empereur, ou si ce n'était qu'une apparition fantastique dont il avait été frappé.

« Le jour vint enfin. Le peuple était allé en foule dès six heures voir le soleil se lever sur le pavillon tricolore. Quelques groupes de curieux étaient au Carrousel, amusés par le bivouac du bataillon d'Excelmans. L'Empereur se montra au balcon de bonne heure ; un cri général : Le voilà ! le voilà ! vive l'Empereur ! salua son arrivée. Il était sans chapeau et remercia de la main. Il avait sa capote grise, usée, trouée, reste de cette capote historique qu'il n'avait pas manqué de mettre aussi en entrant à Lyon, pour frapper la population lyonnaise du spectacle de la misère qu'on avait faite à sa royauté de l'île d'Elbe...

« L'enthousiasme éclata dès que le danger ne fut plus à craindre. Les soldats et les hommes des dernières classes s'étaient parés de bouquets de violettes. Le soir même, un acteur invité à chanter la *Marseillaise* qu'il ne savait pas, fut accueilli par des bravos frénétiques, après avoir chanté :

> L'aigle volant de clocher en clocher,

en attendant de nouveau le tour de : *Vive Henri IV !* et de : *Charmante Gabrielle.* »

Le retour de l'île d'Elbe, c'était l'éclatante et soudaine revanche du grand Empereur reprenant possession de la France où son image était restée chère au pays fatigué de son ambition, mais toujours ébloui de sa gloire. Ce fut aussi une page triste et sombre dans son histoire, car en déchirant l'acte récent de son abdication, il venait précipiter toute une nation au milieu de nouvelles aventures, et plaçait ses anciens amis dans la cruelle alternative de paraître infidèles à leurs souvenirs ou de trahir le serment qui les liait désormais à la Royauté légitime.

L'état moral de Paris au moment où y revint Napoléon, est peint en quelques traits par le duc Victor de Broglie, qui exprime des impressions différentes et qu'on ne s'étonnera pas de trouver sous la plume du gendre de madame de Staël :

« On se préparait à la résistance avec la ferme résolution de ne pas attendre le premier choc. On jurait haine au tyran, en s'arrangeant sous main pour en être bien reçu, le moment venu... Une foule hébétée se pressait aux Tuileries, criant : Vive le Roi ! en attendant qu'elle criât : Vive l'Empereur!

« Tout était morne, calme, indifférent; au fond, sans regret, sans espoir, mais non sans inquiétude.

« Mon cher, disait quelques jours après l'Empereur à

M. Mollien, ils m'ont laissé venir comme ils ont laissé partir les autres...

« Le lendemain du départ de celui qu'on laissait partir, et le jour de l'arrivée de celui qu'on laissait venir, fut encore plus triste que la veille. Paris était lugubre : les places publiques désertes, les cafés, les lieux de réunion à demi fermés; les passants s'évitaient; on ne rencontrait guère dans les rues que des militaires attardés, des officiers en goguettes et des soldats en ribote, criant, chantant la *Marseillaise,* éternel refrain des tapageurs, offrant à tout venant, d'un ton goguenard et presque à la pointe de leur sabre, des cocardes tricolores... A la nuit close, le maître arriva. Il arriva comme un voleur, selon l'expression de l'Évangile qui ne fut jamais plus juste. Il grimpa le grand escalier des Tuileries, porté sur les bras de ses généraux, de ses anciens ministres, de tous les serviteurs de sa fortune, sur le visage desquels on pouvait néanmoins lire autant d'anxiété que de joie (1). »

Le 1ᵉʳ juin, avait lieu au Champ de Mars l'Assemblée du Champ de Mai où Napoléon, dans un costume théâtral, proclamait le nouvel Empire libéral, consacré par l'acte additionnel et ratifié par 1,532,457 suffrages contre 4,802. Cette cérémonie, qui rappelait celle de la Fédération en 1790, n'excita qu'un enthousiasme factice.

« C'était, a dit M. Henry Houssaye, le spectre de la guerre qui présidait cette fête. Il y avait des vivats, mais pas un cri de joie (2). »

Un écrivain à qui j'ai déjà emprunté un tableau de

---
(1) *Souvenirs,* t. I, p. 201 et suiv.
(2) *1815,* ch. vi.

Paris pendant les Cent-jours, confirme cette assertion. Il fut frappé des sombres pressentiments qui planaient sur la solennité dont il fut témoin, et que reflétait la physionomie de Napoléon.

« Ce n'était plus le Bonaparte d'Égypte et d'Italie, le Napoléon d'Austerlitz et même de Moscou. Sa foi en lui avait cessé ; il était descendu dieu du trône, il venait d'y remonter homme ; il le sentait, et ses pensées donnaient à ses yeux une effrayante immobilité...

« Près de moi était un nègre, un officier décoré, chef d'escadron de chasseurs à cheval, député de je ne sais quel département. Comme moi, il avait étudié avec un intérêt soutenu la figure de Napoléon. Pendant cette longue séance, nous n'avions pas échangé une parole, mais quelquefois mes yeux avaient rencontré les siens, où se lisait un singulier mécontentement. Quand l'Empereur descendit les gradins de l'amphithéâtre pour aller distribuer les drapeaux, le nègre franchit l'enceinte où nous étions, pour se trouver mieux sur son passage ; je le suivis machinalement. J'étais à côté de lui au moment où Napoléon passa ; il me prit la main, la pressa bien fort, regarda fixement l'Empereur, puis me dit d'un ton qui me fit une impression douloureuse : Il n'en a pas pour longtemps !

« L'officier remit son chapeau avec humeur, me regarda, me salua et disparut. Je ne l'ai jamais rencontré depuis (1). »

Le 12 juin, Napoléon quittait Paris, où il ne devait revenir qu'après Waterloo, lorsque sa puissance s'écroulait

---

(1) A. JAL, *Souvenirs d'un homme de lettres*.

dans un suprême désastre. Le 24 juin, il s'éloignait pour toujours de la capitale où les armées coalisées s'apprêtaient à rentrer.

« Était-ce, a écrit Villemain dans les pages où il évoque ces souvenirs, légèreté, ignorance ou insouciant oubli des maux de la guerre que tant de récits domestiques, tant d'épreuves personnelles ou voisines de nous n'avaient que trop enseignés? Était-ce confiance excessive dans le rempart vivant que jetaient autour de Paris ces 60,000 hommes de vaillantes troupes, amassés devant nos faibles barrières, et prêts à se porter d'une rive à l'autre, sauf à ne pouvoir laisser une réserve suffisante sur la cité qu'elles quitteraient? Était-ce une sorte de quiétude cosmopolite et de foi dans la puissance éprouvée de la civilisation moderne, dans l'idée enfin qu'au milieu de sa métropole, cette civilisation était inviolable, et que ni les ennemis, ni nous-mêmes ne pouvions faire de Paris, de ce magnifique dépôt de la science et des arts, un nouveau Moscou? Peu importe l'explication. Mais nul contemporain n'oubliera l'aspect extraordinaire et tranquille que présentait alors même cette grande ville, cette foule de curieux, répandue sur les boulevards, y compris, on peut le croire, ce boulevard de Gand, ces promeneurs encombrant la rue de la Paix et la place Vendôme, ces allées des Tuileries remplies de femmes parées, attentives au bruit du combat, calculant la proximité croissante de ce bruit, et du reste par moments paisibles et souriantes; puis ce qu'on n'avait pas vu dans les villes libres de Hollande envahies par Louis XIV, ni de nos jours dans bien des villes d'Allemagne, visitées par nos armes, des hommes assis sous les arbres, se passant les gazettes et s'informant des nouvelles de l'avant-garde et des variations de la Bourse (1). »

Étrange spectacle, en effet, que celui qu'offrait la grande cité. Mais à combien d'événements, à combien de catastrophes n'avait-elle pas assisté? Le fléau des révolutions avait passé sur elle sans la détruire. Elle avait vu s'élever et tomber ensuite le colosse de gloire qui projetait son ombre immense sur le pays accablé de revers. Mais tant d'épreuves et de grandeurs, tant d'émotions diverses étaient dominées par l'irrésistible besoin de vivre, de demander au plaisir l'oubli, et de voir succéder les jours de fête aux jours de deuil.

Paris a continué de suivre le cours de son inconstante et orageuse destinée. Les émeutes ont dressé leurs barricades dans ses rues dont les pavés ont, pour la troisième fois, retenti sous les pieds des chevaux de l'étranger. La torche de l'incendie a été promenée, au milieu de ses édifices, par des mains criminelles, et la ville superbe a été la proie de la démagogie, sous les yeux de l'ennemi victorieux.

On compte dans ses annales bien des années douloureuses et tragiques. Mais un sceptre est resté entre ses mains, et aucune capitale du monde n'a pu encore le lui ravir.

> Paris qui garde, sans y croire,
> Les faisceaux et les encensoirs,
> Tous les matins dresse une gloire,
> Éteint un soleil tous les soirs ;
> Avec l'idée, avec le glaive,

(1) *Souvenirs contemporains d'histoire et de littérature*, 2ᵉ partie, ch. XXI.

> Avec la chose, avec le rêve,
> Il refait, recloue et relève
> L'échelle de la terre aux cieux.
> Frère des Memphis et des Romes,
> Il bâtit, au siècle où nous sommes,
> Une Babel pour tous les hommes,
> Un Panthéon pour les dieux (1).

Le poète qui célèbre Paris dans ces vers annonce sa destruction que lui révèle une vision prophétique. Il montre, restés seuls debout : les tours Notre-Dame, symbole de la foi, l'Arc de triomphe et la colonne Vendôme, images de la gloire.

Qu'un pareil sort soit épargné à la ville qui règne par les durables conquêtes de la science, de l'art et de la pensée, et qu'on voie toujours resplendir au-dessus d'elle les antiques croyances et les souvenirs héroïques de la patrie française !

(1) Victor Hugo, *Les voix intérieures*. A l'Arc de triomphe.

CHAPITRE IX

LA PROVINCE.

I. État général du pays au commencement du Consulat. — II. Le retour des émigrés. La vie en province. — III. Les préfets et l'esprit public.

I

Eloignons-nous de Paris où nous ont retenus tant de spectacles divers, et transportons-nous en province. La diligence nous attend dans la cour des Messageries. Coiffé d'un bonnet garni de fourrure, le conducteur tient sa feuille de route à la main. Son visage, son attitude, ses gestes annoncent l'importance de son rôle. Il gourmande les postillons, fait placer les paquets et les portemanteaux.

Suivis de commissionnaires chargés de malles, les voyageurs arrivent. Parmi eux, on distingue un officier à longues moustaches, vêtu d'une redingote verte. Un bonnetier de la rue de la Féronnerie, sur le point de partir pour Saint-Malo où l'appellent des affaires de commerce, reçoit les adieux de sa femme. Il a tout prévu, car, en cas d'attaque, il est muni de deux pistolets, d'une canne à sabre et d'un couteau de chasse. Son parapluie est enfermé dans un fourreau de toile verte. Dans son panier de provisions il trouvera un morceau de veau rôti, deux bouteilles de vin et du ratafia de cerises qu'un flacon d'osier préserve contre des accidents malencontreux. Enfin, il pourra se livrer au sommeil, enveloppé de sa large houppelande, un bonnet de laine sur la tête.

Ce ne sont qu'allées et venues dans cette cour où l'heure prochaine du départ est précédée d'un redoublement d'activité. Voici venir encore un vieil ecclésiastique, un jeune médecin, une comédienne. Plus loin, c'est une mère et une fiancée adressant leurs adieux à un jeune homme qui va rejoindre son régiment. Déjà l'on commence à se disputer les places.

Le conducteur est monté sur son siège. Les postillons boivent le coup de l'étrier, puis ils font claquer leur fouet, en jurant après les chevaux. La lourde machine s'est mise en marche, en ébranlant le pavé, et les voyageurs sont partis, armés de patience contre les longueurs de la route (1).

Ailleurs, c'est la chaise de poste qui emportera, dans son vol rapide, les privilégiés de la fortune. Les palefreniers ont eu soin d'inonder d'eau la voiture, pour s'assurer qu'elle est imperméable.

L'énorme malle appelée *vache* a été attachée, en arrière, par de solides traits de cuir. Sur le siège prendront place le valet de chambre et la cameriste. Il en coûtera dix francs par poste, à cinq chevaux. Si l'on se rend de Paris à Aix-les-Bains, le prix sera de 990 francs, puisqu'il y a 99 postes. Il y faudra ajouter les frais d'auberge et la dépense occasionnée par le courrier qui précède d'une

---

(1) *L'Hermite de la Chaussée d'Antin*, t. II, p. 268.

demi-journée l'équipage, afin de commander les relais (1).

Pour nous, voyageurs à travers le passé, nous nous arrêterons souvent, regardant, écoutant, écrivant nos observations. Nous interrogerons volontiers les contemporains, ceux qui ne sont plus, puisqu'il s'agit d'une excursion au pays des morts.

Nous ne sommes encore qu'au lendemain du jour où le 18 brumaire a donné le pouvoir à Napoléon qui va reconstruire la France au milieu du chaos révolutionnaire. On a vu précédemment (2) quelle avait été l'œuvre réparatrice du Consulat. Les ruines matérielles égalaient les ruines morales. Dans ce pays si florissant et si prospère à la fin du règne de Louis XVI, et dont les voyageurs étrangers parlaient alors avec admiration, le désordre, l'incurie, les discordes civiles avaient accompli leur œuvre néfaste. Tout présentait l'image de l'abandon et de la destruction. Partant pour l'expédition qui devait se terminer par l'éclatante victoire de Marengo, Bonaparte écrivait aux Consuls : « Je ne vous peindrai pas ce que j'ai éprouvé en traversant la France. Si je n'avais souvent changé de route, je ne serais pas arrivé de huit jours (3). »

Les accidents de voiture n'étaient pas seuls à craindre avec le mauvais état des chemins. On était exposé aux crimes d'un brigandage dont une longue impunité encourageait l'audace. Un arrêté du gouvernement consulaire avait enjoint à toute voiture publique d'avoir, sur l'impériale, quatre soldats avec un sergent ou un caporal. Quatre

---

(1) Henry Bouchot, *Le luxe français. L'Empire. Les grands voyages*.
(2) Chapitre ii, § III.
(3) *Correspondance de Napoléon I*^{er}.

gendarmes y prenaient place lorsque la voiture contenait plus de 70,000 francs appartenant à l'État ou à des particuliers. Les cochers et les postillons devaient être munis d'un couteau de chasse et d'une paire de pistolets pour le cas où ils auraient à défendre leur vie.

Ces précautions disaient assez l'insécurité des voyages. Mais deux ans après avoir pris possession du pouvoir, Bonaparte pouvait écrire avec un juste orgueil : « L'étranger envie la sûreté de nos routes et cette force publique qui souvent invisible, mais toujours présente, veille sur ses pas et le protège, sans qu'il la réclame. »

On peut juger de l'appauvrissement général du pays par l'état financier que décrit Mollien, au moment de la chute du Directoire :

« Les produits des douanes couvrant à peine leurs dépenses; ceux de l'enregistrement à peu près réduits aux droits modiques que supportait la vente des domaines nationaux; le commerce écrasé à la suite des réquisitions et des perceptions arbitraires, par une énorme taxe dont le prétexte était la réparation des routes (lesquelles restaient impraticables), et qui suffisait tout au plus à l'entretien des barrières et de leurs gardiens; la trésorerie n'ayant pour ressource que quelques recouvrements tardifs sur les domaines mal vendus, et une contribution foncière si mal répartie que celle qui frappait les domaines nationaux restant à vendre, absorbait presque leur fermage; le faux monnayage des assignats, remplacé par l'émission de prétendues valeurs qui n'étaient pas plus propres à faire office de monnaie, puisqu'elles n'avaient pas de cours fixe, telles que des *cédules hypothécaires,* souscrites par des adjudicataires d'immeubles, la plupart insolvables; des *délégations* sans échéances certaines sur des caisses publiques dont les recouvrements étaient aussi incertains que ces échéances; des *assignations* sur des *titres de compensation* en vertu desquels les rentiers auxquels l'État se dispensait de payer leurs rentes, se dispensaient à leur tour, eux et leurs amis, de payer leurs contributions; effets discrédités qui perdaient sur la place de 50 à 80 pour 100, et que la trésorerie prétendait maintenir au pair dans ses paiements, parce qu'elle les donnait en effet à ce taux à des gens qui, souvent, ne lui livraient rien en échange; les comptables et leurs caisses mis partout à la discrétion d'un essaim de soi-disant banquiers, entrepreneurs de tous les services ministériels, envers lesquels le ministère se constituait débiteur, avant que ces fournisseurs eussent rien fourni; une banqueroute solennelle de deux milliards pour compléter ce système journalier de banqueroutes qui datait de la première émission des assignats; la matière imposable appauvrie partout comme les revenus particuliers qui en sont la source, par l'effet des confiscations, des réquisitions, des emprunts forcés, de l'annihilation des deux tiers du capital de la dette publique, et du non-paiement de plusieurs années d'arrérages; le prix vénal des immeubles, des marchandises, des denrées, variant chaque jour dans chaque province, dans chaque ville, souvent dans chaque quartier; plus de 600 millions de dépenses indispensables avec moins de 300 millions de recettes publiques; enfin, un Corps législatif qui était l'arbitre de la France, demandant sérieusement alors si la trésorerie ne pouvait pas, pour sortir d'embarras, imiter les commerçants qui, avec un million de capital, font pour dix millions d'affaires. Et tandis que l'intérieur de la France n'était plus qu'un vaste champ de désordres et de ruines, les armées de trois grandes puissances menaçant sur tous les points ses frontières.

« Rien n'est exagéré dans ce tableau de la situation de la France (1). »

Une administration régulière n'avait pas tardé à relever le crédit et à ramener la confiance. Mais de dures privations pesaient sur les cultivateurs. Un de ceux-là, habitant d'un pays fertile, à Vernon, près de Tours, se lamente sur sa condition, le 23 pluviôse an VIII. Il montre le petit fermier, ses denrées vendues, vivant de pain d'orge et de laitage, et les journaliers, les vignerons ne luttant comme lui contre l'existence qu'à force d'économies et de sacrifices (2).

Chateaubriand, revenu d'émigration en 1800, et abordant la terre de France, retrouva partout la trace des maux qu'y avait causés le régime révolutionnaire :

« A mesure que le *packet boat* de Douvres approchait de Calais, dit-il, j'étais frappé de l'air pauvre du pays : à peine quelques mâts se montraient dans le port; une population en carmagnole et en bonnet de coton s'avançait au-devant de nous, le long de la jetée; les vainqueurs du continent me furent annoncés par un bruit de sabots...

« Sur la route, on n'apercevait presque point d'hommes; des femmes noircies et hâlées, les pieds nus, la tête découverte ou entourée d'un mouchoir, labouraient les champs :

---

(1) *Mémoires*, t. I, p. 212.
(2) *Archives nationales*, F¹ᶜ· 24.

on les eût prises pour des esclaves. J'aurais dû plutôt être frappé de l'indépendance et de la virilité de cette terre où les femmes maniaient le hoyau, tandis que les hommes maniaient le mousquet; on eût dit que le feu avait passé dans les villages; ils étaient misérables et à moitié démolis : partout de la boue ou de la poussière, du fumier et des décombres.

« A droite et à gauche du chemin, se montraient des châteaux abattus; de leurs futaies rasées, il ne restait que quelques troncs équarris, sur lesquels jouaient des enfants. On voyait des murs d'enclos ébréchés, des églises abandonnées dont les morts avaient été chassés, des clochers sans cloches, des cimetières sans croix, des saints sans tête et lapidés dans leurs niches. Sur les murailles étaient barbouillées ces inscriptions républicaines déjà vieilles : *Liberté, égalité, fraternité ou la mort*. Quelquefois, on avait essayé d'effacer le mot *mort,* mais les lettres noires ou rouges reparaissaient sous une couche de chaux. Cette nation qui semblait au moment de se dissoudre, recommençait un monde, comme ces peuples sortant de la nuit de la barbarie et de la destruction du moyen âge (1). »

C'était en effet la France, conduite par le génie, qui revenait à la vie, appelée par de glorieuses destinées. Les destructions dont l'aspect attristait les regards de Chateaubriand, étaient plus frappantes et plus douloureuses encore dans les provinces qui, comme la Vendée, avaient été le théâtre de la guerre civile. Le duc Victor de Broglie, s'y rendant au commencement de l'année 1800, peu après la

---

(1) *Mémoires d'outre-tombe*, t. II, p. 220.

pacification conclue par les soins des généraux Brune et d'Hédouville, vit « les villages encore à moitié détruits, les bois incendiés, les champs en friche ».

« La paisible famille au sein de laquelle nous fûmes reçus, écrit-il, les voisins qui la fréquentaient, les habitants du lieu et des localités environnantes, nous racontaient les scènes d'horreur dont ils avaient été les témoins, comme les bourgeois de Paris racontaient après le 9 thermidor les massacres du 2 septembre : simplement, familièrement, par forme de conversation. Ils interrompaient leurs récits pour vaquer à leurs affaires domestiques (1). »

II

Bien des émotions accompagnaient le retour en France de ceux qui, pendant de longues années, en avaient été bannis. Les joies étaient souvent mêlées de larmes. Si l'on avait à gémir sur le naufrage de la fortune, on avait de plus douloureuses pertes à pleurer. Toutefois une immense satisfaction dominait l'âme de ces anciens proscrits, en foulant la terre toujours aimée, mais où ils ne posaient encore le pied qu'avec crainte.

Les pages suivantes (2) nous montrent un émigré revenu dans sa famille qu'avaient épargnée la spoliation et l'échafaud :

(1) *Souvenirs*, t. I, p. 38.
(2) Comte D'HAUSSONVILLE, *Ma jeunesse* (1814-1830), p. 55 et suiv.

« Mon père rentra en France (1) avec un laissez-passer qui lui fut donné par M. d'Argout, alors commissaire du gouvernement français à Anvers. Il y était désigné sous le nom de *Louis Hansen,* négociant, domicilié à Altona. M. d'Argout qui délivrait le passeport, le bourgeois d'Altona qui le signait comme répondant de mon père, savaient parfaitement à quoi s'en tenir sur son compte, ils firent semblant de ne pas s'en douter. D'Anvers, mon père ne cessa de tout regarder sur la route avec la plus avide curiosité; il ne pouvait en croire ses yeux, tant il voyait d'ordre, de sécurité et de prospérité renaissante dans cette France que, d'après la version des journaux anglais, il s'attendait à retrouver en proie à d'affreux désordres et aux plus vives souffrances. Son étonnement était visiblement partagé par un monsieur assis à côté de lui, dans la voiture publique, officier suédois, suivant son passeport, mais que, à son accent et à sa tournure, il était impossible de ne pas reconnaître pour un Français. Telle était cependant l'appréhension extrême des émigrés qui mettaient à nouveau le pied sur le sol de la patrie, et la méfiance réciproque, fruit de leurs longs malheurs, que mon père et son compagnon de voyage n'eurent garde d'échanger entre eux un seul mot, un seul regard d'intelligence, quoiqu'ils se fussent bien devinés l'un l'autre. Malgré la connivence évidente de tout le monde et les allusions bienveillantes qui leur étaient sans cesse adressées, ils se crurent obligés de jouer leurs personnages jusqu'à Paris dans la cour des Messageries. Mon père n'y était pas plus tôt descendu

---

(1) Au commencement de l'année 1800.

qu'un homme âgé l'aborda, en lui demandant s'il ne venait pas de Hambourg. Cette question effraya mon père; il crut avoir affaire à un espion et s'en débarrassa comme il put. Un instant après, la même personne lui dit à l'oreille : *N'êtes-vous pas M. Louis? Nouvelle frayeur de mon père. Eh! monsieur, je suis Lelièvre; voici quinze jours que je viens tous les jours à la voiture par ordre de monsieur votre père. — Ah! mon cher Lelièvre, c'est bien moi; mais ne parlez pas si haut. Où allez-vous me mener? — Chez vos parents. — Où sont-ils, mon cher Lelièvre? — Toujours rue Saint-Dominique. Monsieur votre père n'a jamais quitté son hôtel depuis qu'il est sorti de prison.*

« Mon père n'en revenait pas; il embrassait le vieux serviteur de la famille, lui faisait mille questions et pleurait de joie...

« Le bonheur qu'éprouva mon père, en se retrouvant au milieu des siens, tous sains et saufs, rentrés dans leurs biens, établis à Paris et à la campagne à peu près sur le même pied qu'avant la Révolution, ne saurait se décrire; c'était un enivrement. Il accablait sa famille de questions et ne se lassait pas d'entendre raconter tout ce qui s'était passé durant cette longue séparation; il dut recommencer plusieurs fois lui-même le récit de ses aventures. Ses parents se montraient surtout curieux de la santé des princes français, de ce qu'ils avaient fait, de ce qu'ils comptaient faire, de leurs chances de retour. Mon père les surprenait fort quand il assurait que les plus chauds partisans de la cause royaliste n'aspiraient plus guère qu'à rentrer en France. Ces personnes au milieu desquelles il se retrouvait, jugeaient plus sévèrement le gouvernement du jour. Témoin de l'ordre merveilleux qui régnait alors à Paris, il était plus frappé du bien que le Consulat avait su accomplir en si peu de temps, qu'effarouché des vestiges encore restés debout du régime révolutionnaire. Il se sentait de la reconnaissance et du bon vouloir pour les hommes qui avaient rouvert les portes de la patrie. »

Depuis le 18 brumaire, les pétitions des émigrés qui aspiraient à revoir la France, s'amoncelaient sous les yeux du gouvernement, et une commission de trente membres avait été nommée pour statuer sur les demandes de radiation. Des émigrés cherchaient à rentrer subrepticement, en se faisant passer pour les agents diplomatiques de puissances étrangères, ou revenaient sans autorisation. On enjoignait aux uns de sortir de France, dans un délai de vingt jours. D'autres étaient arrêtés pour avoir enfreint des lois que le nouveau pouvoir aspirait à voir disparaître.

Le premier Consul tenait à affirmer sa puissance et à rester le distributeur de grâces au moyen desquelles il se rattachait les anciens partis. Le *Moniteur* ayant annoncé, en son absence, cent quatre-vingts radiations où figuraient des noms marquants, il en exprima son mécontentement.

Afin de ménager les suceptibilités révolutionnaires, le gouvernement consulaire feignait d'être hostile aux émigrés; mais l'indulgence des actes démentait la sévérité des paroles. Si quelques émigrés étaient maintenus sur la liste de proscription, on y effaçait des centaines de noms. On se contentait de mettre en surveillance des milliers d'autres individus, et l'on fermait les yeux sur beaucoup d'irrégularités(1).

---

(1) Thibaudeau, *Le Consulat*, t. I, ch. xi.

L'amnistie générale accordée, en 1802, par le sénatus-consulte du 23 mai, vint enfin abroger la loi révolutionnaire, en formulant toutefois des exceptions, et en s'inspirant d'une justice qui, dans de telles circonstances, ne pouvait être qu'incomplète. Nous avons déjà dit (1) comment les droits civils avaient été rendus à ceux qui en avaient été dépouillés par la tyrannie jacobine. Une autre restitution qu'environnaient plus d'écueils, était celle des biens nationaux. Elle touchait aux plus graves intérêts, à l'existence même de beaucoup de familles spoliées et dont 40,000 se trouvaient encore sans aucune ressource en 1806 (2). Ce chiffre peint éloquemment les plaies faites au corps social par la Révolution, et dont il continuait de souffrir, même après les mesures réparatrices du Consulat.

Cette question des biens nationaux demeurait la plus irritante, car elle créait un profond antagonisme, d'irréconciliables inimitiés entre ceux qui avaient été victimes de la spoliation et ceux qui en avaient profité. Elle laissait la possession incertaine et la propriété atteinte dans son principe, dans ses droits les mieux établis.

Le retour des émigrés éveillait l'inquiétude des acquéreurs de ces biens. Il semblait une menace, et il était aussi comme l'image importune d'un passé qu'on aurait voulu ensevelir. L'autorité administrative avait à intervenir fréquemment dans ce grand conflit d'intérêts qui éclatait dans des procès dont le Conseil d'État était saisi, et que certains préfets, après les jugements rendus, cherchaient

---

(1) Voir plus haut, ch. II, § III.
(2) THIBAUDEAU, *L'Empire*, t. II, p. 295.

à rouvrir, en attirant devant leur juridiction les litiges qu'on croyait terminés (1).

Qu'étaient devenus ces châteaux que nous avons entrevus sous l'ancien régime (2), et où, aux approches de la tempête menaçante, les heures s'écoulaient avec tant d'insouciance et de sérénité? Les uns avaient disparu, incendiés par la torche révolutionnaire, détruits par la pioche des démolisseurs. D'autres, vendus aux enchères, comme biens nationaux, restaient fermés à leurs légitimes possesseurs.

Que d'amers regrets pour l'émigré réduit à contempler de loin la demeure où il était né, et où il se voyait remplacé par un étranger, sous le vieux toit qui avait abrité ses aïeux, réduit maintenant à solliciter, avec ses cheveux blanchis, de chétifs emplois pour soutenir les restes de sa pénible existence!

Les plus heureux retrouvaient leur antique manoir à demi ruiné par l'abandon. Ils reprenaient le chemin de la France pour venir s'asseoir dans le foyer décimé par la guillotine, comme cette marquise de Montagu auquel le bourreau avait pris à la fois sa sœur (3), sa mère et son aïeule (4). Revenus en France sous le nom de Mongros, négociants, M. et madame de Montagu avaient obtenu à la Haye des passeports de M. de Sémonville, représentant du gouvernement consulaire, et qui feignit de ne les pas reconnaître. Arrivés à Paris, ils s'installent d'abord rue

---

(1) Thibaudeau, *Le Consulat*, t. II, ch. xxii.
(2) *La France sous l'ancien régime,* 2ᵉ partie, ch. vi. La vie en province : les châteaux.
(3) La vicomtesse de Noailles.
(4) La duchesse d'Ayen et la maréchale de Noailles.

de Courty, dans une petite maison meublée, tenue par un ancien serviteur de la famille, et où les duchesses de Duras et de Doudeauville occupent des chambres d'ouvriers. S'il arrive à madame de Montagu de recevoir deux visites à la fois, elle est obligée d'aller emprunter des chaises à ses voisins. D'autres émigrés descendent dans ce modeste logis. Ils y arrivent la bourse légère et avec de minces bagages.

Lorsque madame de Montagu, revenue furtivement, eut obtenu sa radiation et celle de tous les siens, elle put, sans recourir aux précautions qu'elle avait observées jusqu'alors, se montrer partout librement et retourner en Auvergne, où la rappelaient tant de souvenirs et d'intérêts. Mais elle alla d'abord à Villersexel, chez sa sœur, madame de Grammont, dans un équipage dont elle faisait la description au marquis de Brémond d'Ars, un de ses anciens compagnons d'exil, et qui se composait d'un « cabriolet attelé de deux chevaux, montés par un prudent et unique serviteur. Ladite carriole est large, ajoute-t-elle; père, mère et enfants venus et à venir y tiennent, ainsi que tout notre bagage. »

Dans l'été de 1801, M. et madame de Montagu s'acheminent vers le Velay, où ils ont l'espoir de recouvrer leurs domaines. Une douce surprise leur était réservée dans ce pays où se conservait fidèlement la mémoire de leurs bienfaits.

« Un vieux docteur Sauzey, qui leur avait conseillé ce voyage, les attendait au Puy, dans une auberge. Né sur une des terres de M. de Beaune, dans la petite ville de Pradelles, où depuis trente ans il pratiquait la médecine, il avait pour la famille de Montagu un attachement du temps féodal. C'était, nous dit le biographe auquel j'emprunte ces détails, un homme fort aimable, fort propre, toujours poudré, parlant du geste et de la voix avec une vivacité languedocienne, mais assez sourd, et n'entendant bien qu'à l'aide d'un cornet, d'où résultaient souvent d'étranges quiproquos; au surplus, bon médecin, soignant gratis les pauvres gens, et tutoyant toute sa clientèle à plus de six lieues à la ronde. Il avait pris sur lui de relever, autant que faire se pouvait, « la maison de Montagu », et dans cette pensée, depuis plus de six mois, il trottait par monts et par vaux, sur sa petite jument grise, à la recherche des acquéreurs des biens de cette famille, les relançant au lit, à table, à la charrue et jusque dans les foires. Il les avait si bien chapitrés que bon nombre d'entre eux vinrent au Puy, à sa requête, dans les dispositions les plus conciliantes. Ils offrirent de rendre presque sans intérêt ces biens qu'ils avaient acquis à vil prix, et dont ils ne jouissaient pas sans quelque honte secrète. M. de Montagu fit à tous de généreuses conditions. Son seul regret était de n'avoir pas quelque argent comptant à leur donner. Mais le bon docteur Sauzey avait pensé à tout; il lui apporta le jour des contrats quelques gros sacs remplis d'écus de six livres et de vieux louis d'or : il y en avait pour cinq ou six mille francs; mais il dit que ce n'était qu'un acompte, et qu'il avait encore vingt-cinq mille francs à toucher qu'il voulait placer de la même manière, si M. et madame de Montagu consentaient à s'en charger. Cet argent était le prix d'une vigne, dot de sa femme, qu'il avait, disait-il, bien vendue, mais vendue tout exprès pour avoir le plaisir de faire rentrer les fils de ses anciens seigneurs dans l'héritage de leurs pères. »

De pareils traits étaient rares, sans doute ; mais ils honorent le pays qu'avaient déchiré les discordes civiles, et de si nobles cœurs consolaient de bien des épreuves.

M. et madame de Montagu, continuant leur voyage en Auvergne, eurent des haltes moins agréables et des émotions moins douces. Ils aperçurent les débris de leur château de Bouzolz que la confiscation et la vente révolutionnaires avaient fait passer en des mains étrangères.

La maison que M. de Montagu possédait à Clermont avait été vendue également comme le parc et le château du Croc, situés près de la ville, et dont il était propriétaire. Mais de fidèles serviteurs, des mains amies avaient sauvé le mobilier et l'avaient caché pour le leur rendre dans de meilleurs jours.

« Une patache de louage, lisons-nous encore dans le même récit, conduisit à Plauzat M. et madame de Montagu. Ils ne virent pas sans émotion le bouleversement et les décombres de ce vieux manoir où ils avaient passé ensemble des jours assez troublés, sans doute, mais qui maintenant, dans le lointain, leur semblaient beaux. Une ancienne amie qu'ils avaient dans le bourg, madame de la Villate, leur donna l'hospitalité. Presque toute la ville était venue à leur rencontre. On les reçut, ces pauvres émigrés sans pouvoir, sans autre prestige que les honorables souvenirs que leur famille avait laissés dans le pays, on les reçut avec des marques de respect et de joie dont la sincérité ne pouvait, à coup sûr, être suspecte. Ils eurent toutes les peines du monde à traverser la foule qui voulait les voir. Des vieillards venaient au-devant d'eux, en s'appuyant sur leurs béquilles. Les mères élevaient leurs enfants dans leurs bras pour qu'ils les vissent mieux. Madame de la Villate n'avait admis chez elle, auprès de ses hôtes, que les notables du canton, mais on força l'entrée du logis. Les femmes étaient en majorité parmi les envahisseurs; elles s'empressaient autour de madame de Montagu, lui baisaient les mains et le pan de sa robe, et parlaient avec une extrême vivacité; mais comme elles parlaient en patois, madame de la Villate était obligée de traduire en français ce qu'elles disaient. C'est moi, disait l'une, que vous avez soignée quand j'étais malade. C'est moi, disait l'autre, dont on pansait la brûlure au château. Voyez, disait une troisième, j'ai encore la robe que vous m'avez tricotée; je ne la porte qu'aux bons jours. Toutes avaient ainsi quelque bienfait à rappeler; et la mémoire des plus vieilles remontait jusqu'à la mère et à la grand'mère de M. de Montagu, dont elles associaient le nom à leurs bénédictions (1). »

La reconnaissance populaire survivait ainsi aux troubles et aux attentats de la Révolution, et le plus beau triomphe des vaincus était celui qu'ils devaient non à l'illustration de la naissance, mais à l'ascendant de leurs vertus.

La bonté, la charité n'avaient pu protéger les châteaux dans des jours de délire; mais elles revenaient les habiter, après la tempête qui en avait chassé de nobles familles.

La vie y rentrait peu à peu avec la simplicité des habitudes contractées au milieu des privations de l'exil.

Chateaubriand, témoin de la résurrection sociale qui signala la période inaugurée par le Consulat, a décrit le spectacle que présentaient les demeures seigneuriales dans

(1) *Anne-Paule-Dominique de Noailles, marquise de Montagu,* in-12. 1865, ch. xv.

lesquelles l'on rapportait d'autres goûts que ceux de l'époque où on les avait quittées :

« J'étais appelé, dit-il, dans les châteaux que l'on rétablissait. On se rendait comme on pouvait dans ces manoirs demi-démeublés, demi-meublés, où un vieux fauteuil succédait à un fauteuil neuf...

« A Champlâtreux, M. Molé faisait refaire de petites chambres au second étage. Son père, tué révolutionnairement, était remplacé dans un grand salon délabré par un tableau dans lequel Mathieu Molé était représenté arrêtant une émeute avec son bonnet carré : tableau qui faisait sentir la différence des temps. Une superbe patte d'oie de tilleuls avait été coupée ; mais une des trois avenues existait encore dans la magnificence de son vieux ombrage...

« Au retour de l'émigration, il n'y avait si pauvre banni qui ne dessinât les tortillons d'un jardin anglais dans les dix pieds de terre ou de cour qu'il avait retrouvés...

« Les châteaux brûlés en 1789 auraient dû avertir le reste des châteaux de demeurer cachés dans leurs décombres : mais les clochers des villages engloutis qui percent les laves du Vésuve, n'empêchent pas de replanter sur la surface de ces mêmes laves d'autres églises et d'autres hameaux (1). »

Un rapport adressé, le 1ᵉʳ décembre 1803, au premier Consul, peint la Normandie avec son esprit, son caractère et les différentes classes d'individus qui l'habitent. Les seigneurs avaient été nombreux dans cette province. Qualifiés de « ci-devant », ils résidaient l'hiver à Caen et à Bayeux.

(1) *Mémoires d'outre-tombe*, t. II, p. 275, 276.

Beaucoup avaient émigré, et leurs idées, leurs sentiments à l'égard du nouveau régime différaient de ceux qui n'avaient pas quitté le pays pendant la Révolution. Parmi les émigrés, les uns avaient perdu leurs biens; d'autres étaient rentrés en possession d'une partie des leurs. Mais ces derniers, nous dit le rapport qui nous fait un tableau moral de la province, « jouissent moins de ce qu'ils recouvrent qu'ils ne s'indignent de ce qu'ils ont perdu. Ils parlent de l'amnistie sans reconnaissance et comme d'une justice imparfaite. Le directeur des domaines a eu de vives altercations avec plusieurs pour les biens qu'ils réclamaient. Ils ont mis une certaine distance entre eux et les nobles qui n'ont point émigré, une plus grande entre eux et ceux qui ont accepté des fonctions publiques. Ils ne font de société ni avec les citoyens, ni avec les fonctionnaires publics, si ce n'est avec le préfet de Caen et le général de division. Ils ont formé l'hiver dernier une *redoute* ou société de bal, qui n'a reçu à ses fêtes que des familles ci-devant nobles. Au spectacle de Caen, un balcon est loué par une société de *ci-devant seigneurs*. Ils se qualifient habituellement de comtes et de marquis…

« Tous les fonctionnaires regardent cette barrière que les émigrés mettent entre eux et les autres citoyens, comme une menace de guerre, comme une disposition hostile, encore plus que comme l'ouvrage de l'orgueil nobiliaire. Cependant, ces nobles paraissent d'ailleurs soumis. Jusqu'à présent, mais plus encore jusqu'à la guerre présente, ils ont paru croire à la stabilité du gouvernement. Leurs liaisons avec le préfet annoncent qu'ils ont cru avoir besoin de lui. »

Sur le point d'épouser la fille d'un ancien président au parlement de Rouen, le général appartenant à une famille connue pour ses opinions antirévolutionnaires, trouve grâce aux yeux de la noblesse du pays dont les cartes de visite couvrent sa cheminée.

Les biens nationaux sont souvent rachetés par leurs anciens propriétaires et atteignent en ce cas un prix plus élevé. Un pré de 700 francs de revenu est vendu 24,000 francs.

La magistrature, animée d'un esprit impartial, est assez mal avec les émigrés rentrés et avec le clergé. Les agents du pouvoir, imbus parfois d'idées irréligieuses, voient d'un mauvais œil les pèlerinages à la Délivrande. Les églises ne sont guère fréquentées que par les femmes. Les hommes n'approchent pas des sacrements, et les curés s'en plaignent avec amertume.

Le peuple est calme, froid, d'humeur paisible, très attaché à ses intérêts, volontiers cauteleux et rusé, caractère que notre observateur attribue à l'humidité du climat et à l'usage du cidre.

« Les paysans, dit-il, s'occupent beaucoup de leurs affaires, très peu du gouvernement. C'est leur manière de faire son éloge, car ils en parleraient, s'ils avaient à s'en plaindre (1). »

En perdant leurs noms historiques, les provinces gardaient leurs défauts et leurs qualités de race, leurs instincts, leurs habitudes, se distinguant entre elles par des différences qu'explique la diversité du sol, du climat et des traditions. En bouleversant les existences, la Révolution

---

(1) ROEDERER, *OEuvres complètes*, t. III, p. 472.

avait toutefois déplacé les conditions et opéré dans les idées et les mœurs des transformations qui rencontraient des résistances chez les survivants de l'ancien régime.

Les pays reculés offraient une physionomie dont la simplicité ferait sourire aujourd'hui. Le Limousin, par exemple, tel que nous le retrouvons à cette époque, sous la plume d'un illustre historien, apparaissait avec « ces bourgades qui n'étaient guère que de grands villages : des rues tortueuses, étroites, pavées de petits cailloux pointus, entrecoupées de cloaques; sur la voie publique, des enfants déguenillés, pieds nus dans la boue argileuse, des porcs indisciplinés qui cherchent leur pâture; toute la malpropreté et toute la monotonie des habitudes rurales; nulle réunion, sauf le jour du marché; ce jour-là, les paysans étalant leur orgueil dans deux objets de luxe, une paire de souliers et un vaste parapluie de cotonnade bleue; sur la place, quatre ou cinq oisifs qui vaguent d'un pas lent, des avocats en sabots et en casquette, un vieux journal à la main; de loin en loin, pour toute diversion, un passage de troupes, apparition grandiose qui appelle sur le pas des portes les hommes en grands chapeaux et les femmes en bonnets plats.

« Quelques-uns de ces bourgs, anciens chefs-lieux de bailliage, avaient été de petites capitales rustiques et conservaient une aristocratie locale. A Saint-Yrieix, au bout de la longue rue presque unique, les vieilles familles s'étaient groupées sur une éminence, autour d'un quinconce d'arbres : selon un mot significatif, ils étaient les gens *du haut*. Mais leurs maisons, pour être antiques, n'étaient guère plus ornées, ni plus commodes.

« Nous avons tous connu dans notre enfance des intérieurs semblables : il y a soixante ans, dans la petite noblesse comme dans la bourgeoisie moyenne, les besoins étaient bornés et la vie sobre. On ne s'inquiétait ni d'élégance, ni de confortable; on était dur aux intempéries; on n'avait point de curiosités; on ne songeait pas à voyager; le corps moins délicat ne redoutait pas le malaise; l'esprit moins exigeant n'éprouvait pas l'ennui. Une famille entière vivait avec cent louis par an, quelquefois avec cinquante. On se contentait d'une servante unique, payée trois francs par mois, en sabots, qui ne parlait que patois, mais qui épousait les intérêts de ses maîtres et restait sous leur toit jusqu'à sa mort. Il y avait un salon dont les fauteuils avaient été rajeunis, au moyen d'une vieille robe de noces; mais il ne s'ouvrait qu'aux jours d'apparat, et la pièce la plus habitée était la cuisine. C'est là que l'on mangeait, qu'on se tenait à l'ordinaire, et que tous les soirs, sans s'apercevoir de la fumée, la dame, avec sa servante, fabriquait ou entretenait tout le linge de la maison, à la lumière d'une seule chandelle que faisait vaciller le vent de la porte (1). »

Dans le Poitou, la patience était mise à l'épreuve par des chemins impraticables.

« Il n'y a que vingt lieues de Poitiers à Bressuire, écrit M. de Barante, qui venait prendre possession de sa sous-préfecture; il me fallut trois jours pour y faire parvenir une calèche. Les chemins ressemblaient assez aux routes de Pologne. On parcourait d'abord douze lieues de plaine, c'est-à-dire de boue; puis huit lieues de bocage et de che-

---

(1) TAINE, *Discours de réception à l'Académie française* (1880).

mins creux, entre deux haies. Je louai tantôt des chevaux de renfort, tantôt des bœufs; il m'arriva de verser et de rompre le timon; je couchai deux fois dans des auberges de village.

« Enfin, le 25 décembre 1807, à onze heures du matin, je fis mon entrée. Je fus consterné à l'aspect de ces maisons en ruine où végétaient le lierre et les orties. De distance en distance s'élevaient des cahutes bâties avec ces débris. Je suivis une rue sans voir une maison (1). »

Dans les demeures des habitants les plus riches, les chambres mal meublées n'ont pas même de papier pour cacher la nudité des murailles.

« Les femmes sont beaucoup moins bien mises que les servantes de bonne maison; elles font la cuisine, et se lèvent pour servir à table. On ne sait rien de ce qui se passe dans le monde; on cause de la chasse... Après le dîner, on chante de vieilles chansons, en dansant en rond entre hommes. »

Mais si la vie est simple, l'esprit est doux et religieux; les crimes sont rares. Sur six procès, cinq se terminent par un accommodement (2).

Le seul propriétaire important du pays était M. de la Rochejacquelein, frère du célèbre héros vendéen. M. de Barante, plein d'admiration pour les souvenirs que ce nom rappelait, s'efforça par ses égards et sa modération d'adoucir les rigueurs qu'attirait à M. de la Rochejacquelein sa fidélité royaliste.

Il dut alors à la confiance de madame de la Rochejac-

(1) *Souvenirs,* t. I, p. 261.
(2) *Ibid.*, t. I, p. 263.

quelein la communication des attachants mémoires où elle a retracé les luttes glorieuses de ces vaillants dont elle était digne, par son courage, de partager les périls et de raconter les exploits. Parlant de la surveillance tracassière que le gouvernement impérial continuait d'exercer sur son mari et sa famille : « Nous étions en butte, dit-elle, à une tyrannie qui ne nous laissait ni calme ni bonheur ; tantôt on plaçait un espion parmi nos domestiques ; tantôt on exilait loin de leur demeure quelques-uns de nos parents, en leur reprochant une charité qui leur attirait trop l'affection de leurs voisins ; tantôt mon mari était obligé d'aller rendre compte de sa conduite à Paris ; tantôt une partie de chasse était représentée comme une réunion de Vendéens : quelquefois on nous blâmait d'aller en Poitou, parce qu'on trouvait que notre influence y était trop dangereuse ; d'autres fois, on nous reprochait de ne pas y habiter et de ne pas employer cette influence au profit de la conscription. Les gens en place croyaient se faire un mérite en nous inquiétant de mille manières. On voulait soit par promesses, soit par menaces, attacher par quelque emploi notre famille au gouvernement.

« Le fameux abbé de Pradt, alors évêque de Poitiers, faisant une visite pastorale dans notre pays, nous fit dire qu'il viendrait coucher à Clisson. Malgré ses opinions bien connues, nous le reçûmes avec tout le respect dû à sa dignité. Le lendemain matin, avant de partir, il prit M. de la Rochejacquelein en tête-à-tête et, peut-être sans en être chargé, lui dit qu'il fallait qu'il s'attachât au gouvernement et prît une place quelconque. Comme mon mari s'en défendait, M. de Pradt lui dit : *Choisissez la place qui vous conviendra.* METTEZ-VOUS A PRIX, *monsieur.* Voyant que M. de la Rochejacquelein prétextait ses affaires, sa santé : *Mais vous ne ferez pas la place,* lui dit-il, *seulement il faut votre nom.* Ses prières restant sans effet, il ajouta en élevant la voix, au point que nous l'entendîmes : *Vous voulez résister à l'Empereur, monsieur! Tombez à ses pieds comme toute l'Europe; vos princes ne sont que de la vile matière!* Les menaces ne réussirent pas mieux que les prières, et M. de la Rochejacquelein resta inébranlable. La considération attachée à ses opinions fidèles et pures, et à notre position indépendante, fatiguait le gouvernement. Aussi notre existence était-elle sans cesse troublée (1). »

Telle n'était pas celle de beaucoup d'autres familles moins suspectes, ou habitant des pays restés étrangers aux prises d'armes encouragées par les espérances royalistes. Un peintre de mœurs nous montre une de ces familles quittant la capitale pour aller goûter, non loin d'elle, les plaisirs de la villégiature :

« On voulait partir le 1er juin, mais les ouvriers n'avaient pas encore posé le nouveau billard que l'on a fait monter dans le salon même, pour la commodité de la conversation. Tout est prêt pour le 15; les chariots, partis la veille, sont chargés de jeux de trictrac, de jeux d'échecs et de dames, de sixains de cartes, etc. Le précepteur des enfants a fait la provision des romans; il a complété la collection des proverbes de Carmontelle, rien n'est oublié...

« Le départ est déjà une fête. En avant, les jeunes gens

---

(1) *Mémoires,* 6e édit., in-12, ch. XXVI.

à cheval ou sur de légers bocqueys précèdent la brillante calèche où sont réunies toutes les jeunes femmes ; les grands-parents et les marmots suivent derrière dans la pesante berline. On arrive au château... A onze heures sonne le déjeuner... A cinq heures, le premier coup du dîner avertit les hommes qu'il est temps de songer à leur toilette... A six heures, tout le monde est réuni au salon, paré comme dans une soirée d'hiver. On annonce à madame qu'elle est servie ; on passe dans la salle à manger, où les lambris de marbre, les surtouts de vermeil, ornés de fleurs artificielles, ne vous rappellent encore que le luxe de la ville ; mais au dessert, la beauté des fruits amène l'éloge de la campagne... On se lève de table et l'on va prendre le café dans une espèce de kiosque d'où l'on découvre Paris dans toute son étendue... C'est l'heure de la poste ; on se dépêche de redescendre au salon pour recevoir ses lettres et lire les journaux, qu'on s'arrache comme au café Valois. Après cette lecture, et les discussions qui en sont ordinairement la suite, on se décide enfin à faire un tour de promenade ; mais il est déjà huit heures. »

On rentre à neuf heures, et la soirée se termine agréablement par un proverbe de Carmontelle (1).

Au lieu de rester dans les environs de Paris, retournons dans cette belle province de Normandie que nous avons aperçue au commencement du Consulat. Les années se sont écoulées. Nous sommes en 1811, et le mois de septembre rassemble les habitants d'un château du Bocage :

(1) *L'Hermite de la Chaussée d'Antin*, t. I, p. 55.

« La société se compose de douze personnes, dont cinq appartiennent à la famille de P***, et parmi les étrangers se trouvent cinq des artistes les plus distingués de la capitale. Les hommes se lèvent de bonne heure, ceux-ci pour aller à la chasse, à la pêche ; celui-là pour étudier, le crayon à la main, quelques effets de paysages... On se rassemble à dix heures pour déjeuner ; c'est le moment où paraissent ces dames ; quelques-unes se lèvent plus tôt, mais, pour l'ordinaire, elles descendent ensemble. Après le déjeuner, chacun s'occupe ou s'amuse, suivant ses goûts, dans un vaste salon dont la salle de billard n'est séparée que par des colonnes. Tandis que les uns s'exercent à ce jeu, que madame de P*** brode ou fait de la tapisserie, que les jeunes personnes, autour du piano, écoutent M. C*** qui parcourt la partition de *Didon* ou d'*Armide,* mademoiselle Pauline de N*** achève le portrait au crayon de son grand-oncle l'amiral...

« Depuis une heure jusqu'à cinq, on ne doit aucun compte à la société de la manière dont on emploie son temps ; c'est une partie de la journée que les maîtres de la maison consacrent aux soins domestiques et aux intérêts des habitants du lieu qui se regardent encore comme leurs vassaux. La cloche du dîner rappelle tout le monde au salon... Après le dîner, s'arrangent les parties de promenade ; les uns s'emparent des bateaux ; les autres promeneurs solitaires s'égarent sur les montagnes... »

Mais tous les hôtes sont de retour, et l'arrivée du courrier apporte, avec les lettres et les journaux, des nouvelles que l'on se communique et qui fournissent des aliments à la conversation. Les instruments de musique sont là. Un concert va précéder l'heure où chacun se retire dans son appartement (1).

Ainsi s'écoule la vie en province dans les demeures privilégiées où l'on goûte les douceurs de réunions que troublent souvent les inquiétudes inspirées par les parents, les amis souvent rappelés sur les champs de bataille.

Les châteaux se sont relevés peu à peu, après l'orage révolutionnaire. Que de passions et de haines subsistent encore cependant autour d'eux! Que de conflits de sentiments et d'intérêts provoqués par la vente des biens nationaux! La conscription, les levées d'hommes occasionnées par les guerres de l'Empire atteignent aussi la vie rurale, laissant les terres en friche et les foyers en deuil. Ce sont là les sombres aspects de ces départements sur lesquels pèse le poids d'un régime militaire, d'un gouvernement absolu, mais qui ont retrouvé l'ordre et la sécurité sous la tutelle d'une administration dont les représentants, image du pouvoir, se montraient vigilants, éclairés, s'appliquant à diriger l'esprit public et recueillant ses manifestations.

III

La tâche des préfets, chargés de concourir à la réorganisation administrative, politique et sociale entreprise par le Consulat, était considérable et ardue. Elle rencontrait bien

---

(1) *L'Hermite de la Chaussée d'Antin*, t. I, p. 44.

des obstacles et se heurtait à bien des écueils. Mais si les difficultés morales et les ruines matérielles exigeaient des administrateurs intelligents et habiles, ceux-ci se présentaient non pas au nom de la discorde et de la haine qui restaient attachées au souvenir de la Révolution, mais comme les agents d'un gouvernement juste et réparateur. S'ils soulevaient parfois les résistances du vieil esprit révolutionnaire et les exigences d'une ardente réaction, ils répondaient au vœu de tous ceux qui, après les années sanglantes et troublées, aspiraient au rétablissement de l'ordre.

Le langage d'un préfet de l'an VIII à ses administrés varie selon les contrées et l'esprit qui les anime. Le plus souvent, il cherche à concilier des sentiments contraires et personnifie un régime de transition.

Dans la Sarthe, qui, comme les pays de l'Ouest, réfractaires à la Révolution, gardait les souvenirs et les idées de la chouannerie, une grande modération s'imposait au gouvernement et à ses agents. Fils d'un secrétaire de l'intendance de Paris, Auvray, le premier préfet de ce département, y arrive au mois de mai 1800. Il y était déjà connu, ayant commandé au Mans une brigade, en qualité de colonel. Son discours d'installation rappelle ses antécédents et annonce ses intentions pacifiques :

« Citoyens, un soldat connaît peu l'art des orateurs : je sais mieux me battre que je ne sais parler; mais si je n'ai pas le talent de bien dire, je me sens embrasé du désir de bien faire... Je n'ai pas brigué les fonctions de cette magistrature... J'ai cédé aux vœux des habitants de la Sarthe, à l'intérêt si tendre que m'inspirent ses longs malheurs et ses affreux déchirements. Vous savez tous la part que j'y ai prise, et que, chargé d'une mission de rigueur, je n'ai déployé qu'une autorité paternelle. Je viens achever ce que j'ai commencé (1). »

Le 14 juillet, anniversaire de la prise de la Bastille et « fête de la Concorde », il prononce un nouveau discours, empreint des mêmes sentiments :

« Les fêtes nationales n'offrirent que trop souvent une pompe insignifiante pour le plus grand nombre des spectateurs, douloureuse même pour quelques-uns par les souvenirs amers attachés aux époques qu'elles retraçaient. Il était réservé à la Constitution de l'an VIII, au sage gouvernement qu'elle a mis en activité, de ne consacrer que celles qui ne portent avec elles aucune impression fâcheuse, qui commandent au contraire par leur objet l'enthousiasme et l'allégresse.

« Journée mémorable du 14 juillet, élan sublime du peuple vers la liberté, tu n'as pas dû être confondue avec ces époques devenues fameuses par le triomphe d'une faction sur l'autre, et dont la célébration annuelle semblait n'avoir été ordonnée que pour perpétuer les haines et la soif de la vengeance. Ton retour sera éternellement pour les Français un jour de fête. Tu occuperas les premières feuilles dans l'histoire de la France régénérée. Que dis-je? Tu seras à jamais citée dans les fastes des peuples libres; la postérité te saluera religieusement et enviera le sort des mortels qui eurent l'avantage de contempler ton aurore bienfaisante. »

(1) A. LEPELLETIER *Histoire complète de la province du Maine*, t. II, ch. IV.

Ce mouvement lyrique destiné à désarmer, en le flattant, le parti révolutionnaire, est aussitôt suivi d'un anathème contre les crimes de la Terreur, afin de rassurer les réactionnaires :

« Arrachons de notre histoire les pages qui contiennent ces époques désastreuses, et reposons-nous sur celles où l'âme ne rencontre que des sensations douces, des images riantes, des plaisirs, de la gloire et des espérances. »

Puis l'état de la France est comparé à la convalescence qui succède à une longue et cruelle maladie, et l'éloge du nouveau gouvernement trouve naturellement sa place :

« Je dirai aux amis sincères de la République et de la liberté, mais qui conservent encore de l'ombrage : Un gouvernement fruit de la saine philosophie et d'une expérience payée bien cher, nous offre sûreté et protection ; il enchaîne peut-être à votre insu la vengeance de votre plus cruel ennemi. Deux grandes passions doivent désormais nous embraser exclusivement, l'amour de la paix et la gloire... »

Un appel à la tolérance renferme une allusion aux divisions créées dans les rangs du clergé par la Constitution civile, en invitant à l'apaisement, et l'orateur n'a garde d'oublier en terminant, Bonaparte, « le héros pacificateur », ni les magistrats « qui exécutent avec lui la plus vaste et la plus heureuse des conceptions politiques (1) ».

Les efforts de ce préfet conciliant sont couronnés d'un tel succès que lorsqu'il a un fils, quelques années plus tard,

---

(1) *Discours prononcé au temple décadaire par le chef de brigade préfet du département de la Sarthe, le 25 messidor an VIII.* Le Mans, an VIII, in-8° pièce. (Bibliothèque nationale.)

sous l'Empire, le conseil municipal décide que l'enfant sera *nommé* par la ville dont il portera le nom.

Il est secondé dans sa tâche par l'évêque, M. de Pidoll, prélat rempli de mansuétude et de charité, dont le premier soin, en arrivant dans son nouveau diocèse, est d'y établir des Fabriques, conformément au Concordat, « pour veiller à l'entretien des temples et à l'administration des aumônes ».

Des maires ayant voulu exiger des curés un nouveau serment à leur installation dans leurs paroisses, le préfet leur écrit le 27 août 1800 : « L'intention bien claire du gouvernement est que personne ne soit vexé par l'abus des lois ; une déclaration unique et générale de fidélité à la Constitution suffit. »

Le 31 mai 1802, il adresse aux maires de son département une circulaire pour leur enjoindre de faire inventorier les objets du culte, en ordonnant la restitution de ceux qui ont été volés. Au mois de février 1804, les presbytères et leurs jardins sont rendus aux curés. Lorsque cette restitution ne peut leur être faite, les communes leur fournissent un logement et un jardin.

Il devenait difficile de connaître l'opinion publique dans un pays où son expression libre et sincère avait été si longtemps comprimée par la tyrannie révolutionnaire. Toutefois, elle s'était montrée presque partout favorable au régime inauguré par le Consulat. Elle était traduite par les préfets, par les agents du pouvoir qui renseignaient le gouvernement sur l'esprit et les tendances des populations.

Réal, commissaire du pouvoir exécutif dans le département de l'Isère, écrit de Grenoble au ministre de l'intérieur, peu de jours après le coup d'État du 18 brumaire :

« Le premier sentiment qu'a produit cet événement inattendu a été la surprise ; l'espérance lui a succédé. Les vrais amis de la chose publique attendent avec confiance que les résultats de cette journée seront l'affermissement de la République et de la liberté civile fondée sur une paix glorieuse et solide (1). »

Mais la République est mal affermie dans cette contrée, si l'on en juge par le club de Grenoble qui vote une adresse de félicitations à Bonaparte *seul*. Des « malveillants » ont annoncé la chute prochaine des institutions républicaines. Un arbre de la liberté a été arraché. On a, malgré les « lois existantes », recommencé à sonner les cloches, au grand scandale des fidèles de la Révolution.

Arrivé au mois de mars 1800, Ricard, le nouveau préfet, est accueilli à Grenoble par une réception brillante, et adresse à ses administrés une proclamation conçue dans un esprit d'apaisement.

La sécurité est encore souvent troublée par des actes de brigandage et des incendies. L'esprit public reste en proie à l'hostilité révolutionnaire, à la réaction et aux tentatives d'agitation royaliste. Les statues de la République sont renversées dans plusieurs salles décadaires.

Le général de division Marchand traite assez cavalièrement le préfet et lui fait sentir la suprématie accordée à l'armée sous un régime militaire. Le préfet, privé de moyens suffisants de répression, se console des difficultés et des désagréments de sa situation en donnant des bals et

---

(1) A. CHAMPOLLION-FIGEAC, *Chroniques dauphinoises* (1794-1810), in-8°, 1881.

des fêtes, qu'il appelle « des scènes consolantes » dans un rapport adressé le 29 pluviôse an IX (17 février 1801) au ministre de l'intérieur.

« Pendant tout l'hiver, écrit-il, des bals parés et masqués ont eu lieu au théâtre de cette ville (Grenoble), avec une prodigieuse affluence; des sociétés nombreuses de citoyens de toutes les classes ont ouvert deux petits théâtres où diverses pièces ont été jouées, auxquelles on a fait succéder des bals et des repas où la gaieté française s'est déployée avec tous ses charmes. » La jeunesse des faubourgs a fêté le carnaval par des mascarades, et ces joies populaires ont offert, selon l'expression du préfet, « l'aspect d'une grande famille célébrant la naissance de son chef... La nouvelle de la paix, qui nous a été transmise de Chambéry par le général Hulin, est venue ajouter à l'enthousiasme public. Des cris de joie se mêlaient aux bénédictions adressées à Bonaparte, au gouvernement et aux armées... Puissent, citoyen ministre, tous les départements de la République présenter bientôt le même aspect que celui de l'Isère (1)! »

A Rennes, la nouvelle du coup d'État du 18 brumaire avait été accueillie avec faveur.

« Les citoyens ont reçu avec calme et respect ce grand acte de salut public qui, conformément à nos intentions, leur a été annoncé comme le précurseur de la tranquillité intérieure et de la paix extérieure après laquelle ils soupirent depuis si longtemps (2). »

---

(1) *Chroniques dauphinoises.*
(2) Rapports des préfets et des municipalités au ministère de l'intérieur. Archives nationales, F i. c., III, 2.

Comme tant d'autres, la municipalité de Rennes, qui avait prêté le serment de « haine à la royauté », sous le Directoire, jura fidélité à la Constitution de l'an VIII, et devait, un peu plus tard, promettre amour et obéissance à la Constitution de l'Empire (1).

A Reims, l'enthousiasme que ressent pour Bonaparte le médecin de l'hospice se traduit par des vers jugés dignes d'être envoyés au ministre de l'intérieur, et où le docteur souhaite au premier Consul d'avoir un Homère pour célébrer ses exploits (2).

Dans les Bouches-du-Rhône, un parti assez nombreux, qui n'a pas désarmé en 1802, « déteste le gouvernement et semble le servir; dangereux, parce qu'il possède peu : son élément est le trouble ; les administrations le craignent et le protègent (3) ».

Le préfet de la Meurthe, faisant un tableau de l'état politique de son département, au lendemain du 18 brumaire, y peint les « sentiments de confiance et de joie » inspirés par le nouveau régime. « Les comptes parvenus de tous les cantons, dit-il, justifient que les administrés se reposent avec sécurité sur les promesses de la saine majorité des représentants de la nation, sur le civisme pur et le génie des chefs du gouvernement... Partout, on espère voir bientôt les destinées de la France fixées par une paix glorieuse, par une Constitution qui, reposant sur les bases

---

(1) Archives nationales, F i. c., III, 2.
(2) *Ibid.*, 25.
(3) Lettre d'un juge du tribunal d'appel d'Aix en Provence à François de Nantes, conseiller d'État, adjoint au ministère de l'intérieur, 28 germinal an X. Archives nationales, F i. c., III, 2.

sacrées de la liberté et de l'égalité, ne renfermera plus les éléments d'une continuité de révolutions (1). »

La proclamation de l'Empire est la réalisation de ce vœu. Nous avons rappelé plus haut (2) comment elle fut ratifiée par la nation. On avait eu la tyrannie sous le régime révolutionnaire. Ce n'était pas la liberté qu'apportait l'Empire, mais il donnait son véritable nom au pouvoir établi sur les ruines de la Révolution, en plaçant le diadème sur le front de celui qu'avaient désigné tant de glorieux services.

L'opposition au régime impérial se manifestait dans des pays qui avaient pris part aux luttes de la chouannerie et où subsistait l'esprit royaliste. On vit les officiers municipaux de quelques communes de la Sarthe (3) donner leur démission pour ne pas prêter serment au nouvel empereur (4). Mais son avènement fut en général bien accueilli dans ce département.

Dans celui de l'Isère, que nous avons entrevu tout à l'heure, on n'avait pas attendu cette époque pour témoigner à Bonaparte une admiration enthousiaste. On avait commandé à Canova une statue du premier Consul, plus grande que nature. Ces sentiments s'affirmèrent de nouveau à l'occasion du plébiscite sur la Constitution de l'Empire que ratifièrent 82,084 votants sur 82,096 (5).

Les représentants de Bordeaux se distinguèrent d'une autre manière. Le 29 avril 1804, les principaux fonction-

(1) Archives nationales, F i. c., III, 7.
(2) Ch. III, § I.
(3) Montmirail, Courcelles et le Tronchet.
(4) A. LEPELLETIER, *Histoire complète du Maine*, t. II, ch. IV.
(5) A. CHAMPOLLION-FIGEAC, *Chroniques dauphinoises*.

naires de la ville s'étaient réunis à la préfecture, et une adresse votée au premier Consul l'invitait à se déclarer chef héréditaire de l'État. Trois officiers municipaux furent chargés d'aller présenter cette adresse à celui qui en était l'objet. Soit que leur départ ait eu lieu tardivement, soit que leur voyage se soit accompli avec lenteur, ces magistrats n'arrivèrent à Paris que le jour où le Sénat venait de saluer Napoléon empereur. Ils se hâtèrent de changer la formule de l'adresse et remplacèrent par des félicitations le vœu qu'elle exprimait. « Napoléon, observe un chroniqueur, dut trouver trop tardif le premier acte des Bordelais ou le second bien précoce (1). »

Un hommage singulier lui fut adressé de Strasbourg. Un perruquier, du nom de Mathieu Élias, chargea le ministre de l'intérieur de lui remettre une boîte qui renfermait une perruque romaine, « faite pour le souvenir du jour glorieux de l'avènement au trône impérial de Sa Majesté ». Elle ne couvrit certainement jamais la tête de Napoléon; mais le ministre accusa réception au perruquier de son envoi et lui fit savoir que « Sa Majesté avait paru favorable à ce témoignage de son attachement (2) ».

La convocation des collèges électoraux fournit aux préfets l'occasion de manifester leur zèle et de renseigner le gouvernement de l'Empereur sur les dispositions de l'esprit public, qu'on se charge, au besoin, d'inspirer, s'il n'est pas assez enthousiaste.

Dans l'Isère, au mois de novembre 1808, a lieu l'élection de deux candidats au Sénat. Le président du collège

(1) BERNARDOU, *Histoire de Bordeaux*, t. I, liv. VI.
(2) Archives nationales, F¹ᶜ, 25.

électoral, M. Garampel de Bressieux, adresse aux électeurs un discours pompeux :

« C'est en partant pour aller rejoindre ses armées victorieuses et les mener à la conquête de la paix que l'Empereur vous a convoqués pour exercer le plus beau droit comme le plus sacré des devoirs. Sa pensée suffit aux besoins de la guerre et aux soins de la paix.

« Puisse le grand prince qui nous ordonne de concourir au bonheur de l'Empire, revenir bientôt jouir de son ouvrage, et dans les douceurs d'une paix glorieusement acquise devenir par le nombre des années, comme il l'est par la sagesse de ses conceptions, le Nestor des souverains du monde! »

Le préfet renchérit sur ces éloges et dit aux membres du collège électoral, en leur parlant de Napoléon : « Sa tête est le foyer des grandes idées, comme le soleil est le foyer de la lumière. »

Nous revenons presque à Louis XIV et au soleil que le Grand Roi avait pris pour emblème.

Ce langage officiel soulève des applaudissements. La liste des candidats a été établie avec soin. Certains noms sont accompagnés de mentions comme celle-ci : « Dévoué à l'Empereur, quoique ex-noble (1). »

En 1810, l'enthousiasme s'est refroidi, du moins dans certains départements, et le préfet de Colmar écrit le 19 décembre au ministre de l'intérieur : « Depuis le moment de la convocation des assemblées, on remarque dans l'esprit public des symptômes d'agitation et de discorde

---

(1) A. Champollion-Figeac, *Chroniques dauphinoises.*

qui se renouvellent périodiquement, à l'approche de toutes les élections, et dont l'effet subsiste, chaque fois, au moins pendant deux ans... J'ai été à même de remarquer dans mon administration que les dénonciations contre fonctionnaires n'ont jamais été aussi multipliées que depuis quelques mois (1). »

La conscription était acceptée avec peine dans bien des contrées, et l'on a dejà vu (2) combien le fardeau imposé par le militarisme s'appesantissait de plus en plus sur les campagnes, où il provoquait des désertions et parfois des révoltes. Dès le mois d'octobre 1805, on trouve les lignes suivantes dans une lettre adressée au ministre de l'intérieur, tandis que l'Empereur venait de traverser le Rhin, à la tête de l'armée française, que l'on désigne alors, pour la première fois, sous la glorieuse appellation de *Grande Armée* :

« Le conscrit se désespère; le père de famille craint par l'effet de l'organisation de la garde nationale de quitter ses foyers... Enfin, cette rumeur, à laquelle je ne me serais pas attendu, ressemble à celle de 1793. Je crois que le gouvernement a fait sagement d'étendre le droit de remplacement, et peut-être fera-t-il mieux d'exiger une somme quelconque des gens riches qui ne se soucient pas de servir, car c'est un des inconvénients de la conscription...

« Je vous préviens, Monseigneur, de ce que je remarque, afin que vous preniez, à cet égard, les mesures que vous jugerez convenables. Je pense que pour rétablir la paix dans les familles désolées, il devrait être décidé que

(1) Archives nationales, F i. c., 25.
(2) Ch. IV, § II.

les pères de famille formeront la garde nationale sédentaire, et que les célibataires seuls pourront sortir de leurs cantons. Telles sont, Monseigneur, les observations d'un ami sincère de sa patrie qui gémit sur l'esprit qui l'anime maintenant (1). »

Avec les guerres prolongées, augmentent la lassitude et l'irritation. Le préfet du Puy-de-Dôme écrit en décembre 1810 au ministre :

« Point d'inquiétudes sur l'état des finances... Les seuls bruits ayant pris consistance sont ceux qui ont la conscription pour objet. La conscription est de toutes les mesures du gouvernement celle qui a été le plus difficile de naturaliser dans nos départements, et l'éloignement qu'elle inspire accrédite aisément les bruits qui la concernent (2). »

Le préfet des Deux-Sèvres constate, à la même époque, l'esprit hostile des campagnes au sujet de la conscription.

Par les exemples de plusieurs départements, on peut juger de l'état moral de beaucoup d'autres, en distinguant du reste de la France les pays de l'Ouest, qui gardaient la forte empreinte d'une foi royaliste dont l'ardeur s'était affirmée par des prises d'armes et par l'effusion du sang.

Un correspondant, qui a gardé l'anonyme, ne craint pas de contredire les appréciations optimistes contenues dans un rapport fait en 1808 au Cors législatif :

« D'après le magnifique tableau que le ministre a fait

---

(1) Archives nationales, F $^{\text{i. c.}}$, I, 25.
(2) Correspondances des préfets et réponses aux circulaires confidentielles de M. de Montalivet, ministre de l'intérieur. Archives nationales, F $^{\text{i. c.}}$, I, 25.

de l'état de la France, on pourrait croire que cette grande nation n'a plus rien à désirer. Cependant, si on regarde autour de soi, si on interroge le citoyen de toute classe et de tout état dans nos départements, nulle part on ne trouve le bonheur que Son Excellence lui suppose.

« Les projets de grands établissements qu'on exécute à Paris, les superbes édifices qu'on y construit, les brillantes fêtes qui s'y succèdent mettent en circulation une bonne partie de l'or de la France. Si Son Excellence avait été à portée d'observer l'état de ces différentes contrées, elle se serait convaincue que plus on se réjouit à Paris, plus on gémit dans les provinces (1). »

Des reproches plus précis et des critiques plus acerbes s'élèvent quelques années plus tard dans un mémoire sans signature, et qui dénonce les trois vices principaux de l'administration. « Le premier, c'est l'esprit même par lequel elle est inspirée. Ce n'est point un esprit de gouvernement, mais de commandement... On demande aux agents d'obéir promptement, rigoureusement; de se faire obéir de même. Ils ne sont pas les organes de la province, les protecteurs de leurs administrés. L'un des chefs supérieurs de l'administration disait aux préfets : Vous servez mal le gouvernement si vous ne vous faites pas haïr.

« De là vient que dans les derniers temps, on ne donnait guère les préfectures qu'aux jeunes gens; il fallait des séides. Celui qui avait le plus d'hommes et les avait expédiés avec le plus de rapidité, avait obtenu la palme; celui qui avait adouci la rigueur des mesures dans leur exécu-

---

(1) Archives nationales, F¹ᶜ, I, 25.

tion, était sacrifié, quelle qu'eût été la sagesse de son administration.

« Les conseils généraux des départements n'étaient plus que des convocations dérisoires où les principaux propriétaires étaient appelés à émettre des vœux qu'on ne lisait même pas.

« Mais c'est surtout l'administration communale qui est en souffrance; la plus grande partie du revenu des communes est successivement absorbée par des charges non municipales, telles que les compagnies de réserve, le culte, les enfants trouvés, les bâtiments militaires, les invalides, le traitement des préfets, les embellissements de Paris, etc.

« On veut des choses d'appareil, d'éclat, non celles qui sont utiles et bonnes, mais qui frappent comme les monuments, les fêtes, etc. Voilà ce qu'on attend d'un chef de l'administration.

« Le troisième vice de l'administration est l'excessive complication de formes et de ressorts qui l'entravent. Par suite de la manie d'appeler à Paris toutes les affaires de province où elles auraient pu être expédiées rapidement, les affaires les plus simples dorment des années entières dans les bureaux (1). »

Les plaintes ne prennent plus la peine de se dissimuler. Mais lorsque ces lignes sont écrites, l'Empire tombe sous les coups de l'étranger et sous le poids de ses propres fautes.

Les voix qui s'étaient tues s'élèvent de toutes parts, au moment où Napoléon succombe, après l'héroïque résistance de l'armée qu'il a tant de fois conduite à la victoire.

---

(1) Archives nationales, F i. c., 26 (avril 1814).

Pendant longtemps, on a parlé tout bas; maintenant, on ne craint plus de parler tout haut.

La gloire a d'abord recouvert de son éclat les maux de la guerre et ceux du despotisme. Puis l'horizon s'est assombri. Le bruit de nos revers est parvenu dans la chaumière où l'on voyait, suspendue religieusement l'image de l'Empereur. Les campagnes sont dépeuplées. Les champs manquent de bras pour les cultiver. La jeunesse part sans cesse, et beaucoup, hélas! ne reviennent plus. 400,000 conscrits ont passé le Rhin en 1813. Bientôt après, de nouveaux décrets appellent encore 796,000 hommes sous les drapeaux (1).

La nation, frappée par le terrible impôt du sang, s'est vue atteinte non moins durement dans ses intérêts pécuniaires. La fermeture des fabriques, les affaires paralysées, l'énorme augmentation des impôts, la retenue de 25 pour 100 prélevée sur tous les traitements et les pensions non militaires, ont ébranlé la fortune publique et privée. La rente est tombée de 87 francs à 50 fr. 50. La rareté du numéraire a obligé de suspendre la loi qui fixait l'intérêt à 5 et 6 pour 100. Plus de commerce et d'affaires à Paris, et de nombreuses faillites. On porte en foule au Mont-de-piété son argenterie, son linge et ses meubles (2).

Les provinces offraient le sombre tableau de la souffrance universelle.

« Des colonnes mobiles fouillaient les bois à la recherche des réfractaires; les garnisaires s'installaient au foyer de la mère de l'insoumis; dans certaines contrées,

(1) Henry HOUSSAYE, *1814*, p. 2.
(2) *Ibid.*

c'étaient les femmes et les enfants qui labouraient. D'ailleurs, le ministre de l'intérieur n'allait-il pas bientôt mettre à l'ordre du pays, par la voie des journaux, que les femmes et les enfants pouvaient utilement remplacer les hommes dans les travaux des champs, et que le labour à la bêche devait suppléer au labour par la charrue, devenu impossible, à cause du manque de chevaux !

« Ainsi ruinée et décimée, la population française tout entière n'avait plus qu'une seule pensée, ne vivait que dans une seule espérance, ne formait qu'un seul vœu : la paix (1). »

« Il ne reste plus dans l'arrondissement que les vieillards, les estropiés et les infirmes », écrit, le 11 janvier, le sous-préfet de Vervins. « Dans l'Aisne, dit presque en même temps Pasquier, on n'a laissé aucun homme dans les familles pour leur soutien. »

« Dans l'Eure-et-Loir, ajoute-t-il peu de jours après, il n'y a plus que les infirmes et les éclopés (2). »

De tous les points du territoire, arrivent de semblables témoignages. Si l'opposition contre Napoléon grandissait dans les villes, dans les salons et les milieux commerçants, son nom restait populaire dans les campagnes. On y voulait la paix avec l'homme de guerre.

« La masse de la population, dit Mollien, ne connaissait que l'Empereur et l'Empire (3). »

Mais le régime impérial est frappé à mort en 1814. Il reviendra jeter une dernière lueur aux Cent-jours, ramené

---

(1) Henry HOUSSAYE, *1814*.
(2) *Ibid.*
(3) *Mémoires*, t. IV, 127.

par les fautes du gouvernement qui lui a succédé et par le prestige d'un génie tant de fois victorieux. L'aigle traversera la France, de son vol rapide, et arrivera triomphant à Paris. Ce n'est plus alors l'Empire autoritaire et tout-puissant; c'est un Empire libéral, presque révolutionnaire.

Les proclamations de Napoléon aux habitants de l'Isère, des Hautes et des Basses-Alpes, commencent par le mot de « citoyens » qui reporte aux années de la Révolution. Il excite les passions populaires contre les émigrés et les nobles qu'il accuse de vouloir rétablir les privilèges et les droits féodaux.

« Je viens pour délivrer la France des émigrés, dit-il en traversant la Bourgogne. Je suis issu de la Révolution. Je suis venu tirer les Français de l'esclavage où les prêtres et les nobles voulaient les plonger. Qu'ils prennent garde ! *Je les lanternerai* (1). »

La *Marseillaise* et le *Ça ira* répondent à ce langage démagogique et provocateur.

Le bonnet rouge se montre à Paris, et le préfet de l'Ain peut dire avec raison au maréchal Ney : « Nous assistons à une rechute de la Révolution (2). »

En dépit du retour triomphal, tout présage un règne éphémère. On néglige de porter la cocarde tricolore et de rétablir les aigles, tant on a peu de confiance dans la durée de ce nouvel Empire qui n'existe déjà plus que dans les souvenirs d'un glorieux passé. Bientôt à Paris et dans tous les départements, on apprendra le suprême désastre que traduit douloureusement ce nom sinistre : Waterloo !

(1) Henry Houssaye. *1815,* ch. III.
(2) *Ibid.*, p. 367.

CHAPITRE X

I. La société. — II. Les salons.

I

Lorsque la Révolution eut soumis la France à sa tyrannie, les supériorités sociales furent proscrites par le système qui prétendait niveler tous les rangs et faire régner une implacable égalité. Tout ce qui par la naissance, l'éducation, les talents, les fonctions représentait l'ancien régime ou était accusé d'en souhaiter le retour, fut voué à la prison, à l'échafaud.

Dispersé par la tempête, ce monde naguère si brillant, dont l'esprit, les grâces, la politesse étaient célèbres en Europe, ne se retrouva plus qu'en émigration, dans les hôtelleries de l'exil, partout où le suivaient la misère et les deuils. La société française n'était plus en France; elle était à l'étranger, les yeux tournés vers la patrie, et attendant sous un abri précaire le jour où elle pourrait y revenir.

Après le 9 thermidor, ceux que la Terreur avait laissés vivre ou qui avaient évité la guillotine, en y faisant monter les autres, célébraient la délivrance par les bruyants plaisirs auxquels s'abandonna la société du Directoire qui se ressentait de son origine par la grossièreté des manières, la dépravation des mœurs, et s'essayait aux jouissances du luxe avec les fortunes nées de la spoliation, du pillage, de la vente des biens nationaux et de l'or amassé sans scrupule dans les fournitures militaires.

Sans principes et sans morale, cette société issue de la Révolution, n'ayant pas d'autres traditions que celles d'une période de trouble, de confusion, d'anarchie, oubliait, au bruit de ses fêtes, la longue effusion du sang dans lequel beaucoup des siens avaient trempé les mains. Elle entrait en scène à Paris, car la province appauvrie, décimée, souffrait davantage et oubliait moins vite.

Le mélange de tant d'éléments disparates, la rencontre et la réunion de tant de nouveaux venus, donnaient un singulier aspect aux maisons qui s'ouvraient dans la capitale :

« C'était, dit un témoin de l'époque, un composé de généraux dont l'éducation sociale n'était pas encore faite, gens curieux d'ignorance, choquant de présomption; de jeunes gens aussi fats que ridicules, sans politesse, et tranchant partout et sur tout; de femmes vêtues comme si elles ne l'étaient point, défigurées par des perruques blondes, dépouilles peut-être des victimes de la Terreur; une foule de gens des deux sexes, sans ton, sans mœurs, sans décence.

« Au sein d'un égoïsme progressif et d'un amour effréné du plaisir, on dansait, on spéculait d'un bout à l'autre de Paris. Rien de plus choquant que cette manie de commerce dont tout le monde était alors saisi. Comme les assignats perdaient chaque jour davantage et qu'on craignait d'en conserver, on les plaçait en marchandises ; or, ces marchandises montant en valeur nominale du soir au matin, sans qu'elles prissent réellement un plus haut prix, on croyait regagner en les revendant le lendemain du jour où elles avaient été acquises ; et des hommes, des femmes ne se rencontraient plus sans se demander : Combien ces schals, ces mouchoirs, ces gilets, ces cravates? Puis ils se proposaient mutuellement de s'en vendre ou de s'en acheter...

« L'ancienne bonne compagnie seule était étrangère à ce délire honteux et grotesque auquel se livrait tout ce que la Révolution avait élevé au-dessus de sa précédente existence, et qui, formant la plus grande masse de la société de cette époque, salissait les plus beaux salons de la capitale, en y singeant (véritables caricatures) ce qui se passait dans les réunions du faubourg Saint-Germain, fermées à cette société nouvelle...

« Les gens de l'ancien régime étaient libres, sans doute, de contracter avec les nouveaux riches des liaisons ou de s'y refuser ; leur choix à ce sujet ne pouvait être douteux, car, abstraction faite de toute autre considération, ce que ces gens-là voulaient était moins de les accueillir que de les humilier. Ces hautes classes continuèrent donc à vivre entre elles ; la vanité des parvenus, qui s'en irrita, vit une injure dans une conduite fort naturelle et chercha pour s'en venger à calomnier ce qui la repoussait (1). »

Le comte d'Allonville, qui retrace ainsi la physionomie de la société sous le Directoire, considère comme une pure

---

(1) Comte D'ALLONVILLE, *Mémoires secrets*, t. IV, ch. VI.

invention le « bal des victimes » dont il n'a entendu parler, dit-il, que bien longtemps après l'époque où il aurait été donné, selon des témoignages variables et contradictoires. Quarante ans plus tard, la duchesse d'Abrantès, dans ses Mémoires, parle de ce bal comme ayant eu lieu à l'hôtel Thélusson, où se mêlaient les mondes les plus différents.

Les débris de l'ancien régime, en se retrouvant dans la capitale, après la Terreur, cédèrent au besoin de se réunir. Il y eut des bals par souscription dont quelques-uns étaient organisés par de grandes dames, et où, parmi ceux qui s'y rencontraient, on aurait pu compter beaucoup de parents de victimes immolées par le bourreau. Ainsi prit naissance la légende du fameux bal auquel M. d'Allonville oppose un démenti :

« Quelques jeunes femmes que leur fortune détruite empêchait, dit-il, de se livrer chez elles aux plaisirs de leur âge, louèrent en commun l'hôtel du président de Bonneuil. Les voleurs, les assassins, les hommes et les femmes tarés ou de mauvais ton voulaient sans doute avoir seuls le privilège de se livrer à un genre de jouissance que la vivacité de la jeunesse inspire et que la liberté autorise; aussi les bals de l'hôtel de Bonneuil furent-ils nommés par eux *bals des victimes*. Il n'y eut pas de contes qu'ils ne débitassent à cet égard, quelque absurdes qu'ils puissent être, car c'était une jalousie d'orgueil, jalousie toujours féconde et peu scrupuleuse, qui les inventait, sur une réunion d'où ils étaient exclus, et que, d'après les leurs, ils ne pouvaient juger être à la fois gaies, nobles et décentes. »

Il ajoute en parlant de ces maisons qui se rouvraient après les jours d'orage, et dans lesquelles les survivants échangeaient leurs espérances, mêlées de tant de lugubres souvenirs :

« Je les ai vues, ces réunions paisibles et sans luxe encore : elles commencèrent à la renaissance d'une prospérité due à cette assemblée déjà passagèrement épurée, et qui semblait l'heureuse aurore d'un gouvernement plus favorable à la moralité publique; elles devinrent plus rares à la recrudescence d'un système effrayant qui ne fut que la coalition des égoïsmes les plus tyranniques (1), et elles cessèrent sous le joug d'un sceptre persécuteur. Leur courte durée n'offrait à nos regards que des plaisirs aussi décents que l'étaient peu ceux des gens qui aiment tant à outrager la classe jadis placée au-dessus d'eux. Là se reproduisait pour moi le ton du grand monde qui avait momentanément disparu... »

Le retour de madame de Staël à Paris était en quelque sorte celui de la sociabilité venant reprendre sa place au milieu d'un monde enfanté par l'anarchie, et son éloquente personnalité, sa généreuse ardeur semblaient faites pour amener des rapprochements entre ceux qu'attirait la séduction de l'esprit et des talents. La fille de Necker rappelait à la fois les idées de 89 et le respect des grandes infortunes dont elle avait pris la défense dans son courageux plaidoyer en faveur de la Reine. Elle avait gardé de l'ancien régime les traditions polies inconnues à ce monde nouveau auquel les richesses mal acquises n'avaient

---

(1) Le 18 fructidor.

pas appris l'usage de la fortune, où tout trahissait l'inexpérience des plaisirs que Barras appelait à ses soupers et à sa cour. Elle a décrit cette société en 1795 :

« L'influence des femmes, l'ascendant de la bonne compagnie, ce qu'on appelait vulgairement les *salons dorés,* semblaient très redoutables à ceux qui n'y étaient point admis, et dont on séduisait les collègues en les y invitant. L'on voyait les jours de décade, car les dimanches n'existaient plus, tous les éléments de l'ancien et du nouveau régime réunis dans les soirées, mais non réconciliés. Les élégantes manières des personnes bien élevées perçaient à travers l'humble costume qu'elles gardaient encore comme au temps de la Terreur. Les hommes convertis du parti jacobin entraient pour la première fois dans la société du grand monde, et leur amour-propre était plus ombrageux encore sur tout ce qui tient au bon ton qu'ils voulaient imiter, que sur tout autre sujet. Les femmes de l'ancien régime les entouraient pour en obtenir la rentrée de leurs frères, de leurs fils, de leurs époux, et la gracieuse flatterie dont elles savaient se servir venait frapper ces rudes oreilles, et disposait les factieux les plus acerbes à ce que nous avons vu depuis, c'est-à-dire à refaire une cour, à reprendre tous ses abus, mais en ayant grand soin de se les appliquer à eux-mêmes (1). »

Les ridicules apparaissaient bien vite chez ceux que la Révolution avait enrichis sans les élever, et l'on ne se refusait pas le plaisir de les signaler :

« Le contraste de leur ton, de leurs manières avec les

---

(1) *Considérations sur la Révolution française,* 1re partie, ch. xx.

élégantes recherches d'une vie somptueuse, toute nouvelle pour eux, le ridicule de leurs grands airs, leur morgue de parvenus, amusaient beaucoup le public et fournirent un aliment intarissable à sa verve moqueuse, ce qui n'empêchait pas de courir à leurs fêtes. Quelques salons de meilleure compagnie se rouvrirent, mais en petit nombre. En général, on avait peu d'argent, et ceux qui en avaient ne voulaient pas attirer l'attention. On eut donc recours aux réunions publiques. Ce fut le beau temps des cafés et des restaurateurs...

« Il y avait des bals de souscription sans nombre; les plus suivis étaient ceux de l'hôtel d'Aligre, de la rue de Richelieu, le bal Thélusson, surtout, où se rendait tout ce qui était à la mode. Là, dans le plus singulier pêle-mêle de tous les régimes, de toutes les opinions, on voyait madame Bonaparte dont la grâce et le charme attiraient tous les regards; près d'elle, sa fille, Hortense de Beauharnais, puis madame de Fontenay, cette femme qui sut inspirer assez d'amour et de courage à Tallien pour qu'il osât enfin attaquer Robespierre. Elle était là, belle comme une statue grecque, et presque aussi nue... On y rencontrait encore la charmante madame de Contades, l'une des célébrités de Coblentz, tout récemment rentrée de l'émigration et fort tentée de disputer aux élégantes du jour le sceptre de la mode. D'autres femmes de l'ancienne cour s'y montrèrent également, attirées par le plaisir ou la curiosité. Le prestige de leurs noms, de leurs manières, éblouissait cette foule de parvenues et de nouveaux riches. Courtisées, adulées par eux, elles payaient leurs avances, tout en les acceptant, par des propos où souvent une merveilleuse insolence se mêlait à la plus fine et à la plus spirituelle raillerie (1). »

Le théâtre s'emparait des travers de cette société et produisait ses personnages sur la scène où l'on entendait la conversation suivante à un *thé*, dans une de ces réunions bizarres par le mélange des classes et les préoccupations des invités :

« Présidente, vous avez là une charmante broderie. — Monsieur Dupré, connaissez-vous le cours du sucre? — Comtesse, qui vous a fait cette coiffure ? — Et les chandelles, monsieur Dupré ? — Mais je ne reviens pas des talents de votre femme de chambre. — Votre partie de souliers, présidente, est-elle vendue (2) ? »

Les journaux n'épargnaient pas non plus ce monde du Directoire dont la corruption ne se couvrait même pas du vernis de l'éducation, du voile des bienséances, et l'on pouvait dire avec vérité :

« Les richesses, les places, le pouvoir, la considération, tout a changé de mains ; le savoir et la vertu sont seuls restés à ceux qui les possédaient auparavant. Rien de plus sot, de plus grossier, de plus impertinent que ces opulents de fabrique nouvelle. Leur ton est celui de leur ancienne profession ; leurs manières, celles des brutes ; leur politesse, celle des crocheteurs. On voit des femmes parées avec la dernière élégance, la plus somptueuse prodigalité, qui n'ont pas même l'éducation des filles de

---

(1) *Traditions et souvenirs, ou Mémoires sur le général Auguste Colbert,* par le marquis DE CHABANNAIS, son fils, 1863, 2 vol. in-8°, t. I, p. 213.

(2) *Le thé à la mode, ou le Millier de sucre,* comédie représentée au Théâtre-Français en 1796.

modes et des femmes de chambre de l'ancien temps...

« Ces jeunes gens d'une figure charmante, chez qui tout annonce le luxe et l'opulence, paraissent ignorer les premiers éléments de la décence et de la politesse, comme ils ignorent ceux de la grammaire et de l'orthographe. Leurs regards insolents, leurs manières gauches et brusques, leur ton soldatesque, leur conversation grossière, tout décèle en eux des échappés d'antichambre qui n'ont encore changé que d'habits. Le chapeau cloué sur la tête, même en voiture, les bottes aux jambes, même le soir, un gros bâton de charretier à la main, ils ne ressemblent pas mal à ces toucheurs de bœufs qui les amènent par troupes à Paris. Livrés à eux-mêmes, à leurs passions, à leurs goûts crapuleux, ils ne savent plus que jurer, fumer, agioter et boire. Ils n'ont plus de vénération pour la vieillesse, plus de considération pour l'âge mûr, plus de respect ni d'égards pour les femmes (1). »

Cependant la vie sociale renaissait, malgré le désordre moral légué par la Révolution. Les mœurs tendaient à s'épurer comme le langage. On voyait surgir du sein de ce chaos le monde qui devait un peu plus tard représenter la France du Consulat et de l'Empire.

Miot de Melito, revenu à Paris au mois d'avril 1798, après trois ans d'absence, est frappé de la transformation qui s'est opérée depuis le commencement du Directoire et dont il a consigné le souvenir dans une des pages de ses *Mémoires* :

« Aux formes plus que simples, au langage grossier de

---

(1) GRIMOD DE LA REYNIÈRE, *Le censeur dramatique,* publ. de 1797 à 1798, 4 vol. in-8°.

la République sous la Convention, avaient succédé et la politesse dans les expressions et la recherche dans les manières et les vêtements. On ne se tutoyait plus (1), on ne portait plus de carmagnoles; les femmes surtout étaient revenues avec un vif empressement à leurs anciens goûts : la mode avait rétabli son empire, et la passion pour l'antique, plus encore que la décence, en dictait les arrêts. Ce n'était pas cependant encore le luxe et la magnificence des cours : nous avions quelques pas de plus à faire pour y revenir. Les habitudes se ressentaient toujours des mœurs sauvages que nous quittions et du mépris pour les convenances que nous avions si longtemps professé. La société n'était pas encore formée; aucune séparation ne s'était encore établie dans les différentes classes qui la composaient. Il y avait confusion, et les salons se remplissaient indifféremment de fournisseurs et de généraux, de savants et de chevaliers d'industrie, de femmes galantes et de femmes de l'ancienne noblesse, de patriotes et d'émigrés rentrés. Une seule idée, commune à tous, occupait et réunissait tant d'êtres d'origine et d'éducation si différentes : le désir de gagner de l'argent, et tout moyen était bon pour réussir à s'en procurer. Une femme mise avec

(1) « En 1796, à l'époque du 18 fructidor, le général Augereau reprochait aux officiers de s'appeler *monsieur*. Et quelques années plus tard, les généraux républicains devenaient eux-mêmes maréchaux, ducs et princes. (Général DE FÉZENSAC, *Souvenirs militaires* (1804-1814), in-12, 1863, p. 117.) — « Ce fut au Luxembourg, dans les salons dont l'adorable Joséphine faisait si bien les honneurs, que le mot de *madame* redevint en usage. Ce premier retour vers l'ancienne politesse française effaroucha quelques susceptibilités républicaines. On s'en consola plus tard aux Tuileries en se faisant appeler *Votre Altesse* en grande cérémonie, ou tout simplement *Monseigneur* en famille. » (BOURRIENNE, *Mémoires*, t. III, ch. IX.)

la plus grande élégance ne dédaignait pas de traiter une affaire de fournitures, et se chargeait de présenter des échantillons de la marchandise sur laquelle elle avait établi sa spéculation ou celle de son protégé ; et dans ce temps-là, la protection ne s'obtenait que par le partage des bénéfices (1). »

L'œil d'un homme de génie apercevait dans cet amas confus les matériaux du nouvel édifice auquel manquaient encore des institutions politiques. Sous la main vigoureuse et l'action puissante du premier Consul, cet édifice s'élève sur de nouveaux fondements, d'aspect irrégulier comme les pierres dont il se compose, n'ayant pas l'unité, la symétrie que lui donnera l'Empire qui en sera l'achèvement. L'œuvre commencée présentait ce spectacle qu'a si bien décrit Chateaubriand, et auquel il assistait en 1801 :

« On distinguait les vieilles générations républicaines qui se retiraient des générations impériales qui s'avançaient. Des généraux de la réquisition, pauvres, au langage rude, à la mine sévère, et qui, de toutes leurs campagnes, n'avaient remporté que des blessures et des habits en lambeaux, croisaient les officiers brillants de dorure de l'armée consulaire. L'émigré rentré causait tranquillement avec les assassins de quelques-uns de ses proches... Les septembriseurs, ayant changé de nom et de quartier, s'étaient faits marchands de pommes cuites au coin des bornes ; mais | ils étaient souvent obligés de déguerpir, parce que le peuple les reconnaissait, renversait leur échoppe et les voulait assommer. Les révolutionnaires

---

(1) *Mémoires*, t. I, p. 228.

enrichis commençaient à s'emménager dans les grands hôtels vendus du faubourg Saint-Germain. En train de devenir barons et comtes, les jacobins ne parlaient que des horreurs de 1793, de la nécessité de châtier les prolétaires et de réprimer les excès de la populace (1). »

Où étaient les héritiers de la tradition des salons de l'ancien régime, les représentants vieillis et décimés de ce monde aimable et souriant qui avait tenu le sceptre de la conversation et du savoir-vivre? La « bonne compagnie », comme on continuait de l'appeler, existait-elle encore ?

« On ne la rencontrait alors que dans quelques salons ; mais elle n'avait plus de centre, plus de foyer vivificateur, et consistait bien davantage dans la constance des sentiments que dans l'élégance des formes. Ce qui restait des hautes classes de l'ancien régime honorait ses doctrines légitimistes par la pureté de ses mœurs comme par l'invariabilité de ses opinions. Étranger aux crimes de la Terreur, aux vices de la pentarchie, le noble royaliste, exempt seul de toute espèce de tache, vivait encore de souvenir et d'espoir. Aussi, dans le faubourg Saint-Germain, voyait-on avec dégoût les Demidoff, les Divoff et autres étrangers s'approcher du premier Consul ; et l'exaltation du chevalier de Boufflers en faveur de Napoléon y inspirait du mépris pour le spirituel et excellent homme. Quant à la société de madame de Montesson, elle était certainement mêlée, cette femme si remarquable ayant voulu se lier au présent sans adjurer le passé dont elle offrait le plus parfait modèle.

(1) *Mémoires d'outre-tombe*, t. II, p. 227.

« Ce qui est aussi vrai qu'il paraîtra peut-être extraordinaire aujourd'hui, c'est qu'alors, à propos de mariage, la première question était : Est-ce une famille présentée (1)? A-t-elle eu des places à la cour? Le Roi ou les princes la connaissent-ils? Toutes ces niaiseries irritaient les gens de la Révolution et abusaient sur l'avenir de ceux qui en étaient les ennemis (2). »

Il n'y avait pas encore de société bien définie ; mais il y avait une cour ; c'était celle du premier Consul. La grâce et l'aménité de Joséphine, que sa naissance et son premier mariage rattachaient à l'ancien régime, contribuaient à désarmer les inimitiés, à incliner le pouvoir vers les idées de modération et d'apaisement, en exerçant une influence bienfaisante et réparatrice.

Cherchant à restaurer des institutions dont l'aristocratie lui semblait devoir être l'ornement et l'appui naturel, Bonaparte attirait volontiers ceux que la Révolution avait proscrits, et ne voyait pas sans en être irrité le parti de l'opposition lancer des épigrammes contre son entourage.

« Il avait le tort, dit Mollien, de s'y montrer trop sensible, et surtout à celles d'un *certain faubourg*. C'étaient là que vivaient entre eux les vieux chefs des nobles familles qui ne pouvaient plus avoir que des souvenirs sans espérances, et c'était un de leurs plus doux passe-temps que de critiquer les imitations que la nouvelle cour consulaire allait déjà chercher jusque dans la cour de Louis XIV; ils voulaient cependant que leurs enfants s'y montrassent,

---

(1) A la cour, les présentations se faisaient en vertu des preuves dressées par le généalogiste des ordres du Roi.
(2) Comte d'Allonville, *Mémoires secrets*, t. III, ch. xxv.

parce qu'ils y entrevoyaient pour eux quelques chances heureuses, et elles se sont, en effet, réalisées pour un grand nombre.

« Quoique dans ces nouveaux cercles tous les noms fussent confondus et que les rangs n'y fussent marqués que par les fonctions et les grades, on s'y présentait encore avec une sorte de privilège, quand on joignait à l'héritage d'un nom illustre la tradition de ces manières élégantes, faciles et en même temps décentes qui distinguaient autrefois les classes élevées de la société française, et le premier Consul avait un tel sentiment des convenances, quoiqu'il les négligeât quelquefois et peut-être à dessein, que dans le mélange souvent assez bizarre au milieu duquel il était placé, les bonnes manières, qui seules n'auraient pas suffi, étaient toujours pour lui un accessoire recommandable (1). »

Deux fois par semaine, il accueillait aux Tuileries une cinquantaine d'invités et s'attachait à conquérir l'opinion des salons dans ces réunions où Joséphine apportait son charme et son exquise bienveillance. Il interdisait à ses anciens compagnons d'armes toute familiarité qui eût amoindri son rang de chef de l'État, encourageait le respect des bienséances et voyait d'un œil favorable les femmes connues par la dignité de leur maintien, la supériorité de leur éducation (2).

Cette dictature exercée sur les formes de la sociabilité par celui qui gravissait les marches du trône, contribuait à restaurer les mœurs polies dont on avait perdu la notion, au milieu de l'anarchie enfantée par la Révolution. Mais

(1) *Mémoires*, t. I, p. 325.
(2) *Ibid.*, t. I, p. 283.

la destruction du monde de l'ancien régime et l'avènement des classes nouvelles apportaient de profondes modifications dans les idées comme dans les usages, et parmi les choses qui avaient disparu, il était permis de regretter les égards auxquels les femmes avaient été habituées par les traditions chevaleresques de la vieille France.

Madame Vigée-Lebrun, revenue à Paris en 1801, et se trouvant à une soirée de musique chez la comtesse de Ségur, s'étonna de voir les hommes absolument séparés des femmes.

« On eût dit des ennemis en présence, dit-elle. Pas un homme ne venait de notre côté, à l'exception du maître de la maison, que son ancienne coutume de galanterie engageait à venir adresser aux dames quelques mots flatteurs (1). »

Sa surprise ne fut pas moins grande lorsqu'elle alla voir madame de Ségur, un autre soir, à huit heures. Elle apprit, en la trouvant seule, que vingt personnes invitées chez elle étaient parties aussitôt après le café, ce que l'on eût considéré, sous l'ancien régime, comme un manque absolu de savoir-vivre. Assistant à un bal donné à cette époque par madame Récamier, elle vit les livrées qui reparaissaient alors dans les antichambres pour la première fois.

Madame de Genlis n'a pas de moindres étonnements lorsqu'elle revient de l'émigration. Le langage lui semble emphatique, la politesse affectée. Au lieu de sortir d'un salon en adressant une simple révérence à la maîtresse de

---

(1) *Souvenirs de madame Vigée-Lebrun*, t. III, ch. vii.

maison, comme on avait coutume de le faire avant la Révolution, on se croit obligé d'aller faire un compliment, en partant et en arrivant, à toutes les personnes qui se trouvent réunies.

« Depuis mon retour à Paris en 1801, dit-elle, j'avais été choquée du ton de la conversation ; rien n'y était naturel, et l'exagération avait mis à la mode les expressions les plus outrées. On éprouvait l'*horreur* ou l'enthousiasme pour les choses les plus futiles et les plus simples, tout était *inconcevable, inouï, monstrueux, horrible ou charmant et céleste.* Lorsqu'on rencontrait quelqu'un auquel on avait fait fermer sa porte, on ne manquait jamais de lui protester qu'on était *désespéré* de ne s'être pas trouvé chez soi. Les gens d'un ton plus raffiné se contentaient de dire qu'ils étaient bien affligés. Après avoir fait sept ou huit visites, on rentrait dans sa maison avec le remords d'avoir plongé dans l'affliction et réduit au désespoir une douzaine de personnes, mais aussi avec la consolation d'en avoir charmé et rendu heureuses un pareil nombre...

« Je regrettais les soupers ; ils étaient supprimés, parce que les usages se trouvaient changés comme la langue ; les spectacles ne finissaient qu'à minuit, et cela seul produisait un grand changement dans la société. Après le dîner, on voulait faire des visites ou aller au spectacle ; on était distrait, préoccupé, on regardait à sa montre ; toutes ces choses ne donnaient ni un maintien ni une conversation aimables. Le souper terminait jadis la journée ; on ne craignait plus le mouvement et l'interruption causée par les visites qui surviennent toujours après le dîner ; on était tout entier à la société. Au lieu de compter les heures, on les oubliait et l'on causait avec une parfaite liberté d'esprit, et par conséquent avec agrément (1). »

Ces regrets inspirés par la société de l'ancien régime se retrouvent chez tous ceux qui l'avaient connue. Un de ses représentants se joint à madame de Genlis pour vanter les salons dont le souvenir charmait encore son esprit :

« Là, exempt de ces tristes pensées qui troublent l'imagination, on était poli avec aisance, élégant et simple tout à la fois ; là on causait sans confusion, quoique la conversation y fût toujours générale ; dialogues improvisés où régnaient autant d'ordre et de facilité que si c'eût été des rôles préparés et appris d'avance ; là point d'aparté, de mots dits à l'oreille ; des oppositions d'idées, mais nulles discussions longues et vives...

« L'esprit errait avec grâce et légèreté sur mille objets, ne s'appesantissait sur aucun, ne saisissait pour le reproduire que cela seul qui pouvait plaire ; car il fallait, en sortant du cercle dont on faisait partie, que l'on pût être content des autres et de soi-même. Alors il fallait aussi que la maîtresse de maison sût mettre chacun à son aise, le fît naturellement et sans efforts, s'étudiât à faire valoir ceux qu'elle recevait chez elle...

« Qui ne se rappellerait encore ces *journées de campagne* où, dans les plus somptueux hôtels de Paris, étaient réunis, du matin jusque dans la nuit, tous les genres de jouissances décentes au sein desquelles une jeune personne, si par hasard elle y était admise, n'eût pas entendu proférer un mot qui pût éveiller sa curiosité ou alarmer sa pudeur?

(1) *Mémoires*, ch. XXXVII.

« Tant de charmes ont disparu au point de ne pouvoir être conçus maintenant par ceux qui ne purent en jouir ; mais ceux qui ont vu ce que l'on était alors dans les hautes classes de la société et qui avec délices en repaissent leur imagination, pourraient-ils se refuser au plaisir consolateur de se reporter par la pensée vers des temps où la France avait, par ses mœurs, conquis un incontestable et paisible empire sur tout le reste du monde civilisé (1) ? »

Dans ce retour mélancolique vers un monde disparu, il y avait plus que le regret de la jeunesse évanouie, la louange donnée par le vieillard au temps passé. Une révolution qui avait détruit tant de choses et en avait créé de nouvelles, bouleversait les habitudes et les goûts des représentants d'un autre âge, devenus étrangers à la société où ils cherchaient à reprendre une place. Et ce ne sont pas seulement les usages que les catastrophes avaient abolis ou profondément modifiés. Beaucoup de fortunes avaient sombré dans le naufrage.

L'opulence des uns rappelait aux autres des spoliations récentes, et cette société, qui se reformait avec tant d'éléments disparates, ravivait des souvenirs irritants et douloureux, en provoquant l'hostilité de ceux qu'elle mettait en présence.

La vanité offrait un autre spectacle. On voyait les puissants du jour chercher dans la classe des vaincus les modèles de distinction et de savoir-vivre dont ils ne réussissaient même pas à devenir la copie (2).

---

(1) Comte d'Allonville, *Mémoires secrets*, t. I, p. 390.
(2) « Je m'aperçus que, malgré le dénigrement affecté de l'ancien temps, plusieurs parvenus avaient fait une étude sérieuse de l'art de contrefaire

Sous l'ancien régime, les hommes, remplis de prévenances respectueuses et délicates envers les femmes, adoucissaient, en leur parlant, les inflexions de leur voix, et ils évitaient devant elles de se tutoyer entre eux. Le sans-gêne et la familiarité avaient succédé à cette politesse raffinée. Ils paraissaient en bottes dans les salons, et les femmes appelaient les jeunes gens par leurs prénoms (1).

La Révolution, dont les traces subsistaient dans les monuments mutilés, léguait quelque chose de son esprit et de son incohérence à ce monde nouveau que disciplinait l'épée d'un soldat victorieux.

Le premier Consul encourageait la sociabilité et la faisait servir à l'accomplissement de ses desseins. « Mariez-vous, disait-il à ses officiers, et recevez du monde. *Ayez un salon.* »

L'exemple était donné aux Tuileries, où la « citoyenne Bonaparte », environnée du prestige de la femme d'un grand homme, se préparait au premier rang par le premier rôle dans ces réunions qu'éclairait son sourire et que son aménité s'efforçait de rendre attrayantes. Elle rapprochait l'aristocratie de naissance des nouveaux preux qu'anoblissaient les exploits et qu'allait titrer la victoire. Mesdames de la Rochefoucauld, de Lameth, d'Harville, de Luçay, de Talhouët, de Lauriston, de Lavalette, paraissaient auprès d'elle avec de futures maréchales de France : madame Lannes, éclatante de beauté, mesdames Bessières et Mortier.

---

les gens de l'ancienne cour : MM. de Talleyrand, de Valence, de Narbonne et de Vaudreuil étaient surtout leurs modèles. Il faut avouer qu'ils choisissaient bien. » (Madame DE GENLIS, *Mémoires*, ch. xxxvii.)

(1) *Ibid.*

Les salons, souhaités par Bonaparte, faisaient encore défaut à cette époque de réorganisation politique et de transition sociale, alors que le sceptre des reines de l'esprit et de l'urbanité française avait été brisé.

La vie extérieure remplaçait la vie de salon. Les plaisirs publics rassemblaient un monde qui n'avait pour ainsi dire pas de chez-lui.

« On allait à Tivoli voir le feu d'artifice et se promener dans ses jolis jardins ; on allait beaucoup au spectacle ; on se donnait de grands dîners pour copier la cour consulaire, où les invitations allaient par trois cents les quintidis ; on allait au pavillon de Hanovre, à Frascati, prendre des glaces, en sortant de l'Opéra ; tout cela avec un grand luxe de toilette et sans que l'on y prît garde encore ; on allait à des concerts où chantait Garat, qui alors faisait fureur, et la vie habituelle se passait ainsi. Mais la société ne fut pas longtemps dans cet état de suspension. 1804 vit arriver l'Empire, et, du moment où il fut déclaré, un jour nouveau brilla sur la France (1). »

Toutefois, le règne de Napoléon ne peut être celui des salons. On songe moins à causer qu'à combattre. La gloire des armes est seule en honneur, et le goût de la sociabilité se retrouve chez les survivants de cet ancien régime où l'on était épris de bons mots, d'épigrammes et de madrigaux. Loin de favoriser l'influence des femmes, Napoléon la redoutait. Il avait surtout les femmes d'esprit en horreur. Madame de Staël en a su quelque chose.

Qu'elles soient de jolis ornements, qu'elles donnent à

---

(1) Duchesse D'ABRANTÈS, *Histoire des salons de Paris*, t. V, p. 1.

leurs maris beaucoup d'enfants, voilà ce qu'on leur demande. Loin d'être incrédules, voltairiennes, comme le furent leurs mères et leurs aïeules avant la Révolution, elles devront avoir la crainte de Dieu et de l'Empereur, s'adonner aux pratiques de la religion, qui, depuis le Concordat et la venue du Pape en France, a reçu une sanction officielle.

L'éducation maternelle a repris une grande place dans la vie du foyer. Elle s'inspire volontiers des doctrines professées à Écouen par madame Campan ou de l'influence pédagogique de madame de Genlis. On ne cherche pas à donner aux jeunes filles une instruction étendue, mais à développer en elles le goût des arts cultivés avec succès par la reine Hortense. On leur enseigne le chant, la harpe, la guitare, le piano ou le clavecin.

Le romantisme, dont Chateaubriand représente l'avènement, n'a pas exercé seulement son empire sur les esprits ; il s'est fait sentir dans les manières. Les femmes recherchent volontiers dans leurs attitudes l'expression d'une grâce langoureuse et affectée.

Encouragée par l'exemple de la cour impériale, la vie du monde a repris un nouvel essor, et de brillantes réceptions se succèdent à Paris.

« Les invitations ont été portées à domicile dans un poulet manuscrit, gaufré aux bordures et doré sur tranches, et on a dû y répondre aussitôt. Alors, pour le jour fixé, sur le coup de minuit, le perron de l'hôtel est encombré de voitures-coupés, marchant en file et dirigées par les chasseurs, pareils aux tambours-majors de l'infanterie. Le ton est de ne point être des premiers au rendez-vous.

Il est très reçu de quitter ce jour-là l'Opéra et la Comédie à la fermeture et de prendre l'extrême queue des équipages. Une fois arrivés, les couples montent lentement les degrés de marbre, jettent leurs pelisses et leurs witchouras aux valets, pénètrent dans les antichambres et, se tenant les mains, comme au temps des paniers et des robes larges, vont saluer leurs hôtes.

« Les valses ont-elles commencé, cela n'en est que mieux... Des danses qui nous paraîtraient furieusement étranges dans leurs enjambées audacieuses et leurs flic-flacs, dans leurs attitudes exagérées et cavalcadantes. Des poses classiques, on le voudrait insinuer, consistant à relever le bras arrondi, à pirouetter sur les talons en façon de poupées articulées ; des sauteries en gigue, secouant les jupes, forçant le cavalier à galoper du pied gauche. Diminutif des ballets de l'Opéra, la danse imprime au corps mille contorsions mimées, mille tensions rythmées que Debucourt a voulu exagérer dans la célèbre estampe de la *Dansomanie*. Pour la pastourelle d'un quadrille, les dames tendent leurs robes en éventails et s'avancent à la rencontre des danseurs très gravement comiques, tout en exécutant le rigodon le plus irrésistible qui se voie. Vestris domine; c'est de lui qu'on tient les entrechats et les ronds de jambe, toutes les excentricités admises, comme on a appris de Despréaux la grâce maniérée de s'asseoir, de traverser un salon, de se ganter, de s'éventer, de prendre avec un joli geste la main de son cavalier (1). »

Une grande soirée chez les dignitaires de l'Empire

---

(1) Henry Bouchot; *Le luxe français sous l'Empire.*

coûte au moins quinze cents louis. Plusieurs orchestres se font entendre, placés dans différents salons. Le souper est servi par Laguipière ou Carême.

En 1809, a lieu aux Tuileries un bal travesti qui représente un jeu d'échecs. La salle a été transformée en échiquier, et chaque invité figure une des pièces du jeu. En 1811, autre divertissement fort goûté : le bal des *saisons* et des *heures,* qui a motivé d'ingénieux travestissements. La marquise de Broc, costumée en *heure,* attire l'attention de l'Empereur, qui, avec une galanterie dont il ne se montrait pas prodigue, la proclame « la plus belle heure du jour ».

Un bal qui égaya la malignité parisienne fut celui dont rend compte la comtesse Hélène Potocka, dans une des lettres inédites qu'a bien voulu me communiquer l'aimable auteur du livre si piquant où nous a été révélée la vie romanesque d'une *grande dame au dix-huitième siècle* (1).

« Tout Paris, écrit-elle le 27 avril 1808 à sa fille (2), se moque de M. d'Esquelbec qui a donné un bal à la fin du carême, et trouvant indécent à cette époque de mettre : *Il y aura un violon*, a terminé son invitation par ces mots : *On fera ce que vous savez.* Jugez combien cela a fait rire. »

Passant ensuite en revue les plaisirs le plus en faveur alors dans la société, elle ajoute :

« Le spectacle le plus à la mode à présent est celui des chiens ; ils sont réellement charmants, ils vont à l'assaut d'une forteresse qui renferme un pâté...

---

(1) *La princesse Hélène de Ligne*, 1 vol. — *La comtesse Hélène Potocka*, 1 vol., par Lucien PERRY.

(2) La princesse Sidonie de Ligne, qui épousa le comte François Potocki.

« Il n'y a plus de grandes soirées, mais il y en a de petites qui, à mon gré, sont plus amusantes. Il y en a eu hier une chez madame d'Andlau, ce soir chez madame d'Orglandes, mais on n'est pas plus de douze personnes. Toutes ces dames vont bientôt partir pour la campagne. Le 25, M. et madame de Biron, Charles de Gontaut et madame de Polignac ont dîné chez moi. Après le dîner, nous avons été à l'Opéra. C'était une représentation pour Chiron qui a été magnifique. On a donné la *Vestale* et le ballet de *Mirza*, remis avec beaucoup de pompe. La foule était énorme, et la file de voitures telle que je n'ai eu la mienne qu'à une heure et demie du matin. »

La comtesse Hélène Potocka parle encore d'un bal donné par elle dans le bel hôtel qu'elle habitait avec son mari, rue Caumartin, et où tous deux accueillaient volontiers les représentants de l'ancienne société française, au milieu de laquelle Hélène avait grandi, à l'ombre hospitalière de l'Abbaye aux Bois dont elle nous a retracé l'éducation et l'esprit mondain. Elle écrit, le 12 février 1809, à sa fille :

« Toutes les Polonaises sont venues à mon bal. On a dansé une mazurka. Les femmes étaient mesdames Lubinska, Krosinska, Paciey et Félix Potocka; les hommes, MM. Mir, Anatole de Montesquiou, Raoul de Montmorency et le petit Kossakowski. On les a fort applaudis. La mode, cette année, est de jouer des proverbes. Nous en avons eu chez madame de Boigne et chez madame de Castellane. MM. de Chastenay, Joseph d'Estourmel et M. de Sainte-Aulaire jouent à merveille. »

Des conflits d'opinion divisaient cette société qui se reconstituait sous le régime impérial. Tandis que les uns restaient fidèles au passé, d'autres, séduits par la gloire de Napoléon et jouissant de l'ordre qu'il avait rétabli en France, après la Révolution, acceptaient franchement cette monarchie nouvelle, et l'Empereur avait des enthousiastes dans les rangs de l'ancienne aristocratie. De ce nombre, parmi les femmes, était madame de Coigny (1), dont les sympathies n'avaient jamais été acquises aux Bourbons. Elle avait parfois des discussions assez vives à ce sujet avec la marquise de Coislin, ardente royaliste. Elle citait un jour un mot de Napoléon qui, en parlant des théâtres, avait dit : « La Comédie française est la gloire de la nation, et l'Opéra la vanité. »

« Bon, répondit aussitôt madame de Coislin, pour peu que vous répétiez cela, ma chère, il n'y aura plus un chat à l'Opéra. Les Français sont sous le joug au point que si l'Empereur annonçait qu'il ne veut régner que sur des cyclopes, chacun s'empresserait de se faire crever un œil. Quant à moi, je ne comprendrai jamais qu'une femme comme vous, marquise, se montre à cette cour, ni chez des parvenues où l'on donne le soir de la bière et de l'eau sucrée. C'est une horreur! Elles ne savent même pas tenir une maison, et sont d'une vanité ridicule! »

Madame de Coislin, dont la beauté avait été remarquée de Louis XV, était alors une spirituelle vieille femme de quatre-vingts ans, et son enjouement, ses saillies faisaient oublier l'étrangeté de ses toilettes qui reportaient aux modes de sa jeunesse. Coiffée d'un petit bonnet de tulle garni de roses, elle portait une mante de taffetas bleu et une douillette de

(1) Née de Conflans d'Armentières, elle eut une fille mariée au comte Sébastiani.

soie blanche, bordée de peluche rose pâle. Image d'un monde qui se survivait dans ses récits, elle disait, non sans orgueil, à madame de Coigny : « Quand les derniers débris de notre société auront disparu, on ne saura plus ce qu'étaient le bon goût et le bon ton qui en faisaient l'agrément (1). »

II

Les femmes qui avaient appartenu au monde de l'ancien régime en rappelaient le souvenir et en ressuscitaient les traditions. Parmi elles, on citait la marquise de Montesson, veuve morganatique du duc d'Orléans. Ses relations avec madame de Beauharnais s'étaient continuées avec la femme du premier Consul, et celui-ci avait de suite apprécié le caractère et l'esprit de madame de Montesson, à laquelle il témoignait la plus grande considération. Son salon, comme beaucoup d'autres, réunissait les représentants de l'ancienne société et ceux de la société nouvelle. Mais les manières de la maîtresse de maison évoquaient la mémoire du temps dont elle conservait obstinément les usages, sachant attirer la jeunesse, bannir l'ennui et maintenir le rang auquel l'avait élevée son mariage avec un prince du sang.

Sauf de rares exceptions, elle ne faisait pas de visites,

---

(1) *La comtesse Hélène Potocka*, p. 324, 330, 332.

ne se levait pour personne et ne reconduisait que ceux ou celles à qui elle voulait signifier un congé définitif.

Une femme qu'elle avait rencontrée aux eaux de Plombières, en 1803, se crut autorisée à venir la voir à Paris, et madame de Montesson, à la fin de sa visite, l'ayant accompagnée jusqu'à la porte du salon, elle se vanta de cet honneur ; mais elle en eut l'explication.

Petite, possédant une taille que l'âge n'avait pas courbée, et des yeux expressifs, coiffée d'une perruque de couleur foncée, madame de Montesson était vêtue invariablement de blanc en été, de gris en hiver. Le premier grand bal qu'on vit après la Révolution eut lieu dans son hôtel, à l'occasion du mariage d'Hortense de Beauharnais avec Louis Bonaparte, depuis roi de Hollande. Huit cents invités se pressaient dans des appartements remplis de fleurs, étincelants de lumière.

Les valets de pied poudrés, en bas de soie, portant la livrée bleu de France aux boutons sans armoiries, et les valets de chambre vêtus de noir et en perruques, avec la bourse et la poudre, rappelaient les beaux jours de l'ancien régime.

Hortense de Beauharnais parut à ce bal, éblouissante dans une tunique blanche et rose, brodée d'argent, qui la faisait ressembler à une figure d'Herculanum ou de Pompéi. Les dîners de madame de Montesson étaient cités pour leur magnificence, la richesse du service où brillaient, parmi la porcelaine de Sèvres, de splendides pièces d'orfèvrerie.

Le premier Consul venait quelquefois s'asseoir à cette table somptueuse où Joséphine apportait sa grâce souriante. Au nombre des convives, on voyait madame Récamier qui captivait tous les regards, madame de Rémusat, la comtesse de Sabran, de venue la femme du chevalier de Boufflers, sa fille, Delphine de Sabran, marquise de Custine, la princesse de Guéménée, madame Bernadotte, la future reine de Suède.

Ces repas avaient lieu habituellement le mercredi. Les élégantes s'y montraient en robes de percale des Indes, avec une demi-queue brodée de fleurs et de guirlandes.

Deux plumes blanches surmontaient leurs toques de velours noir, et un cachemire aux couleurs éclatantes recouvraient leurs épaules, en laissant apercevoir une montre de Leroy, suspendue à leur cou par une longue chaîne du Mexique.

Dans beaucoup de maisons, ces dîners du jour étaient suivis d'une promenade au bois de Boulogne. Mais madame de Montesson savait retenir ses hôtes par des plaisirs variés. Tous les étrangers de distinction, de passage à Paris, tenaient à honneur de lui être présentés.

Pendant sa dernière maladie, en 1806, un page vint chaque jour prendre de ses nouvelles, au nom de l'Empereur et de l'Impératrice. Par ordre de Napoléon, on lui fit des funérailles princières. Son corps resta exposé une semaine entière à Saint-Roch, dans une chapelle ardente, chose dont il n'y avait pas d'exemple.

Par une étrange coïncidence, son cercueil, transporté à Sainte-Assise, croisa sur les marches de l'église Saint-Roch celui de mademoiselle Marquise, danseuse de l'Opéra, qui avait jadis exercé son empire sur le duc d'Orléans (1).

---

(1) Duchesse D'ABRANTÈS, *Histoire des salons de Paris,* t. IV, p. 1.

Madame de Genlis avait élevé les petits-enfants du prince qui associa madame de Montesson à son existence. Elle nous a témoigné la surprise que lui causait la société nouvelle. Femme auteur, elle attirait un monde spirituel et lettré dans un appartement voisin de la bibliothèque de l'Arsenal qu'elle tenait de la bienveillance de Chaptal, ministre de l'intérieur. Elle y vivait du produit de ses écrits et d'une pension accordée par le premier Consul. Elle recevait le samedi soir, ce qui permettait aux personnes d'une existence laborieuse de prolonger une veille réparée par le repos du dimanche.

Hommes et femmes se donnaient rendez-vous dans ce salon dont madame de Genlis faisait les honneurs avec sa fille, madame de Valence. On y écoutait Millevoye. Le comte Elzéar de Sabran y récitait ses fables (1). Brifaut, depuis académicien, y conversait avec des femmes de lettres comme Victorine de Chastenay. Talleyrand se mêlait à ces réunions où brillaient le spirituel comte de Ségur, MM. d'Estourmel et de Choiseul-Gouffier. Madame Tallien s'y montrait reine par la beauté, auprès de madame Bernadotte (2).

La conversation, mondaine dans le salon de madame de Montesson, savante dans celui de madame de Genlis, était volontiers politique chez madame de Staël. Revenue en 1795 à Paris, où M. de Staël avait repris ses fonctions d'ambassadeur, elle avait groupé autour d'elle, dans son hôtel de

---

(1) Sur sa vie et son caractère, retracés à l'aide de documents inédits, voir *Le chevalier de Boufflers et la comtesse de Sabran*, par Pierre DE CROZE, in-12, 1894.

(2) Duchesse D'ABRANTÈS, *Histoire des salons de Paris*, t. IV, p. 97.

la rue du Bac, les personnalités les plus diverses. Les hommes du Directoire y rencontraient des émigrés rentrés. Barras s'y retrouvait au milieu des anciens constitutionnels de 1791. Benjamin Constant était le familier de ce salon où l'on voyait Dupont de Nemours, où Suard et Lacretelle représentaient le monde des lettres.

Il fallait la supériorité de madame de Staël et l'ascendant qu'elle exerçait autour d'elle pour reconstituer, presque au lendemain de la Terreur, avec des esprits opposés et des éléments contraires, un de ces centres de sociabilité qu'on ne connaissait plus depuis la Révolution. Elle y apportait, avec la fougue de son imagination, la tradition des salons de l'ancien régime, unie au libéralisme de 89, toujours persistant en elle, malgré les cruels démentis que lui avaient infligés les événements. Elle était favorable à l'organisation d'un régime républicain, fondé sur la justice et la vraie liberté, et dans un écrit intitulé : *Réflexions sur la paix intérieure,* elle conviait tous les Français à l'accepter.

Mais la Révolution avait altéré dans tous les esprits la notion de la liberté dont elle avait écrit le nom en caractères de sang. Le Directoire ne pouvait offrir sous le nom de république qu'un abri précaire. Plus il se sentait faible, plus il était soupçonneux. Madame de Staël, que ses amitiés et la générosité de son caractère rattachaient au monde de l'ancien régime, se vit dénoncée et ne fut protégée que par la situation diplomatique de son mari. Elle repartit pour la Suisse et revint à Paris au mois d'avril 1799. Joseph et Lucien Bonaparte étaient les invités de ses dîners, et dans son salon s'agitaient toutes les questions qui préoccupaient alors l'opinion publique. Le 18 fructidor interrompit brusquement cette période d'apaisement, et madame de Staël, dont l'esprit habitait toujours Paris lorsqu'elle s'en éloignait, dut reprendre le chemin de Coppet. Elle retourna bientôt dans la capitale, où elle arriva la veille du 18 brumaire.

Le césarisme apparaissait comme un remède à l'anarchie où se débattait la France depuis le commencement de la Révolution, mais il devait rencontrer en madame de Staël une opposition qui se manifestait dans son entourage et dans son salon. Cette attitude n'était pas faite pour lui concilier la bienveillance du pouvoir, ni lui mériter les sympathies de Bonaparte, à qui, dès leur première rencontre, elle avait déplu.

La France traversait alors une nouvelle phase, et le caractère transitoire de ce régime monarchique de fait, sans l'être de nom, se reflétait dans la physionomie de la société que madame de Staël dépeint ainsi pendant un hiver passé à Paris en 1801 :

« C'était un singulier moment en France que ce passage des habitudes révolutionnaires aux prétentions monarchiques ; comme il n'y avait ni indépendance dans les unes, ni dignité dans les autres, leurs ridicules se mariaient parfaitement ensemble ; elles se groupaient, chacune à sa manière, autour de la puissance bigarrée qui se servait en même temps des moyens de force des deux régimes (1). »

Chez madame de Staël venaient, avec beaucoup d'émi-

---

(1) *Dix années d'exil*, 1re partie, ch. VII.

grés rentrés, les frères du premier Consul, les ministres, les orateurs qui, comme Daunou, Benjamin Constant, Andrieux, Garat, Jordan, ébauchaient en causant leurs discours prononcés au tribunat. Chénier, Arnaud, Legouvé, Ducis, Népomucène Lemercier, Gérard, Talma représentaient les arts et les lettres dans ce salon de la rue de Grenelle où le duc Mathieu de Montmorency, le duc Adrien de Laval, le comte Louis de Narbonne, le chevalier de Boufflers, le comte de Sabran apportaient un écho de l'ancienne France; où madame Récamier charmait par sa beauté, la comtesse Pauline de Beaumont par son esprit.

« Ce n'est point un salon, c'est un club », disait avec humeur Bonaparte, qui n'avait pas goûté Necker, lorsqu'il s'était arrêté pour le voir à son passage en Suisse, et à qui le genre d'esprit de madame de Staël était antipathique, comme toute indépendance de caractère. Il n'ignorait pas les critiques, les sarcasmes dont il était l'objet dans ce milieu où l'on osait contredire et censurer le pouvoir absolu. Il craignait l'influence de madame de Staël, et avait dit un jour : « Elle monte les têtes dans un sens qui ne me convient pas. »

Le souvenir encore récent des mauvais jours, le spectacle de l'ordre renaissant, tout contribuait à conquérir au premier Consul l'universalité de l'opinion. Madame de Staël voyait s'éloigner de son salon jusqu'à la « bonne compagnie » qui désapprouvait son opposition au nouveau pouvoir, à l'abri duquel on se réfugiait, après les proscriptions et l'anarchie. A la suite d'un discours retentissant de Benjamin Constant où il avait dénoncé « l'aurore de la tyrannie », donnant un dîner où devaient figurer des fonctionnaires ou des amis du gouvernement, madame de Staël avait reçu dix billets d'excuse. L'un d'eux était de Talleyrand.

Il fallait obéir, et, pas plus que le premier Consul, l'Empereur n'était d'humeur à tolérer l'opposition, à souffrir les critiques des libéraux, dont il jugeait sévèrement les idées et les utopies. Trop fière et trop indépendante pour se soumettre, madame de Staël continua la résistance. Elle s'allia aux ennemis de Bonaparte, Bernadotte et Moreau. Elle se vengea par des épigrammes de la censure qui soumettait la pensée au contrôle de la police (1).

La guerre était déclarée entre la force et l'esprit. Elle continuera violente, implacable.

« Madame de Staël, a dit un de ceux qui ont le mieux jugé son caractère et son talent, n'ira pas jusqu'à approuver les attentats contre la vie du premier Consul, elle les flétrira toujours; mais elle souhaitera sa chute, même au prix de la défaite des armées françaises (2). »

L'exil frappa cette femme célèbre, comme au temps des disgrâces royales qui avaient relégué Fénelon à Cambrai et Choiseul à Chanteloup. Lorsqu'elle reçut, en 1803, l'arrêt de proscription, elle écrivit à Napoléon : « Quelle cruelle illustration vous me donnez ! J'aurai une ligne dans votre histoire. »

Pendant dix ans, elle resta éloignée de la capitale, dont il ne lui fut pas permis d'approcher au delà d'un rayon de quarante lieues. Sur les bords du lac de Genève, elle

(1) Voir plus haut, ch. VII, § III.
(2) *Madame de Staël*, par Albert SORRL. — *Collection des grands écrivains français*.

regrettait le « ruisseau de la rue du Bac », et les plaisirs de « la conversation française qui n'existe, disait-elle, qu'à Paris (1) ».

Elle parlait avec amertume de l'ostracisme qui l'avait frappée : « On s'étonnera peut-être que je compare l'exil à la mort, mais de grands hommes de l'antiquité ont succombé à cette peine. On rencontre plus de braves contre l'échafaud que contre la perte de sa patrie (2). »

Elle ne retrouva qu'en 1814, à la Restauration, le séjour dont elle avait été si longtemps privée.

L'exil avait puni aussi madame Récamier, dont la courageuse amitié était venue consoler madame de Staël à Coppet.

La gloire de Chateaubriand projette ses rayons sur la délicate figure de celle qui, n'ayant plus ni beauté, ni jeunesse, ni fortune, attirait encore dans le petit salon de l'Abbaye au Bois, où régnait la vieillesse morose de l'auteur du *Génie du christianisme*.

Fille d'un notaire de Lyon, Juliette Bernard avait épousé, en pleine Terreur, un banquier de Paris, M. Récamier. Le roman resta étranger à ce mariage célébré dans les jours tragiques. M. Récamier assistait à toutes les exécutions pour se familiariser avec la mort à laquelle il se croyait destiné. Il fut, ainsi que sa femme, épargné par le régime qui faisait tomber tant de têtes. Il conserva à la fois la fortune et la vie.

Malgré les succès éclatants qu'elle obtenait partout, madame Récamier n'appartint pas au monde du Directoire, qu'elle traversa sans s'y mêler. A la fin de 1798, elle s'in-

(1) *Dix années d'exil,* ch. x.
(2) *Ibid.,* ch. xi.

stalla rue du Mont-Blanc, dans l'hôtel que son mari avait acheté de M. Necker. Cette acquisition fut l'origine des relations d'où naquit l'intimité de madame Récamier et de madame de Staël.

La nouvelle demeure dont elle prenait possession fut décorée avec tout le luxe de l'époque.

Elle la quittait l'été pour le château de Clichy, voisin de Paris, et où de nombreux invités trouvaient la plus large hospitalité.

Madame Récamier inspira à Lucien Bonaparte un sentiment passionné, et le premier Consul, lorsqu'il la rencontra, eut pour elle des attentions marquées.

L'hiver qui suivit à Paris le 18 brumaire avait redonné de l'essor à la vie mondaine. Dans le salon de l'hôtel de la rue du Mont-Blanc se pressaient à la fois les représentants de l'ancienne aristocratie et ceux du régime nouveau : Adrien et Mathieu de Montmorency, M. de Narbonne, Christian de Lamoignon, Bernadotte, Moreau, Masséna, Fouché, Barrère, La Harpe, Legouvé, Lemontey, Dupaty, Camille Jordan. Madame de Staël y brillait par son éloquence entraînante; madame Moreau, femme du général, par les charmes de la figure et les recherches de l'élégance.

Le célèbre portrait que fit Gérard de madame Récamier date de cette époque, où elle était dans tout l'éblouissement de sa beauté. Son amitié pour madame de Staël fut un titre à la disgrâce du pouvoir, et elle ne tarda pas à en ressentir les effets.

La maison de banque de M. Récamier traversa, en 1806, une crise financière qu'aurait pu conjurer la somme d'un million, avancée par la Banque de France, et ce prêt ne fut pas autorisé par le gouvernement impérial, qui se vengea ainsi de la fière attitude de madame Récamier. L'hôtel somptueux fut mis en vente, et la sympathie universelle fit dans les revers un cortège à celle qui avait si noblement usé des dons de la prospérité.

Retirée dans un appartement modeste, madame Récamier y accueillit les amis que le malheur avait rendus plus nombreux. Elle s'établit en 1808, avec son mari, dans une petite maison de la rue Basse-du-Rempart. Fidèle à l'exil comme à l'amitié, elle revit madame de Staël en Savoie et sur la terre française, où il lui était permis de résider, loin de Paris. Elle la rejoignit en 1811, à Coppet, et un ordre d'exil la punit à son tour d'une affection qui bravait la disgrâce. Reléguée à quarante lieues de la capitale, elle subit, sans se plaindre, les rigueurs d'une proscription qui ne finit qu'à la chute de Napoléon.

Une autre exilée, une autre victime du despotisme impérial, la duchesse de Chevreuse, se mourait alors à Lyon. Madame Récamier l'y soutint par sa présence et revint en 1814 à Paris, où elle reprit le cours d'une existence dont la mémoire reste couronnée d'une auréole plus durable que la beauté, celle que donnent l'élévation morale, la bonté active et compatissante, la dignité du caractère, la constance inaltérable dans les affections (1).

Une femme dont le nom de Chateaubriand consacre aussi le souvenir et qui, comme madame Récamier, fut l'amie de madame de Staël, semblait une victime oubliée

---

(1) Voir *Souvenirs et correspondance*, tirés des papiers de madame Récamier (par sa nièce, madame LENORMANT), 2 vol. in-8°, 1860.

par la Terreur où elle avait vu périr tous les siens. Pauline de Montmorin, comtesse de Beaumont, fille du ministre de Louis XVI, survivait à la fois au monde brillant dont elle avait connu le dernier rayonnement et à la famille qui finissait avec elle. Les égorgeurs de Septembre avaient immolé son père; l'échafaud avait pris sa mère, ses deux frères et sa sœur, madame de la Luzerne. Accablée par tant de douleurs, elle passait comme une ombre, et le feu de l'esprit prolongeait seul encore une vie qui allait bientôt s'éteindre.

Depuis que la société se sentait rassurée par le 18 brumaire, madame de Beaumont s'était installée rue Neuve-du-Luxembourg, avec deux vieux serviteurs dont le dévouement avait suivi la mauvaise fortune. C'est là que des causeurs d'élite agitaient toutes les questions de l'art et de la littérature. Madame de Staël, que madame de Beaumont n'avait pu connaître sans subir son irrésistible ascendant, venait, accompagnée de madame Necker de Saussure, dans ce petit salon qu'elle animait de sa conversation étincelante. Mesdames de Vintimille et de Pastoret y rencontraient Bonald, Molé, Fontanes, le futur chancelier Pasquier, Guéneau de Mussy, Chênedollé. Joubert et Chateaubriand y tenaient une grande place, Chateaubriand surtout, qui régnait sur madame de Beaumont par la séduction d'un talent dont la nouveauté enchantait un siècle avide d'idéal et de poésie. Devant un cercle choisi, il lisait chez elle des épisodes d'*Atala* et de *René*, encore inédits, et dans l'intimité de la campagne, à Savigny-sur-Orge, il lui communiquait, en les écrivant, les pages du *Génie du christianisme*.

Un livre attachant (1) a raconté cette vie si courte, si remplie de madame de Beaumont, et sa mort, arrivée en 1803, à Rome, où Chateaubriand reçut son dernier soupir.

Elle écrivait peu de mois avant de succomber au mal qui la consumait :

« Depuis plusieurs années, ma santé dépérit d'une manière sensible : des symptômes que je croyais le signal du départ sont survenus, sans que je sois encore prête à partir. Les illusions redoublent avec les progrès de la maladie... Comme les autres, je me livrerais à l'espérance... à l'espérance ! Puis-je donc désirer de vivre ? Ma vie passée a été une suite de malheurs ; ma vie actuelle est pleine d'agitation et de troubles : le repos de l'âme m'a fuie pour jamais. »

« Ce 21 floréal, 10 mai, anniversaire de la mort de mon frère et de ma mère.

Je péris la dernière et la plus misérable !

« Oh ! pourquoi n'ai-je pas le courage de mourir ? Cette maladie, que j'avais presque la faiblesse de craindre, s'est arrêtée, et peut-être suis-je condamnée à vivre longtemps. Il me semble cependant que je mourrais avec joie. »

Elle mourut avec résignation, consolée par la foi chrétienne, en voyant se briser les liens d'un attachement terrestre que le sacrifice avait purifié.

Madame de Custine avait pris dans le cœur de Chateaubriand la place laissée vide par madame de Beaumont. Cette fille de l'aimable comtesse de Sabran, dont les lettres

---

(1) *La comtesse Pauline de Beaumont,* par A. Bardoux.

nous racontent le roman terminé en émigration par son mariage avec Boufflers, avait, elle aussi, échappé au bourreau qui avait tranché la tête de son mari et celle de son beau-père, le général de Custine. Parée du prestige de la beauté, de l'esprit et du malheur, elle ne recherchait pas l'agitation mondaine. Son salon n'était pas un centre littéraire comme celui de madame de Beaumont; mais il s'ouvrait à un petit nombre d'amis, au milieu desquels figuraient les Bertin et Chènedollé. Chateaubriand y régnait, même absent, se donnant moins qu'il ne cherchait à se reprendre. Madame de Staël avait goûté le charme de madame de Custine au point de donner son nom de Delphine à l'un de ses romans.

On est fâché de rencontrer auprès d'elle une sinistre figure, celle de Fouché, dont l'amitié la protégea contre les tracas auxquelles l'exposaient ses sympathies royalistes et son esprit d'opposition que supportait malaisément la puissance impériale.

Madame de Custine rappelait, au milieu des temps nouveaux, la société d'autrefois avec sa culture si fine et ses grâces aristocratiques (1).

Auprès de ces héritières d'une tradition interrompue, on voyait surgir les reines des salons créés par l'Empire et sur lesquels rejaillissaient les grandeurs du règne, l'illustration acquise par les exploits et les talents.

La duchesse d'Abrantès (Laure Permon) devait à ellemême autant qu'à la situation de son mari, le général Junot, gouverneur de Paris de 1806 à 1814, la place

(1) Voir *Madame de Custine,* par A. BARDOUX, in-12, 1891.

qu'occupe son salon parmi ceux de cette époque racontée par elle, et où se faisait remarquer la duchesse de Luynes, autour de laquelle se groupait une société nombreuse et brillante. Madame de Rémusat réunissait un cercle beaucoup plus restreint et voyait surtout des hommes de lettres.

Chez la duchesse de Bassano, femme de Maret, ministre des affaires étrangères et membre de l'Institut, se rencontraient la cour, la diplomatie, le monde savant et lettré, dans l'ancien hôtel Gallifet, rue du Bac, près de la rue de Sèvres. Les 400,000 francs de traitement du duc de Bassano lui permettaient d'y donner de somptueux dîners. L'élégance, la beauté, la bonne grâce de la maîtresse de maison faisaient de son salon un des plus recherchés de Paris. Tous les samedis, elle donnait un bal dont les invités n'excédaient pas le nombre de deux cent cinquante. C'est ce qu'on appelait « le petit jour ».

Mesdames de Canisy, de Dalberg, de Valence, d'Audenarde, MM. de Flahaut, de Dalberg, de Chauvelin formaient l'intimité de madame de Bassano. Au nombre des habitués de son salon étaient mesdames de Turenne, de Barral, Regnault de Saint-Jean-d'Angély, M. de Ségur, le grand maître des cérémonies, M. de Montesquiou, grand chambellan, MM. de Bondy, de Sparre, de Lawœstine. Andrieux, Legouvé, Denon, Lacretelle, Gérard, Gros, Picard, Chaptal, Monge, Ginguené, Alexandre Duval s'y montraient assidus, et les conversations étaient aussi intéressantes que variées.

Quelqu'un demanda un jour le nom d'un personnage singulier, dont l'habit aux palmes vertes annonçait un membre de l'Institut. On lui répondit que c'était le chevalier de Boufflers. Nul n'aurait deviné le sémillant auteur de tant de spirituels bons mots et d'œuvres légères dans ce vieillard « maigre, pâle, ayant deux petites ouvertures en manière d'yeux, une tête poudrée sur un corps de taille ordinaire, habillé tant bien que mal d'un habit fort râpé (1) ». Il finissait ses jours dans une modeste place de bibliothécaire, rallié au régime impérial par admiration ou par nécessité.

Des personnes réunies le soir, un dimanche gras, dans le salon de la duchesse de Bassano, parlèrent de madame de Genlis, en exprimant le regret de ne pas la connaître. On décida d'aller la voir rue Sainte-Anne, où elle demeurait depuis qu'elle avait quitté l'Arsenal. On partit en fiacre et l'on alla sonner à sa porte au moment où elle allait se mettre au lit. Sa surprise fut extrême en entendant un grand bruit dans son salon, envahi par des masques qu'elle reçut en coiffe de nuit. Chacun se fit connaître, et madame de Genlis accueillit fort bien ces visiteurs inattendus. Invitée peu après aux samedis de madame de Bassano, elle y fit jouer ses proverbes, et l'on se félicita des relations commencées par la plaisanterie d'un jour de carnaval.

C'étaient là les incidents joyeux de la vie mondaine qui brillait alors de tout son éclat dans cette maison qui se ferma à la chute de l'Empire.

On ne dansait pas dans celle de Cambacérès, l'archichancelier, et l'on y causait peu; mais on y dînait bien. Après la Terreur, il y eut un déchaînement de plaisirs,

---

(1) Duchesse d'Abrantès, *Histoire des salons de Paris*, t. IV, p. 334.

et l'on se vengea des privations endurées, en ne se refusant rien. Ce fut la réaction de la gourmandise après les tortures de la faim qui avaient déchiré les entrailles de la capitale, et au milieu même des souffrances prolongées sous le Directoire, Barras se livrait au luxe de la table, devenu celui de beaucoup des enrichis de la Révolution. Les cuisiniers de l'ancien régime se faisaient restaurateurs et, comme Méot, comme Carême, arrivaient à la célébrité.

« Le cœur des Parisiens, disait Grimod de la Reynière, est devenu un gosier. »

Napoléon donna l'exemple de la sobriété. Mais sous son règne, les repas furent en honneur et eurent leurs amphitryons. Talleyrand tenta de faire revivre les soupers. L'art culinaire rédigeait son code et formulait ses préceptes. Grimod de la Reynière publiait son *Manuel des gourmands*, dont la duchesse d'Abrantès disait : « Après l'avoir lu, je n'ai plus faim ; après avoir lu Brillat-Savarin, je demande mon dîner. »

Il y avait alors des associations de gourmandise, comme il y a des sociétés littéraires. C'était le temps des dîners du *Caveau* qu'illustra la muse de Désaugiers, des dîners du Vaudeville, de la *Société de la fourchette* dont les quatorze membres se réunissaient tous les quinze jours. « Jamais, dit un contemporain, les lettres n'avaient tant mangé... Pendant que Napoléon et nos soldats faisaient retentir au loin le bruit de nos armes, c'était en France un bruit de fourchettes prêt à accueillir leur retour (1). »

Les hauts dignitaires du régime impérial, les person-

---

(1) A. JAL, *Souvenirs d'un homme de lettres* (1795-1873), ch. v.

nages opulents tenaient table et étalaient leur somptuosité.

« La création des grandes maisons de l'Empire donna des jours d'or à notre art. »

Tel est le témoignage rendu par Carême à ces maisons, parmi lesquelles on citait au premier rang celle de Cambacérès. L'archichancelier accueillait avec un sourire grimaçant et une politesse cérémonieuse ses invités du mardi et du samedi, et apportait dans ses relations du monde une régularité mathématique. Le lendemain du jour où on lui avait rendu visite, on était assuré de recevoir son invitation. A cinq heures et demie sous le Consulat, à six heures précises sous l'Empire, le dîner était annoncé, et chacun avait dû arriver ponctuellement dix minutes ou un quart d'heure auparavant.

« Tout ce qu'il y avait dans Paris y passait comme on passe derrière un verre pour les ombres chinoises. Pendant quelque temps, on annonçait à haute voix, ce qui causait une rumeur continuelle qui troublait. Aussitôt que sept heures sonnaient, et tandis qu'on était encore à table, commençaient à arriver les juges de province et leurs femmes, puis les cours de Paris. On attendait que *Monseigneur* fût hors de table, et le salon était déjà garni de cinquante personnes lorsque les deux battants de la salle à manger s'ouvraient pour laisser passer l'archichancelier, donnant gravement la main à la femme qu'il avait à sa droite et la conduisant à pas comptés à la bergère placée au coin de la cheminée.

« Peu à peu le salon se remplissait de nouveaux arrivants, et à peine l'aiguille était-elle sur sept heures et demie que les personnes qui avaient dîné chez l'archichancelier se faisaient annoncer chez l'architrésorier ou chez un ministre qui recevait aussi ce jour-là. Quant à ceux qui venaient faire une visite chez Cambacérès, ils y demeuraient un quart d'heure, et puis ils demandaient leur voiture. C'était au point que souvent à huit heures et demie l'archichancelier etait libre et allait au spectacle. Jamais il n'y avait plus de causerie que cela chez lui. Jamais de jeu, jamais de fêtes, que de loin en loin et lorsque l'Empereur les lui commandait. »

Par ordre de l'Impératrice, il dut se résigner à donner un grand bal, malgré sa répugnance pour ce genre de plaisir. Les rafraîchissements furent abondants, les toilettes très élégantes, la politesse du maître de maison irréprochable ; mais le bal fut lugubre.

Cambacérès était d'une gravité imperturbable. On ne l'avait vu rire qu'une seule fois, le jour où son maître d'hôtel découvrit la calvitie de M. de Souza, dont il accrocha la perruque à un des boutons de son habit (1).

Ce n'était ni ce sérieux, ni cette rigide étiquette que l'on retrouvait chez madame Tallien, qui brillait sous le Consulat et l'Empire, après avoir régné sous le Directoire. Le divorce l'avait séparée de deux maris, et devenue, en 1805, la femme du comte de Caraman, depuis prince de Chimay, elle devait prolonger jusqu'en 1835 une vie où le drame se mêle au roman, où la bonté compatissante rachète, sans les faire oublier, les scandales donnés à une époque qui les encourageait.

Napoléon, il faut lui rendre cette justice, se montra très

---

(1) Duchesse d'Abrantès, *Histoire des salons de Paris,* t. V, p. 285.

sévère pour la réputation des femmes admises à sa cour. Etant premier Consul, il n'avait jamais voulu permettre à madame Bonaparte de recevoir madame Tallien, qui continua d'être exclue des cercles de l'Impératrice.

Dans le salon d'une femme de théâtre, mademoiselle Contat, dont les manières étaient pleines d'aisance et de dignité, on se reportait aux beaux jours où elle avait été honorée sur la scène des applaudissements de Marie-Antoinette. Elle avait partagé la prison des victimes de la Terreur et restait fidèle au souvenir de la Reine comme à celui de la monarchie qu'elle avait vue finir.

Unie à M. de Parny, neveu du poète, par un mariage qui fut d'abord secret, elle attirait à la fois l'aristocratie de l'esprit et celle de la naissance. Madame Vigée-Lebrun, la charmante artiste dont le culte pour Marie-Antoinette survivait, lui aussi, aux années tragiques, conversait chez mademoiselle Contat avec le vicomte de Ségur, le comte de Narbonne, les marquis de Jaucourt, de Gontaut et de Girardin.

Legouvé y vint un soir, en arrivant de la Comédie française, où il avait applaudi les débuts de son élève, mademoiselle Duchesnois. Il trouve préparé le traditionnel verre d'eau sucrée, car il va lire devant un cercle choisi le *Mérite des femmes,* poème encore inédit.

« Le mérite des femmes! dit en riant le vicomte de Ségur. Tant mieux! Ça ne sera pas long (1). »

Cette épigramme n'a que mieux disposé l'auditoire en faveur du poète, qui obtient un vif succès et fait parfois couler des larmes.

---

(1) Sophie Gay, *Les salons célèbres,* in-18, 1864.

On rencontrait alors dans beaucoup de salons le marquis de Livry, personnage redouté, car, en dépit des miracles de l'art ou de la conservation, il devinait exactement les âges, et l'infaillibilité de sa science désolait tous ceux qui avaient l'espoir ou la prétention de dissimuler le nombre de leurs années.

Sous l'Empire, la société n'offrait plus le bizarre assemblage dont elle était composée au temps du Directoire et qui subsistait encore sous le régime consulaire. Il y avait alors une véritable cour qu'environnaient les prestiges de la victoire, une aristocratie reconnue et constituée.

Les héros de la Grande Armée, les vaillants qui, à la suite de Napoléon, portaient si haut l'honneur du nom français, traversaient, avant de retourner au combat, les salons où ils étaient admirés et fêtés.

« Jeunes, brillants, amoureux du plaisir et de la gloire, dit un écrivain, les officiers menaient alors une vie d'autant plus joyeuse que la guerre l'exposait à être plus courte. Ils avaient la même fougue, le même entrain, le même enthousiasme dans un bal que sur un champ de bataille. Ils aimaient le parfum des fleurs autant que l'odeur de la poudre. Ils avaient la passion de tous les genres de conquêtes, et faisaient revivre les mœurs de l'ancienne chevalerie. Suivant le langage de l'époque, c'était le double règne de Mars et de Vénus. Dans ces temps héroïques, le courage passait pour être bien au-dessus de la richesse. La vénalité, chez les jolies femmes, n'était qu'une exception. On trouvait qu'une noble cicatrice ne gâtait pas un martial visage, et les faveurs désintéressées de la beauté étaient la récompense de la bravoure (1). »

L'ancienne noblesse avait retrouvé son rang, sans reconquérir la fortune et les privilèges dont l'avait dépouillée la Révolution. En perdant sa vie opulente, elle était exempte des charges qui avaient pesé sur elle, des dettes auxquelles le faste et la prodigalité l'exposaient trop souvent.

Sauf deux ou trois cents familles, nous dit le marquis de Bouillé, l'aristocratie française était presque entièrement ruinée, à la fin de l'ancien régime. Elle l'était bien davantage après la Révolution. Revenue de l'émigration, elle rassemblait des débris de fortune, sollicitait des emplois, supportait courageusement les privations, la misère, et se parait volontiers d'une simplicité d'habitudes dont elle n'avait point à rougir.

Les conditions de la propriété avaient beaucoup changé. Les rôles étaient intervertis comme les fortunes qui n'avaient plus les mêmes possesseurs. La rude école de l'exil et de l'adversité avait appris l'ordre et l'économie, à l'aide desquels on reformait un nouveau patrimoine pour le léguer à la génération suivante.

Près de cette noblesse que son origine rattachait au passé, que ses malheurs vouaient à la pauvreté, à la gêne, à la médiocrité, s'élevaient les feudataires du régime impérial, les guerriers dont les noms rappelaient des victoires.

Napoléon avait voulu donner la richesse à cette noblesse récente et glorieuse. Il avait accordé à ses maréchaux des

---

(1) IMBERT DE SAINT-AMAND, *Les beaux jours de l'impératrice Marie-Louise*, p. 277.

dotations importantes. Mais ces avantages étaient plus apparents que réels. Ces fiefs, conquis l'épée à la main, ne promettaient souvent que des revenus illusoires ou perçus avec peine dans les pays lointains où l'on rencontrait les résistances, le mauvais vouloir des vaincus, tributaires des vainqueurs.

La fortune des maréchaux de l'Empire se trouvait obérée à la fois par une gestion difficile, au milieu de guerres incessantes, et par le faste que Napoléon exigeait de son entourage, pour rehausser la splendeur de sa cour et donner de l'essor au commerce et à l'industrie. Les dettes menaçaient ces fortunes moins solides que brillantes (1).

L'astre prodigieux de Napoléon commençait à pâlir. Les désastres, en accablant ses armes, projetèrent leur ombre grandissante sur la France, et c'est au milieu des revers, de l'invasion que finit la société qu'avaient illuminée la radieuse aurore du Consulat et les jours de gloire de l'Empire.

(1) Madame DE RÉMUSAT, *Souvenirs*, t. III, p. 275.

CHAPITRE XI

Le luxe et la mode (1).

I

De tout temps, le luxe a provoqué la censure des moralistes; mais il l'a toujours bravée, comme il a triomphé des lois somptuaires qui, sous l'ancienne monarchie, s'efforçaient de le contenir. En l'interdisant à certains individus et à certaines classes, ces édits n'éloignaient pas du luxe; ils le faisaient désirer davantage, car, ainsi que l'observe fort justement Montaigne, « dire qu'il n'y aura que les princes qui mangent du turbot, et qui puissent porter du velours et de la tresse d'or, et l'interdire au peuple, qu'est-ce aultre chose que de mettre en crédit ces choses-là, et faire croistre l'envie à chacun d'en user (2)? »

La Révolution, en coiffant les têtes du bonnet rouge et en recouvrant les épaules de la carmagnole, avait inauguré le règne des « sans-culottes ». Elle avait passé son niveau égalitaire sur toutes les classes; mais l'amour du luxe reparut aussitôt chez ceux qui s'étaient enrichis des dé-

---

(1) Henry Bouchot, *Le luxe français, l'Empire*, in-4°, 1892. — Aug. Challamel, *Histoire de la mode en France*.
(2) *Essais*, liv. I, ch. xliii.

pouilles d'autrui. La société du Directoire, née au milieu des ruines particulières et de la misère publique, s'était ruée dans les plaisirs. Elle avait ressuscité un luxe dont l'étalage et le mauvais goût révélaient son origine, sa dépravation et ses inexpériences. La mode est alors au style grec et romain, aux maisons pompéiennes, aux déshabillés dont les audaces accusent le retour du paganisme, aux *incroyables* et à leurs excentricités de costume et de langage.

Le Consulat ne s'affranchit pas encore complètement de l'héritage du Directoire; mais il marque une transition dans la mode comme dans les institutions. Les femmes que nous montre une gravure de Vernet (1), conservent la robe collante et la taille courte de l'an VII. Mais leurs têtes sont ornées de plumes, et dans le manteau qui, descendant de leurs épaules, s'allonge en forme de traîne, on peut déjà pressentir le manteau de cour qui figurera au sacre de l'Empereur.

Les étoffes transparentes, bleu de ciel, couleur de chair, les tissus en soie ou en organdi, composent les *tuniques juives*. Les chapeaux de paille sont bordés de *chicorée*, et les capotes abritent démesurément le visage. Plus de longs cheveux pour les femmes. Elles se coiffent *à la Titus*, se couvrent la tête de « tortillons » et de « cache-folies ».

Il faut voir *l'élégante du Consulat allant au bal* (2), outrageusement décolletée et maniérée jusqu'au ridicule. Auprès d'elle, voici *les émigrés revenus* (3). Ils ont con-

(1) *La mode sous le Consulat.*
(2) Gravure du temps. Anonyme.
(3) Gravure de Moreau le jeune.

servé les modes de leur temps, la chevelure poudrée. Loin d'en être embarrassés, ils songent plutôt à s'en glorifier. Ils dédaignent la société nouvelle, s'honorent de leur pauvreté, et remplacent le luxe qu'elle leur interdit par la supériorité de l'éducation, la distinction de l'esprit et des manières. Mais que de rivalités, entre les femmes surtout, font éclater ces différences dans la manière de vivre et dans le costume, opposant les ruines fièrement supportées aux fortunes scandaleuses et aux élévations subites ! La richesse environne de son cortège bruyant et de son luxe clinquant les parvenus de la Révolution. Les « ci-devant » se renferment dans de modestes logis ; on leur reproche de bouder la société nouvelle et de ne pas se refuser le plaisir de la tourner en ridicule.

En 1801, Berthier donne au ministère de la guerre, rue de Grenelle, une grande fête où l'on assiste à l'enlèvement d'un ballon. Lorsque les Tuileries s'ouvrent aux réceptions brillantes, les premiers magistrats de la République y arrivent dans des fiacres dont on a eu soin de cacher les numéros avec du papier.

La simplicité fuit de plus en plus, aux approches des splendeurs impériales. Le régent orne, en 1803, la garde de l'épée du premier Consul, qui porte à son chapeau de cérémonie une boucle de 362,000 francs. Lorsqu'il distribue la croix, le 14 juin 1804, sous le dôme des Invalides, il arrive sur un cheval couvert d'or, avec des étriers en or massif (1). Madame Bonaparte se fait remarquer aux fêtes consulaires par une profusion de bijoux.

---

(1) *Les cahiers du capitaine Coignet*, nouv. édit., p. 145.

L'Empereur est tellement étincelant de pierreries, le jour du sacre, qu'un sergent le compare à « une glace qui marche ».

Le luxe a eu, dans cette période, un rôle à la fois social et politique. Il a élevé des classes nouvelles et réaccoutumé les yeux du pays à l'appareil monarchique. Peu à peu, il a perdu son caractère désordonné, et, discipliné par la main de Napoléon, il revêt les formes pompeuses, mais rigides, que lui imprime l'époque impériale.

Le faste de l'ancienne cour a reparu aux Tuileries avec l'étiquette qui préside au *grand couvert*.

Vingt ou trente tables sont servies magnifiquement, les jours de réception. Les femmes seules sont assises. Des buffets sont destinés aux hommes.

Lorsque Napoléon épouse une archiduchesse d'Autriche, le luxe brille avec un nouvel éclat. Dans la chambre de la nouvelle impératrice, tout est en argent massif et en lapis, depuis les fauteuils et les tabourets jusqu'à la psyché et à la toilette. Ce mobilier somptueux est un don de la ville de Paris.

Toutes les grandes époques ont laissé leur marque sur les choses inanimées où l'on retrouve une image des contemporains. Elles ont créé un style qui est l'expression de leur caractère.

La grâce un peu précieuse du dix-huitième siècle se traduit par ses meubles aux formes contournées. C'est bien là le cadre qui convient aux figures souriantes d'un siècle poudré, fardé et enrubanné.

Tout autre est le temps de Napoléon. L'habitude des camps, le spectacle de la gloire militaire ont donné aux caractères plus d'énergie, aux mœurs plus de rudesse et de virilité. Le goût du style antique, grec ou romain, legs du Directoire, s'étale dans les demeures et inspire l'ameublement. On se croirait presque revenu au temps des Césars. César règne en effet, et Rome n'est plus dans Rome, elle est en France et à Paris. Les déesses du paganisme ont succédé aux bergères de Watteau. Ce ne sont que mosaïques, que sphinx ou chimères soutenant des tables et surgissant des bras d'un fauteuil. Le bronze triomphe, et le cuivre décore l'acajou de riches ciselures. Dans ces meubles aux formes raides, on reconnaît toute une société pliée sous le joug du grand capitaine, et toujours sous les armes.

De l'Empire il reste, au point de vue du mobilier, une œuvre, un style sans grâce et sans attraits, mais non sans magnificence et sans dignité. Comme sous le règne de Louis XIV, la symétrie est en honneur; la ligne droite indique la volonté unique, maîtrisant les volontés, l'autorité souveraine proscrivant le caprice et l'irrégularité.

L'Empire représente à tous les degrés l'obéissance, la discipline, et ce caractère se retrouve dans le mobilier comme dans les institutions.

Si les émigrés qui rentraient en France, après le 18 brumaire, s'étonnaient à l'aspect des modes nouvelles, ils ne considéraient pas avec moins de surprise les intérieurs, si différents de ceux qu'ils avaient quittés.

Madame de Genlis, restée la femme du dix-huitième siècle par l'esprit et par les goûts, nous fait connaître ses impressions, et se livre à la critique des objets qui s'offrirent d'abord à ses regards :

« Une chose qui me déplut particulièrement fut la suppression des couvre-pieds de chaises longues. Je vis les dames les plus qualifiées et les plus à la mode de cette époque recevoir parées et couchées sur un canapé et sans couvre-pied. Il en résultait que le plus léger mouvement découvrait souvent leurs pieds et une partie de leurs jambes.

« Mes visites dans quelques maisons me firent connaître l'inexpérience et le mauvais goût de ceux qui remeublèrent les hôtels et les palais abandonnés et dévastés. J'y remarquai mille bizarreries. On plissait sur les murs les étoffes au lieu de les étendre; on calculait, sans doute, que de cette manière l'*aunage* était infiniment plus considérable, et que cela était beaucoup plus magnifique. Afin d'éviter l'air mesquin qui aurait pu rappeler certaines origines, on donnait à tous les meubles les formes les plus lourdes et les plus massives. Comme on savait en général que la symétrie était bannie des jardins, on en avait conclu que l'on devait aussi l'exclure des appartements, et l'on posait des draperies au hasard. Ce désordre affecté donnait à tous les salons l'aspect le plus ridicule ; on croyait être dans des pièces que les tapissiers n'avaient pas encore eu le temps d'arranger. Enfin, pour montrer que les nouvelles idées n'excluaient ni la grâce ni la galanterie, les hommes et les femmes rattachaient les rideaux de leur lit avec les attributs de l'Amour et transformaient en *autels* leurs tables de nuit. On vit des conspirateurs, qui s'étaient baignés dans le sang, se coucher sur des lits somptueux, ornés de camées représentant Vénus et les Grâces (1). »

---

(1) *Mémoires*, ch. XXXVII

Kotzebue, venu à Paris en 1804, décrit l'hôtel qu'occupait alors madame Récamier, rue du Mont-Blanc :

« Les escaliers de sa maison ressemblent à un jardin... Les tentures de sa maison sont en soie ; les cheminées de marbre blanc ; les pendules et autres meubles ont des ornements de bronze doré ; les glaces sont très grandes, mais tout cela convient parfaitement à un riche particulier. Je n'ai point trouvé de luxe chez elle, dans tel sens qu'on veuille l'entendre ; j'y ai vu du goût partout et de l'élégance seulement dans un ou deux appartements. Une antichambre, deux salons de compagnie, une chambre à coucher, un cabinet et une salle à manger, voilà tout son logement, et certainement une petite-maîtresse allemande qui serait aussi riche ne se contenterait pas ainsi (1). »

Ce n'est pas cette simplicité qui avait présidé à l'hôtel de Joséphine Bonaparte, rue de la Victoire. Avant le départ du premier Consul pour l'Italie, elle obtint de lui la permission de confier au goût de Percier l'arrangement de cet immeuble d'une valeur de 40,000 francs. Le mobilier du salon coûta à lui seul 120 à 130,000 francs.

Le faubourg Saint-Germain, avec ses vieux hôtels où s'étaient installés des ministères, semblait un peu morose aux nouveaux riches qui trouvaient à satisfaire l'élégance de leurs goûts dans le quartier de la Chaussée-d'Antin.

Percier et Fontaine excellaient à construire et à décorer ces maisons à la romaine, ces villas étrusques. De chaudes tentures et des tapis moelleux combattaient le froid qui aurait pu résulter de l'imitation de ces demeures emprun-

(1) *Souvenirs à Paris en 1804*, traduits par Pixérécourt, 1805, 2 vol. n-12.

tées aux pays chauds. Tout était grec, romain, étrusque, égyptien, depuis les tables jusqu'aux lits, aux pendules et aux moindres escabeaux.

Dans les quartiers à la mode, le plan, la construction et le décor de ces sortes d'habitations, véritables bonbonnières et reproductions de l'antiquité classique, coûtaient environ 400,000 francs, sans compter le prix d'achat du terrain qui, pour quelques centaines de mètres, revenait à plus de 10,000 écus.

Madame de Rémusat payait 7,000 francs par an un rez-de-chaussée du boulevard de la Madeleine.

La manie envahissante du style grec ou romain n'empêche pas alors les bibelots de l'ancien régime d'être fort recherchés, ainsi que les vieux portraits.

Allant dans une maison de cette époque, habitée par une femme du monde, le visiteur a gravi d'abord les marches d'un perron, avant d'entrer dans le vestibule aux murs de stuc ou de marbre, au pavage de mosaïque, au plafond soutenu par des colonnes corinthiennes. Au bas de l'escalier, il aperçoit deux grands vases de Sèvres, bleu foncé, cerclés de bronze doré, et le meuble principal qui, dans le salon, frappe son attention, est une table d'acajou, supportée par un pied unique auquel s'adossent des chimères. Assis sur une ottomane de couleur bouton d'or ou sur une chaise en bois doré, au dossier en forme de lyre, il foule un tapis de Turquie et contemple les déesses ou les Amours de la pendule, accompagnée de candélabres massifs, portés par des cariatides africaines.

Le petit salon vert émeraude renferme le piano ou la harpe de la maîtresse de maison, dont la chambre est meublée en citronnier, avec un lit posé sur un socle en tapisserie et enveloppé d'un léger taffetas ou d'une mousseline brodée. Non loin de la chaise longue, aux coussins galonnés, s'élève le lampadaire. Sur le *bonheur du jour,* où s'expédie la correspondance, est une écritoire figurée par un vase grec.

Arrêtons-nous sur le seuil du cabinet d'où s'exhalent les parfums de la maison Piver, non sans jeter un coup d'œil sur la toilette drapée en soie rose, sur le lavabo en malachite et la psyché ornée de bronze et de lapis. Par la porte entr'ouverte, nous avons pu apercevoir la salle de bain tout en stuc.

Voici maintenant l'intérieur d'une Parisienne de 1806 dont le luxe éblouit un étranger qui nous y fait pénétrer :

« Cet appartement consiste dans une antichambre, un premier et un second salon, une chambre à coucher et un boudoir. Les tentures plissées, ornées d'amples draperies, les rideaux en étoffe et en mousseline brodée des Indes, garnis de festons et de franges en or, en argent ou en soie; le choix des couleurs les plus tendres et les plus délicates pour la chambre à coucher et le boudoir; la manière de ne les éclairer que par des vases d'albâtre dont la douce clarté se reflète à l'infini dans les glaces multipliées ; la forme élégante des lits placés sur une estrade et garnis de rideaux dont la coupe variable est toujours mariée au goût le plus achevé ; les meubles en bois d'acajou et en bronze, les formes agréables des divans, des chaises, des tabourets, des consoles, soutenues par des dragons et des figures égyptiennes en bronze antique et en or moulu ; les lustres, les candélabres, les pendules, les vases en marbre et en porphyre, etc., qui ornent tous les appartements, ont porté l'ameublement au comble du luxe. Joignez à cela un double appartement dans le même goût pour monsieur; une salle à manger en stuc poli, imitant le marbre, une chère fine et délicate, une belle vaisselle et de belles porcelaines, et vous aurez une idée assez juste des grandes maisons (1). »

Une élégance sévère distingue la femme de la haute aristocratie de celle de la Chaussée d'Antin, dont la richesse s'affiche par un luxe criard, resté cher à la finance et aux parvenus du Directoire. C'est à cette simplicité de bon aloi qu'on reconnaît *une grande dame chez elle* (2). Dans cet intérieur, égayé par des fleurs, des enfants entourent gracieusement la mère dont le turban ressuscite à nos yeux toute une époque.

Qui mieux que les modes peut peindre les temps évanouis? Le costume, c'est la représentation fidèle d'un siècle ou d'un règne. Grâce à lui, nous voyons se mouvoir les personnages : nous vivons presque avec eux. Montaigne, s'appuyant sur l'autorité de Platon, pourra, en vrai philosophe, maudire l'éternelle inconstante que nul n'a fixée. Il reprochera à la jeunesse de courir après ces *nouvelletez*, « par où, dit-il, les mœurs se corrompent et toutes institutions viennent à desdaing et à mépris (3) »

Soyons moins sévères pour ces images du caprice de l'humanité changeante. La mode est le miroir qui reflète un des traits de la grande figure de l'Histoire.

(1) Berckeim, *Lettres sur Paris*, 1806-1807.
(2) Tableau de Gérard, 1813.
(3) *Essais*, liv. I, ch. xliii.

II

On ne saurait évoquer le souvenir de la femme du premier Empire sans voir aussitôt apparaître ces tailles courtes d'un effet si disgracieux et si bizarre, ces jupes découvrant le pied et le bas de la jambe, bien différentes des robes à panier dont l'imposante noblesse inspirait un respect involontaire et rehaussait le prestige de la grande dame, descendue de sa chaise à porteurs. Ces modes sont restées longtemps frappées d'une éclatante disgrâce. Il a fallu pour les réconcilier un peu avec la faveur du public, le succès d'une pièce célèbre où un éminent auteur dramatique a reconstitué avec une précision savante l'époque impériale autour de la figure de la maréchale Lefebvre (1). Ces toilettes, qui semblaient presque ridicules, isolées du cadre de l'époque, cessèrent de choquer autant les yeux et le goût, lorsqu'elles se présentèrent avec l'harmonieux ensemble que formait ce tableau vivant d'un règne.

Nous avons vu disparaître le cachemire, dont l'histoire mérite une place d'honneur dans les annales de la mode. Importé d'Égypte, lors de l'expédition où s'illustra Bonaparte, il s'en fabriquait à Cachemire cent mille par an. L'industrie française, encouragée par Napoléon, rivalisa avec la ville égyptienne pour satisfaire les commandes qui se succédèrent depuis lors sans interruption.

---

(1) *Madame Sans-Gêne,* par Victorien Sardou.

Il faut noter parmi les innovations de ce temps l'usage des fleurs artificielles dont il n'y avait eu jusqu'alors que peu d'exemples.

Le sacre de l'Empereur marqua une ère nouvelle dans la mode, et l'on en a l'image dans le célèbre tableau de David. Vers 1806, les couleurs claires sont en faveur, même aux approches de l'hiver. Les plumes de marabout remplacent le cygne. Les lévites ouatées font leur apparition. Les toques et les bonnets couvrent les têtes féminines dont les fronts, le soir, se décorent d'un cercle inventé par les bijoutiers.

Les femmes du premier Empire s'efforcent d'allonger le corps, en raccourcissant la taille. Elles cherchent à diminuer la tête, en comprimant les cheveux, au moyen de la coiffure.

Les hommes, sous ce régime militaire, affectent des poses martiales et prennent des airs vainqueurs.

Voyez les *merveilleux* de l'Empire, d'après Vernet et la Mésengère. Même avec le spencer, la culotte courte et le chapeau à haute forme, on est tenté de voir en eux des héros de la Grande Armée. En 1808, les *mirliflors* ne veulent plus être sveltes, élancés ; ils aspirent à être forts ou du moins à le paraître. Ils se grossissent à l'aide de gilets superposés. Les hommes ne sont pas vêtus ; ils sont capitonnés. En 1812, ils ont le cou emprisonné dans un faux col et une cravate aux proportions exagérées. Leur redingote entr'ouverte découvre le gilet, et leur chapeau est rabattu sur les yeux.

L'anglomanie lève la tête ; elle est un signe d'opposition au régime impérial.

Jusqu'à la fin du règne, la femme gardera le type général que lui donnent sa taille écourtée, ses robes courtes aussi dont se plaint celle qui n'a pas à montrer un joli pied. Après le second mariage de l'Empereur, elle s'éprend des modes masculines ; elle adopte, pour monter à cheval, le chapeau à haute forme, les redingotes, les spencers, les carricks.

On a conservé à la Bibliothèque nationale les factures de Leroy, le couturier en vogue (1). Elles nous donnent les chiffres des toilettes fournies par lui de 1812 à 1815. Une robe sortie de ses ateliers coûtait 18 francs pour la façon seulement. Elle revenait à 25 napoléons avec l'étoffe et les garnitures. Une redingote était très ordinaire au prix de 150 à 300 francs. Il fallait y mettre le double, lorsqu'elle était ornée de fourrures.

Leroy fait payer cher ses chapeaux. Caroline Murat n'hésite pas à lui commander des toques dont le prix varie de 120 à 450 francs. L'impératrice Marie-Louise dépense plus encore. La reine Hortense ne regarde pas à des capotes de dix louis, vraiment étranges, en 1812, par leur élévation. Attachées par de longues visières, elles sont en peluche ou en velours frisé, et réussissent à cacher entièrement le visage.

En moins de quelques mois, la note de la duchesse de Bassano s'élève à 20,000 francs.

La maréchale Davout met 500 francs à sa robe de satin blanc, et la comtesse Waleska s'achète des mouchoirs de batiste de 100 francs.

(1) Voir le bel ouvrage de M. Henry Bouchot, *Le luxe français, l'Empire*, auquel j'ai fait de nombreux emprunts dans le cours de ce chapitre.

La bourgeoisie a gardé son esprit d'économie et sa prudence traditionnelle. Le luxe et la dépense conviennent aux grands dignitaires de l'Empire, dont les gros traitements doivent alimenter le commerce et l'industrie ; à ces soldats illustres qui jouissent de dotations princières, à ces maréchales et à ces duchesses, ornements de la cour :

« Toutes sont là dans ce livre de comptes, étalant leur vanité ou marquant leur sagesse. Madame Andréossy, infiniment modeste, madame de Raguse, un peu plus lancée, les maréchales de Rivoli, de Trévise, de Castiglione, la duchesse de Plaisance, très sévères; la comtesse Henri de Tascher, un peu négligente de solder ; la princesse Aldobrandini, ni prodigue, ni large ; madame Duroc, ayant appris de son mari l'ordre rigoureux et payant rubis sur l'ongle, à la livraison ; madame Bertrand, comme plusieurs de ses compagnes, mettant les parts doubles quand l'Empire touche à la ruine ; la comtesse d'Alberg, une des fêtées, la duchesse de Reggio, pareilles toutes deux et contentes de peu chez Leroy, tandis que la duchesse d'Albuféra et la comtesse de Luçay jettent les sommes sans compter. Enfin, en arrière du cortège, arrivent les simplettes, la pauvre et bonne madame Campan, achetant d'avance ses étoffes pour bénéficier de la différence ; mademoiselle Avrillon, l'auteur des *Mémoires,* moins bien mise qu'une seconde femme de chambre ; madame de Rémusat, dédaigneuse, — elle l'écrit souvent ! — de la parure, de ses pompes et de ses œuvres ; la comtesse Mollien, la belle amie de Denon, qui n'a aucun besoin de toilette pour être l'aimable que l'on proclame ; la maréchale Brune, la maréchale Ney, la princesse de Neufchâtel, toutes trois économes à des titres divers, mais que Leroy inscrit sur son livre pour les noms (1). »

Une élégante, si elle est riche et dépensière, grève son budget de toilette de deux à trois mille louis par mois, sans parler du linge, de la coiffure, de la chaussure, des fleurs et des bijoux.

Le cachemire est le rêve des jeunes filles à marier. C'est l'indispensable parure des femmes qui apprennent à s'y draper avec art. En 1813, le fameux Leroy en vend un pour le prix de 3,500 francs à madame de Luçay. Il l'a fait venir en contrebande, car l'Empereur ne veut voir porter que des cachemires français.

Parlez-moi de Cop, dont les cothurnes sont sans rivaux, à l'usage des belles clientes dont ils emprisonnent les pieds, au point de leur rendre la marche impossible. Bertrand, le coiffeur renommé, excelle à disposer avec art ces mèches qui donnent un air échevelé.

Le trousseau d'une fiancée, toujours chez l'inimitable Leroy, coûtera bien 5,000 francs.

Il se composera d'une douzaine de robes, de deux redingotes, de deux peignoirs de valenciennes, de casaques, d'un corsage et d'un spencer.

Une femme qui se respecte écrit sur du papier vélin de Susse. Ses invitations sont formulées sur des poulets de forme oblongue. Ses cartes de visite ne sauraient être autrement qu'en papier satiné.

Voici le jour de l'an. Les fashionables, les jeunes gens bien élevés ont eu soin d'envoyer aux femmes dont ils

---

(1) Henry Bouchot, *Le luxe français, l'Empire*.

fréquentent le salon, des vases de Dagoty, des albâtres de Susse, des bronzes de Thomire, des services de Sèvres, des corbeilles de parfums ou des sachets enluminés.

Le jockey a laissé à la porte ce souvenir qu'accompagne la carte de visite du donateur.

Telle est la vie élégante et mondaine. Années heureuses, années brillantes, que ne pouvez-vous suspendre votre vol ! Les jours sombres vont venir. Hâtons-nous de jouir des heures agréables. Contemplons ce monde qui se pare, qui cause, rit et s'amuse. Nous l'avons rencontré dans les salons. Suivons-le maintenant au théâtre.

CHAPITRE XII

Le théatre (1).

I

Le théâtre avait connu la licence sous la Révolution ; il avait traduit alors les passions de l'époque.

Sous le Consulat, il commence à sentir le frein d'un pouvoir chargé de rétablir l'ordre, en attendant le joug que fera peser la volonté impériale à laquelle étaient assujetties les œuvres de la pensée (2).

Le 14 août 1802, l'anniversaire de la naissance du premier Consul est l'occasion de spectacles gratis. C'est en quelque sorte la manifestation de l'idée monarchique, car la République est bien près de disparaître, lorsqu'elle s'incarne ainsi dans un homme. Le 12 juin 1803, le Théâtre-Français se transporte au château de Saint-Cloud, pour donner ce qu'on pourrait appeler déjà une représentation à la cour. Les comédiens ordinaires du Roi vont devenir les comédiens de l'Empereur. On a choisi comme pièce une tragédie de Racine, *Esther,* qui reporte les

---

(1) Théodore Muret, *L'Histoire par le théâtre* (1789-1851), 1ʳᵉ série : *la Révolution, le Consulat, l'Empire*, in-12, 1865.

(2) Voir plus haut, ch. vii : *Les journaux, les livres et la censure.*

spectateurs au siècle de Louis XIV et aux pompes de la monarchie.

Napoléon témoigna toujours une faveur particulière au Théâtre-Français, dont les acteurs, encouragés et récompensés par lui, jouaient de préférence les chefs-d'œuvre de l'ancien répertoire à la cour, où plus d'une fois le signal des applaudissements fut donné par un parterre de rois.

L'Empereur, qui avait le goût de toutes les grandeurs, désirait voir les talents ajouter leur éclat à la gloire de ses armes. Mais si, comme l'a dit Boileau,

Un Auguste aisément peut faire des Virgiles,

c'est à la condition de laisser aux lettres une liberté que Napoléon n'accordait pas volontiers aux choses de l'esprit, son caractère dominateur ne souffrant pas l'indépendance et la critique, et le portant surtout vers les jouissances conformes à son génie guerrier.

Louis XIV, en faisant asseoir Molière à sa table, en protégeant les écrivains et les poètes, n'ignorait pas qu'ils contribueraient à l'illustration de son règne, et son autorité n'avait rien à craindre, parce qu'elle était incontestée. Il n'en est pas de même de Napoléon. Obligé de compter avec la Révolution qu'il a soumise, avec la royauté qu'il remplace et qu'il redoute, il est combattu à la fois par les souvenirs du passé et par l'incertitude du lendemain. De là des actes et des mesures qui dénotent un pouvoir ombrageux.

N'étant encore que premier Consul, lors d'une représentation de *Mérope,* donnée à Lyon par Talma et mademoiselle Mars, il s'était montré fort mécontent des applaudissements qui avaient souligné ce vers :

Le premier qui fut roi fut un soldat heureux.

« L'homme qui s'élève au trône, avait-il dit, est le premier homme de son siècle. Il n'y a pas là du bonheur, mais du mérite d'une part et de la reconnaissance de l'autre. » Puis il ajouta aussitôt : « Je ne veux pas qu'on rejoue cette pièce (1). »

Phèdre fut interdite pendant le procès de Moreau, à qui on avait appliqué ce vers :

Le jour n'est pas plus pur que le fond de mon cœur.

La *Mort de César* fut retirée du répertoire du Théâtre-Français. On retrancha des tragédies de Corneille tout vers pouvant être interprété dans un sens défavorable au régime nouveau.

Le Directoire n'avait pas pris la défense de ses enrichis, bafoués sur la scène, à la grande joie de ceux que bravaient, au milieu de la misère publique, leur luxe insolent et leurs fortunes mal acquises. Sous le gouvernement consulaire, le théâtre apprit à connaître les rigueurs de la censure, comme aussi ses scrupules et ses puérilités.

Félix Nogaret, qui exerçait, en 1800, les fonctions de censeur, s'effaroucha d'un mot bien inoffensif, prononcé dans la comédie de Roger, intitulée *Caroline, ou le Tableau*. Il y était question, à plusieurs reprises, de la somme de « mille louis », qui dut être remplacée par celle de vingt-

---

(1) CHAPTAL, *Mes souvenirs sur Napoléon*, 3ᵉ partie, ch. III.

quatre mille francs, afin d'écarter toute idée d'une restauration de Louis XVIII.

Dans une autre pièce, un valet adroit et fripon avait été appelé *Dubois*. Le censeur s'empressa d'écrire en marge : « Changer le nom de Dubois, par respect pour M. le préfet de police. »

Dupaty, fils du président si connu par ses *Lettres sur l'Italie,* avait composé une pièce ayant pour titre *l'Antichambre, ou les Valets entre eux,* et jouée le 27 février 1802 à l'Opéra-Comique. La musique était de Dalayrac. Les nouveaux courtisans qui peuplaient les antichambres des Tuileries et de Saint-Cloud crurent se reconnaître dans cette pièce et eurent assez de crédit pour la faire interdire avant la seconde représentation. Dupaty, conduit à Brest entre deux gendarmes, ne sortit de prison que grâce aux prières et aux démarches de madame Bonaparte.

Alexandre Duval ne fut pas plus heureux avec son drame d'*Édouard en Écosse* (1). Les royalistes ne manquèrent pas de saisir les rapprochements que pouvaient offrir les Stuarts et les Bourbons, les prises d'armes en faveur de la légitimité et de l'exil. Autorisée d'abord par Chaptal, ministre de l'intérieur, la pièce avait eu un vif succès auprès du public. Fouché, que son passé sanguinaire poursuivait comme le remords, obtint qu'on retranchât le mot d'Édouard auquel le colonel anglais, qui ne le reconnaissait pas sous son déguisement, proposait de boire à la mort du prétendant : « Je ne bois, répondait-il, à la mort de personne. »

A la représentation suivante, l'acteur brisa son verre

(1) Représenté pour la première fois le 17 février 1802. Mademoiselle Contat et mademoiselle Mars y jouaient les rôles principaux.

sans prononcer ces paroles, mais de manière à les rappeler au public. Bonaparte assistait à cette représentation. Les bravos partis d'une loge remplie d'émigrés l'avertirent de la portée d'une pièce qui pouvait servir les intérêts d'une cause, et il prononça son interdiction. L'auteur s'enfuit à Rennes, sa ville natale, et, de plus en plus effrayé des suites de son drame, il gagna la Russie. Revenu en France bientôt après, il fit jouer, au Théâtre-Français, *Guillaume le Conquérant,* qui lui attira de nouveaux ennuis. La chanson de Roland, entonnée sur un air de Méhul, rappelait la mort du paladin à Roncevaux, et des esprits timorés y virent une sinistre prédiction à l'adresse du premier Consul dans sa lutte contre l'Angleterre. Il n'en fallait pas tant pour attirer les foudres de la censure.

L'intolérance du parterre rivalisa avec elle à l'occasion de *Pierre le Grand,* tragédie de Carrion-Nisas, admirateur de Bonaparte et son ancien condisciple à l'école militaire de Brienne. La jeunesse républicaine se souleva contre l'éloge du pouvoir absolu. L'orage éclata surtout devant une tirade de Pierre le Grand, dans la bouche duquel était placé ce mauvais vers, dit par Talma :

Il détruisit, je crée ; il renversa, je fonde.

Les adversaires du césarisme firent tomber la pièce, qui, après deux représentations, ne reparut plus sur l'affiche.

Sous l'Empire, l'art dramatique est soumis à une tutelle sévère. C'est d'abord, en 1806, le décret portant qu'aucun théâtre ne s'établira sans l'autorisation de l'Empereur, après la déclaration prescrite par la loi. Le répertoire de l'Opéra, de la Comédie française et de l'Opéra-Comique est choisi par le ministre de l'intérieur, « qui pourra assigner à chaque théâtre un genre de spectacle dans lequel il sera tenu de se renfermer ».

L'approbation donnée par le ministère de l'intérieur ne dispense pas de l'examen qu'il faut subir de la part du ministère de la police, où les pièces sont très souvent corrigées et remaniées.

Un règlement assigne, en 1807, les rangs occupés par les différents théâtres. Les Français, l'Opéra, l'Opéra-Comique sont seuls qualifiés de grands théâtres. Dans un ordre secondaire viennent le Vaudeville où les pièces sont assaisonnées de couplets, les Variétés dont le genre est tour à tour grivois, poissard ou villageois, la Porte-Saint-Martin qui attire les amateurs de mélodrames et de féeries, les Variétés étrangères destinées à la représentation des pièces traduites ou imitées des autres pays, et la Gaîté dont les pantomimes et les farces, dans le genre de Nicolet, provoquent les rires du public (1).

Au lendemain du couronnement de Napoléon, Marie-Joseph Chénier avait donné *Cyrus,* et dans la scène finale où Cyrus est couronné comme venait de l'être César, l'ancien révolutionnaire avait mêlé quelques leçons aux hommages rendus à la souveraineté d'un homme. Les jacobins s'humanisaient alors avec l'absolutisme impérial, après avoir renversé la monarchie débonnaire de Louis XVI. David, le régicide, peignait le Pape et l'Empereur avec le même pinceau qui avait reproduit les traits de Marat poi-

---

(1) M. L. Véron, *Paris en* 1860. *Les théâtres de Paris de* 1806 *à* 1860.

gnardé. L'honnête Ducis se montrait plus inflexible dans ses opinions, et gardait sa foi religieuse et royaliste qu'il n'avait pas cachée dans les jours où elle aurait pu lui coûter la vie.

Objet des égards du premier Consul, il résista aux offres les plus flatteuses, et préféra la médiocrité à la fortune que lui eût procurée un siège de sénateur, en lui conciliant les faveurs du pouvoir. Il refusa également d'appartenir à la Légion d'honneur. Vivant dans la retraite, avec sa femme, au milieu de ses livres et de ses amis, le vieux poète écrivait en 1806 :

« J'ai du bois pour la moitié de mon hiver, un quartaut de vin dans ma cave, et dans mon tiroir de quoi aller pendant deux mois. Mon petit dîner, qui est mon seul repas, est assuré pour quelque temps, comme vous le voyez; et je le prendrai, autant que je le pourrai, chez moi et à la même heure.

« Mon revenu, tout chétif qu'il est, suffit à peu près aux dépenses d'un homme pour qui les besoins de convention n'existent pas. Ne concevez donc aucune inquiétude; et dites-vous qu'il me faut bien peu de chose et pour bien peu de temps. Mais le chapitre des accidents, des maladies? A cela je réponds que celui qui nourrit les oiseaux saura bien aussi venir à mon aide. »

Il vécut assez pour voir le retour de ses princes, et s'éteignit en 1816, à quatre-vingt-deux ans, ayant honoré les lettres par la simplicité des goûts et la dignité du caractère.

Le décret du 27 avril 1807 avait réglementé l'existence des théâtres. Un nouveau décret impérial en réduisit le nombre, le 29 juillet suivant, n'accordant qu'un délai de six semaines à ceux dont il ordonnait la suppression (1).

Raynouard, qui avait obtenu, en 1805, un grand succès par sa tragédie des *Templiers,* fut moins heureux avec celle des *États de Blois,* représentée à Saint-Cloud en 1810. L'Empereur en ressentit un vif mécontentement. Crillon lui déplut par la liberté de son langage. Au cinquième acte, refusant d'assassiner le duc de Guise, à la demande de Catherine de Médicis qui voulait armer d'un poignard la main capable de se servir seulement de sa loyale épée, il répondait à la Reine :

> Quand je reçus l'honneur de la chevalerie,
> Le Roi me dit : « Sers Dieu, ton prince, ta patrie ;
> Sois fidèle à l'honneur... » Et j'en fis le serment.
> Chaque jour j'ai rempli ce saint engagement,
> J'en atteste mon roi, les braves et la France.
> Confiez à Crillon une noble vengeance ;
> C'est en guerrier français que je venge mon roi :
> Si ma vie est à lui, mon honneur est à moi.

Ceux qui avaient jugé, condamné et exécuté à Vincennes le dernier des Condé, n'avaient eu ni ces scrupules, ni cette courageuse indépendance. En entendant la tirade de Crillon qui semblait contenir une leçon, l'Empereur fronça le sourcil. On remarqua qu'il avait cherché à dissimuler son impatience par de fréquentes prises de tabac. Le rideau à peine tombé, un ordre impérial défendit la représentation de cette pièce à Paris.

(1) Paris ne compta plus que neuf théâtres : le Théâtre-Français, le théâtre de l'Impératrice, annexe du Théâtre-Français, l'Opéra, l'Opéra-Comique, l'Opera-Buffa, annexe de l'Opéra-Comique, le Vaudeville, les Variétés, la Gaîté et l'Ambigu. Le théâtre de la Porte-Saint-Martin se rouvrit en 1810, sous le nom de théâtre des Jeux gymniques.

La faveur dont jouissait Étienne auprès du souverain ne préserva pas de l'interdiction et de la saisie sa comédie de l'*Intrigante,* à laquelle on pouvait reprocher tout au plus quelques traits relatifs aux alliances contractées entre l'ancienne aristocratie et la noblesse de l'Empire, alliances qu'encourageait Napoléon, et dans lesquelles il voyait le gage d'une union désirable et féconde entre les grandeurs du passé et celles du présent. La censure avait autorisé cette comédie; mais Napoléon prononça sa condamnation.

Pour faire jouer, en 1813, *Ninus II* au Théâtre-Français, Brifaut dut remplacer l'Espagne par l'Assyrie, et changer le lieu de la scène et les personnages. Les écueils naissaient à la fois des époques et des pays.

Tandis que l'esprit d'opposition était frappé jusque dans les moindres allusions fournies par l'ancien répertoire, les triomphes et les grandeurs de l'Empire étaient célébrés sur le théâtre par des pièces de circonstance. Le *Rêve, ou la Colonne de Rosbach* (1), fut inspiré par la victoire d'Iéna. L'Opéra s'unit au concert officiel par l'*Inauguration du temple de la Victoire* (2), paroles de Baour-Lormian, musique de Winter, Lesueue et Persuis. Les Anglais n'étaient pas épargnés par la satire. La muse de Désaugiers, qui les avait raillés dans la pièce intitulée : *Un dîner par victoire* (3), chantait l'alliance franco-russe dans les *Bateliers du Niémen,* dont on applaudissait au Vaudeville les couplets patriotiques. Esménard embouchait la trompette

---

(1) Par Barré-Radet et Desfontaines. Joué au Vaudeville, le 15 novembre 1806.
(2) Représentée le 2 janvier 1807.
(3) Représentée au théâtre de l'Impératrice, le 31 juillet 1807.

héroïque dans le *Triomphe de Trajan,* auquel l'Opéra prêtait la magnificence de ses plus beaux décors.

Un petit théâtre, celui de la rue de Chartres, attirait le public, en 1810, par *M. Durelief, ou les Embellissements de Paris.* Le personnage principal de la pièce, M. Durelief, est un architecte qui exhibe un Paris en miniature auquel il travaille depuis trente ans. Mais il ne peut suffire à reproduire les merveilles qu'ajoute incessamment à la capitale le règne de Napoléon. La colonne Vendôme n'est pas oubliée :

> Cette colonne que Paris
> Voit s'élever avec audace,
> Des canons pris aux ennemis
> Le bronze en couvre la surface.
> En montrant à notre œil ravi
> Nos batailles les plus notoires,
> La place Vendôme aujourd'hui
> Devient la place des Victoires.

« Et je dis, répond un carillonneur à ce couplet chanté par le vieux soldat Martial, que si l'on y met les unes sur les autres toutes celles que nous avons remportées, cette colonne-là sera d'une belle hauteur. » — « Eh! mon ami, réplique fièrement Martial, elle se perdrait dans les nues. »

Le mariage de l'Empereur avec Marie-Louise est glorifié en vers et en prose, par Rougemont qui intitule sa pièce *Le mariage de Charlemagne,* et par *Les fêtes françaises, ou Paris en miniature,* où Gentil, son auteur, introduit sur la scène un montreur de lanterne magique qui présente aux spectateurs des Variétés l'archiduchesse d'Autriche dans les jardins de Vienne, en la comparant à une fleur. On assiste à son voyage, à son arrivée en France, et un des personnages ayant exprimé la crainte que les fêtes données à cette occasion soient troublées par le mauvais temps, son interlocuteur le rassure, en lui disant que le soleil ne peut manquer d'illuminer le jour choisi par l'Empereur :

> On sait qu'à ses regards perçants
> L'avenir toujours se dévoile,
> Et quand il nous faut du beau temps,
> Nous l'attendons de son étoile.
> Son génie a dans tous les lieux
> Su deviner l'instant prospère ;
> Il est protégé dans les cieux,
> Comme il est aimé sur la terre.

Puis c'est la naissance du roi de Rome, venu au monde un 20 mars, c'est-à-dire dans le mois consacré au dieu des combats. L'Opéra saisit bien vite l'à-propos, avec l'aide de Dupaty qui compose *Le triomphe du mois de mars, ou le berceau d'Achille,* musique de Kreutzer. Désaugiers donne la réplique au Théâtre-Français par des couplets qu'on chante dans l'*Heureuse Gageure*, et l'Opéra-Comique s'associe à la joie générale, en représentant *La fête universelle, ou l'heureux militaire,* pendant qu'au Vaudeville, *La dépêche télégraphique* fait parler en vers le télégraphe, en prédisant au fils de Napoléon les félicités sans nombre et les glorieuses destinées qui l'attendent :

> De Mars l'enfant recevra
>   Ardeur, force, vaillance ;
> Apollon lui donnera
>   Génie, esprit, science ;
> Minerve le guidera
>   Dans sa noble carrière ;
> Mais son meilleur guide sera
>   L'étoile de son père.

La fin prématurée du prince dont le berceau fut salué par tant d'acclamations, forme un douloureux épilogue aux enthousiasmes et aux espérances qui l'accueillirent à son entrée dans la vie.

L'histoire est pleine de contrastes, et c'en est un que celui des deuils de la patrie qui n'interrompent pas les plaisirs de la scène. La foule remplissait la salle du théâtre Feydeau où *Joconde* remportait un brillant succès, en 1814, un mois avant l'occupation de Paris par les armées étrangères. Les spectateurs n'avaient pas déserté les théâtres pendant que la Terreur faisait tomber chaque jour de nouvelles têtes. Les affiches ne cessèrent pas de les y attirer, aux approches de l'ennemi qui poursuivait sa marche victorieuse. Aucun théâtre ne fut fermé la veille du jour où l'étranger allait entrer dans la capitale. Au bruit des orchestres se mêlait celui du canon dont la voix n'apportait aux oreilles françaises que le sinistre retentissement de nos défaites.

II

Les spectateurs vont se disperser, entraînés par les événements qui se succèdent sur la scène du monde. Des années se sont écoulées pendant lesquelles l'art dramatique, en dépit des chaînes qui ont arrêté son essor, a eu des représentants, des admirateurs et d'illustres interprètes.

Collin d'Harleville s'est éteint, au commencement de

l'Empire, laissant la réputation d'un esprit aimable, et ayant joui des suffrages qu'obtinrent des comédies parmi lesquelles *Le vieux célibataire* fut très applaudi.

Andrieux, dont on a retenu de jolis vers, abordait avec talent le genre comique où son ami Picard (1) le suivit brillamment, se signalant par sa verve et sa fécondité, et appartenant comme lui à l'Académie, après avoir appartenu au théâtre.

Duval, consolé de ses disgrâces, s'était remis au travail, et non content de composer des pièces goûtées du public, il s'était distingué dans l'opéra-comique, prêtant le concours de sa muse à Dalayrac et à Méhul.

Étienne de Jouy, auquel on doit *L'ermite de la Chaussée d'Antin,* ce tableau si vivant des mœurs d'une époque, écrivait des opéras dont Spontini et Chérubini composaient la musique. *La Vestale* commençait sa célébrité et faisait courir le « tout Paris » de 1807.

Népomucène Lemercier donnait au théâtre *Charlemagne et Christophe Colomb.* Monvel, le célèbre acteur, Cailhava, Creuzé de Lesser, François Roger, amusaient le public par des comédies. La tragédie s'est montrée alors moins bien inspirée, non que les sujets lui aient manqué, mais sans doute parce que beaucoup lui étaient interdits. Les vaudevilles ont été innombrables, nés sur une terre qui leur fut toujours propice, et justifiant le vers de Boileau :

Le Français né malin forma le vaudeville (2).

Une femme du monde qui aime le théâtre aura une

(1) Auteur de *La petite ville,* spirituelle et amusante satire des provinciaux, et qui peut être regardée comme son chef-d'œuvre.
(2) *Art poétique,* chant II.

loge aux Français, tous les quatre jours, à raison de 396 francs pour six mois. Elle disposera tous les jours pendant la moitié de l'année d'une loge de quatre places au théâtre Feydeau, moyennant 2,200 francs (1).

Un fauteuil d'orchestre pour une représentation aux Français se paye 7 francs, et une loge entière avec salon 50 francs. Une loge d'abonné à l'Opéra revient à 600 fr.

Ceux qui aiment l'ancien répertoire, interprété selon la grande tradition de la Comédie française, vont entendre mademoiselle Contat et mademoiselle Raucourt. Ces deux actrices jouissent auprès de l'aristocratie d'une faveur particulière qu'elles doivent à la constance de leurs opinions royalistes.

Mademoiselle Mars fait sensation et reste sans rivale sur la scène qu'illustre à jamais Talma.

C'est merveille d'entendre les vers de Racine dans la bouche de mademoiselle Duchesnois, l'élève de Legouvé (2).

Pendant que grandissent de nouvelles renommées, on voit vieillir les acteurs qui ont longtemps enchanté le public et illustré la scène française : Molé, inimitable dans le rôle des petits-maîtres de l'ancien régime où la mort l'interrompt en 1802 ; Larive, un des disciples de mademoiselle Clairon ; Dazincourt, qui avait donné des leçons de déclamation à la reine Marie-Antoinette ; Dugazon,

(1) *La comtesse Hélène Potocka*, par Lucien PEREY, p. 322, note 2.
(2) Né en 1764, mort en 1812, auteur de tragédies et de poèmes, dont le plus remarqué fut *le Mérite des femmes*. Il avait la réputation d'un des meilleurs lecteurs de son temps. Héritier de son talent et académicien comme lui, son fils, M. Ernest Legouvé, a enseigné les préceptes de cet art avec autant de science que de grâce et d'esprit en deux livres charmants qui sont dans toutes les mains et toutes les mémoires : *l'Art de la lecture* et *la Lecture en action*.

l'émule de Préville, d'un comique irrésistible; Monvel, devenu membre de l'Institut et oubliant au milieu des honneurs académiques ses anciennes ardeurs révolutionnaires; Fleury, toujours applaudi dans le *Chevalier à la mode,* dans l'*Homme à bonnes fortunes* et surtout dans l'*École des bourgeois.*

Parmi les actrices qui eurent des succès de talent et de beauté, on doit un souvenir à mesdemoiselles Devienne, Mézeray, Bourgoin, Georges. Cette dernière, fort bien vue de l'Empereur, crut pouvoir lui demander son portrait, comme gage de sa faveur. « Le voilà, lui dit-il, en lui remettant une pièce de cinq francs. On prétend qu'il me ressemble. »

Ce n'est pas seulement à Paris que brille alors la Comédie française. C'est à l'étranger, à Erfurt où Napoléon l'emmène et la fait applaudir par un public de rois et d'empereurs. La France triomphait encore de cette manière. On aurait pu évoquer alors le souvenir du maréchal de Saxe, suivi de la troupe de Favart qui donnait une représentation entre deux victoires et faisait relâche les jours de bataille.

Quand on étudie l'histoire d'une époque, il ne faut pas négliger le théâtre; il est le reflet des mœurs, et comme l'a dit fort justement un auteur dramatique, « l'expression de la société (1) ». Considéré dans la manifestation des

(1) ÉTIENNE, Discours de réception à l'Académie (1811). Né en 1778, mort en 1845, Étienne était censeur des journaux. Ses principales comédies sont : *les Maris en bonne fortune* (1803), *les Deux Gendres* (1810), *l'Intrigante,* qui fut interdite par l'Empereur et dont il a été question dans ce chapitre. Il a composé aussi de gais vaudevilles et des opéras-comiques, parmi lesquels il faut citer *Joconde.*

idées, dans la peinture des caractères, des habitudes, des sentiments, il est plus qu'un plaisir éphémère et un amusement frivole. Il nous renseigne sur la vie intime et sociale, nous fait asseoir, en quelque sorte, parmi les contemporains dont il nous retrace les goûts, les aspirations, les travers, au moyen des spectacles qui excitèrent leur rire ou firent couler leurs larmes.

La comédie du monde se transporte sur la scène. Il appartient au théâtre de rendre odieux ou ridicules les caractères, les vices d'une époque ou ceux de tous les temps. Si, malgré sa devise, il ne parvient pas à corriger les mœurs, reconnaissons qu'il réussit souvent à nous égayer aux dépens des hommes et des choses qui méritent le blâme et la raillerie.

Dans ces tableaux et ces satires de la vie réelle, nous cherchons l'oubli de nos misères et de nos peines.

Laissons donc la comédie charmer la triste humanité qui a besoin de délassements pour tromper ses douleurs ou son ennui. Le vieil esprit gaulois aime à revêtir de badinage les leçons de morale et de philosophie, et ceux-là méritent notre reconnaissance qui, dans la patrie de Molière, font jaillir la source de la gaieté française.

CHAPITRE XIII

La vie intellectuelle.

I

Nous avons essayé de ressusciter la France de Napoléon depuis les reconstructions du Consulat et les années brillantes et prospères de l'Empire jusqu'au déclin du règne de l'homme prodigieux, trahi par la fortune et par sa propre ambition. Nous avons vu le Français de cette époque, soumis aux institutions d'un génie organisateur et dominateur.

Nous l'avons suivi à Paris et en province, dans les salons, au théâtre, partout où il a pu nous montrer le caractère et la physionomie de son temps. Après avoir considéré sous ses différents aspects la vie nationale, la vie sociale, il nous reste à pénétrer dans la vie intellectuelle, à savoir quelles furent les occupations et les jouissances d'esprit de cette société grandie au bruit des combats, mais qui, malgré les guerres continuelles, malgré les entraves imposées par un gouvernement absolu, s'efforce de conserver et d'accroître son héritage moral, d'aborder la carrière des lettres, des talents, et que la gloire des armes n'a pas rendue indifférente aux œuvres de l'art et de la pensée.

L'ordre matériel est le premier besoin des peuples qui viennent de traverser une période de trouble, de confusion, d'anarchie; mais lorsqu'il est une fois rétabli, la vie intellectuelle reprend son cours interrompu; elle renoue la chaîne brisée des traditions et prélude par le réveil des esprits aux renaissances littéraires.

L'Empire, au point de vue des lettres, est une époque de transition; il est à la fois un commencement et une fin. Pour les uns, c'est le crépuscule; pour d'autres, l'aurore d'un jour nouveau. Héritiers d'un autre esprit, les survivants du dix-huitième siècle apparaissent comme les types d'un genre disparu et déjà suranné. Les disciples de Jean-Jacques Rousseau assistent à la ruine de leurs utopies condamnées par l'expérience. Les fils de Voltaire voient renaître les idées religieuses si témérairement attaquées par les doctrines d'une fausse et impuissante philosophie, à laquelle ont répondu les crimes de la Révolution et la leçon de l'échafaud. Ces apôtres attardés de l'incrédulité ne peuvent même plus maintenir leurs dogmes littéraires. Leurs temples s'écroulent, tandis que les églises du vrai Dieu se rouvrent et s'illuminent.

La muse érotique de Parny apporte un écho du cynisme élégant d'une génération frivole et sceptique. Pourtant, le souffle chrétien commence à se faire sentir dans la société nouvelle où s'achève la vieillesse de La Harpe converti.

Le Concordat avait rétabli officiellement le culte proscrit. A Chateaubriand revint l'honneur de restaurer les croyances par le sentiment religieux associé à la poésie. Qu'on se figure l'impression que durent produire les pages éloquentes du *Génie du christianisme* sur des âmes troublées par le spectacle de tant de bouleversements et avides d'entendre une langue qu'on ne connaissait plus ! Les prestiges de l'écrivain, la magie du style conquirent les esprits, pendant que les cœurs cédaient à l'invincible attrait d'une religion qui venait d'avoir de nouveaux martyrs. Le *Génie du christianisme* est plus qu'un livre; il est une date et marque une époque. Si quelques-unes de ses parties ont vieilli dans ce que l'œuvre avait de faible et de périssable, s'il n'a pas résisté tout entier à l'épreuve du temps, il survit par ses côtés principaux, par l'éclat des images, par le coloris des tableaux comme ceux des fêtes chrétiennes où nous retrouvons tant d'harmonies avec les religieuses aspirations de la nature humaine. Pareille à la cloche lointaine, entendue à travers l'espace, la voix inspirée qui célébra les grandeurs et les beautés du christianisme résonne encore, après un siècle, à notre oreille.

Correspondant aux aspirations d'une époque attristée par les destructions matérielles et les ruines morales, le *Génie du christianisme* servit les circonstances et fut servi par elles. Il inaugura un réveil à la fois religieux et littéraire, et Chateaubriand se lève alors à l'aube du siècle, comme un enchanteur venu verser l'oubli des maux et transporter dans le monde brillant des chimères une génération meurtrie par de sanglantes réalités. Il ouvre la voie du romantisme, dont on aperçoit les nouveautés sans en distinguer encore les écueils.

Auprès de ce novateur, qui exerce la séduction du génie, apparaissent deux penseurs hardis, deux chefs d'école représentant la réaction catholique et monarchique contre l'incrédulité et la Révolution : Bonald et Joseph de Maistre, apôtres convaincus, ayant des allures de prophètes ; poussant à l'extrême leurs théories dont l'expérience suffirait à montrer les côtés faibles, mais que justifiaient presque les événements désastreux auxquels venait d'assister une société ébranlée jusque dans ses fondements. Ces natures éprises d'absolu, de chimérique, hostiles à toute conciliation, antipathiques à tout accommodement, aimant mieux rompre que plier, oubliant trop que la logique et les abstractions ne gouvernent pas le monde, devaient enfanter des exagérations et trouver des disciples, attachés à leurs systèmes par leurs propres défauts. Mais quand on juge leur œuvre, il est nécessaire de la reporter à sa date. Contestables sur certains points, leurs opinions se défendent par la bonne foi, par la droiture des caractères, et leur excuse se trouve dans les excès contre lesquels on s'efforçait de réagir, après les effondrements qui avaient terminé un siècle si orgueilleux de ses lumières.

La philosophie desséchante des encyclopédistes se sentait vaincue et repoussée des âmes déçues par ses promesses ; elle revenait à un idéal dont les spiritualistes gravissaient les hauteurs sur les pas de Laromiguière et de Maine de Biran.

Royer-Collard lui donnait son autorité pleine de mesure et sa gravité austère, tandis que l'honnête Ballanche cherchait à traduire les vagues aspirations d'une société lasse de nier et désireuse de croire.

Transportons-nous au milieu d'elle et voyons de quelle manière elle vivait par l'esprit, quels aliments composaient sa nourriture intellectuelle, quels livres elle lisait, quels écrivains formaient son goût et amusaient ses loisirs. Nous pourrons ainsi la connaître plus complètement, et, en feuilletant les volumes qui passèrent sous ses yeux, nous pénétrerons chez elle, non plus seulement dans l'intérieur dont nous avons aperçu l'ameublement, mais dans son imagination et sa pensée. Essayons donc de nous figurer les personnages, tels qu'ils nous sont apparus avec le costume de leur temps. Ils ne recherchent plus le mouvement de la vie extérieure, les distractions mondaines, les plaisirs de la conversation. Rentrés dans leurs demeures, ils sont tranquillement assis, et, pendant les loisirs d'un jour d'été ou les longues veillées d'hiver, ils lisent.

Les journaux sont peu nombreux, et nous savons que sous le régime de la censure la presse doit imiter le prudent silence de Conrart, si elle ne veut pas éprouver les rigueurs d'un pouvoir toujours prêt à sévir contre toute velléité d'opposition et d'indépendance (1). Une phrase de Chateaubriand sur Tacite a fait supprimer le *Mercure* où paraissaient les articles de Fiévée, de Michaud, de Fontanes et de Bonald. Suard a fondé le *Publiciste,* dans lequel les sujets littéraires sont abordés avec talent par madame Guizot (Pauline de Meulan), dont la plume se consacre aux ouvrages d'éducation et ne reste pas étrangère au roman.

Le *Journal des Débats* est alors le plus lu de tous dans le monde lettré. Les frères Bertin en ont fait une puissance. Aussi a-t-il éveillé les ombrages du gouvernement, qui, après l'avoir transformé en *Journal de l'Empire,* l'a confisqué brutalement. Il resta, malgré tout, le seul refuge de

---

(1) Voir plus haut, ch. vii : *Les journaux, les livres et la censure.*

la critique et de l'esprit littéraire. Geoffroy y rédigeait le feuilleton des théâtres, innovation qui lui était due, et dont on se félicitait au milieu de la disette à laquelle on était réduit.

Hoffman y jugeait les livres nouveaux, et, adversaire du romantisme, il dirigea contre les *Martyrs,* à leur apparition, les traits de son humeur satirique. Dussault n'y ménageait pas La Harpe et ne risquait pas de déplaire à l'Empereur, lorsqu'il malmenait madame de Staël. Du moins, les bonnes traditions, la mesure et l'urbanité avaient-elles un représentant fidèle en M. de Feletz, oracle des salons du faubourg Saint-Germain, où l'on prêtait une oreille attentive à ses causeries.

Le réveil du goût pour les choses de l'esprit avait suivi l'ébranlement formidable causé par la Révolution, et sous la tutelle d'un gouvernement qui rendait la sécurité, on se résignait à n'avoir pas la liberté de penser tout haut, en jouissant de la liberté de vivre. La génération du dix-huitième siècle achevait sa course, et celle qui avait commencé l'existence dans les années sanglantes et troublées n'avait pas eu les loisirs et la paix propices à l'étude et au culte des lettres. Il en résultait, au point de vue intellectuel, pour la société qui se reconstituait, des lacunes que pouvait seule combler l'arrivée des jeunes talents frayant au nouveau siècle la voie où il devait marcher.

On se montrait peu difficile lorsque naissaient des fleurs de rhétorique sur une terre encore stérile. La publication d'un almanach, d'une brochure, était une bonne fortune; celle d'un livre, un événement. On était porté, en 1804, à s'exagérer le mérite des *Leçons de littérature française* de Noël. Thurot, analysant une traduction de l'*Iliade*, faisait peut-être faire une découverte à beaucoup de ses lecteurs, en écrivant que « l'*Iliade* est le chef-d'œuvre d'Homère, et Homère le plus ancien écrivain que l'on connaisse, le plus grand des poètes qui aient jamais existé ». Des devoirs d'écolier étaient signalés par des académiciens, et les discours prononcés à des distributions de prix, au fond d'une province, ne passaient pas inaperçus.

On traduisait, faute d'idées. L'antiquité classique reparaissait en prose ou en vers français. Les Noël, les Daru, les Dureau de la Malle servaient d'interprètes à Catulle, Horace et Valerius Flaccus, et leurs nombreux imitateurs faisaient dire à Jouy, dans un article du *Mercure*, au mois de novembre 1809 : « L'avenir appellera notre âge le siècle des traductions (1). »

Il ne faut pas s'étonner de voir l'histoire occuper un rang inférieur à une époque où l'on songeait plus à la faire qu'à l'écrire, sous un régime incompatible avec l'indépendance sans laquelle il peut exister des Dangeau, mais non de véritables historiens. L'ancien régime était lié trop étroitement à la cause des Bourbons pour ne pas créer des périls aux écrivains qui auraient parlé de l'ancienne monarchie, dont les représentants étaient en exil. La Révolution n'avait pas alors besoin de livres pour être connue ; elle était dans la mémoire de ceux qui en avaient traversé les jours orageux et ensanglantés, et puis la censure veillait, prête à empêcher la publication d'ouvrages de nature à ranimer les passions mal éteintes, à réveiller le souvenir

(1) Gustave Merlet, *Tableau de la littérature française*, 1800-1815, t. III, p. 34 et suiv.

de crimes dont les auteurs et les complices étaient devenus les serviteurs et les courtisans du nouveau pouvoir. Les circonstances se trouvaient donc peu favorables à l'éclosion des livres d'histoire, réduite à se taire ou à s'exprimer en style officiel. Mais si Napoléon lui imposait silence, il lui rendait un signalé service, en faisant reconstituer les archives nationales, et en confiant à Daunou la tâche de réunir les documents épars qui avaient échappé aux destructions révolutionnaires.

L'histoire s'écrivait par la plume de Charles de Lacretelle (1) que protégeait sa qualité de censeur, et qui abordait le récit d'événements encore récents dans son *Précis historique de la Révolution française* (2). La vieillesse d'Anquetil enfantait les quatorze volumes de son *Histoire de France* (1805). Michaud commençait à publier ses travaux sur *les Croisades*, et M. de Barante, le futur auteur des *Ducs de Bourgogne*, offrait aux amateurs d'inédit un volume de *Lettres de mademoiselle Aïssé, de mesdames de La Fayette, de Villars et de Tencin* (3).

La génération associée aux exploits de Napoléon les retracera plus tard dans des pages comme celles où le général de Ségur a peint si brillamment la vaillance et les revers de la Grande Armée (4). Les Marbot, les Parquin, les Thiébault ne songent pas alors à écrire; ils se battent.

---

(1) Auteur du livre intitulé : *Dix années d'épreuves pendant la Révolution*, publ. en 1842. Il était le frère de celui que l'on désigne sous le nom de Lacretelle aîné. Tous deux appartinrent à l'Académie française.
(2) 6 vol. in-8°, 1801-1806.
(3) In-12, 1805.
(4) *Histoire de Napoléon et de la Grande Armée pendant l'année* 1812, 2 vol. in-8°. 1824.

Parvenus à l'âge où l'on aime à se souvenir, ils raconteront leurs aventures de guerre et d'amour. Grâce à leurs récits, grâce au temps qui est pour les hommes et les choses une parure et une poésie, l'histoire de l'époque napoléonienne a exercé sur les esprits l'attrait du merveilleux et de la légende.

Lorsque nous évoquons la France du premier Empire, elle nous apparaît presque exclusivement guerrière, emportée tout entière vers les champs de bataille, subjuguée par l'amour de la gloire, personnifiée dans l'immortel capitaine qui lui donnait à la fois des lois et des victoires. Le rayonnement de sa grandeur militaire laisse dans l'ombre les clartés de sa renaissance intellectuelle. Un des maîtres de la critique contemporaine, à l'érudition impeccable, aux jugements pleins d'autorité, a signalé cette injustice contre laquelle il s'élève en ces termes :

« Il est entendu, dans presque toutes nos histoires de la littérature française, ou sous-entendu que la littérature de la période impériale ne compte pas. Aussi, quand la nécessité chronologique d'en dire quelques mots se rencontre, et qu'il faut satisfaire à l'usage, nomme-t-on quelques noms à la hâte; on caractérise avec la brièveté du dédain quelques œuvres prises comme au hasard, on rit un peu de Lebrun-Pindare et beaucoup de Luce de Lancival, d'Esménard et de Parseval-Grandmaison; d'ailleurs, on acquitte à madame de Staël, à Chateaubriand, un tribut convenu d'admiration banale, et l'on passe : tout est dit. De loin en loin, pourtant, une voix généreuse proteste et réclame au moins l'indulgence. N'est-on pas, en effet, bien sévère pour une génération déshéritée, si l'on veut, mais qui n'a manqué toutefois ni d'un certain amour de l'art, ni de l'éclat que projettent sur le court espace de quinze ans d'histoire deux ou trois œuvres originales, vraiment durables, et deux ou trois noms vraiment glorieux, dignes de rester inscrits parmi les plus illustres (1)? »

Énumérant les causes de stérilité des esprits pendant cette période : l'appauvrissement déjà commencé au dix-huitième siècle, le trouble des idées enfanté par l'anarchie révolutionnaire, le despotisme césarien succédant à la tyrannie jacobine, M.' Brunetière conclut en ces termes : « Cette littérature de l'époque impériale ne mérite ni l'oubli, ni le superbe dédain de la critique et de l'histoire. Elle vaut la peine d'être connue. »

Une véritable révolution littéraire était en train de s'accomplir, au début de ce siècle, avec la prose imagée de Chateaubriand et le talent viril de madame de Staël. L'esprit d'opposition triomphait ainsi de la puissance de Napoléon, en donnant une illustration de plus à son règne, en défendant contre le régime de l'oppression l'honneur et la dignité des lettres.

Le génie national ne s'éteignait pas; il se transformait avec la société elle-même. On avait hâte de s'éloigner des jours où quelqu'un demandant à Sieyès ce qu'il pensait, il lui avait répondu : « Je ne pense pas. » On revenait à la vie intellectuelle. Il n'y avait pas un an que le 18 brumaire avait remis les destinées de la France entre les mains d'un homme de génie, lorsque madame de Staël fit paraître

---

(1) F. BRUNETIÈRE, *Études critiques sur l'histoire de la littérature française*, 1re série, in-12, 1893.

l'ouvrage intitulé : *De la littérature considérée dans ses rapports avec les institutions sociales*. Dans ce volume de six cents pages, elle plaçait le progrès des lettres sous l'égide d'une foi républicaine que l'expérience n'avait pas ébranlée et qu'affermissait son horreur du césarisme. Elle appelait de ses vœux l'influence des littératures étrangères et devait, dix ans plus tard, s'en faire l'éloquent interprète dans le livre retentissant de *l'Allemagne,* qui lui valut de la part du pouvoir un redoublement de sévérités.

Lorsque Marie-Joseph Chénier présentait, en 1808, un *Tableau de la littérature française depuis* 1789, il y demeurait le disciple de Voltaire, le continuateur obstiné d'une école contre laquelle était venu réagir M. de Barante par son *Discours sur la littérature française au dix-huitième siècle,* publié en 1809, sans nom d'auteur.

On s'instruisait surtout avec le volumineux *Cours de littérature* de la Harpe, resté longtemps classique, et qui, malgré les lacunes de son érudition et les insuffisances de sa rhétorique, dénotait un juge éclairé et un vulgarisateur habile.

On reprenait, en lisant ces écrits, le goût de l'analyse et des choses de l'esprit. L'imagination redemandait de nouvelles fictions aux romans de l'époque. Elle fut enivrée par l'apparition d'*Atala* (1801); elle resta suspendue au récit de Chactas et se sentit délicieusement troublée par ces peintures qu'illuminait un style magique. Les romans reflètent l'esprit d'une génération, correspondent à l'état d'âme d'une époque. Aussi survivent-ils bien rarement au moment, au milieu qui les ont vus naître. *Atala* ne saurait produire en nous les émotions que ressentirent les contemporains; mais son charme est resté assez puissant pour faire de tardives conquêtes, et Sainte-Beuve avouait la séduction exercée sur lui par ce livre dont il a dit : « L'orage du cœur y vibre et y réveille les échos les plus secrets (1). »

Ce fut la mélancolie de Chateaubriand qui peignit *Rene*, une mélancolie qui devint contagieuse, eut ses prosélytes, ses victimes, et fit, pour ainsi dire, école, engendrant des disciples reniés plus tard par l'auteur des *Mémoires d'outre-tombe*.

Si le public lettré de 1809 accueillit avec moins de faveur les *Martyrs*, ce poème en prose que Villemain appelle « une œuvre composite et artificielle », il admira les richesses de cette imagination qui teignait ses pinceaux tantôt sous le ciel de Palestine, tantôt sur la terre d'Espagne. Pèlerin dans l'*Itinéraire de Paris à Jérusalem*, Chateaubriand était romancier dans le *Dernier des Abencérages*, et toujours poète.

C'étaient aussi des événements littéraires que les romans de madame de Staël. On s'attendrissait en 1802 sur *Delphine*, et l'on se passionnait en 1807 pour *Corinne*, où l'on apprenait à connaître l'Italie. Les disgrâces qui poursuivaient la femme et l'auteur ajoutaient à sa renommée, et sa cause devenait celle de l'indépendance.

Voulait-on quitter les pompes de Chateaubriand et la brillante érudition de madame de Staël pour demander simplement à la lecture un délassement et une jouissance délicate? On lisait le *Lépreux de la cité d'Aoste* que

---

(1) *Chateaubriand et son groupe littéraire sous l'Empire*, t. I, p. 233.

venait de faire paraître, en 1811, Xavier de Maistre, déjà connu alors par le *Voyage autour de ma chambre*, œuvre d'un esprit aimable et d'une souriante philosophie. Charles Nodier avait débuté en 1802 par *Stella, ou les Proscrits*.

Le roman russe avait déjà fait son apparition en France, à la même époque, avec madame de Krudner, qui dans *Valérie* raconte sa propre histoire.

Nous avons peine à comprendre aujourd'hui les succès de madame Cottin. Nous ne lisons plus *Elisabeth, ou les Exilés de Sibérie*, ni *Claire d'Albe*; et si les trois volumes de *Malvina*, les quatre volumes de *Mathilde* se retrouvent parfois dans la bibliothèque d'un vieux château, personne ne va les y chercher. Ces romans charmaient nos grand'-mères, qui ont toutes applaudi les œuvres de madame de Souza et de madame Sophie Gay (1). L'infatigable madame de Genlis publiait volume sur volume et conservait des fidèles, malgré la prolixité de sa plume d'où sortait, en 1802, *Mademoiselle de Clermont*, que l'on citait comme son meilleur ouvrage et à laquelle succédaient la *Duchesse de la Vallière, Madame de Maintenon*, et le *Siège de la Rochelle*.

Le roman jouissait sous l'Empire d'une faveur extraordinaire; il prenait la place de l'histoire, et la plume restait surtout aux mains des femmes, alors que les hommes étaient entraînés dans la vie guerrière. Les œuvres romanesques étaient si nombreuses qu'au dire d'Hoffman, « une vie de patriarche n'eût pas suffi à en lire la bibliothèque ».

---

(1) Mère de Delphine Gay, qui fut madame Émile de Girardin.

Bouilly se faisait le romancier du jeune âge qu'avait amusé Berquin (1).

Comme d'autres productions de l'esprit, le roman ne portait pas ombrage à la puissance qui lançait si volontiers les foudres de la censure. Il satisfaisait ce besoin de chimères dont, à toutes les époques, se nourrit l'imagination humaine, et un rôle était rendu à la poésie dans la vie intellectuelle. Voyons par qui et de quelle manière il était rempli.

II

Ce ne sont pas les vers et les versificateurs qui manquent sous l'Empire; c'est bien plutôt la vraie poésie. Il n'en faut pas demander aux années de reconstitution sociale et d'activité matérielle. Le siècle de Louis XIV ne fut pas seulement propice aux lettres par l'état moral d'une société satisfaite du présent et sûre du lendemain; la longue durée du règne permit la tranquille floraison des talents qui se continuèrent et se succédèrent à l'abri d'institutions incontestées. Napoléon n'occupe qu'un court espace de temps, pendant lequel son génie et son ardeur dévorante accomplirent de véritables prodiges. C'est en s'éloignant de nous que sa personne et son temps ont dû de nouveaux prestiges à la poésie du passé. Un écrivain qui a bien étudié et bien jugé cette époque, au point de vue littéraire, a dit avec raison : « Dans la vie des peuples comme dans

---

(1) G. Merlet, *Tableau de la littérature française*, t. II, p. 253.

celle des particuliers, la rêverie ne s'associe pas facilement à l'action. Ayant besoin d'heures vacantes et libres que ne dispute aucun autre souci, les contemplateurs ne pouvaient guère se replier sur eux-mêmes, ni se laisser ravir par de beaux songes, dans ce tourbillon de combats, ou parmi ces incessantes surprises qui tenaient toute l'Europe attentive. Les souffrances de la famille et de la patrie ne suffisaient-elles point à épuiser alors les facultés d'émotion? Les jeux de la victoire ne furent-ils pas assez tragiques pour faire une terrible concurrence aux imaginations les mieux douées? Il y avait là de quoi décourager les plus vaillants. Quelle fiction n'eût langui auprès d'Héliopolis et de Marengo? Quel drame, quelle épopée aurait pu rivaliser avec la lecture du *Moniteur,* dans les journées radieuses comme dans les autres (1)? »

Au milieu de cette société qui se renouvelle, on aperçoit la disparité, le manque de cohésion et de liberté. La sève poétique du dix-huitième siècle, déjà si raréfiée, tarit avec une génération finissante. Les rimeurs d'un autre âge remplissent de fadeurs surannées les almanachs et les recueils lus cependant avec avidité par un public facile à amuser. Auprès des survivants de l'école dont Parny est l'Anacréon, on voit surgir les muses officielles, la poésie de commande, les odes, les dithyrambes, le genre solennel et didactique, propice à un régime en harmonie avec les épopées dont il est lui-même l'image, et auxquelles il peut servir de sujet. L'abus de la mythologie, la banalité des formes se font remarquer dans ces productions qui ont quelque chose de

---

(1) G. Merlet, t. I, p. 152.

froid et d'artificiel. Tandis que les dieux de l'Olympe et les constellations de l'Empyrée gravitent autour de l'astre de Napoléon, « l'heureuse grossesse de Sa Majesté Marie-Louise, impératrice des Français et reine d'Italie », est célébrée, en 1811, dans un poème latin.

L'Empire, mal loué par ses flatteurs, a été mieux servi par le temps et par ses malheurs.

Le vrai poème a reçu sa consécration à Sainte-Hélène, et la grandeur des adversités a séduit l'imagination plus encore que celle des triomphes.

Napoléon, qui a donné à la France des victoires, n'y a pas fait éclore des poètes. Delille, que l'on connaît plus aujourd'hui par son nom que par ses œuvres, appartient moins au règne impérial qu'à l'époque précédente dont il est le continuateur et l'héritier. Personne ne lui disputa une royauté, au-dessous de laquelle riment à l'envi Luce de Lancival et Baour-Lormian.

On peut accuser la stérilité des poètes d'alors; mais elle égale leur abondance. Le poème de Campenon sur l'*Enfant prodigue* a deux mille vers; la *Philippéide*, de Viennet, seize mille; l'*Amadis*, de Creuzé de Lesser, cinquante mille.

Plaignons les membres de l'Institut qui eurent à lire les quinze mille vers consacrés par Pierre du Mesnil à Oreste, dont les malheurs n'égalaient pas ceux des lecteurs du poème, et admirons la patience du rapporteur sur les prix décennaux (1) qui « s'étonne d'y rencontrer quelques rimes insuffisantes ou tout à fait fausses (2) ».

---

(1) Institués en 1803, ils devaient être décernés tous les dix ans, à l'anniversaire du 18 brumaire.
(2) G. MERLET, t. I, p. 166.

L'oubli recouvre les vers de Parseval-Grandmaison et ceux d'Esménard. Si l'ennui suivait les œuvres de beaucoup des versificateurs de cette époque, Berchoux, avec son poème de la *Gastronomie,* ramenait le sourire sur les lèvres, et la gaieté renaissait dans les chansons de Gouffé et de Désaugiers. Béranger avait fait ses débuts en 1803 et pris sa place au milieu des joyeux convives du *Caveau.*

Ginguené et Arnault obtenaient quelques succès dans le genre où aucun des imitateurs de La Fontaine n'est devenu son rival.

Écouchard-Lebrun, le poète lyrique, terminait sa longue carrière, évoquant le souvenir du siècle dont la tradition se continuait avec Joseph Chénier, et se montrait fidèle à Voltaire.

C'était aussi la muse d'un autre temps qu'on applaudissait dans les délicats poèmes de Legouvé, et l'esprit rêveur et mélancolique dictait de touchantes inspirations à Millevoye, auquel devait s'ajouter l'auréole d'une mort prématurée.

Un grand prosateur, Chateaubriand, contribuait à développer les dons poétiques, et son influence se retrouve dans Chênedollé, comme aussi chez Fontanes, qui mérite de n'être pas oublié parmi les écrivains et les poètes. On relit encore avec plaisir quelques-unes de ses pièces de vers d'une correction élégante (1). Grand maître de l'Université, il rendit d'utiles services à la cause des lettres. La dignité du caractère ennoblit en lui le rôle du courtisan, et cet ami de Chateaubriand ne se servit de son crédit auprès

(1) Notamment le *Jour des morts à la campagne* et la *Chartreuse de Paris.*

de la puissance que pour l'incliner vers la modération.

La discipline, sous laquelle l'Empire plia les esprits, arrêta la licence qu'on avait trop connue avant lui ; mais elle engendra l'uniformité, glaça les inspirations, en empêchant le libre essor de la pensée. Cependant il n'en faut pas accuser uniquement le despotisme d'un homme. Cette époque avait recueilli l'héritage des âges précédents, et il faut expliquer par les circonstances, par l'état moral et social, les causes d'infériorité intellectuelle d'un règne où s'achève une période de l'esprit français qui, violemment troublé par les secousses de la Révolution, comprimé ensuite par le régime le plus absolu, va sortir transformé de cette double épreuve, et ouvrir l'ère brillante d'une véritable renaissance littéraire.

III

L'éclat des sciences fut particulièrement remarquable sous l'Empire. Il suffit de citer les noms de Monge, de Laplace, de Lacépède, de Cuvier, d'Antoine-Laurent de Jussieu, de Chaptal, de Gay-Lussac. L'économie politique eut un illustre représentant dans Jean-Baptiste Say.

Le savoir de jurisconsultes tels que Tronchet, Portalis et Bigot de Préameneu, projeta de vives clartés sur le Code civil, dont le souvenir se rattache au leur. La médecine reçut un nouveau lustre des découvertes de Barthez, de Corvisart, de Broussais et de Laënnec.

Les arts, qui eurent un juge et un protecteur éclairé dans le baron Denon, voient éclore de nouveaux talents auprès des anciens. David, madame Lebrun, Carle Vernet, Vien, Girodet, Prud'hon, Regnault, Guérin, Gérard, Isabey, Gros, Géricault, Ingres rappellent des œuvres familières à tous les yeux, comme celles dont Houdon, Pajou, Rude, Bosio enrichissaient alors la sculpture, où se distinguaient Moitte, Chaudet, Gois et Dupaty.

La musique empruntait les accents de Grétry, de Méhul, de Garat, de Boieldieu, de Dalayrac, de Spontini, de Lesueur et de Chérubini. Hérold et Auber abordaient pour la première fois la scène lyrique, et déjà en 1813 Rossini avait donné *Tancrède,* son treizième opéra.

Le plaisir des oreilles remplaçait l'éloquence, cette musique de l'esprit. Elle était forcément muette à une époque où, selon le joli mot de Fiévée, « l'opinion était devenue ce qui ne se disait pas », et sous le régime de l'homme d'épée qui avait écrit à Cambacérès : « Je veux qu'on puisse couper la langue à un avocat qui s'en sert contre le gouvernement. »

La tribune parlementaire ne retentissait guère que des discours de M. de Fontanes, osant parfois mêler aux louanges décernées à l'Empereur de sages et discrètes leçons.

L'auditoire qui entourait la chaire de Saint-Sulpice témoignait de l'intérêt qu'il prenait aux conférences de M. de Frayssinous. Elles excitaient la mauvaise humeur des incrédules, des philosophes dont les doctrines y étaient éloquemment réfutées, et Morellet, un dévot de Voltaire, exprimait en ces termes son dépit :

« Succès prodigieux d'un M. de Frayssinous, missionnaire d'une espèce nouvelle, qui fait, tous les dimanches, à Saint-Sulpice, une catilinaire ou une verrine (comme il vous plaira) contre les conjurateurs et les brigands qu'on appelle philosophes. Il a pour auditeurs plus que bénévoles toutes les dames du faubourg Saint-Germain et même celles qui se sont retirées dans notre faubourg Saint-Honoré, et tous les jeunes gens de la même étoffe. Tout cela est d'une assiduité exemplaire aux harangues de M. de Frayssinous, qui leur prouve que sans la religion catholique, apostolique et romaine, il n'y a ni vertu, ni morale…

« Mais ce n'est pas tout pour ces dames de se nourrir du pain de la parole de M. de Frayssinous, elles le distribuent dans le monde avec beaucoup de charité et de zèle, et j'ai quelquefois le dégoût de me voir adresser, dans l'espoir de me convaincre, des apologies de la révocation de l'édit de Nantes et de l'intolérance religieuse, des souhaits pour le rétablissement des Jésuites, des moines ou des couvents de filles (1). »

Les adversaires de la liberté évangélique furent exaucés. Une interdiction mit fin aux prédications de Frayssinous, en 1809.

Les lettres avaient leurs apôtres et leurs disciples à l'*Athénée,* dans ces cours dont la vogue, commencée sous le Directoire, se continua sous l'Empire. De nombreuses voitures stationnaient à la porte d'entrée. Elles avaient amené les auditeurs qui prenaient place dans la salle dont

---

(1) *Mémoires sur le dix-huitième siècle.*

les murs attiraient les yeux par les collections de coquillages et de minéraux que renfermaient des vitrines. La vue d'un téléscope et d'une foule d'instruments de physique inspirait le respect de la science. Le professeur, retiré dans une pièce voisine, attendu comme un pontife, faisait enfin son entrée, qu'annonçait un huissier dont la voix retentissante provoquait une attention émue, lorsqu'elle criait : « M. de Fourcroy !... Le cours de M. de la Harpe ! »

L'enseignement tombait des lèvres du maître au milieu d'un silence interrompu par des applaudissements, tandis que des fidèles attardés s'efforçaient en vain de pénétrer dans le sanctuaire, d'où leur parvenait le bruit des battements des mains, témoignage d'un enthousiasme qui augmentait leurs regrets (1).

Les générations jadis pressées autour d'une chaire ou d'une tribune ont depuis longtemps disparu, et avec elles les plaisirs d'esprit, les jouissances intellectuelles que rechercha leur époque. Mais il reste de ces choses passagères des témoins : les livres, ceux qu'on lit encore quelquefois et ceux que personne n'ouvre plus. Ils sont enfouis et comme perdus dans les coins obscurs d'une bibliothèque, immobiles au milieu du changement perpétuel des mœurs et des idées.

De rares chefs-d'œuvre ont survécu au naufrage des années. Mais l'œil du curieux pourra voir au delà, s'il veut soulever le voile qui cache le passé. Une image de ce passé subsiste dans les volumes feuilletés par des mains que la mort a glacées. L'esprit nous renseigne sur la vie, et,

---

(1) G. MERLET, t. III, p. 3.

à travers les écrivains, on peut deviner les lecteurs.

Les pages signées d'un nom illustre sont comme le rayon lumineux du temps qu'elles ont éclairé. De moindres œuvres nous apprennent souvent aussi quelque chose des âges écoulés, et qui veut bien connaître leur histoire doit interroger tous les livres, même les dédaignés et le oubliés.

CHAPITRE XIV

LA FIN DE L'EMPIRE.

I

La puissance de Napoléon était à son apogée en 1807, et personne ne prévoyait la chute de l'Empire, excepté peut-être ceux qui la désiraient. M. de Barante raconte qu'étant alors sous-préfet de Bressuire, il s'entretenait, un soir, avec madame de La Rochejacquelein, qui ne lui cachait pas ses espérances royalistes. « Je crois comme vous, lui répondit-il, que l'Empereur est destiné à se perdre; il est enivré par ses victoires et la continuité de ses succès. Un jour viendra où il tentera l'impossible; alors vous reverrez les Bourbons. Mais ils feront tant de fautes, ils connaissent si peu la France qu'ils amèneront une nouvelle révolution (1). »

1814, les Cent-jours, 1830 ont vérifié ces paroles prophétiques.

Deux années seulement s'étaient écoulées depuis qu'elles avaient été prononcées. On était en 1809, et l'inquiétude commençait à gagner les admirateurs de Napoléon, ceux

(1) *Souvenirs*, t. I, p 271.

qu'il avait associés à son gouvernement et à sa gloire. Le maréchal Marmont, arrivé à Paris, après la paix signée à Vienne, y trouva les esprits dans des dispositions bien différentes de celles où il les avait laissés. « On voulait du repos, dit-il, plus de liberté, une existence plus calme, et on voyait l'avenir chargé de tempêtes. »

De tous les propos qu'il entendit, aucun ne l'étonna davantage que celui-ci, qui lui fut tenu par Decrès, ministre de la marine : « Eh bien, Marmont, vous voilà bien content, parce que vous venez d'être fait maréchal. Vous voyez tout en beau. Voulez-vous que, moi, je vous dise toute la vérité, que je vous dévoile l'avenir? L'Empereur est fou, tout à fait fou, et nous jettera tous, tant que nous sommes, c... par-dessus tête, et tout cela finira par une épouvantable catastrophe. »

« Je reculai de deux pas, ajoute le maréchal, et lui répondis : Êtes-vous fou, vous-même, de parler ainsi, et est-ce une épreuve que vous voulez me faire subir ? — Ni l'un ni l'autre, mon cher ami ; je ne vous dis que la vérité. Je ne la proclamerai pas sur les toits ; mais notre ancienne amitié et la confiance qui existe entre nous m'autorisent à vous parler sans réserve. Ce que je vous dis n'est que trop vrai, et je vous prends à témoin de ma prédiction.

« Et là-dessus, il me développa ses idées en me parlant de la bizarrerie des projets de l'Empereur, de leur mobilité et de leur contradiction, de leur étendue gigantesque, que sais-je? Il me présenta un tableau que les événements n'ont que trop justifié (1). »

(1) *Mémoires du maréchal Marmont, duc de Raguse*, t. III, p. 336.

Napoléon lui-même, au milieu de l'éblouissement de la gloire, pressentait parfois sa destinée et disait à Chaptal : « Cinq ou six familles se partagent les trônes de l'Europe, et elles voient avec douleur qu'un Corse est venu s'asseoir sur l'un d'eux. Je ne puis m'y maintenir que par la force; je ne puis les accoutumer à me regarder comme leur égal qu'en les tenant sous le joug ; mon empire est détruit si je cesse d'être redoutable. Je ne puis donc laisser rien entreprendre sans le réprimer. Je ne puis pas permettre qu'on me menace sans frapper. Ce qui serait indifférent pour un roi de vieille race est très sérieux pour moi. Je me maintiendrai dans cette attitude tant que je vivrai, et si mon fils n'est pas grand capitaine, s'il ne me reproduit pas, il descendra du trône où je l'aurai élevé, car il faut plus d'un homme pour consolider une monarchie. Louis XIV, après tant de victoires, eût perdu son sceptre à la fin de ses jours, s'il n'en eût pas hérité d'une longue suite de rois. Entre les anciens souverains, une guerre n'a jamais pour but que de démembrer une province ou d'enlever une place ; il s'agit toujours, avec moi, de mon existence et de celle de tout l'Empire.

« Au dedans, ma position ne ressemble en rien à celle des anciens souverains. Ils peuvent vivre avec indolence dans leurs châteaux ; ils peuvent se livrer sans pudeur à tous les écarts d'une vie déréglée ; personne ne conteste leurs droits de légitimité ; personne ne pense à les remplacer ; personne n'a concouru à les élever sur le trône. Quant à moi, c'est tout différent : il n'y a pas de général qui ne se croie les mêmes droits au trône que moi. Il n'y a pas d'homme influent qui ne croie m'avoir tracé ma marche au

18 brumaire. Je suis donc obligé d'être très sévère vis-àvis de ces hommes-là. Si je me familiarisais avec eux, ils partageraient bientôt ma puissance et le trésor public. Ils ne m'aiment point, mais ils me craignent, et cela me suffit. Je les prends à l'armée, je leur donne des commandements, mais je les surveille. Ils ont voulu se soustraire à mon joug ; ils ont voulu se fédéraliser la France. Un mot de ma part a suffi pour déjouer le complot. Tant que je vivrai, ils ne seront pas dangereux. Si j'éprouvais un grand échec, ils seraient les premiers à m'abandonner. Au dedans et au dehors, je ne règne que par la crainte que j'inspire. Si j'abandonnais ce système, je ne tarderais pas à être détrôné (1). »

Le grand homme qui jugeait ainsi le pouvoir qu'il avait su conquérir dévoilait les misères cachées sous tant de gloires et de grandeurs. Un gouvernement qui repose non sur la tradition et les principes, mais sur la force et le succès, est nécessairement fragile, car il n'existe qu'à la condition de vaincre sans cesse ; il dépend des erreurs de l'ambition et de l'inconstance de la fortune. L'instabilité du régime impérial ne provenait pas seulement de son origine et de la nature de ses institutions, mais du caractère de l'Empereur, qu'appréciait ainsi un de ses maréchaux :

« Napoléon portait en lui le germe de sa destruction. Son caractère l'entraînait visiblement et inévitablement vers sa perte. Après d'aussi grands revers que ceux qu'il avait éprouvés, il ne pouvait exister à ses propres yeux sans être remonté à la hauteur dont il était tombé. Le retour même au faîte de la puissance ne l'aurait pas satisfait. Ses

---

(1) CHAPTAL, *Mes souvenirs sur Napoléon*, p. 217.

qualités, causes puissantes de son élévation, sa hardiesse, son goût pour les grandes chances, son habitude de risquer beaucoup pour obtenir davantage et son ambition sans bornes devaient à la longue amener sa perte, et d'autant plus sûrement qu'alors, c'est-à-dire autrefois, ses passions étaient modifiées par des facultés qui, en grande partie, avaient disparu. Ses calculs et sa prudence, sa prévoyance et sa volonté de fer avaient fait place à beaucoup de négligence, d'insouciance, de paresse, à une confiance capricieuse et à une incertitude, ainsi qu'à une irrésolution interminable.

« Il y a eu deux hommes en lui, au physique comme au moral : le premier, maigre, sobre, d'une activité prodigieuse, insensible aux privations, comptant pour rien le bien-être et les jouissances matérielles; ne s'occupant que du succès de ses entreprises, prévoyant, prudent, excepté dans le moment où la passion l'emportait; sachant donner au hasard, mais lui enlevant tout ce que la prudence permet de prévoir; résolu et tenace dans ses résolutions, connaissant les hommes et le moral qui joue un si grand rôle à la guerre; bon, juste, susceptible d'affection véritable et généreux envers ses ennemis.

« Le second, gras et lourd, sensuel et occupé de ses aises jusqu'à en faire une affaire capitale, insouciant et craignant la fatigue; blasé sur tout, indifférent à tout, ne croyant à la vérité que lorsqu'elle se trouvait d'accord avec ses passions, ses intérêts ou ses caprices; d'un orgueil satanique et d'un grand mépris pour les hommes; comptant pour rien les intérêts de l'humanité; négligeant, dans la conduite de la guerre, les plus simples règles de la prudence; comptant sur sa fortune, sur ce qu'il appelait *son étoile*, c'est-à-dire sur une protection toute divine; sa sensibilité s'était émoussée sans le rendre méchant; mais sa bonté n'était plus active, elle était toute passive. Son esprit était toujours le même, le plus vaste, le plus étendu, le plus profond, le plus productif qui fut jamais; mais plus de volonté, plus de résolution, et une mobilité qui ressemblait à de la faiblesse.

« Le Napoléon que j'ai peint d'abord a brillé jusqu'à Tilsitt. C'est l'apogée de sa grandeur et l'époque de son plus grand éclat. L'autre lui a succédé, et le complément des aberrations de son orgueil a été la conséquence de son mariage avec Marie-Louise (1). »

La sévérité a pu noircir les couleurs de ce portrait; mais l'histoire en a, sur plus d'un point, confirmé l'exactitude.

Les gouvernements absolus sont facilement obéis aux jours de la prospérité. Viennent les désastres, leur impuissance apparaîtra soudain à tous les yeux. Alors on reconnaîtra qu'un pouvoir sans limites ne saurait conférer, même aux plus privilégiés des mortels, l'infaillibilité ni le bonheur; qu'il expose, au contraire, l'esprit humain aux erreurs et aux tentations de l'orgueil, et que l'omnipotence rencontre des écueils où elle finit par trouver sa perte.

Un homme d'esprit, qui fut longtemps écouté de Napoléon, apercevait les côtés faibles du régime impérial et ne craignait pas de les signaler à celui dont dépendait le sort de la France :

« Le gouvernement, écrivait-il en 1806, veut tout gou-

(1) *Mémoires du maréchal Marmont*, t. VI, p. 274.

verner, l'administration tout administrer; il ne faut donc pas se fâcher quand le public s'attaque au gouvernement et à l'administration du malaise qu'il éprouve. Lorsque les ouvriers manquent d'ouvrage, ils s'en prennent au gouvernement; quand les artistes ne vont pas en carrosse, ils s'en prennent au gouvernement. Le commerce, qui se vante de son indépendance, s'en prend aussi au gouvernement, quand il souffre; il n'y a pas jusqu'aux comédiens qui ne demandent compte au gouvernement de la pauvreté de leurs recettes; et bientôt il faudra des gouvernements spécialement occupés à donner de l'activité aux ouvriers, de l'ouvrage aux artistes, des pratiques aux marchands et de la vogue aux gens de théâtre. Oh! que j'aime bien mieux l'ancien temps où les gouvernements ne se mêlaient que de gouverner, où ils abandonnaient à toutes les localités, à chaque profession, à chaque métier, sa police et son administration particulière, après avoir accordé à chaque corps les règlements qu'il sollicitait dans son intérêt! Il s'ôtait une grande responsabilité, et les choses n'en allaient que mieux (1). »

Avec non moins de justesse, Fiévée écrivait encore, la même année :

« Il faut bien se persuader que tout peuple qui n'a pas tremblé pour son existence ne peut pas se réjouir bien vivement, et qu'il n'est frappé du résultat de nos victoires que par le bruit qu'on en fait. Si du peuple on passe à la bourgeoisie, c'est-à-dire à tout ce qui pêle-mêle compose aujourd'hui la nation française, on trouvera de l'admira-

---

(1) J. Fiévée, *Correspondance et relations avec Bonaparte*, t. II, p. 192.

tion, plus de confiance dans l'avenir du gouvernement, mais point de joie soutenue; cela tient à un grand malaise intérieur, et que je vais essayer de faire comprendre par les faits. Le jour où l'on annonce une victoire, Paris est dans l'ivresse, la conquête du monde ne paraît pas une entreprise; le lendemain, chacun parle de ses affaires personnelles et peu brillantes, de la rareté de l'argent, de l'excessif intérêt où il est monté, de la nullité des opérations commerciales; et dans cet égoïsme forcé s'éteint tout sentiment public (1). »

Si les triomphes militaires étaient payés par le sang français, si la conscription pesait durement sur le pays, en reprenant jusqu'à trois fois ceux qui s'étaient libérés, du moins le patriotisme et l'orgueil national se consolaient de l'immensité des sacrifices par celle des succès. On acceptait le despotisme accompagné de gloires dont l'éclat rejaillissait sur la France entière. Il n'en fut plus de même lorsque sonna l'heure des catastrophes, quand les neiges de Russie eurent enseveli la Grande Armée vaincue par l'hiver.

« Il se fit alors, a dit un éloquent témoin de cette époque, non par une mobilité blâmable des esprits, mais par un retour d'équité vengeresse, une grande révolution dans les idées de la foule et dans le jugement et le langage des habiles. On osa censurer et prévoir. Au milieu des deuils privés, des afflictions de famille si nombreuses et si déchirantes, il y eut comme un deuil public, sévère, accusateur, faisant circuler de sinistres et insaisissables sarcasmes (2). »

(1) J. Fiévée, *Correspondance et relations avec Bonaparte*, t. II, p. 162
(2) Villemain, *Souvenirs contemporains d'histoire et de littérature*, 1re partie, ch. XXIII.

Les épisodes douloureux se succèdent dans cette retraite fameuse dont le souvenir funèbre attriste l'âme de la France. M. de Mortemart, rencontrant son neveu, M. de Beauvau, blessé, dans une voiture attelée d'un cheval mort, le traîne pendant huit lieues. Anéanti lui-même par la fatigue et la souffrance, il voit sans cesse, dans son délire, les corbeaux qui suivaient en foule l'armée, guettant la proie offerte à leur voracité par tant de cadavres (1). Avec non moins d'avidité, les Juifs, fidèles aux instincts de leur race, dépouillaient les vivants. A Wilna, ils rançonnèrent les Français auxquels ils avaient donné l'hospitalité, et, après le départ de l'armée, ils leur enlevèrent jusqu'à leurs vêtements, puis ils jetèrent ces malheureux par les fenêtres. Cet acte de cruauté causa une si grande indignation parmi les officiers russes, arrivant alors dans la ville, qu'ils firent tuer beaucoup de Juifs.

Le froid atteignit 30 degrés. Il était tel, nous dit un témoin, « qu'on distinguait une sorte de fumée sortant des oreilles et des yeux. Cette vapeur, se condensant au contact de l'air, retombait bruyamment sur nos poitrines comme auraient pu faire des grains de millet. Il fallait s'arrêter souvent pour débarrasser les chevaux des énormes glaçons que leur haleine formait en se gelant sur le mors des brides (2). »

« Les officiers malades et exténués n'avaient plus la force de se servir d'une arme, nous dit un autre écrivain

---

(1) Lettres inédites de la comtesse Hélène Potocka, communiquées par l'auteur qui signe du pseudonyme de Lucien Perey des ouvrages si connus et si recherchés du public.
(2) MARBOT, *Mémoires,* t. III, p. 218, 221.

militaire qui prit part aux mêmes événements. L'un d'eux, qui venait de se marier en France, fut trouvé mort auprès d'un feu, tenant le portrait de sa femme fortement serré contre son cœur (1). »

Bravant la distance, les obstacles, les périls, une jeune femme de vingt ans, la maréchale Oudinot, ramenait, grièvement blessé, son mari qu'elle était venue rejoindre. De la voiture où elle avait pris place aux côtés de celui qu'elle disputait à la mort, elle assistait à de navrants spectacles, emportée rapidement par les chevaux que suivaient avec peine une escorte de cuirassiers qui succombaient les uns après les autres, frappés par le climat meurtrier. A Wilna, elle distingue « des soldats immobiles, semés sur toute la pente qu'ils avaient vainement tenté de gravir. Surpris par le froid, ils étaient tombés, et là quand on tombait, on ne se relevait plus... Quelques mares de sang s'étaient échappées de leur poitrine et de leurs narines, et rougissaient la neige. »

« Rien, ajoute la maréchale, dans les pages attachantes où elle a raconté sa vie, n'a jamais pu effacer la terrible impression qui m'est restée de cette ascension à travers ce champ des morts... Les bivouacs de la veille se dessinaient en noir sur la blancheur du terrain ; mais tout y était éteint et sans mouvement... De loin en loin, s'élevaient quelques cheminées noircies que je prenais quelquefois pour des Cosaques en observation. Les sapins épars me causaient le même effroi. Je me représentais alors mon mari prisonnier, et je me disais qu'il n'y résisterait pas...

(1) Général duc DE FÉZENSAC, *Souvenirs militaires de 1804 à 1814*, p. 314.

On ne voyait que la neige éternelle, devant, derrière et partout. »

La mort peuplait ces pays dévastés où il fallait se contenter des gîtes les plus inhospitaliers. Tantôt on se chauffe avec les débris d'une roue de canon ; tantôt on interpelle violemment, pour obtenir un peu de place, de malheureux soldats qui ne répondent plus, saisis par le froid auquel ils ne tardent pas à succomber (1).

Ney a rassemblé les débris de cette armée naguère si brillante et si redoutée. Lutte héroïque, mais inutile ! Il ne commande plus qu'à des cadavres. A Kowno se termine cette retraite qu'immortalisent les souffrances et les efforts désespérés des braves, pour lesquels la terre de Russie était devenue un tombeau (2).

Les plus vaillants, épuisés par de longues guerres, accablés par les revers, voyaient l'Empire approcher du terme inévitable. Un de ceux-là, Caulaincourt, décrit l'impression qu'il éprouva en revenant à Paris, à la fin de 1813. Il avait laissé Napoléon à Saint-Cloud et se retrouvait dans la capitale à laquelle le rattachaient tant de liens.

« Arrivé chez moi, écrit-il, je fus saisi d'une joie d'enfant, en entrant dans ma chambre à coucher. Il me sembla ressentir une lassitude telle que le bonheur d'ha-

---

(1) *Récits de guerre et de foyer. Le maréchal Oudinot, duc de Reggio,* d'après les *Souvenirs de la maréchale,* par Gaston Stiegler, ch. v.

(2) La Grande Armée se composait de 420,000 hommes. 10,000 à peine repassèrent la Vistule. Le chiffre des prisonniers fut de 100,000, et les autorités russes, chargées de brûler les cadavres des officiers et des soldats français, en comptèrent près de 300,000. Notre armée fut donc détruite presque en entier avec son artillerie, ses 1,200 bouches à feu, ses 3,000 fourgons, tout son matériel. (Général duc de Fézensac, *Souvenirs militaires,* p. 347.)

biter un appartement à soi, de dormir dans un lit à soi, résumait pour moi toutes les jouissances et m'apparaissait comme le but de toutes les ambitions. Je ne puis m'empêcher de rire, en me rappelant les délices de la nuit de mon arrivée. Étendu sur mon lit où je ne dormais pas, à la lueur d'un excellent feu, je contemplais, c'est le mot, l'intérieur de ma chambre, qui, par comparaison avec les huttes et les chaumières où j'avais presque continuellement couché depuis six mois, me faisait l'effet du plus magnifique lieu du monde. Je voyais dans les meubles qui la garnissaient les superfluités d'un luxe inouï. Cette élégance, ces mille charmantes inutilités, ce confortable qui m'avaient toujours environné, je ne les avais considérés jusqu'ici que comme choses très ordinaires ; à ce moment, je comprenais cet ardent désir de repos qu'éprouvaient certaines gens ; j'excusais presque leur égoïsme.

« Pourquoi ce changement dans mes idées ? Pourquoi cette folle joie du retour ? Depuis quinze années, n'avais-je pas assisté à toutes les batailles ? N'avais-je pas couché au bivouac, enduré, comme toute l'armée, les privations du bien-être matériel ? Mais alors chacun de nous, l'esprit léger, le cœur joyeux, oubliait ses fatigues dans la gloire des conquêtes, dans l'orgueil de la victoire. Dans cette dernière campagne, au contraire, tout avait été triste, navrant ; aucune compensation n'avait adouci les maux inévitables qu'entraîne la guerre. Pour la première fois, je comprenais le bonheur dans l'absence des tortures de l'âme que l'Empereur avait si bien définies par ce cri échappé à sa détresse : Plus un jour de repos ! »

Les sentiments d'irritation et de découragement commençaient à se faire jour et à s'exprimer librement. Le duc de Vicence souffrait de cette épreuve si pénible pour les admirateurs de Napoléon. A peine de retour à Paris, il avait été dans une maison royaliste où le ramenaient de fidèles et affectueux souvenirs.

« Madame de ***, la meilleure des femmes, écrit-il, avait tout l'entêtement de son opinion invariablement acquise aux Bourbons. A travers quelques ridicules, elle joignait beaucoup d'esprit à cette antique loyauté qui ne capitule pas devant les circonstances. L'Empereur, dans toute sa gloire, n'avait jamais été, aux yeux de madame de ***, qu'un aventurier heureux auquel, à son grand regret, elle me voyait attaché de cœur et d'âme. Combien de fois, dans nos querelles à ce sujet, n'avait-elle pas excité mes rires par son éternel refrain : C'est bon, c'est bon, je vous attends à la fin, pauvre fou !

« A cette heure, le commencement de cette fin tant prédite était arrivé... C'était ordinairement dans la matinée que j'allais chez madame de *** ; elle faisait une exception en ma faveur, en me recevant à ce qu'elle appelait son petit lever. Sa société, toute composée de frondeurs hostiles à l'Empereur, me déplaisait, et j'évitais de me trouver aux prises avec d'absurdes raisonneurs.

« Elle fit un cri de joie en m'apercevant : Ah ! mon cher Armand, quel bonheur de vous revoir ! Comment donc avez-vous échappé à toutes ces horreurs ? On m'a assuré qu'il n'en était pas revenu un seul. Quelles nouvelles apportez-vous ? — Aucune, répondis-je en riant. Comme vous n'êtes pas madame de Malborough et que vos beaux yeux n'en pleureraient pas, je ne vous dirai pas de mes nouvelles. — C'est le secret de la comédie, mon cher enfant. Votre enchanteur a perdu sa baguette, et les risibles métamorphoses qu'elle opérait sont à vau-l'eau. De tous ces rois improvisés, il ne reste plus que l'ombre d'un empereur, et je sais quelqu'un qui a juré de se débarrasser de cette ombre. — Ne parlez pas ainsi, m'écriai-je, vous savez bien que vous me faites de la peine. — Ah çà, mon cher Armand, êtes-vous toujours ensorcelé? N'en avez-vous pas assez de ces fanfreluches impériales? Parlons sérieusement, mon cher duc, vous ne savez donc pas ce qui se passe? — Non, dis-je vivement, je suis arrivé hier au soir de l'armée. — Alors, vous ignorez que l'Empire, comme vous l'appelez, croule de toutes parts, que les puissances de l'Europe ont fait un pacte pour... — Pour?... interrompis-je. — Pour ne poser les armes qu'après avoir rayé de la liste ce grand écornifleur de royaumes qui, depuis quatorze ans, joue aux échecs avec tous les trônes de l'Europe. Un rusé personnage (que je n'ai pas besoin de vous nommer), dont l'esprit fin et délié ne se laisse pas prendre au dépourvu, a pris l'initiative vis-à-vis des puissances et s'est arrangé avec elles pour toutes les éventualités possibles. Si je ne craignais d'être taxée de médisance, j'ajouterais qu'il a vendu la peau de l'ours à bons deniers *comptants*. Beaucoup d'autres ont suivi son exemple, des négociations actives sont entamées pour faire la paix avec qui de droit; la révolution est imminente. Encore un peu de temps, et il n'y aura plus qu'un homme de moins en France, et la tranquillité sera rétablie en Europe. Est-ce clair, cela? — Mais, répondis-je, croyez-vous que parce que quelques misérables complotent la ruine de l'Empe-

reur, elle soit assurée? L'armée, toute dévouée à son chef, est incorruptible ; il existe dans les masses une vive sympathie pour Napoléon ; et, dans les classes élevées, tant de gens sont compromis dans sa cause, tant d'autres ont leur existence attachée à sa fortune que leurs intérêts sont confondus avec les siens. Les uns par honneur, les autres par affection, je l'espère, soutiendront celui qui les a tirés du néant, et leurs efforts neutraliseront les lâches menées qui n'auraient pour résultat que de livrer la France à l'étranger.
— Mais d'où venez-vous donc, mon cher enfant? Vous êtes réellement d'une candeur et d'une probité à faire pouffer de rire la moitié de Paris. Il s'agit bien vraiment de sympathie, de fidélité et autres bonnes traditions à l'usage de nos pères! La révolution de 92, voyez-vous, a fait table rase de ces loyales billevesées. Autrefois, on plaçait l'honneur dans la religion du serment, dans l'accomplissement du plus saint des devoirs, dans le dévouement envers son souverain. Plus il était malheureux, plus il avait de droits aux sacrifices, aux respects. Les bons temps des mauvais jours de Henri IV sont passés pour ne plus revenir. Qui se soucie maintenant d'un roi malheureux? A force d'être progressifs, nous finissons par être outrageusement méprisables. Aujourd'hui, mon cher Armand, on place l'honneur à conserver sa position, sa fortune, n'importe par quels moyens, et quand même, pour arriver à ce but, il faudrait passer sur le corps de celui de qui l'on tient tous ces biens...

« Il y avait dans ces paroles d'une horrible vérité toute une révélation des malheurs de l'avenir... Je restai silencieux, abîmé dans de noires réflexions...

« Je sortis, le cœur serré, de chez madame de ***, qui, elle au moins, l'excellente femme, comprenait qu'on plaçât l'honneur dans la fidélité au malheur. Je sondais avec effroi l'abîme entr'ouvert autour de nous ; nous manœuvrions sur un volcan ; l'opinion publique s'élevait de proche en proche contre l'Empereur... Devant cette formidable puissance devaient échouer les plus sages combinaisons. La ruine du pays était évidente dans ce seul fait.

« Le soir, je fis quelques visites obligées chez des gens attachés à la cour. Je n'étais pas un homme devant lequel on eût osé mal parler de l'Empereur, mais je distinguais, à travers les formes polies et réservées dont on se servait en discourant sur les événements politiques, que la malveillance et l'esprit d'opposition étaient au fond de toutes les pensées. Madame de *** ne m'avait pas trompé. Je puisai de tristes enseignements dans la physionomie morale des salons à la fin de l'année 1813.

« Je rentrai chez moi, fatigué et dégoûté de l'impudeur des gens de bonne compagnie, et je regrettais presque la dure vie des bivouacs. Là, du moins, l'âme contristée recevait quelques consolations de tant de traits d'héroïsme prodigués avec un si noble désintéressement. Là, battaient de généreux cœurs, toujours prêts à donner leur vie pour celui de qui ils n'avaient reçu ni titres, ni richesses (1). »

Ces lignes émues, écrites par une plume militaire, par un ami dévoué de celui dont la puissance succombait, anéantie par les plus cruelles défaites, nous aident à pénétrer dans les sentiments de l'époque ; elles nous font

---

(1) *Souvenirs du duc de Vicence*, t. I, p. 284, 293.

assister aux événements qui se déroulaient sous les yeux de la France meurtrie.

1814! C'est la chute profonde, la fin du règne commencé sous un ciel radieux et terminé dans une nuit sombre.

Quel spectacle présentait alors la grande nation dont les exploits et les succès avaient étonné l'Europe? Demandez-le aux témoins de ces jours néfastes. Ils vous diront :

« Le pauvre donnait son dernier fils avec le regret de perdre en lui son soutien, et dans les champs, c'étaient souvent les femmes et les jeunes filles qui conduisaient la charrue. La culture en souffrait comme les individus. Même désastre dans les villes. Combien de familles se condamnèrent à une gêne éternelle pour sauver le jeune homme que d'autres mesures finiraient par atteindre! Les grands noms, les grandes fortunes, enfin tout ce qui pouvait espérer l'indépendance, fut contraint de céder à l'organisation des gardes d'honneur.

« Toutefois, le jeune homme, sous les drapeaux, quelque éloignement que ses antécédents eussent pu lui inspirer pour le gouvernement, ne voyait plus que l'honneur et servait avec bravoure et loyauté ; mais l'inquiétude, la désolation, le ressentiment n'en restaient pas moins dans les familles ; les crêpes, dont les campagnes de Russie et Leipzig avaient couvert la France, n'avaient pas disparu ; des larmes amères coulaient encore... On savait qu'en cédant, les années précédentes, quelques-unes de ses conquêtes, l'Empereur aurait évité à la France la guerre d'invasion, qu'un peu plus tard on lui eût laissé la ligne du Rhin, qu'enfin, au moment même où nous sommes arrivés, s'il voulait donner au duc de Vicence (son chargé de pouvoirs au congrès de Châtillon) autant de latitude que ce zélé serviteur en demandait, il obtiendrait encore des conditions supportables pour la paix. La paix ! ce cri de tous les cœurs, car la gloire, cette nourriture habituelle du pays, la France en avait sa part suffisante (1). »

II

Ainsi, ce colossal édifice, élevé par le génie et la victoire, s'écroule au milieu de la lassitude d'un peuple décimé par la guerre, avide de repos et apercevant avec inquiétude le précipice creusé sous ses pas.

Pourtant, malgré les maux causés par une ambition sans bornes, on crie encore : Vive l'Empereur! dans les rangs de cette armée qu'unit au grand capitaine l'impérissable souvenir des plus glorieux exploits. Vive l'Empereur! ce sont les mots qu'on lit au bas d'une gravure de Raffet où les mourants, couchés sur le champ de bataille de Lutzen, se soulèvent pour voir passer Napoléon et pousser un dernier cri d'admiration et de fidélité.

Combien plus retentissante encore avait été cette acclamation aux jours heureux, en cette année 1807, où l'Empereur, sur son cheval blanc, entouré d'un brillant cortège de maréchaux qui portent tous des noms de victoires,

(1) *Récits de guerre et de foyer. Souvenirs de la maréchale Oudinot, duchesse de Reggio*, p. 304.

salue les régiments dont il est l'idole! Des vivats frénétiques sortent de ces milliers de poitrines, et l'enthousiasme illumine les mâles visages dont plus d'un conserve de nobles cicatrices. Jamais la gloire militaire n'apparut plus resplendissante que dans cette scène reproduite sur une toile célèbre (1).

Quel douloureux contraste présente, avec ce spectacle triomphal, la vue de ces guerriers que le même pinceau nous montre suivant, en 1814, la route sillonnée d'ornières profondes et qu'éclaire tristement un ciel assombri où ne brillera plus le soleil d'Austerlitz! Napoléon, coiffé du chapeau légendaire et revêtu de la fameuse redingote grise, est toujours sur son cheval blanc. Mais la fatalité est peinte sur ses traits. Ses maréchaux l'escortent; les uns laissent tomber leur tête appesantie par la fatigue; d'autres semblent méditer sur la chute de cette prodigieuse fortune dont l'éclat éblouissait le monde. Ils assistent à la fin de ces grandeurs impériales qui paraissaient défier les hommes.

Ce sont eux qui, à Fontainebleau, interprètes de l'armée et de la France, annonceront à Napoléon la condamnation de ses rêves de conquête et de domination. Ney oublie, dans son impatience, les égards dus au malheur. Parlant à l'Empereur, il s'exprime en termes durs, irrités : « Il est temps d'en finir, il faut faire votre testament... Vous avez perdu la confiance de l'armée (2). »

Macdonald, dont la franchise égale la loyauté, lui expose la situation et ne lui cache pas l'inutilité d'une résistance désormais impossible :

---

(1) *1807,* par MEISSONIER.
(2) *Souvenirs du duc de Vicence,* t. II, p. 76.

« Nous croyons avoir assez fait, assez prouvé notre dévouement à sauver la France des calamités qui pèsent maintenant sur elle, pour ne pas hasarder une tentative plus qu'inégale et achever de tout perdre. Les troupes meurent de faim au sein de leur propre pays, réduites de beaucoup par les événements désastreux de cette campagne, les privations, les maladies, et, je dois le dire, par le découragement; depuis l'occupation de la capitale, un grand nombre de soldats se retirent chez eux; ce n'est pas dans la forêt de Fontainebleau que les autres trouveront à vivre. En se portant en avant, ils entreront en plaine, avec notre faible cavalerie exténuée, les attelages ne pouvant plus marcher, très peu de munitions, pas assez pour une affaire, nulle ressource pour les remplacer; et si, comme il est probable, nous échouons, nos restes seront anéantis, et la France entière sera à la discrétion de l'ennemi; nous lui en imposons encore, gardons notre attitude. Au reste, notre parti en est pris, et, quel que soit celui que l'on prendra, nous sommes très résolus à en finir (1). »

Le maître, naguère impérieux et toujours obéi, doit se résigner à entendre ce langage. Le souverain qui a donné des trônes et distribué des couronnes à sa famille, l'Empereur, sous le règne duquel on pouvait dire dans son armée : « Il a passé roi à Naples, en Hollande, en Espagne, en Suède, comme autrefois on disait du même homme : Il a passé sergent dans telle compagnie (2) », est forcé d'abdiquer. Monté au faîte des honneurs et de la puissance,

---

(1) *Souvenirs du maréchal Macdonald*, publiés par M. Camille Rousset, p. 265.
(2) Lafayette, *Mémoires*, t. V, p. 350.

il en est précipité violemment. Les compagnons de sa gloire ne sont pas infidèles à la reconnaissance. Mais, blanchis dans les camps, appuyés sur la vaillance qui s'est signalée dans cent batailles, n'ont-ils pas le droit de poser les armes pour rendre à la patrie vaincue et mutilée la paix qu'elle réclame? Si on leur reproche leurs titres, leurs dignités, ils pourront répondre comme Lefebvre, l'ancien sergent aux gardes françaises, devenu maréchal de France et duc de Danzig, avec 155,000 francs de dotation. Il recevait un jour la visite d'un ancien camarade, jaloux de l'élévation à laquelle il n'avait pu parvenir. Celui-ci, voyant la brillante existence du maréchal, éprouvait un mécontentement que trahissaient l'expression de son visage et les mots échappés à sa mauvaise humeur. « Ah! tu as de la chance, toi! murmurait-il souvent. — Eh bien, lui répliqua le duc de Danzig, impatienté, je te donne tout cela, mais à une condition. — Laquelle? — Tu vas descendre dans la cour; je mets à chaque fenêtre deux grenadiers avec leurs fusils, ils tirent sur toi; si tu en réchappes, tu auras l'hôtel et tout. — Merci! — Mon ami, on a tiré sur moi plus de coups et de plus près (1). »

Le mot était juste dans sa familiarité. Les titres, les honneurs dont jouissaient ces hommes de guerre, nés dans l'obscurité, étaient bien à eux; ils les avaient payés du sang de leurs blessures, et la vie devait des récompenses à qui avait si souvent bravé la mort.

On ne pouvait pas contester davantage à Napoléon le rang auquel il était monté. N'avait-il pas restauré l'ordre

---

(1) Taine, *Le régime moderne,* t. I, p. 328, note 2.

social, rendu en quelque sorte l'existence à tout un peuple ensanglanté par la Terreur et anéanti par le gouvernement impuissant et méprisé du Directoire? En moins de quatre ans, tant de ruines avaient fait place à des reconstructions hardies; de fortes institutions, une administration régulière s'étaient élevées au milieu du pays bouleversé par l'anarchie, y ramenant la confiance et la sécurité. Le diadème que le premier Consul avait posé sur le front de l'Empereur était resplendissant de l'éclat des exploits et des services. Par son génie et ses victoires, il avait à lui seul rétabli le trône sur lequel, après lui, venaient s'asseoir les Bourbons, et il avait le droit de dire à Caulaincourt, avec un juste orgueil :

« Je n'ai pas joué à la royauté, moi; je l'ai faite grande, forte et respectée; je l'ai présentée sous une forme nouvelle à ce peuple qui n'en voulait plus (1). »

Mais il mérita aussi le reproche que lui adresse Chateaubriand : « Il rendit son joug si pesant que le sentiment hostile contre l'étranger s'en affaiblit, et qu'une invasion, déplorable aujourd'hui en souvenir, prit, au moment de son accomplissement, quelque chose d'une délivrance : c'est l'opinion républicaine même, énoncée par mon infortuné et brave ami Carrel. *Le retour des Bourbons,* avait dit à son tour Carnot, *produisit en France un enthousiasme universel; ils furent accueillis avec une effusion de cœur inexprimable; les anciens républicains partagèrent sincèrement les transports de la joie commune. Napoléon les avait particulièrement tant opprimés, toutes les classes de*

---

(1) *Souvenirs du duc de Vicence,* t. II, p. 224.

la société avaient tellement souffert qu'il ne se trouvait personne qui ne fût réellement dans l'ivresse (1). »

A ce sentiment de délivrance succéda plus tard un autre sentiment. Quand les blessures faites par le despotisme et le fléau de la guerre se furent fermées, le pays oublia les maux qu'il avait dus à Napoléon, pour ne se ressouvenir que de sa gloire.

Le passé exerça sa séduction sur les esprits, et l'époque illustrée par tant de hauts faits brilla dans l'apothéose que lui décernait l'admiration.

Tel n'était pas l'aspect sous lequel apparaissait le régime impérial, au moment où il s'effondrait, au bruit du canon des alliés. La chute du pouvoir, devant lequel s'étaient courbés tant de peuples et de rois, s'accomplissait au milieu d'une lamentable déroute qu'a retracée, d'une façon à la fois simple et frappante, la femme d'un des héros du premier Empire, qui, réfugiée à Versailles, en 1814, à la veille de l'occupation de Paris, assistait anxieuse à ces événements :

« Un bruit incessant et confus annonça, durant toute la nuit, le passage d'un grand nombre d'hommes, de chevaux et de voitures, et bientôt le jour éclaira le plus étonnant spectacle que l'on ait jamais pu avoir sous les yeux. Il nous fixa immobiles à nos croisées; ce que nous voyions passer... c'était l'Empire ! L'Empire qui s'en allait avec ses pompes et ses splendeurs; c'étaient les ministres, tous dans leurs carrosses à six chevaux, emportant, avec leur portefeuille, femmes, enfants, bijoux, livrée; c'était le con-

(1) *Mémoires d'outre-tombe*, t. III, p. 349.

seil d'État tout entier, les archives, les diamants de la couronne, les administrations, etc. Et ces parcelles de pouvoir et de magnificence étaient entremêlées, sur la route, de pauvres ménages ayant entassé sur une charrette tout ce qu'ils avaient pu enlever des maisons abandonnées par eux au pillage présumé qui allait fondre sur la contrée (1). »

Tout n'est pas fini encore. L'homme extraordinaire, le fascinateur, reviendra de l'île d'Elbe et traversera la France avec le vol de l'aigle. Un moment, sa puissance abattue renaîtra de ses ruines. Mais l'Empire, qu'il avait cru fondé à jamais, n'est plus que l'ombre du génie vaincu; l'ère des triomphes est close; Waterloo s'inscrit en caractères funèbres sur une des dernières pages du poème héroïque.

Quelles étaient les impressions et la physionomie de la capitale de la France, au lendemain de la bataille qui avait décidé du sort de Napoléon ? Un contemporain nous les définit en ces termes :

« Une chose digne de remarque, c'est qu'au milieu du mouvement qui, pendant toute la journée du 21 juin, se manifesta avec tant de violence dans les Chambres et dans les conseils du gouvernement, l'agitation des esprits parmi les habitants de Paris ne fut pas telle qu'il semblait que des événements si graves auraient dû la produire. Le calme le plus complet régna dans la ville et ne fut pas troublé un instant. Était-ce courage ? Était-ce indifférence ? Le temps a décidé la question. Ballotté de gouvernement en gouvernement, le peuple n'avait de l'affection ni pour

---

(1) *Souvenirs de la maréchale Oudinot, duchesse de Reggio*, p. 307.

celui qu'il perdait, ni pour celui qu'on allait lui rendre. Il dormait, en attendant qu'à son réveil on lui dît s'il devait obéir à Napoléon II ou à Louis XVIII (1). »

La France se taisait; mais elle n'oubliait pas. Le culte du grand empereur survivait dans l'âme populaire, surtout chez ceux qui, ayant pris part aux guerres de l'Empire, en portaient, gravé dans leurs cœurs de soldats, l'inoubliable souvenir. Le duc de Vicence raconte à ce sujet un fait émouvant par sa simplicité même :

« Je me rendais, dit-il, à ma terre. Entre Alençon et V****, petit village, nous rencontrâmes un relais de retour. Mon postillon me demande la permission de faire l'échange d'usage. Tout en attelant, le nouveau venu me regardait avec une attention marquée; je ne m'expliquais pas cette curiosité. Enfin, il enfourche son cheval, fait claquer son fouet à me rendre sourd et nous lance ventre à terre. A ce train-là, nous courions grand risque de nous briser. J'étais déjà bien souffrant, et cette vitesse m'incommodait. Je lui crie d'aller plus doucement; mon homme s'arrête court, se retourne, fait un salut militaire et me dit d'un ton joyeux :

« Mon général, c'est que je vous ai reconnu. — Et c'est pour cela que tu veux me rompre le cou ? — Bien au contraire, mon général, c'est pour vous faire honneur en mémoire de..., vous savez bien ? Enfin, c'est vous qu' étiez son plus grand ami, qu' étiez toujours côte à côte avec lui, quoi ! — Que veux-tu dire, mon garçon ? Je ne te comprends pas. — Oh ! que si ! de... l'Empereur,

---

(1) Miot de Melito, *Mémoires*, t. III, p. 408.

donc ! Ça ne vous écorchera pas les oreilles à vous, ce nom-là. J'étais dans les guides, moi, mille tonnerres ! Le bon temps, mon général, le bon temps !

« Arrivé au relais, je ne pus jamais faire accepter un pourboire à ce brave homme. Rien n'était plaisant comme de lui voir tourner son chapeau ciré dans ses mains, en me faisant des mines gracieuses ; puis enfin : Tenez, mon général, il faut que je vous présente une requête... Vous pouvez me rendre bien riche... Venez seulement vous rafraîchir un quart d'heure chez nous. Ils chantent qu'il est mort ; c'est impossible à vérifier ça ; mais c'est égal, je bois tous les jours que Dieu fasse à sa santé.

« Je ne sais pas résister à ces manières-là... Je sautai dans ma calèche et je suivis l'ancien guide impérial dans sa pauvre demeure. Je bus un demi-verre de vin bien aigre qui ne me fit pas trop de mal. J'admirai une série d'effroyables enluminures, représentant les faits et gestes de Napoléon à pied, à cheval, et une espèce de caricature du roi de Rome, vêtu en grenadier de la garde (on avait charbonné en bas : Il grandira...), et puis encore des aigles, une croix d'argent à l'effigie de Napoléon ; tout cela précieusement caché dans une mauvaise huche avec de vieux habits d'uniforme, décousus et roulés avec soin ; et le soldat me disait en tremblant d'émotion : Je ne donnerais pas mes reliques pour mille tonnerres ! C'te religion-là en vaut bien une autre, mon général ? C'est mon dieu, ma dévotion à moi ; chacun la sienne, pas vrai (1) ? »

Le vieux soldat de l'Empire se trompait. La religion

---

(1) *Souvenirs du duc de Vicence*, t. I, p. 251.

napoléonienne ne suffit pas, et un autre idéal que celui de la gloire doit nous élever au-dessus des héros de la terre. Mais il y a quelque chose de noble et de touchant dans le culte rendu sous le chaume à une figure qui rappelle tant d'efforts, de conquêtes et d'exploits. Cette fidélité au souvenir de la grandeur tombée est une leçon que donnent les humbles aux courtisans du pouvoir et de la fortune. De tels dévouements, de tels enthousiasmes seront compris de tous les cœurs vraiment français. Ils valent mieux que la soif de l'or et l'amour du bien-être où s'éteint la flamme des sentiments généreux et désintéressés.

Depuis que le captif de Sainte-Hélène a fermé les yeux, le temps a poursuivi sa marche implacable. Il a recouvert d'indifférence ou d'oubli bien des noms et des événements. Mais Napoléon domine encore notre histoire et nos institutions; il vit dans la mémoire française et règne sur l'imagination.

C'est que jamais homme n'accomplit en peu d'années tant de prodiges, ne tint plus de place dans l'existence d'un peuple, n'exerça sur lui un ascendant plus irrésistible. Aucun ne sut mieux éveiller des ambitions, enflammer des courages, entraîner dans les rudes chemins qui conduisent aux sommets glorieux. Aussi Napoléon a-t-il laissé une empreinte ineffaçable. Le souvenir de ses victoires et de ses hauts faits le protège contre celui des fléaux qu'il attira sur notre pays. Ses malheurs ont accru son prestige et grandi sa renommée.

Sous un dôme magnifique dont les dorures étincellent aux rayons du soleil, est le cercueil de celui qui agita le sort de tant d'empires. Les bruits de la tumultueuse capitale viennent mourir dans cet asile de la paix où les canons présentent l'image de la guerre,

> Gardiens de ce palais bâti pour des géants (1).

Leur voix formidable, frémissante aux jours des deuils et des funérailles, annonçait la naissance des princes auxquels la vie promettait un berceau, et qui ont pris le douloureux chemin de l'exil.

Le visiteur qui porte ses pas vers le monument créé par une royale sollicitude, désireuse d'abriter la vieillesse des soldats mutilés au service de la patrie, rencontre ces vétérans dont l'uniforme de couleur sombre fait briller la médaille ou la croix attachée fièrement sur leur poitrine. Quel qu'il soit, il ne contemplera pas sans respect et sans émotion le sarcophage où gît Napoléon, entouré de figures de marbre, froides et immobiles comme la mort, silencieuses comme le tombeau, sur lequel se lisent les noms retentissants des plus fameuses victoires.

Le grand Empereur repose dans l'édifice élevé par le grand Roi, non loin de cet autre tombeau où, par les ordres du premier Consul, furent placés les restes de Turenne. La majesté du lieu s'ajoute à la majesté des souvenirs.

Louis XIV! Napoléon! Ces deux noms font vibrer l'orgueil national. Ils nous apprennent à honorer, à admirer la France dont ils ont reçu beaucoup, mais qui leur doit les plus belles pages de son histoire.

(1) Victor Hugo, *Les voix intérieures. Sunt lacrymæ rerum.*

TABLE DES MATIÈRES

	Pages.
INTRODUCTION	1

CHAPITRE PREMIER

I. La chute du Directoire	25
II. Le 18 brumaire et l'opinion publique	40

CHAPITRE II

I. La constitution de l'an VIII	54
II. Retour aux formes monarchiques	59
III. L'œuvre du Consulat	74

CHAPITRE III

I. La constitution de l'Empire	98
II. La cour impériale	108

CHAPITRE IV

I. L'éducation	138
II. Le militarisme	147

CHAPITRE V

I. La police	169
II. La liberté individuelle	175

CHAPITRE VI

La liberté religieuse	193

CHAPITRE VII

Les journaux, les livres et la censure	235

TABLE DES MATIÈRES.

CHAPITRE VIII
Paris

	Pages.
I. Paris au lendemain du 18 brumaire	260
II. Physionomie et tableaux de Paris	271
III. La vie extérieure	286
IV. La vie mondaine	300
V. Les provinciaux et les étrangers à Paris	316
VI. 1814 et les Cent-jours	329

CHAPITRE IX
La Province

I. État général du pays au commencement du Consulat	347
II. Le retour des émigrés. La vie en province	354
III. Les préfets et l'esprit public	374

CHAPITRE X

I. La société	392
II. Les salons	417

CHAPITRE XI

Le luxe et la mode	440

CHAPITRE XII

Le théâtre	456

CHAPITRE XIII

La vie intellectuelle	472

CHAPITRE XIV

La fin de l'Empire	494

FIN.

www.ingramcontent.com/pod-product-compliance
Lightning Source LLC
Chambersburg PA
CBHW071609230426
43669CB00012B/1886